高等院校新文科"数字经济应用型人才培养工程"系列教材

物流管理信息系统

耿会君　主编

电子工业出版社·
Publishing House of Electronics Industry
北京·BEIJING

图书在版编目（CIP）数据

物流管理信息系统 / 耿会君主编. -- 北京 ： 电子
工业出版社, 2024. 10. -- ISBN 978-7-121-48998-3

Ⅰ. F252-39

中国国家版本馆 CIP 数据核字第 20244QD574 号

责任编辑：刘淑敏　　文字编辑：王欣然

印　　刷：三河市鑫金马印装有限公司

装　　订：三河市鑫金马印装有限公司

出版发行：电子工业出版社

　　　　　北京市海淀区万寿路 173 信箱　邮编：100036

开　　本：787×1 092　1/16　印张：17.25　字数：442 千字

版　　次：2024 年 10 月第 1 版

印　　次：2024 年 10 月第 1 次印刷

定　　价：59.00 元

凡所购买电子工业出版社图书有缺损问题，请向购买书店调换。若书店售缺，请与本社发行部联系，
联系及邮购电话：（010）88254888，88258888。

质量投诉请发邮件至 zlts@phei.com.cn，盗版侵权举报请发邮件至 dbqq@phei.com.cn。

本书咨询联系方式：（010）88254199，sjb@phei.com.cn。

前　言

　　随着经济的快速发展，企业经营的外部环境发生了巨大的变化，全球化、信息化、智能化、虚拟化等是企业面临的重大挑战。尤其是物流企业作为连接经济活动中物的空间转移的重要环节，其业务的时间跨度、地域跨度以及组织跨度都在不断扩大，其业务的组织形式也越来越复杂，引起物流活动的管理难度逐步提高。物流的经营与管理要突破时间、空间以及组织上的障碍，离不开物流信息的支持。

　　党的二十大报告中提出高质量发展是全面建设社会主义现代化国家的首要任务，把实施扩大内需战略同深化供给侧结构性改革有机结合起来，增强国内大循环内生动力和可靠性，提升国际循环质量和水平，加快建设现代化经济体系，着力提高全要素生产率，着力提升产业链供应链韧性和安全水平，着力推进城乡融合和区域协调发展，推动经济实现质的有效提升和量的合理增长。对于物流行业来说，作为实现高质量发展的基础，物流行业不仅要提高物流效率还要提高服务水平，其未来的发展目标必定是信息化、智能化、自动化、定制化、绿色化。这就需要物流业通过信息技术的广泛应用，保障物流企业向现代物流业转型，增强其服务水平，提高其竞争力。

　　物流管理信息系统涉及仓储管理、运输及配载管理等业务管理功能以及利用数据挖掘、大数据、商务智能等技术的决策分析功能，建设物流信息化体系，实现物流作业的自动化、规范化和标准化，提高物流企业效率，降低成本，通过信息化网络，扩展自身业务空间，开发更大的市场，使物流企业真正走向现代化。

　　本书共10章。第1章介绍了物流管理信息系统的相关概念，包括系统和信息、物流信息及物流管理信息系统。第2章介绍了物流管理信息系统中用到的核心技术，按照物流信息的输入、处理、输出的过程，介绍了物流信息的自动识别技术，物流信息的存储技术——数据库技术和数据仓库技术，物流信息的网络通信技术——互联网技术、EDI技术以及物联网，物流位置信息的跟踪与处理技术——定位技术和GIS技术。第3～4章的内容是物流管理信息系统的开发概述，包括物流管理信息系统进行规划与开发的策略及方法，还介绍了物流管理信息系统规划阶段的成果——可行性分析报告的组成。第5～6章是以结构化开发方法为主，介绍了物流管理信息系统的系统分析的内容及成果、物流管理信息系统的系统设计与实施。第7章是物流管理信息系统的项目管理，介绍了物流管理信息系统项目管理的主要内容及方法。第8章介绍了典型的辅助物流业务执行的管理信息系统的应用实例，主要包括订单管理信息系统、仓储管理系统、运输管理系统、配送中心管理信息系统等。第9章介绍了辅助物流管理决策的管理信息系统的应用实例，主要包括决策支持系统、商务智能系统以及群体决策支持系统。第10章介绍了电子商务环境下的物流管理信息系统的应用实例，包括不同电子商务类型的物流管理信息系统的应用实例以及物流公共信息平台的应用实例。

本书由耿会君担任主编，并负责全书的结构设计、草拟写作目录、组织编写工作和最后统稿。

本书的编写具有以下特点：

（1）理论性与应用性相结合。中高级物流管理人才既要具备必要的理论基础，又能够在实践中思考和创新。因此本书在编写过程中，一方面注重对物流管理信息系统理论的全面阐述，另一方面也会在每章中穿插案例对理论知识进行阐述，每章后也会有案例供学生分析、研读，用于加深和拓展学习者的视野，便于学生更好地掌握物流管理信息系统的理论知识。

（2）内容的前瞻性强。物流业的发展迅速，物流管理信息系统的相关技术与理论知识发展也很快。本书在编写过程中阅读了大量文献，力争将物流管理信息系统的最新科研成果以及在现实中的应用现状囊括其中。

（3）结合教学需要，既体现系统性，又重点突出。本书按照高校物流专业对物流管理信息系统的教学需求，将本书的内容在整体上分为四大部分，即概念部分、技术部分、开发部分及应用部分。其中物流管理信息系统的技术部分与开发部分是教学的重点内容。

（4）适应"课程思政"教学需求。本书在内容编排中将与物流信息相关的国家法规、政策等融入教学内容中，并且在教学案例的选取上，绝大部分选择了能代表国际先进水平的国内物流企业及组织的案例，展示了我国物流行业的整体发展趋势以及我国物流业的快速发展。

本书可以作为高等学校物流管理类、物流工程类、交通运输类等专业的本科生教材，也可以供相关技术人员、管理人员参考。

本书在编写中引用了大量的文献，在此我们谨向相关专家、学者表示诚挚的谢意。由于作者水平有限，加之编写时间仓促，书中不成熟之处及错误之处在所难免，我们衷心希望读者给予更正。

耿会君

目 录

物流管理信息系统概述

南京长安民生住久物流有限公司的整车物流智能平台

南京长安民生住久物流有限公司是一家新型的现代化第三方物流企业。目前，公司已经拥有一大批高品质的全程物流客户资源，正在逐步形成以南京为物流管理中心，辐射华东、华北、华南等全国各主要区域城市的物流运输与管理网络体系。企业的核心竞争力主要体现在以 IT 技术为核心，配备一流的储运硬件设施，为客户量身定做精细化的物流解决方案与物流管理软件，以及快速、高效的物流反应与执行能力。

为了响应国家对于货运企业限制超载的要求以及降低物流成本，南京长安民生住久物流有限公司正在整车物流领域勠力推广多式联运物流模式，虽然随着多式联运比例的提升，整体降本的收益越来越明显，但是也随之带来了问题。

① 由于多式联运物流模式的物流环节增多、交接次数增加、道路运输的复杂性增加，因此在多式联运的物流模式中实现在途商品车的轨迹追踪难度极大。

② 同样由于上述问题，整车运输单据的交接和回收难度会变大，回收周期长、回收丢失率大。

③ 由于多式联运物流模式会设立中转库，库存节点增加导致运输周期变长，车辆在中转库的存储时间会增加，对在途车辆运输的倒板、装车、中转、入库等是否合规，在库时长等实时控制难度增大。

基于以上问题，在整车物流多式联运模式下开发和使用整车物流智能平台是十分重要的。因此该企业根据实际需求进行了整车物流智能平台的研发。

该项目从传统场内物流环节的弊端出发，结合智能化设备，通过软件加硬件，以互联网+为依托，打通从主机厂直至物流环节的商品车出厂上下游各节点，消除冗余设备并实现电子无纸化模式，实现了场内物流信息的实时分享、及时传递，避免了传统的信息传输带来的错误。该智能平台可以实现场内可视化、预约调度、在途可视化、电子回单等功能，将商品车从下线到交付经销商全过程连接起来，使整车物流全程无信息盲点，提升了场内物流的智能化、可视化和信息化。该项目的成功实施直接大幅度提升汽车场内物流的操作水平，提升整个行业的智能化水平，对于行业发展起到重要作用，在整个汽车物流领域填补了一项空白。

未来的物流服务，更加注重服务与体验，物流过程的透明性和可视化是必然趋势。所以信息服务，已经从支撑物流企业内部管理渗透到直接为客户提供服务，IT服务与仓储、运输、交付前检查等服务并列成为汽车物流企业提供的基本服务。实现整车仓储运输全程可视化是汽车物流企业必须具备的核心竞争能力之一，具有非常必要的推广意义。

❓ 案例思考

1. 南京长安民生住久物流有限公司为什么要开发整车物流智能平台？
2. 该企业的整车物流智能平台的功能是什么，给该企业带来了哪些变化？

🖊 学习目标

1. 理解系统的概念及特点。
2. 理解信息的概念及特点。
3. 掌握物流信息的种类与特点。
4. 理解物流管理信息系统的概念和功能。
5. 掌握物流管理信息系统的分类及体系结构。

1.1 系统

1.1.1 系统的概念及特点

英文中 System 一词来源于古代希腊文 Systεmα，意为部分组成的整体，并对应其外文内涵加以丰富。系统是指将零散的东西进行有序的整理、编排而形成的具有整体性的整体。中国著名学者钱学森定义系统是由相互作用、相互依赖的若干组成部分结合而成的，具有特定功能的有机整体，而且这个有机整体又是它从属的更大系统的组成部分。通过定义可以归纳出系统具有以下特点。

1. 系统的目的性

系统是多元性的统一，系统由多个组成部分组成，这些部分存在差异性，各不相同，但是系统是这些差异性的统一。系统具有特定的功能，各个组成部分的运作都统一为这个特定功能，即系统的目的服务。在任何系统建立之初，都要首先考虑系统的目的，然后再考虑各部件如何配合来达成此目的。

2. 系统的相关性

系统不存在孤立的元素或组成部分，所有元素或组成部分之间相互依存、相互作用和相互制约。各个组成部分按照一定的规则组合在一起，虽然具有独立的功能，但要完成系统的整体目标，各个子系统之间要相互联系、相互作用，从而达到"1+1>2"的效果。

3．系统的稳定性

系统的稳定性是指在外界作用下的开发系统具有一定的自我稳定能力，能够在一定范围内自我调节，从而使系统具有一定的抗干扰能力和抗冲击能力。

4．系统的层次性

一个系统可以分解成若干个组成部分，如果将这些组成部分看成原系统的子系统，子系统还可以继续分解成更小的子系统。系统可以逐层分解，这就是系统的层次性。系统逐层细分的过程称为系统的分解。只要规定了子系统之间的边界和接口，就可以把大的系统分解成若干个小系统，这便于系统的管理和控制。将若干个小系统通过一定的规则组织起来实现一个整体目标的过程称为系统的集成。根据确定的整体目标，全面、合理地规划子系统的功能和流程，就能使各子系统集成在一起实现最终的目标。

5．系统的环境适应性

每个系统都从属于更大的系统，更大的系统称为该系统的环境。每个系统都存在于一定的环境中，系统要达到其整体目标，就会受它所处的环境的影响，外界环境的变化会引起系统功能和组成部件相互关系的变化。例如汽车要实现行驶的目的，就要有平坦的路面这样的环境。因此管理信息系统是否能发挥作用，也要看它是否与企业环境相适应。

1.1.2　系统的运行过程

系统的运行过程如图 1-1 所示，一般要经历输入、处理、输出、控制和反馈五个过程。系统要实现某个整体目标，需要输入一定的资源，经过系统的组成部分的处理，输出加工后的资源，输入和输出都是可以调整的。为了使系统各组成部分能够协调工作，使得输入的资源利用得更充分，

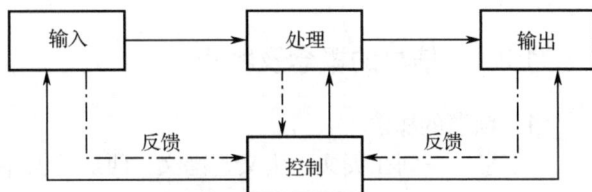

注：------▶ 表示信息的反馈

图 1-1　系统的运行过程

进而达到更好的输出效果，可以根据处理、输出的结果反馈对输入、输出和处理进行控制。

例如一个物流企业系统，该系统的输入是物料、物流设施和设备、人力资源、资金资源等，经过物流企业存储、运输、配送、人事、财务等组成部门的处理，实现物料的时间与空间的位移，将物流服务输出给外部环境，再将服务转换成资金资源。所以企业需要对输入、处理和输出过程进行管理和控制，使之能更有效地利用资源。当然管理和控制不能是盲目的，需要根据物流企业系统运行过程的"数据"来合理地调控企业的资源，收集和利用企业历史运行数据的过程就是反馈的过程。通过反馈的信息对企业整体的运行过程进行管理和控制，进而实现物流企业增值的目的。

1.1.3　系统性能的评价

不同系统的评价指标各不相同，很难采用统一的标准去评价所有的系统。但是一个好

的系统应该具备目标明确、结构合理、接口清楚、能观能控四个方面的性能。

1. 目标明确

每个系统均为一个目标而运行。这个目标可能由一组子系统组成，系统的好坏要看它运行后对目标的贡献。因此一个系统首先要目标明确，才能对其进行管理和控制，目标明确是系统性能的第一评价指标。

2. 结构合理

一个系统由若干个子系统组成，子系统又划分成更小的子系统。子系统的连接方式组成系统的结构，要连接清晰、路径通畅、冗余少等，以达到合理实现系统目标的目的。

3. 接口清楚

子系统之间有接口，各个子系统通过接口连接在一起传递和共享资源。系统和外部也有接口，好的接口定义一定要清楚，每个子系统的功能是什么，如何与外部系统和其他子系统传递和共享资源都要规定好，这样系统才能运行良好。

4. 能观能控

通过接口，外界可以输入信息控制系统的行为，可以通过输出观测系统的行为。只有系统能观能控，才能实现系统建立者的目标。

1.2 信息与物流信息

1.2.1 信息的概念及特点

1. 信息的概念

"信息"一词在英文、法文、德文、西班牙文中均是"Information"，日文中为"情报"，我国台湾地区称为"资讯"，我国古代称为"消息"，其作为科学术语最早出现在哈特莱于1928年撰写的《信息传输》一文中。20世纪40年代，信息的奠基人香农首次将信息定义为"信息是用来消除随机不确定性的东西"，此后许多研究者从各自的研究领域出发，给出了不同的定义。控制论创始人维纳认为"信息是人们在适应外部世界，并使这种适应在反作用于外部世界的过程中，同外部世界进行互相交换的内容和名称"。美国信息管理专家霍顿给信息下的定义是："信息是为了满足用户决策的需要而经过加工处理的数据。"这个定义在经济管理领域中被广泛应用，本书也采用这种说法。

在霍顿对信息的定义中，信息被看作一种特殊的数据。数据是管理信息系统处理的基本对象。数据是指对客观事件进行记录并可以鉴别的符号，是对客观事物的性质、状态以及相互关系等进行记载的物理符号或这些物理符号的组合。它是可识别的、抽象的符号，通常表示为文字、字母、数字符号的组合，图形、图像、视频、音频等形式。它表示的仅是一个描述，脱离特定的背景，对事物没有任何的判断和解释。例如数字55，如果不把它放在一定的环境中，并不知道它表示什么含义。所以，数据只是信息的表现形式和载体，信息是数据的内涵，信息是加载于数据之上的，需对数据做具有含义的解释，根据用户的需求对数据进行加工，满足用户决策的需要，信息与数据的关系如图1-2所示。

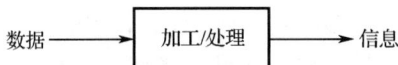

图 1-2　信息与数据的关系

✎ **相关链接**

　　与信息相关的概念除了数据，还有知识和智慧。知识是人类在实践中认识客观世界（包括人类自身）的成果，是对获取或积累的信息进行系统化的提炼、研究和分析的结果，知识能够精确地反映事物的本质。智慧是人类基于已有的知识，针对物质世界运动过程中产生的问题，根据获得的信息进行分析、对比、演绎并找出解决方案的能力，这种能力运用的结果是将信息有价值的部分挖掘出来并使之成为知识架构的一部分。数据、信息、知识和智慧四者之间的关系可以用图 1-3 来表示。

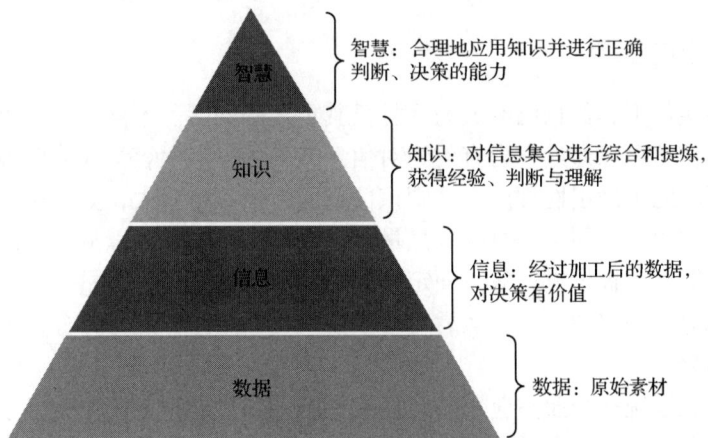

图 1-3　数据、信息、知识和智慧的关系

---

2. 信息的特点

　　① 客观性。信息是事物的特征和变化的客观反映。由于事物的特征和变化是不以人们意志为转移的客观存在，所以反映这种客观存在的信息，同样带有客观性。维护信息的事实性，也就是维护信息的真实性、准确性和客观性，从而达到信息的可信性。

　　② 时效性。人们获取信息的目的在于利用，而只有那些被及时传递出来并适合需求者的信息才能被利用。信息的价值在于及时传递给更多的需求者，从而创造出更多的物质财富。信息时过境迁往往就会失去价值。比如渔民通过天气预报得知将来的天气情况来指导他们的出海决策，如果这个信息传递不及时，在事情发生后就不再对渔民有指导作用，即失去了价值。所以，信息必须具有新内容和新知识，"新""快"是信息的重要特征。

　　③ 不完整性。关于客观事实的信息是不可能全部得到的，这与人们认识事物的程度有关，即由于认知能力的限制，人们不可能得到事物的全部信息。数据收集和信息转换要有主观思路，要运用已有的知识，还要进行分析和判断，只有正确地舍弃无用和次要的信息，才能正确地使用信息。

　　④ 可传递性。传输是信息的一个要素，也是信息的明显特征，应高效地传递信息。通

过信息的传递，信息可以被多方、多次共享和使用，传递的快慢，对信息的效用影响极大。

⑤ 可加工性。信息作为一种资源，不同于物质资源的是，它取之不尽，用之不竭，可以不断地被探索和开掘。从信息所载的内容看，由于客观事物的复杂性和事物之间的相互关联性，反映事物本质和非本质的信息常常交织在一起，需要通过加工来提取其反映事物本质的信息，指导人们的行为和决策。

⑥ 用户依赖性。信息是为了满足用户决策而经过加工的数据。因此数据是否能被称为信息要看它是否能满足用户的需求和指导用户的决策。有些数据对于某些用户是信息，对于另外的用户可能只是枯燥的数据而已。例如零售店里每个客户的购买数据对于收银员来说是信息，用来指导收银员的收款工作；而对于销售经理来说，每个客户的购买数据并不能指导销售经理做出决策，因此这些只是枯燥的数据而已。但是一段时间后对销售数据按照一定的需求进行汇总、分类来指导销售经理的决策，那这些汇总、分类的数据对于销售经理来说就是信息，但对于收银员来说这些汇总数据没有指导作用，就不再是信息了。

1.2.2　信息的衡量

在市场经济条件下，信息已经成为一种极其重要的商品。不同的数据资料所包含的信息量差别很大。信息可以通过它含有的绝对信息量——信息内容消除人们不确定性的程度来进行度量，消除的不确定性程度大，则该信息所含信息量就大，如果事先就确切地知道所接收到的信息的内容，则该信息的信息量就为零。当然，也可以从信息的真实性、精确性、全面性、及时性、提供方式等方面定性地对信息的价值进行衡量，可以根据实际需要对每个衡量指标分配一定的权重，然后对各个信息的衡量指标进行打分，最后加权总分作为各个信息的得分。

物流管理信息系统在企业中应用时，其提供的信息量还是更关注信息给企业带来的经济价值，下面就介绍两种最常用的对信息经济价值的衡量方法。

1．成本衡量方法

成本衡量方法是将信息等同于普通产品，首先将获得信息所需要的硬件、软件以及后期的信息系统维护等所花费的成本进行汇总，得到的是信息的成本价值，然后再加上必要的利润就是该信息的市场价值了。

2．效益差值衡量方法

效益差值衡量方法是将用户使用信息的前后效益进行对比，得到的差值即为信息的市场价值。比如某企业的工作和决策靠管理者的主观经验来判断，历年的平均利润为 500 万元；后来企业购买了管理信息系统，在业务人员及管理人员工作时依靠信息提高决策质量和工作效率，使用管理信息系统后既节约成本，又提高了工作效率，每年的利润达到了 1000 万元，则该管理信息系统提供的信息价值为 1000-500=500（万元）。

1.2.3　物流信息概述

1．物流信息的概念

在《物流术语》（GB/T 18354—2021）中将物流信息定义为反映物流各种活动内容的知识、资料、图像、数据的总称。这些物流信息是物流活动中各个环节生成的信息，一般随着从生产到消费的物流活动的产生而产生，与物流过程中的运输、储存、装卸、包装等各种职能有机结合在一起，是整个物流活动顺利进行所不可缺少的组成部分。

从物流信息的来源看，一部分直接来源于物流活动本身，另一部分则来自商品交易活动和市场。因而，物流信息的定义可以从狭义和广义两个方面来讲。

（1）狭义上的物流信息

狭义上的物流信息是指直接产生与物流活动相关的信息，如在运输、保管、包装、装卸、流通加工等活动中产生的信息。表 1-1 列举了主要物流活动中产生的部分物流信息。

表 1-1　主要物流活动中产生的部分物流信息

物 流 活 动	物 流 信 息
仓储	入库单、出库单、货位信息、设备信息、拣货单等
运输	车辆信息、物流网络节点信息、货物跟踪信息、送货单等
配送	配送单、车辆信息、司机信息、货物跟踪信息、客户位置信息等

各种物流活动产生的这些资料、图像、数据、文件统称为狭义的物流信息。在物流活动管理与决策中，如运输工具的选择、运输路线的确定、每次运送批量的确定、仓库存储的有效利用、最佳库存数量的确定、顾客服务水平的提高等，都需要详细和准确的物流信息。

（2）广义上的物流信息

广义上的物流信息不仅指因物流活动产生的信息，还包括与物流活动有关的信息，如商品交易信息和市场信息等。商品交易信息是指与买/卖双方的交易过程有关的信息，如销售和购买信息、订货和接受订货信息、发出货款和收到货款信息等。市场信息是市场与销售活动有关的信息，包括消费者的需求信息、竞争者或者竞争性商品的信息、与销售促进活动有关的信息、交通通信的需求等基础信息。在现代经营管理活动中，物流信息与商品交易信息、市场信息互相交叉、融合，有着密切的关系。

例如零售商根据对消费者需求的预测以及库存状况制订订货计划，向批发商或者直接向生产商发出订货信息。批发商在接到零售商的订货信息后，在确认现有的库存水平能满足订单要求的基础上，向物流部门发出发货配送信息。如果现有库存不能满足订单要求，则马上组织生产，再按订货单上的数量和时间要求向物流部门发出配送信息。由于物流信息与商品交易信息和市场信息相互交融、密切联系，所以广义上的物流信息还包括来自商品交易活动，甚至生产活动的信息。

2．物流信息的种类

物流的分类方法有很多种，信息的分类方法更是有很多种，因此物流信息的分类方法也就有很多种。

① 按功能分类。按信息产生和作用所涉及的不同功能领域分类，物流信息包括仓储信息、运输信息、加工信息、包装信息、装卸信息等。对于某个功能领域还可以进一步细化，例如仓储信息分成入库信息、出库信息、库存信息、搬运信息等。

② 按作用层次分类。根据信息作用的层次，物流信息可分为基础信息、作业信息、协调控制信息和决策支持信息。基础信息是物流活动的基础，是最初的信息源，如物品基本信息、货位基本信息等。作业信息是在物流作业过程中发生的信息，信息的波动性大，具

有动态性，如库存信息、到货信息等。协调控制信息主要是指物流活动的调度信息和计划信息。决策支持信息是指能对物流计划、决策、战略具有影响的信息，包括企业物流运行相关的统计信息，如月运输量、库存周转率等。此外还包括企业运行相关的宏观信息，如科技、产品、法律等方面的信息。

③ 按加工程度的不同分类。按加工程度的不同，物流信息可以分为原始信息和加工信息。原始信息是指未加工的信息，是信息工作的基础，也是最有权威性的凭证性信息。加工信息是对原始信息通过各种方式和各个层次处理后的信息，这种信息是原始信息的提炼、简化和综合，利用各种分析工具在海量数据中发现潜在的、有用的信息和知识。

3．物流信息的特点

物流是一个集中和产生大量信息的领域，由于物流不断运动的性质，所以物流信息也随时间不断产生，并且信息量比一般的运动性相对较差的领域大得多。因此物流信息除具备信息的一般特点外，还具有以下几个特点。

① 信息量大。由于物流系统是一个大范围的活动，物流业务的时间、空间跨度都很大，物流信息是伴随着物流活动产生的，所以物流信息源也分布在一个大范围内，信息源点多、信息量大。

② 更新速度快，时效性强。随着社会化大生产的发展和面向客户的市场策略的变化，社会对物流服务的及时性要求也更加强烈。物流服务的快速、及时要求物流信息必须及时提供、快速反馈。因此物流信息动态性特别强，信息更新速度不断加快，信息价值的衰减速度也很快，这就对信息工作的及时性要求较高。

③ 物流信息种类多。不仅本系统内部各个环节有不同种类的信息，而且由于物流系统与其他系统，如生产系统、销售系统、消费系统等密切相关，因而还必须收集这些类别的信息。这就使物流信息的分类、研究、筛选等难度增加。

1.3 物流管理信息系统

1.3.1 物流管理信息系统的概念

物流管理信息系统是企业管理信息系统的一个重要的子系统，是企业对物流管理包括第三方物流管理的子系统。物流管理信息系统是由人员、硬件、软件、数据资源等组成的人机交互系统，其主要功能是进行物流信息的收集、存储、传输、加工整理、维护和输出，为物流管理者及其他组织管理人员提供战略、战术及运作决策的支持，以达到组织战略的竞争优势，提高物流运作的效率与效益。

物流管理信息系统涉及仓储作业管理、运输及配载管理、财务管理、人力资源管理等内容，物流管理信息系统实现了从物流决策、业务流程、客户服务的全程信息化，从而对物流进行科学管理。

物流管理信息系统可以从以下几个角度理解。

1．从系统的角度理解

从系统的角度，物流管理信息系统主要包括人员、硬件、软件和数据资源，其具体的构成如图 1-4 所示。

人员包括系统的使用人员、系统的开发人员和系统的维护人员。在信息系统的运行过程中，人员始终处于中心地位，计算机等硬件只是辅助工具。软件包括系统软件及应用软件。应用软件用于完成数据的收集、存储、传输、加工整理、维护和输出等，进而提供物流的运输、仓储、搬运、配送等各环节活动所需的物流信息；也涉及与之相关的不同层次的行业管理部门的信息系统，如海关清关系统、运输管理信息系统等。计算机硬件、网络通信设备等是支撑相应软件运行的载体。

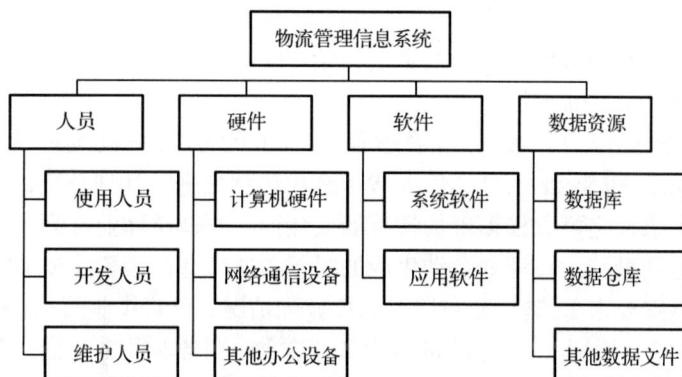

图 1-4 物流管理信息系统的构成

2. 从技术层面理解

物流管理信息系统主要是利用计算机技术、通信技术等现代化高新技术对物流管理过程进行全面的协调、控制以及优化，用以提升物流活动的整体效益与客户服务水平而形成的信息系统。在物流管理信息系统对物流信息进行收集、存储、传输、加工整理、维护和输出的过程中，使用的主要技术如图 1-5 所示。

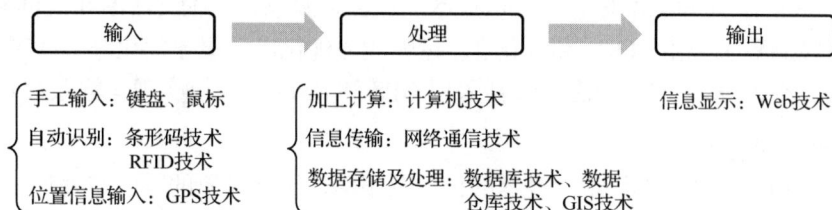

图 1-5 物流管理信息系统使用的主要技术

3. 从企业管理角度理解

从企业管理的角度，物流管理信息系统在横向上贯穿于物流的运输、仓储、搬运、配送等各个环节；在纵向上，物流管理信息系统既有支持物流各环节活动实现的基础作业执行层，又有支持中层管理者对物流活动进行协调和控制以及中期计划制订的管理控制层和决策分析层，还有支持高层战略计划制订的经理支持层。

1.3.2 物流管理信息系统的功能

物流管理信息系统是为了满足物流服务全过程的管理系统，因此物流管理信息系统以仓储和运输为主线管理物流服务各个环节，控制物流服务的全过程。总体上说，物流管理信息系统的功能包括仓储管理及仓储作业管理、运输及配送管理、订单管理、客户管理、财务管理和人力资源管理六个部分。

1. 仓储管理及仓储作业管理功能

随着企业规模扩大，产品结构越来越复杂，且整个市场对产品的个性化要求也日益提高，随之而来的问题是如何存储这些产品，如何在需要这些产品的时候迅速地找到它们，如何采用有限的仓储面积存储更多的物品，如何合理配置产品品项并以最低的品项数和库存数满足市场的需要以及如何安排仓库门口的装卸作业，使该作业能够迅速准确地被完成。物流管理信息系统中的一项功能就是对企业仓储作业信息的储存和加工，满足已完成仓储作业以及仓储管理的信息需求。

企业中完成仓储作业以及仓储管理信息需求的系统一般统称为仓储管理系统（Warehouse Management System，WMS）。WMS中包含先进的计划系统，该系统对于现场的作业状态非常敏感，它可以根据现场情况的变化而实时调整作业计划，使整个作业计划安排的效果能够达到最佳。在计划自动生成的时候，所考虑的因素主要有品项特性（是否对存储和搬运有特殊要求），储位分布以及储位分配情况，仓储作业面积，操作人员数以及操作人员的训练程度，作业允许的时间以及客户给定的服务时间，仓储设备的运行状况，等等。某些WMS将人们在实际仓储作业中的优秀经验整合到系统作业管理中，使系统能够充分整合现有的仓储资源而达到作业效率的最佳化。另外，仓储作业管理系统还要支持仓储内所有的自动化设备。

2. 运输及配送管理功能

运输及配送管理是物流中另一个主要功能，是对企业提供的运输及配送的服务进行计划、安排、监督以及执行，其功能包括运输工具管理（车、船、飞机等）、运输环境管理（运输线路、站点和地图）、人员管理（驾驶员、装载人员以及管理人员等）、运单管理（运单、运输计划排程等）、运输成本核算（人员成本、运输资源成本（工具成本和人员成本）、能源消耗核算控制等）、优化管理（路径优化、运输能力优化以及服务优化等）、客户管理（客户订单服务、查询等）、跟踪管理（包括采用GPS和SMS等系统实现运输跟踪管理）等。

3. 订单管理功能

订单管理功能是对物流订单全过程的记录及跟踪，包括订单的接收与处理、客户订货确认、客户订单的实时跟踪记录以及客户查询等。订单管理功能的特征是：格式规则化、通信交互化、交易批量化以及作业程序化。

4. 客户管理功能

物流服务是以客户服务为中心的，所以对于物流管理信息系统来说，客户管理功能必不可少。物流服务的整个过程会涉及三类客户：托运人（货主、货代、生产商等）、收货人和中间承运商。因此物流管理信息系统中的客户管理功能是对这三类客户基础信息的录入与维护，并在此基础上进行商务智能分析，实现客户细分和客户流失分析、客户信用评价、客户的获取与保持、客户盈利能力分析等功能。

5. 财务管理功能

会计电算化已经在我国发展了十多年，但大多数财务软件只是手工作业的模拟，并没有在企业管理上加强控制，而物流管理信息系统的财务管理，恰恰突出了财务的管理功能，其中集中体现在应收、应付管理上。

6. 人力资源管理功能

和 ERP 的人力资源管理不同，物流系统所赋予的人力资源管理主要是针对作业人员的管理。它包括了人员属性记录、工作经验记录、岗位经验记录和奖惩记录。在我国物流企业中，除管理人员以外，大多数作业人员来源于劳务市场和外来打工人员，这些人员流动性较大，且劳务市场对这些人员的管理水平较低，因此物流管理信息系统必须提供基于物流运作需求的人力资源管理，建立人力资源数据库。

人力资源流动性大带来的结果之一就是无法稳定地提高作业规范化水平，无法通过长期培训使劳务人员逐步成长为专业操作人员。因此，必须通过人力资源数据库对所有参加过本企业工作的人员加以记录，形成基于本企业需求的劳务市场，从而使基于本企业的劳动力技能得到提升。

1.3.3 物流管理信息系统的分类

物流管理信息系统的概念包含广泛，从不同的角度可以分为很多类别。按照功能分类，如上一部分所描述，物流管理信息系统可以分为仓储管理子系统、运输管理子系统、配送管理子系统、订单管理子系统、客户管理子系统、财务管理子系统和人力资源管理子系统等；按照应用对象分类，可以分为面向物流企业的物流管理信息系统，面向第三方物流企业的第三方物流管理信息系统，面向跨境电商的跨境电商物流管理信息系统，面向零售商、中间商、供应商的物流管理信息系统等；按照物流业务的范围可以分为国内物流业务管理信息系统、国际物流业务管理信息系统等；按照服务企业管理的层次分类，可以分为物流执行系统、物流管理控制系统、物流决策支持系统、物流经理信息系统。下文将对物流企业应用比较广泛的按照物流组织内部的管理层次的分类方式进行详细论述，如图 1-6 所示。

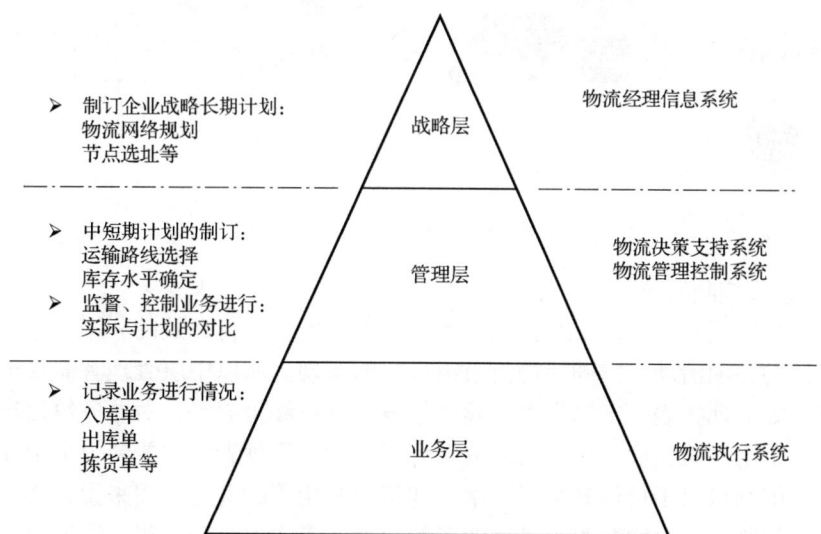

图 1-6　物流管理信息系统按照组织管理层次的分类

1．物流执行系统

业务层工作人员的工作任务是当有业务发生时，将业务信息准确无误地、及时地记录下来，包括记录订货内容、安排拣货任务、选择作业程序、装船、运输、配送、发货、开发票以及查询客户等，会相应产生订货单、入库单、拣货单、出库单等单据。物流执行系统是在数据（信息）发生处将它们记录下来，通过简单加工产生新的信息，将信息保存到数据库中供其他信息系统使用，提高业务处理效率并保证其正确性。物流执行系统是为了满足业务层工作人员的需求，进行日常业务处理、记录、汇总、综合和分类。这部分工作是结构化的，即工作流程、工作方法以及数据格式等都是固定的和重复发生的。这样的工作通过物流管理信息系统的应用可以减少差错、避免丢失、减轻劳动、改善工作条件和提高处理效率。

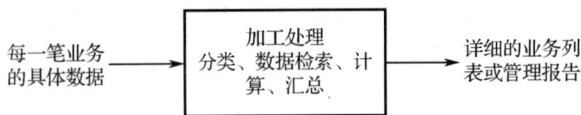

图 1-7　物流执行系统的运行过程

物流执行系统的运行过程如图 1-7 所示。这类系统是面向物流基层业务的活动，即对每日物流服务正常运作必需的常规事务所发生的信息进行处理。处理的问题高度结构化，即能完全按照事先制定好的规则或程序进行，每发生一笔业务都要及时、准确地将业务数据如实地记录下来。物流管理信息系统的功能是对这些业务数据进行排序、分类、汇总等简单的数据加工，最终输入有关该笔业务的列表或管理报告。

例如物流中的入库业务，物流入库工作人员首先输入每一个需要入库的货品信息，然后通过物流执行系统对所有入库物品进行分类、汇总等加工，输出一定格式的入库单，并对数据库信息进行更新和存储，如图 1-8 所示。

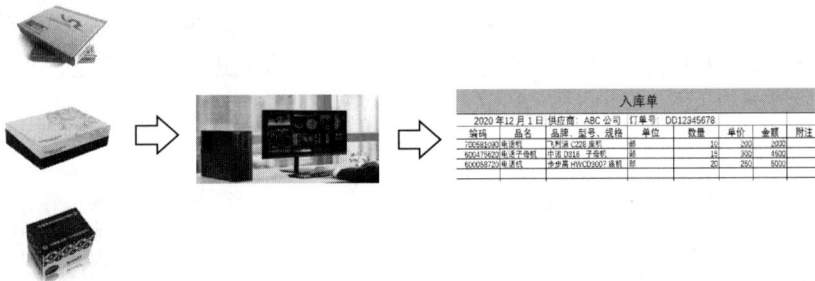

图 1-8　物流中的入库业务示例

2．物流管理控制系统

物流活动的中层管理者需要对物流过程中的各种资源进行有效的利用，通过计划、检查和控制物流的各项活动，以确保物流组织目标的实现。所以中层管理者需要根据一系列不同的报表，如周期报表、定制报表、异常报表以及详细报表等，对业务数据进行概括、集中和分析，提出决策建议。这个功能的实现要求中层管理者把主要精力集中在功能衡量和报告上，功能衡量对于提供有关服务水平和资源利用等的管理反馈来说是必要的。

物流管理控制是针对物流组织各种业务的全面、集成的管理过程，能够向企业中层领导提供全面的、定期的常规报告和例外报告，并能利用系统所具有的数据库和一些简单的经济管理模型，产生关于企业过去、现在和未来的各种信息，供决策使用。物流管理控制系统具体运行过程如图 1-9 所示。

图 1-9　物流管理控制系统具体运行过程

　　例如物流业务的中层管理者对企业的客户进行分析，来了解客户信誉等基本情况，可以按照管理者的需求，生成有关客户信息的定制报表，如图 1-10 所示，为管理者的决策提供服务。

A公司客户分析表

报表条件：2020.8-2020.10

		时间：	2020.12.1 10:00		
		币种：	人民币		
		单位：	万元		

客户号	客户名	贷款金额	欠款金额	交往历史（年）	客户分类
700581090	张园	8980.54	6980.54	5	B
700581091	李立峰	10756.32	5756.32	4	A
700581092	徐达	8022.75	6022.75	9	A
700581093	沈欣悦	5066.34	3066.34	7	B
700581094	徐冰	9845.32	7845.32	1	B
700581095	刘天帅	7582.31	5582.31	8	C
700581096	张子楠	203356.24	83356.24	5	A
700581097	丁磊光	16872.35	14872.35	5	C
700581098	赵艳芬	32158.87	30158.87	1	C
700581099	宋宝辉	9967.56	7967.56	8	B
700581100	刘永辉	1586.21	321.2	8	C
700581101	郑建勇	30556.32	28556.32	1	C
700581102	王琦凡	580.45	150.25	9	C

图 1-10　A 公司客户定制报表示例图

📝 相关链接

　　随着计算机技术的发展，现在企业的报表向着多维化、可视化的方向发展，如图 1-11 所示，能给企业管理者的监督和控制提供全面、实时、直观的信息，以更好地辅助决策。

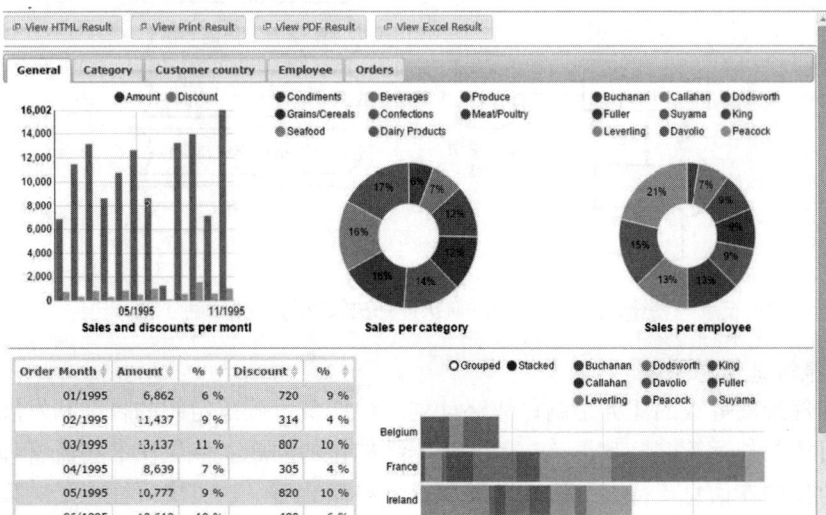

图 1-11　多维可视化报表示例

3．物流决策支持系统

决策支持系统（Decision Support System，DSS）是以管理科学、运筹学、控制论和行为科学为基础，以计算机技术、仿真技术和信息技术为手段，针对半结构化的决策问题，支持决策活动的具有智能作用的人机系统。物流决策支持系统作为一种决策支持系统，其主要精力集中在决策应用上，协助管理人员鉴别、评估和比较物流战略和策略的可选方案。决策分析与管理控制不同的是，决策分析的主要精力集中在评估未来策略的可选方案上，并且对各种方案进行评价和优选，通过人机交互功能进行分析、比较和判断，为正确的决策提供必要的支持。它通过与决策者的一系列人机对话过程，为决策者提供各种可靠方案，检验决策者的要求和设想，从而达到支持决策的目的。物流决策支持系统的运行过程如图1-12所示。

图 1-12　物流决策支持系统的运行过程

决策支持系统一般由交互语言系统、问题系统以及数据库、模型库、方法库、知识库管理系统组成。物流企业管理者根据要决策的问题首先选择需要用到的模型、知识、方法等存储在物流管理信息系统中，在遇到需要决策的问题时，在物流决策支持系统中选择适当的模型、知识或方法，将原始数据输入系统，经过系统的加工处理，将问题决策的结果输出给管理者参考。

例如某公司的航次评估决策支持系统，如图1-13所示。该系统首先建立航次评估体系模型，然后将某货物的运输路径等信息输入该系统中，该系统选择模型进行计算，最终得到各航次的评估结果，并推选最优方案，供决策者参考。

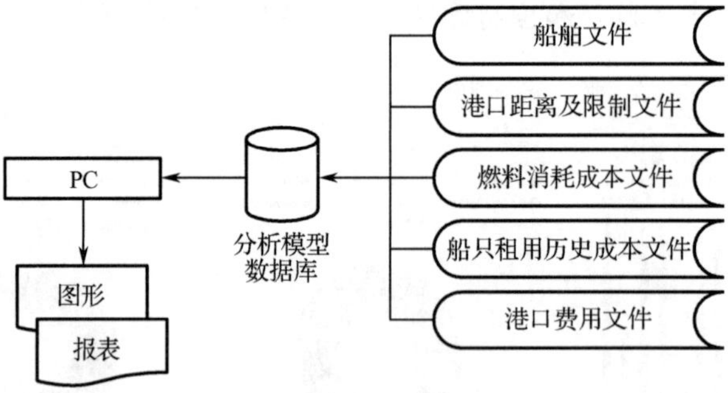

图 1-13　某公司的航次评估决策支持系统示例

4．物流经理信息系统

物流经理最高等级的任务是制订战略计划，他们负责确定组织的目标和发展方向，制定实现该目标的长远策略，其策略一般属于非结构化的问题。该层次的物流管理信息系统的主要精力集中在信息支持上，以期开发和提炼物流战略。这类决策往往是决策分析层次的延伸，但是通常更加抽象、松散，并且注重长期信息。

物流经理信息系统能够使高层管理者得到更快、更广泛的信息，能够迅速、方便、直观（用图形）地提供综合信息，并可以预警与控制"成功关键因素"遇到的问题。物流经理信息系统还是一个"人际沟通系统"，经理们可以通过网络下达命令，提出行动要求，与其他管理者讨论、协商、确定工作分配，进行工作控制和验收等。物流经理信息系统的运行过程如图 1-14 所示。物流经理信息系统主要是提供高层决策者进行决策时需要的内外部的综合信息，通过一定的图形工具或分析工具，将内外部信息以直观、清晰、综合的方式表现出来，便于高层决策者理解。

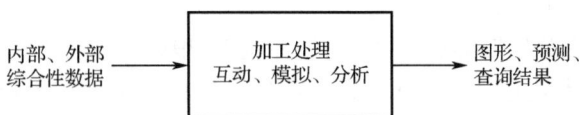

图 1-14 物流经理信息系统的运行过程

例如在物流行业，通过对本企业内部经营数据的分析以及企业外部经济发展趋势、客户分布等情况的分析，进而利用某种算法来对物流网络分布情况进行优化，提高物流效率，降低物流成本，这就是物流经理信息系统在物流企业中的应用。

1.3.4 物流管理信息系统的体系结构

系统体系结构是一个综合模型，包括一组部件以及部件之间的联系，用来完整描述整个系统。物流管理信息系统的体系结构有单用户体系结构、客户端/服务器（Client/Server，C/S）体系结构、浏览器/服务器（Browser/Server，B/S）体系结构和点对点网络（Peer To Peer，P2P）体系结构四种。随着网络通信技术的发展，以及企业业务运营量的增多和访问客户的增多，C/S 体系结构和 B/S 体系结构是企业普遍采用的两种结构。

1. C/S 体系结构

C/S 体系结构是 20 世纪 20 年代开始使用的一种系统开发体系结构。在这种结构中，网络中的计算机分为两个部分，即客户端和服务器。C/S 体系结构可以充分利用两端硬件环境的优势，将任务合理分配到客户端和服务器端来实现，降低了系统的通信开销，C/S 体系结构如图 1-15 所示。

图 1-15 C/S 体系结构

（1）C/S 体系结构的原理

C/S 体系结构是以数据库服务器为中心、以客户端为网络基础、在信息系统软件支持下的两层结构模型。在这种体系结构中，用户操作模块安装在客户端上，数据存储在服务器上的数据库中。客户端依靠服务器获得所需要的网络资源。

客户端一般是一台微型计算机、便携式计算机，可以直接运行客户需求，也可以通过网络向服务器输入资料，或从服务器获取资料。服务器端由数据库服务器来实现，唯一的职能是提供数据库服务。服务器端在获取客户端的资料后，分析、处理并存储，向客户端提供应用软件、数据资料等服务，并执行客户端看不见的后台功能。

（2）C/S体系结构的优缺点

C/S体系结构能充分发挥客户端PC的处理能力，很多工作可以在客户端处理后再提交给服务器，对应的优点就是交互性强、具有安全的存取模式、响应速度快、利于处理大量数据。

C/S体系结构的缺点主要有以下三个。

第一，扩展性差。随着互联网的飞速发展，移动办公和分布式办公越来越普及，这需要我们的系统具有扩展性。这种远程访问方式需要专门的技术，同时要对系统进行专门的设计来处理分布式的数据。

第二，客户端工作任务重。客户端需要安装专用的客户端软件，首先涉及安装的工作量，其次任何一台电脑出问题，如病毒、硬件损坏，都需要进行安装或维护。

第三，维护成本高。C/S体系结构中的程序由于具有整体性，必须整体考察、处理出现的问题以及进行系统升级，有可能是再做一个全新的系统。而且系统软件升级时，每一台客户机都需要重新安装，其维护和升级成本非常高。

虽然C/S体系结构在技术上已经很成熟，但是C/S体系结构以上的缺点，增加了维护和管理的难度，导致进一步的数据拓展困难较多，所以C/S体系结构只限于小型的局域网。

2. B/S体系结构

（1）B/S体系结构的原理

B/S体系结构是将C/S体系结构中的客户端分离为用户界面层、业务逻辑层和数据访问层，如图1-16所示。

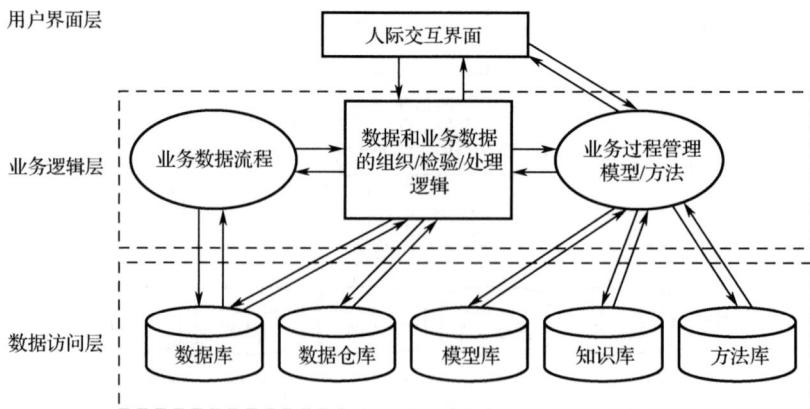

图1-16　B/S体系结构

B/S体系结构，即浏览器/服务器体系结构。它是随着Internet技术的兴起，对C/S体系结构的一种变化或者改进的结构。在这种结构下，用户工作界面通过浏览器来实现，极少部分事务逻辑在浏览器端实现，主要事务逻辑在服务器端实现，形成所谓的三层结构。这样就大大减轻了客户端电脑载荷，减轻了系统维护与升级的工作量，降低了用户的总体成本。B/S 体系结构的具体功能分配如下。

第一层，用户界面层。用户界面层是用户直接操作的界面。该层由界面外观、表单控件、框架及其他部分构成。用户界面层负责使用者与整个系统的交互。在这一层中，理想的状态是不包括系统的业务逻辑。表示层中的逻辑代码，仅与界面元素有关。同时用户界面层还要负责用户数据的录入和校验，并传送给业务逻辑层。

第二层，业务逻辑层。业务逻辑层是整个系统的核心，它与这个系统的业务（领域）有关，负责按照用户界面层提交的请求，并按照业务逻辑提取、过滤和处理数据，将处理完的数据包返回给用户界面层进行显示。

第三层，数据访问层。数据访问层的结构是最复杂的，该层负责系统数据和信息的存储、检索、优化、自我故障诊断/恢复以及业务数据。它根据业务逻辑层的要求，从数据库中提取或修改数据。访问数据库是系统中最频繁、最消耗资源的操作，所以要优化对数据库的访问，提高系统的性能和可靠性。

（2）B/S 体系结构的优缺点

B/S 体系结构的优点主要体现在以下四点。

第一，系统稳定性强。在 B/S 体系结构中，业务逻辑层缓冲了用户与数据库系统的实际连接，使数据库系统的实际连接数量远小于应用数量。在访问量和业务量加大的情况下，可以用多台主机设备建立集群的方式共同工作，进行业务逻辑处理，实现负载均衡。

第二，交互性强。B/S 体系结构能够直接放在广域网上，经过必要的权限控制实现多客户访问的目的，交互性较强。而且客户端无须安装，有 Web 浏览器即可。

第三，系统易于维护。在 B/S 体系结构中，业务逻辑在中间服务器上，并且采用构件化方式设计，当业务规则变化后，用户界面层不做任何改动，就能立即适应。

第四，响应速度快。B/S 体系结构通过负载均衡以及业务逻辑层缓存数据能力，可以提高对客户端的响应速度。

由于 B/S 体系结构建立在广域网之上，对安全的控制能力相对弱，可能面向不可知的用户，因此在网络安全方面要花费很大的精力与财力。

3．P2P 体系结构

P2P 体系结构取消了服务器的中心地位，各个系统内的计算机可以通过交换直接共享计算机资源和服务，如图 1-17 所示。在这种体系结构中，计算机可对其他计算机的要求进行响应，请求响应的范围和方式都根据具体应用程序不同而有不同的选择。目前对等网络有纯 P2P 模式、集中模式及混合模式，P2P 体系结构是迅速发展的一种新型网络结构模式。

P2P 体系结构不需要建立成本高昂的服务器平台，特别是立足现有网络建立起的 P2P 体系结构信息系统几乎没有成本。P2P 体系结构要求用户使用专门的客户端软件，不同的信息系统和客户端软件对硬件配置的要求有很大的区别。P2P 体系结构系统内计算机的配置和使用各不相同，维护和扩展工作较为复杂。P2P 体系结构网络内大多数计算机由不同用户控制，网络相对混乱，系统整体效果存在的问题不可预见，系统安全与稳定方面存在很大的风险，但由于信息分布在不同的计算机上，不会因为一台计算机的故障导致整个系统的瘫痪。

随着信息系统规模不断扩大、复杂程度日益提高，体系结构模式对信息系统性能的影响越来越大，不同功能的信息系统对体系结构模式有不同的要求，各种体系结构模式的信息系统在开发和应用过程中也有很大的区别。选择和设计合理的体系结构模式甚至比算法设计和数据结构设计更重要。物流组织应该根据自身的需求选择合适的体系结构。

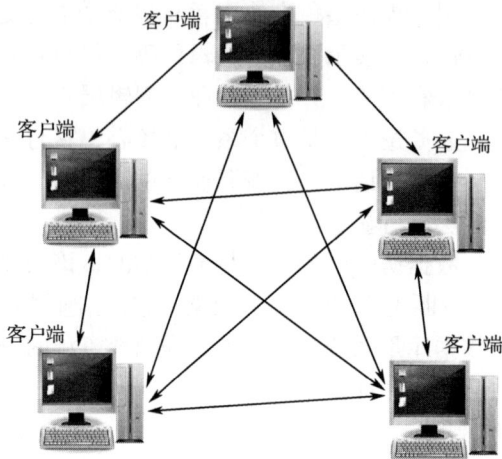

图 1-17　P2P 体系结构

本章小结

本章是对物流管理信息系统的概述，首先介绍了与物流管理信息系统相关性较大的两个概念——系统与信息，并分析了物流信息的概念、种类及特点。在此基础上重点介绍了物流管理信息系统，包括物流管理信息系统的概念、功能、分类及其体系结构。通过本章的学习，可以对物流管理信息系统有初步的认识，为后面章节的学习做好准备。

思考题

1. 系统的特点有哪些？
2. 简述信息与数据的区别与联系。
3. 物流信息具有哪些特点？
4. 物流管理信息系统的功能有哪些？
5. 从组织管理层次角度看，物流管理信息系统有哪些类别？
6. 请论述不同类别的物流管理信息系统对信息需求有何不同。

案例分析

安得智联"一盘货"如何助力快消企业构建核心竞争力？

当下，用户消费渠道日趋多元化，如何推动渠道模式变革、突破传统模式下的供应链瓶颈，以实现价值链效益最大化，成为快消品行业亟待破解的难题。

在 2021 年快消行业供应链转型企业年会现场，安得智联发布了快消"一盘货"产品，此产品是面对快消领域痛点的针对性解决方案。

1. 商流变革引发快消"短链"升级

众所周知，快消行业的渠道结构远远复杂于家电行业。这源于快消产品的特性：生命周期短、同质化严重、迭代速度快、更易于激发用户购买意愿。尤其是近几年，随着直播电商、社区团购等模式的兴起，多渠道、小批次、高频率的销售订单愈发成为常态，客户体验的要求不断提升，这也意味着企业要缩短交付时间，提升供应链交付能力。

但一直以来，传统经销渠道层层代理、层层分销的模式阻碍着供应链的发展。在传统模式下，经销商负责资金、渠道分销以及物流服务等多个环节，"一把抓"的模式带来的是大规模生产和密集分销，导致诸多问题。

① 在商流层面，不同销售团队独立运作，市场被分割，线上线下无法融合，旺季时节缺货、淡季空仓闲置等现象频发。

② 在物流层面，分布在城市各地的资源难以整合，同时，由于经销商各仓库规模不同，部分仓小而分散，难以管理。

此外，由于前端的产销不平衡，营销部门缺乏真实数据支撑；财务会花费更多的费用进行库存盘点；经销商的下游物流不可控，无法保障用户体验；传统分销渠道已经无法满足新零售时代的需要。

在此背景下，快消品牌必须迎来改变。以青岛啤酒为例，2020 年，青岛啤酒针对疫情带来的不确定性，率先进行变革，推出无接触配送、分销员计划、百万社区大酬宾等一系列分销模式，这些模式也需要供应链的变化。

青岛啤酒一直在数字化领域加速建设。青岛啤酒供应链总裁姜宗祥表示，"我们正在打造供应链一体化的方案，青岛啤酒的未来要基于'一盘货'运营生鲜，加强线上线下融合，打造高端产品供应链体系；同时推进'仓干配'一体化共享运营，实现共同配送。"

这种"短链""共享""一体化"的理念和安得智联快消"一盘货"产品不谋而合。在"一盘货"模式下，安得智联联合青岛啤酒，从计划前端和渠道后端双向延伸，借助统仓统配模式实现商流、物流、资金流、信息流的统合优化，从而降低供应链成本，提升供应链整体效率。

2. 在渠道碎片化下，安得智联如何推进快消"一盘货"

新零售时代，随着用户购买渠道的增多，订单碎片化也是企业需要破解的难题。快消"一盘货"产品依托四大综合解决方案，通过建立共配中心，促进深度分销，提升渠道效率，形成产品+供应链+服务优势。

① "一盘货"统仓统配解决方案。这个在之前的介绍中有提到，安得智联通过全价值链端到端的物流服务能力，推动统仓统配，实现全渠道"一盘货"。

在仓网布局上，安得智联在全国拥有 138 个配送中心，3000 个送装网点，3.9 万个乡镇全覆盖，以深度和广度的仓网物流能力，支持"一盘货"变革。

这张物理网络可为快消、家电、家居各行业提供物流全链路服务，包括入仓物流、VMI仓、生产精益物流、干支线运输、仓储管理、城市配送和送装一体，针对客户的需求可自由挑选产品进行组合并提供方案，整个网络具有非常强的灵活性。

② 安得城配产品。这是安得智联推出的新产品，安得城配网络覆盖末端全业务场景，多种运力资源整合以保障高效送达，包含当日达、次日达、隔日达等标准时效，还能为客户提供定制化服务。

安得智联在每个省都有中心仓、销售仓、代理仓和店仓，通过四仓合一完成线上线下库存共享。

③ 安得经销渠道 IT 产品。安得"一盘货"信息平台打通从订单、仓库到运输全链路，支持渠道变革。实现订单全流程可视和关键节点控制及输出，形成信息资产，为客户赋能，提升效率及消费者满意度。

④ 金融服务产品。安得智联为核心客户供应链上下游提供物流金融服务解决方案，针对核心企业及其供应商、经销商，联合金融机构为供应链上下游提供优质、便利的融资/结算产品，为金融机构提供信息流、物流监控及质押监管服务。

3. 快消"一盘货"产品能带来哪些价值

首先，快消"一盘货"产品的最大优势就是价值链系统成本领先与显性价值提升。数字经济时代，数据是重中之重，通过"一盘货"模式，安得智联可以建立一套可靠的数据体系，包括经销商卖了哪些产品、哪些产品好卖、在哪里卖，等等，这些数据真实且有效。再通过数据驱动，以销定产，可以极大降低供应链的成本，提升效率。

其次，还能提升品牌方主业的综合竞争优势。通过销售/物流信息整合优化动销和铺货率，销售与物流分离后，经销商专注于商流，物流服务于经销商以提升服务；同时可以降低经销商的开发门槛，促进销量增长。

最后，可以推进模式创新。例如下线直发、带板运输、订单集约、集中逆向回瓶等模式，都可以进行试验和应用。此外，通过"一盘货"产品，经销商可以专注于商流运营，将物流放心交给安得智联。

在商流层面，通过深度分销，大经销商转型为运营商，做好区域销售与渠道拓展管理，分销网络直接控制到县区。

安得智联总裁梁鹏飞表示，"不管时代怎么变，开放、合作、价值共创的底层逻辑不会变。"在这之中，安得智联要做的是底层路由，并且不断建设物流网络服务能力，为更多品牌商降本增效，打造一个良性的开放生态；并通过"一盘货"模式打通渠道网络，做好物流服务，在此基础上不断深化，实现全行业的共建、共创和共享。

可以预见，未来安得智联将协同行业伙伴，全力加快快消行业数字化转型，基于数字化和自动化优势，通过推广"一盘货"解决方案，携手进行渠道物流转型升级，为企业价值链变革作出贡献。

思考题：

1. 快消产品物流信息的特征是什么？

2. 本案例中"一盘货"的物流管理信息系统具有哪些功能？

3. 安得智联的物流管理信息系统服务于组织中的哪些层次，属于什么类别的物流管理信息系统？

第 2 章
物流管理信息系统的技术基础

导入案例

危险货物堆场数字化监管——大连集发南岸国际物流纪实

大连集发南岸国际物流有限公司是辽宁港口集团全资子公司，场地位于大连口岸危险货物进出口的后方堆场，担负整个地区的危险货物、集装箱物流职能。危险货物是具有易燃、易爆或具有强烈腐蚀性的化学物品，其生产、使用和存储的过程均涉及安全问题。危险货物场站的核心生产要素是危险货物，一切生产活动和安全管理活动都要以货物特性为主。在危险货物堆场的管理过程中，必须根据具体的货物特性，采取不同的安全管理措施，实施不同的管理和操作工艺。大连集发南岸国际物流有限公司借助信息化手段以及物联网硬件，在堆场管理方面，建立信息化管控体系，在保证安全的大前提下，打造以客户和货物为核心的全链条服务平台。

1. 危险货物堆场管理

大连集发南岸国际物流有限公司建立以危险货物为核心的生产操作系统，全面涵盖所有业务点，实时跟踪操作数据，实现"所有业务数据化，所有数据业务化"，任何一种业务都有数据进行支撑，任何时候都可以从系统中获取所需要的信息。该生产操作系统连接业务委托模块与计划模块、智能大门模块、场地无线操作模块，形成安全管理和业务操作系统闭环。

通过建立危险货物储存系统，结合场区内无线终端操作，实现场地仓库及堆存区货物图形化显示方式，达到快速查询数据的目的。在图形界面，可以实时获得场内集装箱的箱号、货物名称、位置、货物类别、箱来源、应急联络人及电话等信息。

2. 系统化管理危险货物堆存

根据危险货物管控要求，针对不同特性的危险货物，堆存时必须考虑相互的依存关系，遵循分类堆存原则。将该原则编制为智能算法，由信息系统统一进入管控计划、操作环节。

分类显示可通过集装箱层数进行实时显示，也可通过危险货物类别进行实时显示。用户可根据自己的需求调整所需显示的类别，同时自定义所需显示的颜色标识。系统全面接入和海关、检验检疫部门、海事、港口局、码头、船公司等的数据接口，所有进出口操作在系统级别以电子监管指令进行校验。

危险品操作数据和场站实时操作数据通过系统接口与政府监管部门进行实时共享，系统对所有历史数据进行分类归档，通过智能算法进行分析，根据不同需要自动生成业务报表。

3. 危险货物安全管理

（1）化学品安全说明书管理

在危险货物场站操作系统中，对货物的化学品安全说明书进行了电子化处理，在现场操作环节配备 4G 手持终端，操作人员通过对箱号进行拍照，系统通过图像识别技术，对箱号进行识别，在系统内调取对应的化学品安全说明书信息，直接在屏幕上显示，实现化学品安全说明书信息的自动提取。

（2）操作管理

对于高危货种，在系统内部进行了定义，限定每一种特定货种的最大堆存量，限定每一种特定货种的在场堆存时间。系统在货物入场环节自动进行校验，若场地内堆存量超限，则系统限制入场；若超过堆存时间要求，同样无法入场。

（3）场地操作

将计划、调度、仓库作业、现场操作、车辆、检查桥完全打通，涵盖所有日常业务操作。计划部门的作业指令直接发送到现场作业模块，现场根据电子化作业指令清单进行实际操作，形成系统规则，规范作业。

（4）高危货种限时限量

对于高危货种，要求危险货物场站对货物进行限时、限量操作管理。系统内置行业管理规则，不同货种采取不同的堆存策略。

安全无小事，危化品物流风险控制尤其重要。因此，通过数字技术对危化品运输过程进行全流程、可视化管控，是确保危化品运输安全的必要手段。大连集发南岸国际物流有限公司将传统的安全管理流程转换为数字化的全程动态管理，对口岸危险货物操作，对本地区安全保障工作提供强有力的数据支持。

❓ 案例思考

1. 在危险品物流过程中需要对哪几类信息进行处理？

2. 大连集发南岸国际物流有限公司利用哪些信息技术实现对危险货物物流全程数字化监管？

📝 学习目标

1. 理解在物流管理信息系统中涉及的信息技术有哪些。
2. 理解自动识别技术都有哪些。
3. 掌握各种自动识别技术的工作原理。
4. 掌握各种自动识别技术在物流管理信息系统中的应用。
5. 理解数据库系统的构成及常用的类型。

6. 掌握数据仓库的特征及在物流管理中的应用。
7. 理解网络通信技术的概念及类型。
8. 掌握网络通信技术在物流管理中的应用。
9. 掌握定位系统对于物流的作用。
10. 掌握 GIS 技术在物流中的应用。

2.1　物流信息的自动识别技术

2.1.1　条形码技术

1. 条形码的概念

条形码是将宽度不等的多个黑条和白条，按照一定的编码规则排列，用以表达一组由字符、数字及符号组成的信息的图形标识符。条形码系统是由条形码符号设计、制作及扫描阅读组成的自动识别系统。

条形码是由不同宽度的浅色和深色的部分组成的图形，如图 2-1 所示。这些条、空和相应的字符代表相同的信息。上半部分用于机器识读，下半部分供人直接识读或通过键盘向计算机输入数据使用。这种用条、空组成的数据编码很容易译成二进制和十进制数。这些条和空可以有不同的组合方式，从而构成不同的图形符号，即各种符号体系。条形码的编码要求也称码制，适用于不同的场合。

图 2-1　条形码示意图

条形码技术是以计算机、光电技术和通信技术为基础的综合性高新技术，是高速发展的信息技术的一个重要组成部分。由于具有快速、准确、低成本、高可靠性等优点，已被世界各国，特别是发达国家广泛应用于商业、仓储、邮电、交通运输、票证管理、图书文献、医疗卫生、工业生产自动控制、质量跟踪等领域。近年来，随着我国市场经济的迅速发展和对外开放的不断深入，条形码技术作为一种成熟的信息处理技术，不仅在我国商品流通领域得到了广泛的应用，而且还在工业生产自动控制、质量跟踪、仓储等领域不断发展。条形码技术是物流管理信息系统的一部分。应用条形码技术的目的主要是实时而准确地获取信息，及时掌握准确的物流相关信息，并对客户的需求做出快速响应，从而最大限度地占有市场份额。

2. 物流系统常用的几种码制

常见的条形码大概有二十多种码制，其中包括：Code39 码（标准 39 码）、Code39EMS（EMS 专用的 39 码）、Codabar 码（库德巴码）、Code25 码（标准 25 码）、ITF25 码（交叉 25 码）、Matrix25 码（矩阵 25 码）、UPC-A 码、UPC-E 码、EAN-13 码、EAN-8 码、中国邮政码、Code-B 码、MSI 码等一维条形码和 PDF417 等二维条形码。

目前，国际广泛使用的条形码种类有 EAN 码、UPC 码、Code39 码、ITF25 码、Codabar 码（多用于医疗、图书领域）、Code128 码等。其中，EAN 码是当今世界上应用最广泛的商品条形码，它是电子数据交换的基础；UPC 码主要为美国和加拿大使用；在各类条形码的应用系统中，因为 Code128 码可采用数字与字母共同组成的方式而在各行业内部管理中被广泛使用。

由于物流系统在地域、时间跨度上较大，涉及多个生产企业、运输业、配销业，稳定性差，需要其具有较高的协调性。物流的流通需要迅速、及时，鉴于物流的种种特点，物流条形码需要具有以下特点：储存单元的唯一标识，服务于供应链的全过程，信息多，可变性强，维护性高。目前现存的条形码码制多种多样，国际上常用和公用的物流条形码只有 EAN 码及 UPC 码（通用商品条形码，我国以 EAN 码为主）、UCC/EAN-128 码（贸易单证 128 码）、交叉二五码。另外，二维条形码在物流业也有广泛的应用。

（1）EAN 码

EAN 码是国际上通用的商品代码，我国通用商品条形码标准采用 EAN 码结构。EAN 码有两种类型，即 EAN-13 码和 EAN-8 码。

EAN-13 码由 13 位数字码及相应的条形码符号组成，其相应的条形码符号如图 2-1 所示。它包括前缀码、制造厂商代码、商品代码和校验码四部分。其中前缀码由两位或三位数字组成，是国家代码，如 00 至 09 代表美国、加拿大；45 至 49 代表日本；690 至 695 代表中国（大陆）；471 代表我国台湾地区；489 代表我国香港特别行政区，是国际物品编码组织统一分配的；制造厂商代码由接着的四或五位数字组成，是由我国物品编码中心统一分配并统一注册，一厂一码；商品代码由五位数字组成，表示每个制造商的商品，由厂商确定，可标识十万种商品；校验码是最后一位数字，用以校验前面各码的正误。例如，上海晨光文具股份有限公司的 Q7 黑色中性笔的 EAN 码如图 2-2 所示，其中"694"代表中国，"7503"表示"上海晨光文具股份有限公司"，"71806"表示"Q7 系列的黑色、0.5mm、12 支装的中性笔"，最后一个"0"是校验码，用于检验条形码的正确性。

图 2-2　产品 EAN 码举例

EAN-8 码在较小的商品上采用，其相应的条形码符号如图 2-3 所示。EAN-8 商品条形码是指用于标识的数字代码为 8 位的商品条形码，前三位代表国家代码，后四位表示商品代码，最后一位是校验码。

（2）UCC/EAN-128 码

UCC/EAN-128 码是由国际物品编码组织、美国统一代码委员会和自动识别制造商协会制定的一种连续型、非定长条形码，能更多地标识贸易单元中需表示的信息，如产品批号、数量、规格、生产日期、有效期、交货地等，如图 2-4 所示。

图 2-3　EAN-8 码示意图

图 2-4　UCC/EAN-128 码示意图

UCC/EAN-128 码由应用标识符和数据两部分组成，每个应用标识符通常由 2 位到 4 位数字组成。UCC/EAN-128 码由双字符起始符号、数据符、校验符、终止符及左、右侧空白区组成。条形码应用标识的数据长度取决于应用标识符，应用标识符的含义如表 2-1 所示。

表 2-1　条形码应用标识符的含义

应用标识符	含　义	格　式
00	系列货运包装箱代码	数字　最长 18 个字符
10	批号或组号	数字字母组合　最长 20 个字符
11	生产日期	6 位数字　年年月月日日
15	保质期	6 位数字　年年月月日日
37	物流单元内贸易项目的数量	8 位数字
403	路径代码	数字字母组合　最长 30 个字符
420	统一邮政区域内交货地点的邮编	数字字母组合　最长 20 个字符

UCC/EAN-128 码因为可携带大量信息，所以应用领域非常广泛，包括制造业的生产流程控制、批发物流业或运输业的仓储管理、车辆调度、货物追踪等，它是使信息伴随货物流动的全面、系统、通用的重要商业手段。

（3）交叉 25 码

交叉 25 码由左侧空白区、起始符、数据符、终止符及右侧空白区构成。它的每一个条形码数据符由 5 个单元组成，其中 2 个是宽单元（表示二进制的"1"），3 个是窄单元（表示二进制的"0"）。条形码符号从左到右，表示奇数位数字符的条形码数据符由条组成，表示偶数位数字符的条形码数据符由空组成。组成条形码符号的条形码字符数个数为偶数。当条形码字符所表示的字符个数为奇数时，应在字符串左端添加"0"。交叉 25 码的示意图如图 2-5 所示。

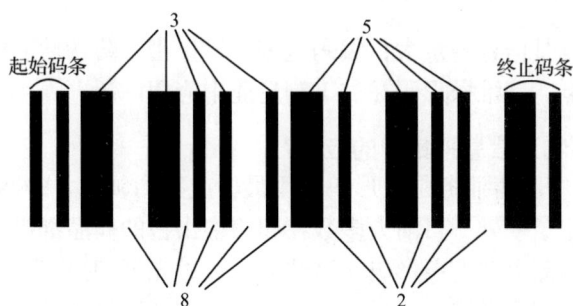

图 2-5　交叉 25 码的示意图

交叉 25 码由美国的 Intermec 公司于 1972 年发明，初期广泛应用于仓储及重工业领域。1981 年美国开始将其用于运输包装领域。1987 年，日本引入交叉 25 码，标准化后用于储运单元的识别与管理。

（4）二维条形码

针对一维条形码的信息密度低、容量小的缺点，二维条形码提供了很好的解决方案。

在更小的区域内编码更多的信息需求驱动了二维条形码的发展、标准化和应用的增长。二维条形码不仅可以引用数据库信息，又可以起到数据库的作用。二维条形码是用某种特定的几何图形按一定规律在平面（二维方向上）分布的黑白相间的图形记录数据符号信息的。目前使用的二维条形码有两类，即堆叠式和矩阵式。堆叠式二维条形码又称堆积式二维条形码或层排式二维条形码，其编码原理建立在一维条形码基础之上，按需要堆积成两行或多行。它在编码设计、校验原理、识读方式等方面继承了一维条形码的一些特点，识读设备与条形码印刷和一维条形码技术兼容。但由于行数的增加，需要对行进行判定，其译码算法与软件也不完全等同于一维条形码。代表性的堆叠式二维条形码有：Code 16K、Code 49、PDF417、MicroPDF417 等。其中常用的为 PDF417，图 2-6 即为 PDF417 的示意图。

矩阵式二维条形码（又称棋盘式二维条形码）是在一个矩形空间通过黑、白像素在矩阵中的不同分布进行编码。在矩阵相应元素位置上，用点（方点、圆点或其他形状）的出现表示二进制"1"，点的不出现表示二进制的"0"，点的排列组合确定了矩阵式二维条形码所代表的意义。矩阵式二维条形码是建立在计算机图像处理技术、组合编码原理等基础上的一种新型图形符号自动识读处理码制。具有代表性的矩阵式二维条形码有：Code One、MaxiCode、QR Code、Data Matrix、Han Xin Code、Grid Matrix 等，Data Matrix 的示意图如图 2-7 所示。

图 2-6　PDF417 的示意图　　　　　图 2-7　Data Matrix 的示意图

二维条形码的特点是信息容量大，编码范围广，保密、防伪性能好，可靠性高，纠错能力好。由于以上特点，二维条形码在加工制造业中应用广泛。

3．条形码技术在物流信息采集中的应用

① 商业零售业务。零售业务是条形码应用最为成熟的领域。EAN 码为零售业应用条形码进行全球销售奠定了基础。目前大多数在超市中出售的商品都申请使用了 EAN 码。在超市的货架上每种商品上都有条形码，这些商品经过光笔扫描来自动计价，并同时做销售记录。公司可用这些记录做统计分析、预测未来需求和制订进货计划。由于销售信息能够及时准确地统计出来，所以商家在经营过程中可以准确地掌握各种商品的流通信息，大大降低库存，最低限度地利用资金，从而提高商家的效益和竞争能力。

② 配送中心的订货、进货、验收、出库等作业。订货信息先利用计算机网络从终端向计算机中心输入，然后通过打印机打印，以条形码及拣货单的形式输出。操作人员将条形码贴在集装箱的侧面，并将拣货单放入集装箱内。在拣选过程中，集装箱一旦到达指定的货架前，自动扫描装置会立即读出条形码的内容，并自动进行分货。工作人员根据拣货单的要求，将拣选好的货物放入集装箱内，待作业结束后，只要按一下"结束"钮，装有货

物的集装箱便会有顺序地向一个货架移动。等到全部作业结束后，有关人员利用自动分拣系统将贴有条形码的集装箱运往指定的出货口，转入发运工序。由此可见，配送中心运用条形码技术，极大地提高了配送的运行效率和运行速度。

③ 库存管理。在库存物资上应用条形码技术，尤其是在规格包装、集装箱、托盘货物上，入库时自动扫描并将信息输入计算机，由计算机处理后形成库存信息，并输入入库区位、货架、货位的指令，而出库程序正好相反，通过计算机处理，掌握了物资进、出、存的数据。

④ 追踪应用。在物流过程中，可以对商品的生产过程及物流过程进行跟踪。在物流或生产过程的每一生产环节开始时，用终端扫描商品任务单上的条形码，更改数据库中的产品状态，这样就可以把每一个环节的数据记录下来，对整个物流过程进行跟踪。

📝 **相关链接**

二维码在阳澄湖大闸蟹跟踪中的应用

美味的阳澄湖大闸蟹总是吃货们在秋天必不可少的美食。但是如今市场上大闸蟹质量参差不齐，身份难辨真伪，到底怎么样才能解决这一问题呢？

现在很多经营阳澄湖大闸蟹的商家给每一个大闸蟹分配一个二维码，消费者可以通过微信小程序扫描每一只阳澄湖大闸蟹的质量链二维码，大闸蟹自捕捞到消费者手中这期间所经历的每一个环节，都在页面上以图片或视频形式呈现出来，如图 2-8 所示。在货源方面，页面展示了大闸蟹从捕捞、转运、称重、暂养、捆绑、施加标识、装箱、包装到质量链绑定的全过程。在质量保障方面，页面收录了企业质量自我宣誓、第三方机构验厂、环境监测报告、成蟹抽样检测报告等 4 项文件材料。此外，页面还包含成蟹的贮存时间、被扫码次数以及养殖企业等信息。

图 2-8　阳澄湖大闸蟹质量链二维码页面展示图

对此，中国检验检测学会副会长王秋霞表示，"第三方提供的检测能够更好地保障阳澄湖大闸蟹的质量，让消费者更加信任，像'洗澡蟹'就不可能被扣上码。"

消费者可以通过扫描大闸蟹上的二维码，查验大闸蟹全方位的质量数据，包括水体、养殖运输等环节。通过链接大闸蟹购买卡上的码、大闸蟹的蟹扣码以及监装箱上的箱码，一卡，一扣，一码，实现从养殖到消费数据的全打通。

2.1.2 无线射频识别技术

1．无线射频识别技术的概念

无线射频识别技术（Radio Frequency Identification，RFID）是一种自动识别技术。与其他自动识别技术一样，无线射频识别系统也是由信息载体和信息获取装置组成的。

无线射频识别技术是利用无线电波对记录媒体进行读写，射频识别的距离可达几十厘米到几米，且根据读写的方式，可以输入数千字节的信息，同时，还具有极高的保密性。无线射频识别技术适用的领域有物料跟踪、运载工具和货架识别等要求非接触数据采集和交换的场合，要求频繁改变数据内容的场合尤为适用。

2．无线射频识别技术的工作原理

无线射频识别技术的工作原理如图 2-9 所示。读写器在一个区域发射能量形成电磁场，射频标签经过这个区域时检测到读写器的信号会发送存储的数据，读写器接收到射频标签发送的信号，解码并校验数据的准确性以达到识别的目的。

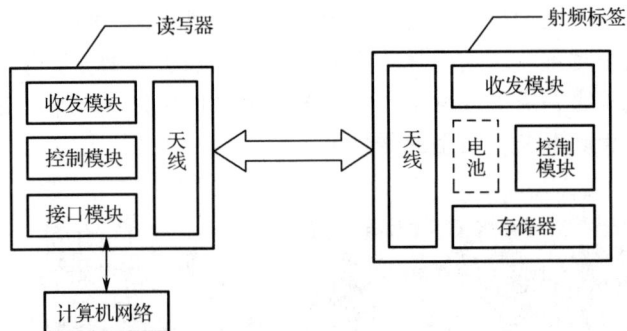

图 2-9　无线射频识别技术的工作原理

3．无线射频识别技术的组成

RFID 系统在具体的应用过程中，根据不同的应用目的和应用环境，系统的组成会有所不同，但从 RFID 系统的工作原理来看，系统一般都由信号发射机、信号接收机、编程器和天线四个部分组成。

① 信号发射机。在 RFID 系统中，信号发射机为了不同的应用目的，会以不同的形式存在，典型的形式是标签。标签相当于条形码技术中的条形码符号，用来存储需要识别传输的信息，另外，与条形码不同的是，标签必须能够自动或在外力的作用下，把存储的信息主动发射出去。标签一般是带有线圈、天线、存储器与控制系统的集成电路。

② 信号接收机。在 RFID 系统中，信号接收机一般叫作阅读器。根据支持的标签类型不同与完成的功能不同，阅读器的复杂程度是显著不同的。阅读器基本的功能就是提供与标签进行数据传输的途径。另外，阅读器还提供相当复杂的信号状态控制、奇偶错误校验

与更正等功能。标签中除了存储需要传输的信息外，还必须含有一定的附加信息，如错误校验信息等。识别数据信息和附加信息按照一定的结构编制在一起，并按照特定的顺序向外发送。阅读器通过接收到的附加信息来控制数据流的发送。一旦到达阅读器的信息被正确地接收和译解后，阅读器通过特定的算法决定是否需要发射机对发送的信号重发一次，或者指导发射机停止发信号，这就是"命令响应协议"。使用这种协议，即便在很短的时间、很小的空间阅读多个标签，也可以有效地防止"欺骗问题"的产生。

③ 编程器。只有可读可写的标签系统才需要编程器。编程器是向标签写入数据的装置。编程器写入数据一般来说是离线完成的，也就是预先在标签中写入数据，等到开始应用时直接把标签黏附在被标识项目上。也有一些 RFID 应用系统，写数据是在线完成的，尤其是在生产环境中作为交互式便携数据文件来处理时。

④ 天线。天线是标签与阅读器之间传输数据的发射、接收装置。在实际应用中，除了系统功率，天线的形状和相对位置也会影响数据的发射和接收，需要专业人员对系统的天线进行设计和安装。

4．无线射频识别技术的优点

RFID 是一项易于操控、简单实用且特别适合用于自动化控制的灵活性的应用技术，识别工作无须人工干预，它既可支持只读工作模式也可支持读写工作模式，且无须接触或瞄准；可在各种恶劣环境下自由工作，可以替代条形码。其所具备的独特优越性是其他识别技术无法比拟的。主要有以下几个方面：

① 读取方便快捷。数据的读取无须光源，甚至可以透过外包装来进行。有效识别距离更长，采用自带电池的主动标签时，有效识别距离可达到 30 米以上。

② 识别速度快。标签一进入磁场，阅读器就可以即时读取其中的信息，而且能够同时处理多个标签，实现批量识别。

③ 数据容量大。数据容量最大的二维条形码（PDF417），最多也只能存储 2725 个数字，若包含字母，存储量则会更少。RFID 标签则可以根据用户的需要扩充到几十 K 字节。

④ 使用寿命长，应用范围广。其无线电通信方式，使其可以应用于粉尘、油污等高污染环境和放射性环境，而且其封闭式包装使得其寿命大大超过印刷的条形码。

⑤ 标签数据可动态更改。利用编程器可以向电子标签里写入数据，从而赋予 RFID 标签交互式便携数据文件的功能，而且写入的时间比打印条形码更短。

⑥ 更好的安全性。RFID 电子标签不仅可以嵌入或附着在不同形状、类型的产品上，而且可以为标签数据的读写设置密码保护，从而具有更高的安全性。

⑦ 动态实时通信。标签以每秒 50～100 次的频率与阅读器进行通信，所以只要 RFID 标签所附着的物体出现在解读器的有效识别范围内，就可以对其位置进行动态的追踪和监控。

5．无线射频识别技术在物流中的应用

RFID 非常适用于对物流跟踪、运载工具、仓库货架以及目标识别等要求非接触数据采集和交换的场合，广泛用于物流管理中的仓库管理、运输管理、物料跟踪和货架识别、商店（尤其是超市）超市购物。

① 仓库及配送中心对物品信息的自动识别。利用 RFID、无线局域网、数据库等先进

技术，将整个仓库管理与射频识别技术相结合，能够高效地完成各种业务操作，大幅度减少现有模式中查找、定位货位和货物信息的时间，大大加快了出、入库单的流转速度，增强了仓储系统的处理能力，并且提高了人员和设备的利用率，减少了不必要的耗费，降低物流成本。因此，在物流仓储管理中应用 RFID 可以满足现代物流管理模式下仓储管理系统的需求。

② 货物防盗系统。RFID 可解决物品盗窃的问题，沃尔玛每年因盗窃带来的损失达 20 亿美元。在重点物品上安装识别标签，当物品准备出口时，安装在出口的识别阅读器即使无接触也可以识别到商品，实现物品在存储或运输过程中的实时监控及防盗。

③ 物品的跟踪与质量控制。物流企业在集装箱、托盘等采用有源 RFID 标签，在小包装货箱和单品上同时使用无源 RFID 标签和条形码，把物流过程或生产过程中的新信息随时写入 RFID 标签，随时可以查询物品的物流过程，进行质量跟踪控制。例如专业物流服务提供商 DHL 于 2004 年底在其物流中心用 RFID 取代条形码扫描；UPS 把 RFID 用于包裹分拣过程和包裹准确位置的确定；Dell 在电脑装配过程中随时把新的信息写入 RFID 标签，让顾客在购买时了解所订购产品的生产流程；联合利华和雀巢等企业也采用了类似的系统，进行物料跟踪与质量控制。目前，一些大型的全球性海运公司（例如香港和记黄埔、新加坡港务局）已经在一些来往较多的国际港口安装了射频识读装置，并通过"物联网"获取货物的抵达和中转信息和数据，实现物流信息的可视化，并且取得了很好的经济效益。

📝 **相关链接**

RFID 室内无人机，准确率接近甚至能达到 100%，能轻松管理库存。库存占企业资产的很大一部分，因此，决策者需要准确、及时且快速地掌握库存信息，以便做出有效的运营和财务决策。大多数的库存盘点过程是由人工完成的，在配送中心、仓库和工厂中，这项工作的准确性为 89% 左右，盘点一个 100 万平方英尺[①]的仓库需要十个工作人员，可以说这是一项耗时且不精确的工作。

PINC AIR 是一款空中库存机器人，该技术能够应用无人机技术及其先进的计算机视觉、人工智能、RFID、条形码传感器和云计算等技术，提高库存管理的安全性、效率和准确性。PINC AIR 可以读取托盘上的 RFID 数据，实现读取库存数据的无人化操作。

PINC AIR 可以以人工作业数百倍的速度完成库存盘点，并实现接近 100% 的准确性。它还消除了员工在库存盘点作业中可能遭遇的受伤风险，并将员工从繁重的盘点工作中解放出来，让员工可以完成更加高价值的工作。PINC AIR 会将库存管理信息记录下来，决策者可以随时访问这些信息，从而根据库存信息做出决策。

---

① 1 平方英尺=0.092903 平方米

2.2　物流信息的存储技术

物流信息需要存储在计算机中以便满足信息处理及加工的需求。在物流管理信息系统中，对数据存储的技术包括满足业务信息需求的一般数据存储技术，即数据库技术；以及满足中高层管理者决策信息需求的数据存储技术，即数据仓库技术。

2.2.1　数据库技术

数据库是指长期存储在计算机内的、有组织的、可共享的数据集合。数据库中的数据按照一定的数据模型组织、描述和存储，具有较小的冗余度、较高的数据独立性和易扩展性，可以被多用户共享。

1. 数据库技术中的基本术语

① 字符。字符是最基本的数据逻辑元素，是指计算机中使用的字母、数字、文字和符号，包括：1、2、3、A、B、C、~、!、%、*、+等。字符同字节不同，字节是通过网络传输信息（在硬盘或内存中存储信息）的单位。字节是计算机信息技术用于计量存储容量和传输容量的一种计量单位，1 个字节等于一个 8 位的二进制数，是一个很具体的存储空间。而字符是使用字节存储的一个特定数据。对使用者而言，字符是可见的以及可操作的最基本的数据元素。

② 字段。字段是比字符更高一层的数据项。一个字段由一组相关的字符构成，这些字符组成一个词、一个词组或一个完整的数值（例如学生的学号或姓名）。每个字段包含某一客观事物的一方面的信息。就像"通讯录"中，"姓名""联系电话"就是两个字段，它描述了"通讯录"中某个人员的"姓名"信息以及"联系电话"信息。

③ 记录。一组相关联的字段组成一条记录。一条记录描述一类客观事物的特征。例如课程名称、课程类别、学时数、学分数组成一条记录，用来描述课程这类客观事物的特征。记录中的字段个数可以是固定的，也可以是可变的。

一般来说，记录中包含的一个字段能够唯一识别这条记录，这个唯一识别的字段被称为"主关键字"。主关键字是一个客观事物区别于其他客观事物的唯一标识，例如用"学号"来对每一个学生进行标识，则"学号"这个字段即被称为"主关键字"。

④ 文件。一组相关的记录组成一个数据文件，也称为表或是平面文件。文件也泛指仅包含一个文件的任何数据库。比如员工文件包含了一个公司的员工记录，薪资文件包含了一个公司员工的薪资水平的记录。

⑤ 数据库。数据库是一系列逻辑相关的数据元素的集合。数据库整合了原来存储于各个文件中的记录，将它们存入一个公共的数据池，以便为各种应用提供数据。

以上几个概念的层次结构关系如图 2-10 所示。

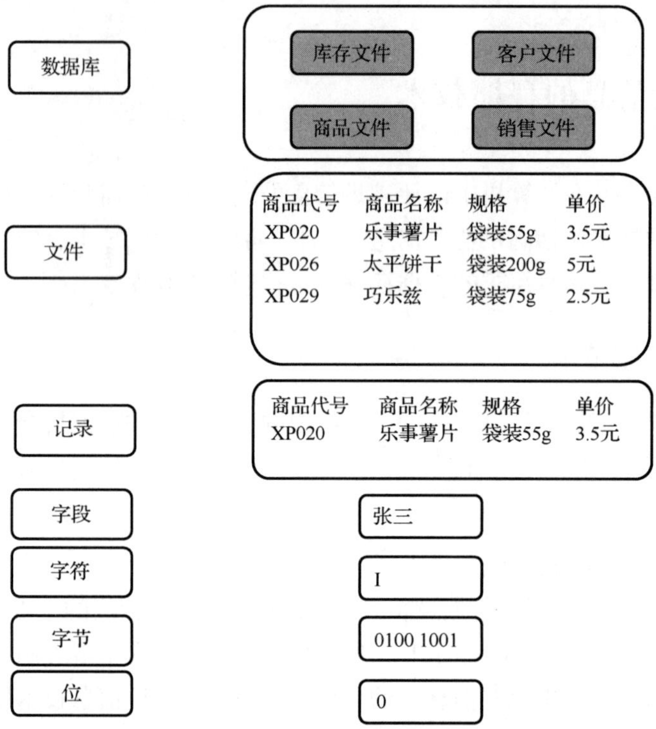

图 2-10 数据库技术中基本术语的层次结构关系

2．数据库技术的特点

（1）数据的结构化

数据库系统实现了整体数据的结构化，这是数据库最主要的特征之一。这里所说的"整体"结构化，是指在数据库中的数据不再仅针对某个应用，而是面向全组织的；不仅数据内部是结构化的，而且整体也是结构化的，数据之间有联系。

（2）数据的共享性高

在传统的数据文件存储方式中，各个部门的数据独立保存在各自的部门，并且每个部门根据自己的工作需要开发了适合该部门的应用程序，每个应用程序都需要与之匹配的文件，如图 2-11 所示。例如市场营销部会存储客户信息文件、销售订单文件、产品信息文件等数十个甚至上百个文件与程序。各个部门之间的数据不能共享，会造成数据冗余、不一致等情况，比如客户修改了订单中的订货量，销售部门在数据文件中更新了，但并没有将这个数据传递或共享给其他部门，就会造成财务部门或仓库管理部门的数据与销售部门的数据不一致；有的部门在记录性别时用"F"表示女性，用"M"表示男性，而有的部门用"0"表示女性，用"1"表示男性，这也导致了不同部门之间数据表达得不一致。从整个企业来看，这样会导致建立和维护多个主文件，并且由不同的部门来操作的问题。当这种过程持续 5～10 年后，公司的数据和应用程序数量就会多到难以维护。

而数据库中存储的数据是面向整体的，所以数据可以被多个用户、多个应用程序共享使用，如图 2-12 所示，可以大大减少数据冗余，节约存储空间，避免数据之间的不相容性与不一致性。

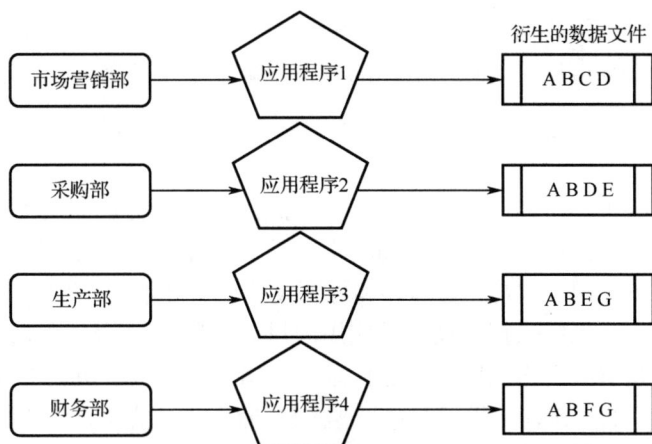

图 2-11　传统的数据文件存储方式

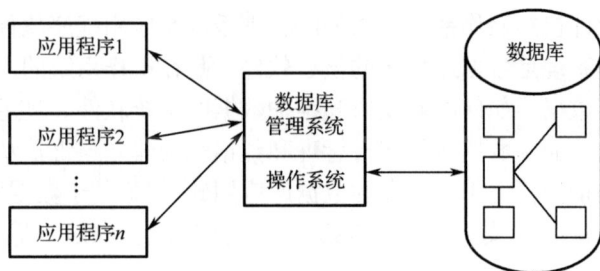

图 2-12　数据库技术存储方式示意图

（3）数据的独立性高

数据的独立性包括数据的物理独立性和逻辑独立性。

数据的物理独立性是指数据在磁盘上的数据库中如何存储是由数据库管理系统（Data Base Management System，DBMS）管理的，用户程序不需要了解，应用程序要处理的只是数据的逻辑结构，这样一来当数据的物理存储结构改变时，用户程序不用改变。

数据的逻辑独立性是指用户的应用程序与数据库的逻辑结构是相互独立的，也就是说，数据的逻辑结构改变了，用户程序也可以不改变。

2.2.2　数据库系统的构成

数据库管理数据的方法可以避免传统的数据文件管理方式中所产生的问题。数据库是指长期存储在计算机内有组织的、可共享的数据集合。数据库中的数据按一定的数据模型组织、描述和存储，具有较小的冗余度、较高的数据独立性和易扩展性，并可为各种用户共享。

数据库是在 20 世纪 60 年代末发展起来的一项重要技术，随着信息技术和市场的发展，特别是 20 世纪 90 年代以后，数据管理不再仅仅是存储和管理数据，而转变成用户所需要的各种数据管理的方式。数据库有很多种类型，从最简单的数据的表格到能够进行海量数据存储的大型数据库系统都在各个方面得到了广泛的应用。

数据库系统是由硬件、软件、数据和有关人员组成的具有高度组织的总体。数据库系统是为适应数据处理的需要而发展起来的一种较为理想的数据处理系统，也是一个为实际可运行的存储、维护和应用系统提供数据的软件系统，是存储介质、处理对象和管理系统的集合体。

1．硬件

数据库系统需要大容量的主存以存放和运行操作系统、数据库管理系统程序、应用程序以及数据库、目录、系统缓冲区等，而辅存则需要大容量的直接存取设备。数据库系统的硬件包括计算机的主机、键盘、显示器和外围设备（如打印机、光盘机、磁带机等），这些设备用于满足数据库系统数据存储以及应用的目的。数据库系统对硬件资源提出了较高的要求：首先要有足够大的内存以存放操作系统、DBMS的核心模块、数据缓冲区和应用程序；其次有足够大的直接存取设备存放数据（如磁盘），有足够的存储设备来进行数据备份；最后要求计算机有较高的数据传输能力，以提高数据传送率。

2．软件

数据库系统的软件包括操作系统、数据库管理系统及应用程序软件。

其中数据库管理系统是数据库系统的核心软件，是在操作系统的支持下工作，解决如何科学地组织和存储数据，如何高效获取和维护数据的系统软件。其主要功能包括：数据定义功能、数据操纵功能、数据库的运行管理和数据库的建立与维护功能。

应用程序软件是指为特定用户开发的数据库应用软件,如基于数据库的各种管理软件、管理信息系统（MIS）、决策支持系统（DSS）和办公自动化（OA）等。

3．数据

操作系统、各种宿主语言、实用程序以及数据库管理系统数据是数据库的基本组成部分，是对客观世界所存在事物的一种表征，也是数据库用户的操作对象。数据是数据库系统、企业或组织的真正财富。数据应按照需求进行采集并有结构地存入数据库。由于数据的类型具有多样性，数据的采集方式和存储方式也会不同。数据作为一种资源是数据库系统中最稳定的成分，即硬件可能更新，甚至软件也可能更新，但只要企业或组织的性质不改变，数据将是可以长期使用的财富。

4．有关人员

数据库系统中的有关人员包括四类。

第一类是系统分析员和数据库设计人员。系统分析员负责应用系统的需求分析和规范说明，他们和用户及数据库管理员一起确定系统的硬件配置，并参与数据库系统的概要设计。数据库设计人员负责数据库中数据的确定、数据库各级模式的设计。

第二类是应用程序员，负责编写和使用数据库的应用程序。这些应用程序可对数据进行检索、建立、删除或修改。

第三类是最终用户，他们利用系统的接口或查询语言访问数据库。

第四类是数据库管理员，负责数据库的总体信息控制。数据库管理员的具体职责包括：负责数据库中的信息内容和结构，决定数据库的存储结构和存取策略，定义数据库的安全性要求和完整性约束条件，监控数据库的使用和运行，负责数据库的性能改进、数据库的重组和重构，以提高系统的性能。

2.2.3 数据库管理系统的类型

数据库管理系统是一种用来对数据进行集中组织和有效管理的软件，便于应用程序访问所存储的数据。DBMS 扮演着应用系统与实体数据文件接口的角色。当应用系统需要某个数据项时，DBMS 就会从数据库中调出此项并呈现给应用系统。DBMS 使用不同的数据库模型来记录实体、属性与关系，原来也出现过层次模型和网状模型，由于这两种模型在使用过程中都存在不同的问题，因此现在基本已经不再使用了。现在企业广泛使用的是关系型数据库管理系统，在一些特殊需求的场合（比如需要存储图画、图片、照片等类型的数据），企业使用的是面向对象的数据库管理系统。

1．关系型数据库管理系统

关系型数据库管理系统中的数据存储是通过关系模型实现的。关系型数据库是建立在关系模型基础上的数据库，借助集合、代数等数学概念和方法来处理数据库中的数据。关系型数据库以行和列的形式存储数据，便于用户理解。这一系列的行和列被称为表，多个有关系的表组成了数据库。关系型数据库就是由这些二维表及其之间的联系组成的一个数据组织。现实世界中的各种实体以及实体之间的各种联系均用关系模型来表示。当前主流的关系型数据库管理系统有 Oracle、DB2、PostgreSQL、Microsoft SQL Server、Microsoft Access、MySQL、浪潮 K-DB 等。

图 2-13 给出了一个关系型数据库模型，在该数据库中用两张二维表分布式表示实体"部门"和实体"员工"，并反映了部门和员工的关系。这两个表格中都包含纵列和横行数据。在数据库中每个实体中的单个数据都作为独立字段存储，每个字段都代表这个实体的属性。在关系型数据库中，字段也被称为列。在"部门"表中，"部门编号"这个字段被称为"主关键字"或"主键"，它与每个记录一一对应，每个记录都可以被检索、更新和分类。主关键字是所有记录的唯一标识，而且不能重复。部门和员工的关系也通过两个表中的主关键字体现。

图 2-13　关系型数据库中部门表和员工表的关系

在关系型数据库中，产生有用数据集的常用操作有三种：选择、连接和投影。"选择"操作用来生产由数据表中满足给定条件的记录所组成的数据子集；"连接"操作是将两张表相连，提供比单张表单更丰富的信息；"投影"操作是生产表中的列子集，允许用户选择仅包含所需信息的列。

2．面向对象的数据库管理系统

现在在企业应用中对数据的需求不仅是能够存储和查询的结构化的数字和字符，还包括能够支持图画、图片、照片、声音、视频等类型的数据，比如在汽车生产企业中，对汽车的设计数据一般是图画类型的数据。关系型数据库管理系统只能处理结构化的数字和字符，因此面向对象的数据库管理系统应运而生。

面向对象的数据库管理系统以数据和数据处理程序作为存储对象，它们可以被自动检索和共享。它被认为是新一代多媒体网络应用的关键技术之一，如图 2-14 所示。一个对象包含了描述一个实体的若干数值以及对数据的操作。这种封装能力使得面向对象的数据库管理系统能够处理多种类型的数据。

面向对象的数据库管理系统中的"继承"是指通过复制父对象的部分属性而自动创建一个新对象。例如图 2-14 中，支票和储蓄账户都能继承父对象银行账户中的公共属性和操作。这些功能在计算机辅助设计以及其他复杂数据的应用中越来越多。例如在制造企业的产品设计开发中，已经做完的产品设计图可以存储在面向对象的数据库中，设计人员通过对其进行复制和修改来完成新产品设计。此外在互联网、企业内网和外网中，基于 Web 的多媒体应用已经成为面向对象技术的主要应用领域。现在一些关系型数据库管理系统的厂商也已经开始把面向对象的模块引入关系型数据库中。

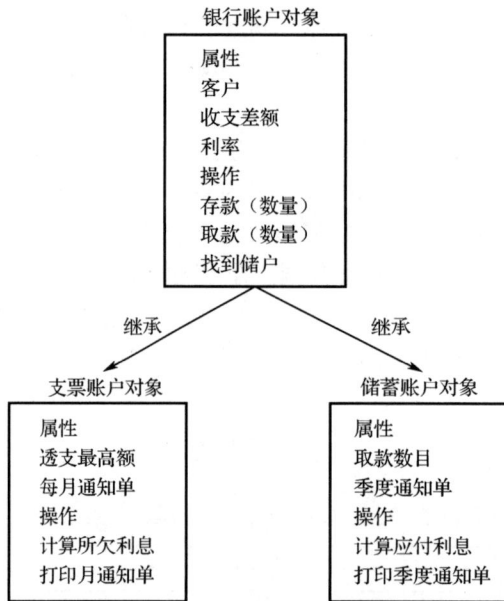

图 2-14　面向对象的数据库管理系统示例

2.2.4　数据仓库技术

1．数据仓库的概念

数据仓库（Data Warehouse，DW）是决策支持系统和联机分析应用数据源的结构化数据环境，是专为支持管理决策而设计的一种数据库管理系统。数据仓库是一个非常庞大的数据库，它研究和解决从数据库中获取信息的问题，能够提供所有类型数据支持的战略集合。数据仓库的数据来源于不同运营部门，是为建立一个跨部门、跨业务流程的综合决策分析系统而形成的一个数据集合体，如图 2-15 所示。数据仓库是出于分析性报告和决策支持目的而创建的，为需要智能业务的企业，提供指导业务流程改进、监视时间、成本、质量以及控制服务。

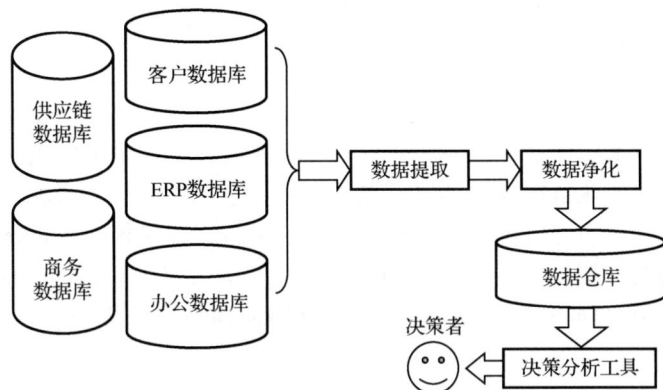

图 2-15　数据仓库的原理

数据仓库之父 Bill Inmon 在 1991 年出版的 *Building the Data Warehouse* 一书中将数据仓库定义为一个面向主题的、集成的、相对稳定的、反映历史变化的数据集合，用于支持管理决策。

2. 数据仓库的特征

① 面向主题的。操作型数据库的数据组织面向事务处理任务，各个业务系统之间各自分离，而数据仓库中的数据是按照一定的主题域进行组织的。

② 集成的。数据仓库中的数据是在对原有分散的数据库数据抽取、清理的基础上经过系统加工、汇总和整理得到的，必须消除源数据中的不一致性，以保证数据仓库内的信息是关于整个企业的一致的全局信息。

③ 相对稳定的。数据仓库的数据主要供企业决策分析之用，所涉及的数据操作主要是数据查询，一旦某个数据进入数据仓库以后，一般情况下将被长期保留，也就是数据仓库中一般有大量的查询操作，但修改和删除操作很少，通常只需要定期的加载和刷新。

④ 反映历史变化。数据仓库中的数据通常包含历史信息，系统记录了企业从过去某一时点（如开始应用数据仓库的时点）到目前的各个阶段的信息，通过这些信息，可以对企业的发展历程和未来趋势做出定量分析和预测。

数据仓库是一个信息提供平台，它从业务处理系统获得数据，然后进行数据组织，并为用户提供各种手段从数据中获取信息和知识。

企业数据仓库的建设，是以现有企业业务系统和大量业务数据的积累为基础的。数据仓库不是静态的概念，只有把信息及时交给需要这些信息的使用者，供他们做出改善其业务经营的决策，信息才能发挥作用，信息才有意义。而把信息加以整理、归纳和重组，并及时提供给相应的管理决策人员，是数据仓库的根本任务。因此，从产业界的角度看，数据仓库建设既是一个工程，也是一个过程。

2.3 网络通信技术

2.3.1 网络通信技术概述

随着网络通信技术的快速发展，商业模式和商业流程也发生了巨大的变化。原来企业内部及企业之间传递商业数据通过邮递、电话、传真等方式进行。而现在由于网络技术的发展，企业中的数据传递可以不再受时间、地点的限制。不依赖纸质媒介直接传递电子信息，企业经营的规模、范围才可以扩大到全球，企业甚至不用见到客户就可以把商品卖给客户，企业网络通信系统如图 2-16 所示。网络通信技术是管理信息系统的基础技术之一。

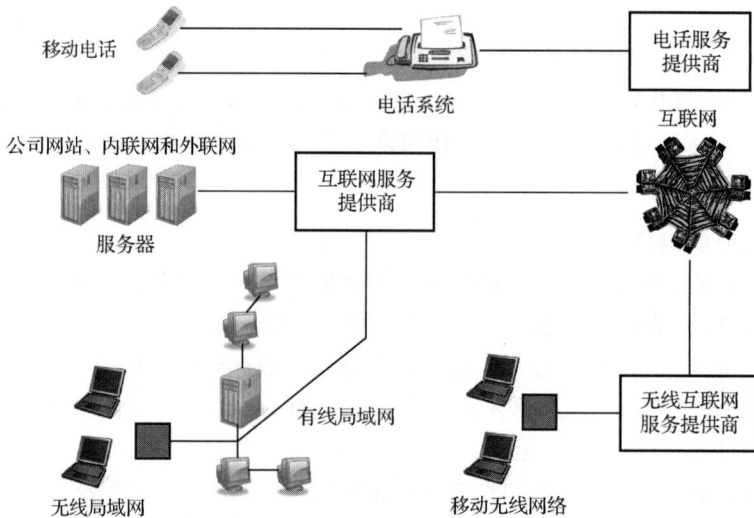

图 2-16　企业网络通信系统

1．网络通信系统的概念

网络通信系统是通信技术与计算机技术相结合的产物。网络通信系统是按照网络协议，利用通信介质将地理位置上分散的、独立的计算机和其他网络设备相互连接起来，实现信息互通和资源共享的系统，如图 2-16 所示。在图中可以看到企业利用网络进行各种业务数据的交换和传递。该企业的网络通信系统中有多种技术，包括传统的电话服务、企业局域网络以及最新的因特网、无线网络。这些分布在不同地理位置的计算机通过通信介质连接在一起，交换企业在经营过程中需要共享及传递的数据，帮助企业实现异地、异时的业务监督和控制，以及不同企业之间交易和合作数据的交换和共享，实现企业经营的目的。

因此网络通信系统包括两个方面的含义：

第一，网络通信系统是由两个或两个以上的计算机或其他硬件设备连接而成，为用户提供软件共享、信息共享及传递、硬件共享的功能，如图 2-17 所示。在一个简单的网络通信系统中，硬件包括计算机、服务器、网络接口设备、通信介质（双绞线、同轴电缆、光纤、无线传输等）、集线器或交换机；软件包括网络操作系统软件。

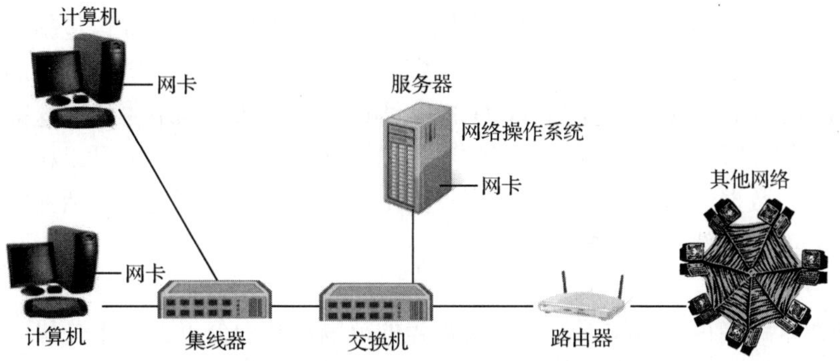

图 2-17　网络通信系统的基本构成

第二，网络通信系统可以提供远程通信，即从一个地点到另一个地点的电子化信息的传输。

2. 网络通信系统的功能

一般来说，网络通信系统可以提供以下一些主要功能：

第一，资源共享。网络的出现使资源共享变得很简单，交流的双方可以跨越时空的障碍，随时随地传递信息。信息传输与集中处理数据是通过网络传递到服务器中，由服务器集中处理后再传输回终端。

第二，负载均衡与分布处理。负载均衡同样是网络的一大特长。举个典型的例子：一个大型 ICP（Internet 内容提供商）为了支持更多的用户访问他的网站，在全世界多个地方放置了相同内容的网络服务器；通过一定技巧使不同地域的用户看到放置在离他最近的服务器上的相同页面，这样来实现各服务器的负荷均衡，同时用户也省了不少冤枉路。

第三，综合信息服务。网络的一大发展趋势是多维化，即在一套系统上提供集成的信息服务，包括来自政治、经济等各方面资源，甚至同时还提供多媒体信息，如图像、语音、动画等。在多维化发展的趋势下，许多网络应用的新形式不断涌现，如电子邮件、网上交易、视频点播、联机会议等。

2.3.2　网络通信系统的分类

网络通信系统的类型有很多，基于不同的分类标准，网络通信系统有不同的分类方法，例如按交换技术可分为线路交换网和分组交换网；按传输技术可分为广播网、非广播多路访问网和点到点网；按拓扑结构可分为总线型、星型和环型；按传输介质又可分为同轴电缆、双绞线、光纤或卫星等所连成的网络。按照网络覆盖的地理范围可以分为局域网和广域网，下面介绍两种最常见的分类方式。

1. 按照网络覆盖的地理范围分类

（1）局域网

局域网用来连接方圆 500 米范围内的计算机和其他数字设备。局域网的覆盖范围一般局限在房间、大楼或园区内。局域网可以被用来与其他广域网相连，也可以通过互联网与全球的任何网络相连。

局域网的特点是：距离短、延迟小、数据速率高、传输可靠。在一个局域网中，通常由一台计算机作为专用的网络服务器，为用户提供网络中的计算资源，包括软件程序和数据文档。网络服务器上安装控制通信及网络资源使用的网络操作系统，常见的操作系统有Windows、Linux 和 Novell，它们都将 TCP/IP 协议作为默认的网络协议。这样服务器就可以决定访问者的权限、访问内容和访问顺序。局域网中的各个用户也可以相互通信，共享硬件、软件以及数据资源。局域网可以通过路由器与其他网络相连，包括互联网或其他公司的网络，从而与外部进行数据交换。

（2）广域网

广域网通常跨接很大的物理范围，所覆盖的范围从几十公里到几千公里，它能连接多个城市或国家并能提供远距离通信，形成国际性的远程网络。广域网的通信子网主要使用分组交换技术。广域网的通信子网可以利用公用分组交换网、卫星通信网和无线分组交换网，将分布在不同地区的局域网或计算机系统互连起来，达到资源共享的目的，如因特网是世界范围内最大的广域网。

2．按照组件的连接方式分类

组件的连接方式是指网络的链路和节点在地理上所形成的几何构型，即网络的拓扑结构。现在常用的网络拓扑结构有两种，即星型结构和总线型结构，如图 2-18 所示。

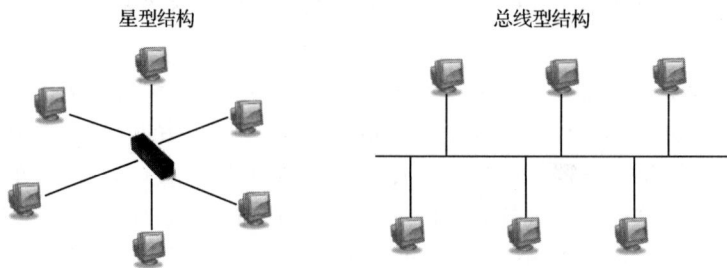

图 2-18　常用的两种网络拓扑结构

（1）星型结构

在星型结构中，网络上所有设备与中心节点（可以用集线器来充当）相连构成网络。网络上的多个节点都以自己单独的链路与中心节点相连，所有节点之间的数据交换都需经过中心节点。这种管理结构建网简单，便于管理，从终端到处理中心的延时短；缺点是通信线路总长度较长，中心节点负担过重，中心节点一出现问题便会造成网络瘫痪。

（2）总线型结构

总线型结构是将所有节点连接在一条总线上。节点发出的信号在一条总线上双向传输。所有数据沿着两个方向在整个网络上传递；网络上的所有机器都收到同样的信号。但是同一时间只能有一个节点可以发送信息，若两个或两个以上节点同时发送信息，则需要有某种仲裁机制来解决可能引起的冲突。这种网络结构简单灵活，便于扩充，信道利用率高；缺点是容易产生冲突，故障诊断和隔离较困难。

2.3.3　网络通信技术的体系结构

网络通信的功能是传输信息，要实现这一功能，就像制造企业制造产品一样，产品从原材料到加工制造，然后进行包装，通过物流商送至批发商、零售商等，最终送给消费者的过程需要各个环节统一配合协调。通信网络也一样，信息从一个终端传递到不同地理位置的另外一个终端，要保证信息的完整无损，也需要固定的流程和规则，这些规则以协议、标准或通信软件的形式出现。

1. 开放式系统互连模型

开放式系统互连模型（Open System Interconnect，OSI）是国际标准化组织（ISO）和国际电报电话咨询委员会（CCITT）联合制定的开放式系统互连参考模型，为开放式互连信息系统提供了一种功能框架。开放式系统互连模型从低到高分为七层，如图 2-19 所示，每一层都建立在前一层的基础之上，底下的每一层的目的都是为高层提供服务。OSI 的每一层实现各自的功能和协议，并完成相邻层的接口通信。

图 2-19　开放式系统互连模型

① 物理层。物理层是通过物理介质传输比特流。物理层提供用于建立、保持和断开物理连接的机械的、电气的、功能的和过程的条件。物理层典型的协议有 RS232C、RS449/422/423、V.24、X.21 等。物理层是整个开放系统的基础，为设备之间的数据通信提供传输媒介及互连设备，为数据传输提供可靠的环境。物理层的传输媒介有架空明线、平衡电缆、光纤、无线信道等，以及数据终端设备和数据传输设备间的互连设备，包括计算机、调制解调器、集线器、网线等。

② 数据链路层。数据链路层是将比特组合成字节，再将字节组合成帧，使用链路层地址来访问介质，并进行差错检测。数据链路层就像一个数据通道，它的主要功能是为网络层提供数据传达服务的。在物理层每次通信的过程中，数据链路层负责建立通信通道，在传输完毕后再拆除数据通道，以及在这个过程中对数据传输的顺序进行控制，并且在数据链路层中还要负责对传输数据的检错和恢复。独立的数据链路层产品便是网卡、交换机或网桥。该层用的协议有 ARP、RARP、IEEE802.3 等。

③ 网络层。网络层是通过 IP 寻址来建立两个节点之间的连接，是为源端送来的分组，选择合适的路由和交换节点，正确无误地按照地址传送给目的端的运输层。这一层的主要功能为路由选择和中继、激活或终止网络连接、检测与恢复、排序和流量控制、服务选择和网络管理，这一层由 IP 协议来进行规范，硬件设备路由器属于该层。

④ 传输层。传输层建立了主机端到端的连接，传输层的作用是为上层协议提供端到端的可靠和透明的数据传输服务，如从对话层接收数据，将它们处理后传达到网络层，并包括处理差错控制和流量控制等问题，从而保证在另一端能正确地接收所有数据块。TCP 和 UDP 就是在这一层。

⑤ 对话层。对话层是负责建立、管理和终止表示层实体之间的通信会话。该层的通信由不同设备中的应用程序之间的服务请求和响应组成。对话层会按照在应用程序之间约定的原则，按照正确的顺序收、发数据，进行各种形态的对话。应用程序包括邮件、文件传输、数据块查询等。

⑥ 表示层。表示层负责处理不同数据表示上的差异及其相互转换，如 ASCII 码与 EBCDIC 码之间的转换，不同格式文件的转换，不兼容终端的数据格式之间的转换。如果有必要，该层可提供一种标准表示形式，用于计算机内部的多种数据格式转换成通信中采用的标准表示形式。其中数据压缩和加密也是表示层提供的转换功能之一。

⑦ 应用层。应用层是 OSI 模型中的最高层次，直接和用户进行交互。其功能是实现进程（如用户程序、终端操作员等）之间的信息交换，进而完成一系列业务处理所需要的服务。常见的应用层的协议有 HTTP、HTTPS、FTP、POP3、SMTP 等。

2. TCP/IP 网络体系结构

TCP/IP 参考模型是由 ARPANET 所使用的网络体系结构，这个结构以它的两个重要协议——传输层的传输控制协议（Transmission Control Protocol，TCP）和网络层互联网互联协议（Internet Protocol，IP）来命名的。在 20 世纪 80 年代末期，Internet 飞速发展，已成为世界上最大的国际性计算机互联网，因此 Internet 所使用的 TCP/IP 体系得到迅速普及。TCP/IP 体系将网络分成网络接口层、网络层、传输层和应用层四个层次，与 OSI 体系结构的对应关系如图 2-20 所示。

图 2-20 TCP/IP 体系结构与 OSI 体系结构的对应关系

（1）网络接口层

TCP/IP 体系结构中的网络接口层相当于 OSI 体系结构中的数据链路层和物理层。但是在 TCP/IP 体系结构中并没有真正描述这一层的实现，只是要求能够提供给其上层——网络层一个访问接口，以便在其上传递 IP 分组。该层的作用是接收 IP 数据包，并通过特定的网络进行传输或从特定的网上接收物理帧，抽出 IP 数据包交给网络层。

（2）网络层

网络层是整个 TCP/IP 体系结构中的核心。它的功能是处理在网络上流动的数据包，它把数据包发往目标网络或主机。同时，为了尽快地发送数据包，可能需要沿不同的路径同时进行传递。因此，数据包到达的顺序和发送的顺序可能不同，这就需要上层必须对数据包进行排序。网络层除了需要完成路由的功能外，也可以完成将不同类型的网络（异构网）互连的任务。除此之外，网络层还需要完成拥塞控制的功能。TCP/IP 体系结构参考模型的网络层和 OSI 体系结构参考模型的网络层在功能上非常相似。

网络层定义了数据包的格式和协议，即 IP 协议。IP 协议和我们通常所说的 IP 地址，如 192.168.1.1 并不是一回事。IP 协议将多个包交换网络连接起来，它在源地址和目的地址之间传送一种称之为数据包的东西，它还提供对数据大小的重新组装功能，以适应不同网络对包大小的要求，但它不负责保证传送可靠性、流控制、包顺序和其他对于主机到主机协议来说很普通的服务。IP 协议要实现以上功能需要两个重要的条件，分别是 IP 地址和媒体访问控制地址（Media Access Control，MAC）。IP 地址是稀有资源，不是每个人都拥有一个 IP 地址，我们通常的 IP 地址是路由器自动生成的 IP 地址。但是 MAC 地址在全球是唯一的，路由器里面会记录 MAC 地址。IP 协议在寻找目的地地址时会用到 IP 地址和 MAC 地址。

IP 协议已经发展到了 IPv6，即第 6 版本的 IP 协议。IPv4 中规定 IP 地址长度为 32 位，即有 $2^{32}-1$（符号^表示升幂，下同）个地址；IPv4 最大的问题在于网络地址资源有限，严重制约了互联网的应用和发展。而 IPv6 中 IP 地址的长度为 128 位，即有 $2^{128}-1$ 个地址，这个数量按保守方法估算可以实现整个地球的每平方米面积上仍可分配 1000 多个地址。IPv6 的使用，不仅能解决网络地址资源数量的问题，而且也解决了多种接入设备连入互联网的障碍问题。

（3）传输层

在 TCP/IP 体系结构中传输层的功能是格式化信息流，使源端主机和目标端主机上的对等实体可以进行会话，实现端到端的通信服务。在传输层主要有两种协议，即传输控制协议和用户数据报协议（User Datagram Protocol，UDP）。

TCP 是面向连接的协议，它提供可靠的报文传输和对上层应用的连接服务。为此，除了基本的数据传输外，它还有可靠性保证、流量控制、多路复用、优先权和安全性控制等功能。而 UDP 是面向无连接的不可靠传输的协议，主要用于不需要 TCP 的排序和流量控制等功能的应用程序，例如网络视频会议等。

（4）应用层

TCP/IP 体系结构将 OSI 参考模型中的对话层和表示层的功能合并到应用层实现，向用户提供一组常用的应用程序，比如电子邮件、文件传输访问、远程登录等。应用层面向不同的网络应用引入了不同的应用层协议，如用于收发邮件的简单邮件传输协议（Simple Mail Transfer Protocol，SMTP）和邮局协议版本 3（Post Office Protocol-Version3，POP3），用于文件传输的文件传输协议（File Transfer Protocol，FTP）、用于远程登录的虚拟终端协议、用于互联网中的 WWW 功能的超文本传输协议（Hyper Text Transfer Protocol，HTTP）等。

2.3.4 网络通信技术的应用

网络通信技术在物流管理信息系统中的应用主要是完成数据的传输与共享，其主要应用有互联网技术、EDI技术和物联网三个方面。

1. 互联网技术

如今互联网已经是我们生活的一部分，是一种不可或缺的个人和商业工具。互联网已经成为世界上最广泛应用的公共通信系统。互联网又称网际网络或因特网。互联网始于1969年美国的阿帕网（ARPANET），是网络与网络之间所串连成的庞大网络，这些网络以一组通用的协议相连，形成逻辑上的单一巨大国际网络，进而发展出覆盖全世界的全球性互联网络，即互联网。

企业通过互联网服务提供商（Internet Service Provider，ISP）支付一定费用而获得网络服务。我国的ISP有中国移动、中国网通、长城宽带等。ISP的互联网接入类型多种多样，传统的、最常用的是电话线和调制解调器连接，速度可以达到56.6kbps，这种接入方式被后来的宽带所替代，宽带中的光纤作为传输介质的接入方式是目前传输速率最高的。除此之外还有数字用户线路通过原有电话线传输语音、数据和视频，有线电视服务提供的有线网络连接也可以提供高速的互联网接入，还有卫星的接入方式。有些企业或政府部门会通过T1和T3线路专线接入互联网，享受高速率的服务水平。

互联网以客户端/服务器的技术为基础。终端用户通过计算机上的Web浏览器软件等客户端应用程序控制上网行为。所有数据都存储在服务器上，客户端使用互联网向服务器提出申请，服务器根据客户申请将相关信息传递给客户端。客户端连接到互联网以后就可以获取互联网提供的各种服务，主要包括电子邮件、电子讨论组、聊天和即时通信、远程登录、文件传输以及万维网等，如表2-2所示。

表2-2 互联网服务总结

互联网服务	主 要 功 能
电子邮件	客户端之间的交流，共享文件
电子讨论组	电子公告栏上的讨论组
聊天和即时通信	相互交谈
远程登录	登录一个终端对另一个终端进行操作
文件传输	在终端之间进行文档的传输
万维网	用超文本链接来获取、格式化和显示信息

每一个互联网服务都是由一个或多个软件程序来实现的，所有的服务可能运行于一台服务器上，也可能被分配到不同的服务器上，图2-21表示了互联网服务的构成。

（1）电子邮件

Internet通达全球后，个人或企业可以通过电子邮件进行通信，电子邮件兼具电话的速度和邮政的可靠性等优点。通过它，每人都可以有自己的私有信箱，用以储存已收到但还未来得及阅读的信件，电子邮件地址包括用户名加上主机名，并在中间用@符号隔开。现在电子邮件软件能够实现更为复杂、多样的服务，包括一对多的发信，信件的转发和回复，在信件中包含声音、图像等多媒体信息；手机、电脑等客户端提醒；还可以订购所需的信息，通过电子邮件定期送到自己的邮箱。

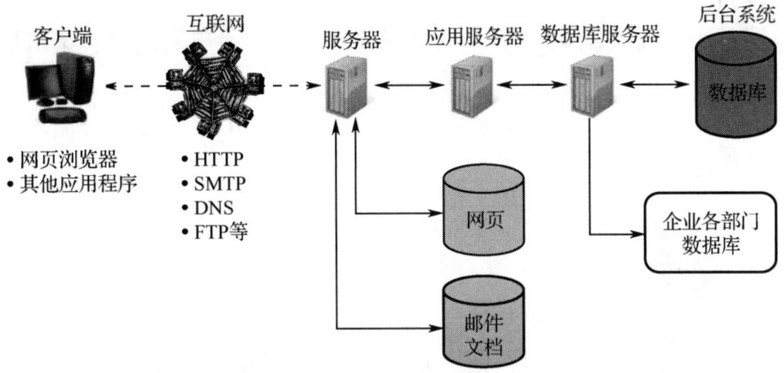

图 2-21　互联网服务的构成

（2）电子讨论组

电子讨论组是全球范围内的讨论组，在互联网的电子公告牌上发帖。在这里人们可以分享自己有关某个方面或领域的观点，比如工作流程或方式方法，也可以是放射医学等领域的观点或信息。每个人都可以将信息发布在公告栏上供他人阅读。

（3）聊天和即时通信

即时通信是一种允许个人建立自己专用的聊天频道的聊天服务。只要好友在线，即时通信系统就会提醒用户，这样双方就可以即时进行信息的交换和传递了。现在即时通信软件有很多，包括 QQ、阿里旺旺、微信等。

（4）远程登录

远程登录是指通过网络远程访问计算机的一种技术。它允许用户在不同地点的计算机上通过网络连接到远程计算机。用户可以在任何地方使用设备（如笔记本电脑、智能手机或平板电脑）远程登录到计算机，而不必亲自前往计算机所在的位置。这对于需要频繁访问远程计算机的用户来说非常有用，比如系统管理员可以通过远程登录来管理和维护多台计算机。通过远程登录，用户还可以访问计算机上的文件、应用程序和其他资源，进而实现资源共享。

（5）文件传输

尽管电子邮件也能传送文件，但它一般用于短信息传递。Internet 提供了称作文件传输协议的文件传输应用程序，使用户能发送或接收非常大的数据文件。在文件传输协议的使用当中，用户经常遇到两个概念："下载"和"上传"。"下载"文件就是从远程主机复制文件至自己的计算机上；"上传"文件就是将文件从自己的计算机中复制至远程主机上，即用户可通过客户端程序向（从）远程主机上传（下载）文件。

（6）万维网

用户可以借助一个浏览器软件，在地址栏里输入所要查看的页面地址或域名，就可以连接到该地址所指向的万维网服务器，从中查找所需的图文信息。万维网服务器所存储的页面内容是用超文本标记语言书写的，它通过超文本传输协议传送到用户处，使用户可以访问网络上的网页。随着技术的发展，出现了公用网关接口技术、超文本预处理器、活跃服务器页、JAVA 服务器页面等动态网页技术，Web 服务器可以与数据库服务器相连，读取数据库服务器中的数据，并完成一定的计算工作，将客户请求使用的数据返回给客户，实现了动态网页的功能。

Web 服务器是用于现有网页的定位和管理的软件。在用户发出网页请求后，Web 服务器在计算机上定位该页面，并将网页返回给用户计算机。Web 服务器上还有一些对数据处理的应用程序，这些应用程序一般安装在专门服务器上，用于按照客户需求处理和加工数据。万维网的运作过程如图 2-22 所示。

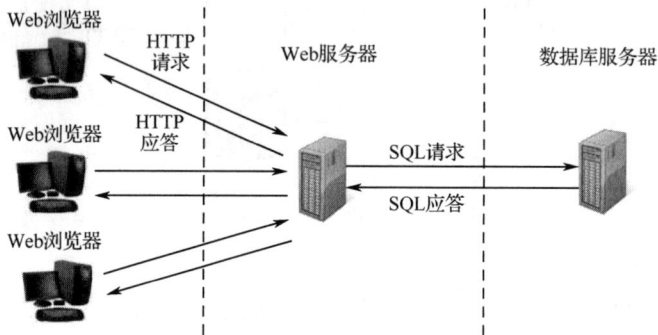

图 2-22　万维网的运作过程

对于企业来说，现在通过万维网可以实现 B2C 的电子商务过程，客户不仅可以通过浏览器发送请求浏览企业的商品信息，还可以根据自己的需求将搜索需求发送给 Web 服务器，Web 服务器根据请求在数据库服务中读取相应的数据返回给客户。客户在确定购买信息后，可以将订单发送给 Web 服务器，Web 服务器将客户订单数据写入数据库服务器，记录客户的购买信息。

2. EDI 技术

ISO 对电子数据交换（Electronic Data Interchange，EDI）定义为将贸易（商业）或行政事务处理按照一个公认的标准变成结构化的事务处理或信息数据格式。例如制造业、批发业、物流业、零售业等之间需要交换业务和合作的信息，但不同的企业有不同的管理信息系统及数据格式，为了使不同的数据形式自动进行数据交换成为可能，网络通信服务商提供了一种附加的网络通信服务——EDI 服务。EDI 服务的运作流程如图 2-23 所示。

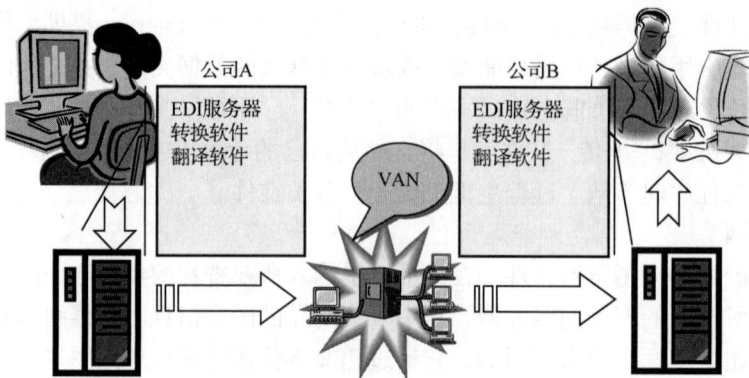

图 2-23　EDI 服务的运作流程

公司 A 将需要交换的数据发送至 EDI 服务器，EDI 服务器首先将发出的数据通过转换软件转换为平面文件，再通过翻译软件翻译为符合 EDI 标准的文件，然后通过 VAN 专用网络传送给对方 EDI 服务器，对方 EDI 服务器通过翻译软件和转换软件将数据转换为公司 B 能够识别和操作的数据格式，存入对方的数据库中。

EDI 服务进行数据传输使用的网络为专线通信网络——增值网，增值网（Value Added Network，VAN）是在公用网的基础上发展而成的一种半公用网。这类网络也是由通信服务商拥有并经营、提供给不同的企业与个人使用的。增值网提供了比公用网更高的传输速度和安全性，此外还提供通信以外的附加服务，但使用的公司或个人需要向增值网络通信服务商支付一定的费用。VAN 最大的特点是通过计算机服务网络，使不同企业、不同的网络系统可以相互连接，从而使不同形式的数据交换成为可能。由于 VAN 实现了不同系统的对接和不同格式的交换，为无数的使用者提供了交换数据的服务，创造了附加价值，因而被称作增值网络。

VAN 的功能包括交易信息的交换（订货、商品信息等）、物流信息（交货、储存、库存、配送等）、结算业务（银行转账、支付查询、信用卡结算等）。

3．物联网

（1）物联网的概念

移动通信技术的发展，使无线网络的应用范围逐渐增大，其中一个就是物联网的应用。物联网（Internet of Things，IoT）是物物相连的互联网。国际电信联盟对物联网的定义是通过二维码识读设备、射频识别装置、红外感应器、全球定位系统和激光扫描器等信息传感设备，按约定的协议，把任何物品与互联网相连接，进行信息交换和通信，以实现智能化识别、定位、跟踪、监控和管理的一种网络。这有两层意思：其一，物联网的核心和基础仍然是互联网，是在互联网基础上的延伸和扩展的网络；其二，其用户端延伸和扩展到了任何物品，物品之间进行信息交换和通信，也就是物物相连。

物联网的工作过程分为三个过程，如图 2-24 所示。

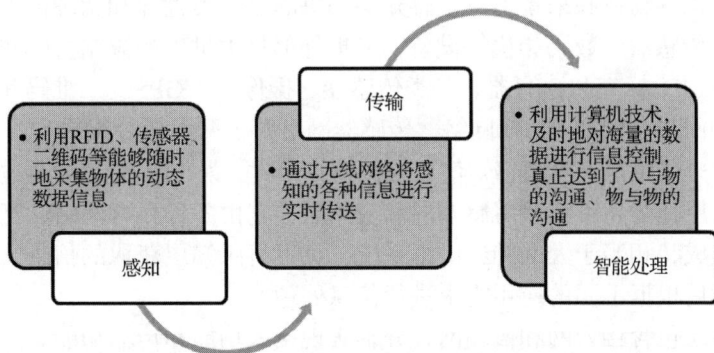

图 2-24　物联网的工作过程

感知过程主要是采集物品在物理世界中产生的各种数据信息，这些数据信息包括静态信息和动态信息，静态信息直接存储在标签上（包括二维码、RFID 等）；动态信息要通过传感器（主要由温度感应器、声音感应器、振动感应器、压力感应器、传感器等）实时探测来感知物品上的信息。

传输过程是将识别到的物品信息进行可靠传递，主要通过各种电信网络与互联网的融合，将物体的信息实时、准确地传递出去。

智能处理过程是利用云计算、模糊识别等各种智能计算技术，对海量的数据和信息进行分析和处理，对物体实施智能化的控制。该过程的主要任务是在感知过程和传输过程结束后对收集到的物品信息进行再加工，进一步提高信息的综合利用度。该过程是物联网与各个行业的应用桥梁，可以让物联网技术应用到各个行业中，满足行业需求，实现行业的智能化。

（2）物联网的体系结构

根据以上三个过程，物联网的体系结构如图 2-25 所示。

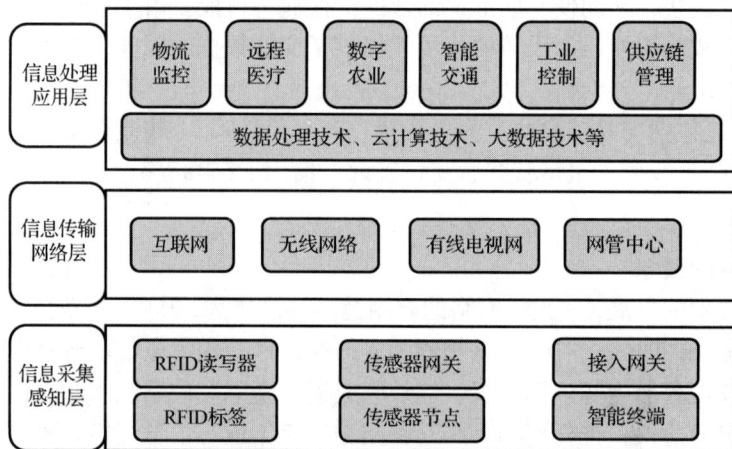

图 2-25　物联网的体系结构

第一个层次是感知层，感知层是物联网的核心，是信息采集的关键部分。感知层包括二维码和识读器、RFID 标签和读写器、摄像头、GPS、传感器、M2M 终端、传感器网关等，主要功能是识别物体和采集信息。感知层解决的是人类世界和物理世界的数据获取问题。它首先通过传感器、数码相机等设备，采集外部物理世界的数据。感知层由基本的感应器件（例如 RFID 标签和读写器、各类传感器、摄像头、GPS、二维码和识读器等）以及感应器组成的网络（例如 RFID 网络、传感器网络等）两大部分组成。

第二个层次是网络层，负责感知信息的传输，其功能为"传送"，即通过通信网络进行信息传输。网络层作为纽带连接着感知层和应用层，它由各种私有网络、互联网、有线和无线通信网等组成，相当于人的神经中枢系统，负责将感知层获取的信息，安全可靠地传输到应用层，然后根据不同的应用需求进行信息处理。

物联网网络层包含接入网和传输网，分别实现接入功能和传输功能。接入网包括光纤接入、无线接入、以太网接入、卫星接入等各类接入方式，实现底层的传感器网络、RFID网络最后一公里的接入。传输网由公网与专网组成，典型传输网络包括电信网（固网、移动通信网）、广电网、互联网、电力通信网、专用网（数字集群）。

由于物联网的网络层承担着巨大的数据量，并且面临更高的服务质量要求，物联网需要对现有网络进行融合和扩展，利用新技术以实现更加广泛和高效的互联功能。物联网的网络层，自然也成为了各种新技术的舞台，如 3G/4G 通信网络、IPv6、Wi-Fi 和 WiMAX、蓝牙、ZigBee，等等。

第三个层次是应用层，应用层是物联网体系结构的顶层，主要负责将网络层传输来的数据进行处理和应用。这一层包括了各种数据处理技术、云计算技术、大数据技术等，以及基于这些技术开发的各种物联网应用。这些应用涵盖了物流监控、远程医疗、数字农业、智能交通、工业控制、供应链管理等多个领域，为人们的生活和工作带来了极大的便利和创新。

2.4　物流位置信息的跟踪与处理技术

物流位置信息的跟踪是利用信息技术及时获取有关物流位置的实时信息，辅助决策，对物流各环节进行指挥、调度等控制，同时服务于客户的方法。

物流位置信息的跟踪原本是物流企业用来跟踪内部物品流向的一种手段，现在向客户开放任其查询而成为一种增值服务，通常还是一项免费的服务。完善的位置跟踪系统取决于每个运输、分拣、中转、配送的时间，甚至可以精确到每一环节的准确时间。企业内部资源的优化和生产计划及调度计划的需要，要求对货品及其装载工具进行跟踪。在生产企业中，对产品的跟踪可以知道生产计划的完成情况和及时安排各种辅配料及包装材料到位；在生产部门，各道工序传递产品的装载工具的数量是有限的，必须让空载的工具及时地回到上道工序，跟踪这些工具在各时刻的准确位置是让生产流畅的必要条件。在运输业中，对货物的跟踪有利于新货单的排载，其中运载工具和容器工具的位置是调度室要清楚的信息，如集装箱运输中集装箱空箱的跟踪调度将为运输企业节省下来一笔可观的费用。对货物装载情况的跟踪可防止运载工具的空载或半载，可降低运载成本，进一步回馈给客户，降低费率，使企业更有竞争力。

那么作为物流企业如何来跟踪其运载工具的流向呢？在 10 年前，给客人的保证都是大概时间，希望驾驶员能按预定的时间到达，而货物装卸的单据和行车记录也只能靠随车携带或托人乘坐船或车追赶。后来有了无线电步话机，让总部能在一两小时的行程范围内知道车辆和货物的情况，但出了一定的范围就无能为力。后来有了传真机，能将配载货物的情况准确、及时地传回总部。而如今的通信技术使得无论身在世界的任何一个角落都能指挥若定。

现在我们可以看到，无论是客运或货运车队，驾驶员都配有移动电话，车队在行进中也可通过无线电联络，而空运、船运的设备则更好。有条件的物流公司甚至在其运载工具上装有卫星定位系统。而国际多式联运的发展更是推动了全球定位系统（Globe Positioning System，GPS）和全球追踪系统的出现，解决了物流信息在不同平台衔接的问题。这些位置信息追踪技术的提高与发展使物流业的服务越来越贴近客户，打破了传统的物流业定点定时配载卸载的束缚，使随时随地的配载卸载成为可能，使路径优化成为可能。物流跟踪实际上是电子通信技术在物流业的应用，也就是物流业中信息流的管理。在物流信息跟踪系统中用到的主要技术是定位技术和 GIS 技术。

2.4.1　定位技术

室外的定位技术一般都是通过接收卫星信号及相应的计算来完成对地面物体的定位

的。现在世界上成熟的卫星定位导航系统有美国的全球定位系统，俄国的 GLONASS 以及我国的北斗卫星导航系统（BeiDou Navigation Satellite System，BDS）。其中我国应用较多的是 GPS 以及 BDS。

1. 全球定位系统

GPS 是美国国防部从 20 世纪 70 年代开始研制的，于 1994 年全面建成，是具有在海、陆、空进行全方位实时三维导航与定位能力的卫星导航与全球性空间定位系统。经近 10 年我国测绘等部门的使用表明，GPS 以全天候、高精度、自动化、高效益等显著特点，赢得广大测绘工作者的信赖，并成功地应用于大地测量、工程测量、航空摄影测量、运载工具导航和管制、地壳运动监测、工程变形监测、资源勘察、地球动力学等多种学科，从而给测绘领域带来一场深刻的技术革命。随着全球定位系统的不断改进，硬、软件的不断完善，GPS 应用领域正在不断地开拓，目前已遍及国民经济各个部门，并开始逐步深入人们的日常生活。

（1）GPS 的构成

GPS 包括三大部分：空间部分——GPS 卫星星座，地面控制部分——地面监控系统，用户设备部分——GPS 信号接收机。

① GPS 卫星星座。21 颗工作卫星和 3 颗在轨备用卫星组成 GPS 卫星星座。24 颗卫星均匀分布在 6 个轨道平面内，轨道倾角为 55 度，各个轨道平面之间相距 60 度，即轨道的升交点赤经各相差 60 度。每个轨道平面内各颗卫星之间的升交角距相差 90 度，一轨道平面上的卫星比西边相邻轨道平面上的相应卫星超前 30 度。

在两万公里高空的 GPS 卫星，当地球对恒星来说自转一周时，它们绕地球运行两周，即绕地球一周的时间为 12 恒星时。这样，对于地面观测者来说，每天将提前 4 分钟见到同一颗 GPS 卫星。位于地平线以上的卫星颗数随着时间和地点的不同而不同，最少可见到 4 颗，最多可见到 11 颗。在用 GPS 信号导航定位时，为了计算测站的三维坐标，必须观测 4 颗 GPS 卫星，这 4 颗卫星称为定位星座，在观测过程中的几何位置分布对定位精度有一定的影响。对于某地某时，甚至不能测得精确的点位坐标，这种时间段叫作"间隙段"。但这种时间间隙段是很短暂的，并不影响全球绝大多数地方的全天候、高精度、连续实时的导航定位测量。GPS 工作卫星的编号和试验卫星基本相同。

② 地面监控系统。对于导航定位来说，GPS 卫星是一动态已知点。星的位置是依据卫星发射的星历——描述卫星运动及其轨道的参数算得的。每颗 GPS 卫星所播发的星历，是由地面监控系统提供的。卫星上的各种设备是否正常工作，以及卫星是否一直沿着预定轨道运行，都要由地面设备进行监测和控制。地面监控系统另一个重要作用是保持各颗卫星处于同一时间标准——GPS 时间系统。这就需要地面站监测各颗卫星的时间，求出钟差。然后由地面注入站发给卫星，卫星再由导航电文发给用户设备。GPS 工作卫星的地面监控系统包括一个主控站、三个注入站和五个监测站。

③ GPS 信号接收机。GPS 信号接收机的任务是：能够捕获到按一定卫星高度截止角所选择的待测卫星的信号，并跟踪这些卫星的运行，对所接收到的 GPS 信号进行变换、放大和处理，以便测量出 GPS 信号从卫星到接收机天线的传播时间，解译出 GPS 卫星所发送的导航电文，实时地计算出测站的三维位置，甚至三维的速度和时间。

GPS 卫星发送的导航定位信号，是一种可供无数用户共享的信息资源。对于陆地、海洋和空间的广大用户，只要用户拥有能够接收、跟踪、变换和测量 GPS 信号的接收设备，即 GPS 信号接收机，便可以在任何时候用 GPS 信号进行导航定位测量。根据使用目的的不同，用户要求的 GPS 信号接收机也各有差异。

（2）GPS 的特点

① 定位精度高。利用 GPS 可以得到动态目标的高精度的坐标、速度和时间信息，应用实践已经证明，GPS 相对定位精度在 50km 以内可达 10^{-6}m，100～500km 可达 10^{-7}m，1000km 可达 10^{-9}m。在动态定位中速度准确度可达 0.1m/s。随着技术水平的提高，定位精度技术，还会有更进一步的提高。

② 观测时间短。随着 GPS 的不断完善，软件的不断更新，目前，20km 以内相对静态定位，仅需 15～20 分钟；快速相对静态定位测量时，当每个流动站与基准站相距在 15km 以内时，流动站观测时间只需 1～2 分钟，然后可随时定位，每站观测只需几秒钟。

③ 测站间无须通视。GPS 测量不要求测站之间互相通视，只需测站上空开阔即可，因此可节省大量的造标费用。由于无须点间通视，点位位置可根据需要可稀可密，使选点工作甚为灵活，也可省去经典大地网中的传算点、过渡点的测量工作。

④ 可提供三维坐标。经典大地测量将平面与高程采用不同方法分别施测。GPS 可同时精确测定测站点的三维坐标。目前 GPS 水准可满足四等水准测量的精度。

⑤ 操作简便。随着 GPS 接收机不断改进，自动化程度越来越高，有的已达"傻瓜化"的程度；接收机的体积越来越小，重量越来越轻，极大地减轻测量工作者的工作紧张程度和劳动强度，使野外工作变得轻松愉快。

⑥ 全天候作业，覆盖全球。目前 GPS 观测可在一天 24 小时内的任何时间进行，不受阴天黑夜、起雾刮风、下雨下雪等气候的影响，而且 GPS 可定位的范围基本覆盖了全球。

⑦ 功能多、应用广。GPS 不仅可用于测量、导航，还可用于测速、测时，测速的精度可达 0.1m/s，测时的精度可达几十毫微秒，其应用领域不断扩大。当初，设计 GPS 的主要目的是用于导航、收集情报等军事方面。但是，后来的应用开发表明，GPS 不仅能够达到上述目的，而且用 GPS 卫星发来的导航定位信号能够进行厘米级甚至毫米级精度的静态相对定位，米级至亚米级精度的动态定位，亚米级至厘米级精度的速度测量和毫微秒级精度的时间测量。因此，GPS 展现了极其广阔的应用前景。

2. 北斗卫星导航系统

BDS 由空间段、地面段和用户段三部分组成，可在全球范围内全天候、全天时为各类用户提供高精度、高可靠定位、导航、授时服务，并且具备短报文通信能力，已经初步具备区域导航、定位和授时能力，定位精度为分米、厘米级别，测速精准。

20 世纪后期，中国开始探索适合国情的卫星导航系统发展道路，逐步形成了三步走发展战略：2000 年年底，建成北斗一号系统，向中国提供服务；2012 年年底，建成北斗二号系统，向亚太地区提供服务；2020 年，建成北斗三号系统，向全球提供服务。2020 年 7 月 31 日，北斗三号全球卫星导航系统建成暨开通仪式在北京举行。中共中央总书记、国家主席、中央军委主席习近平出席仪式，宣布北斗三号全球卫星导航系统正式开通。目前全球范围内已经有 137 个国家与北斗卫星导航系统签下了合作协议。随着全球组网的成功，北斗卫星导航系统未来的国际应用空间将会不断扩展。

北斗三号全球卫星导航系统（以下简称"北斗三号系统"），由 24 颗中圆地球轨道卫星、

3 颗地球静止轨道卫星和 3 颗倾斜地球同步轨道卫星,共 30 颗卫星组成。北斗三号全球卫星导航系统提供两种服务方式,即开放服务和授权服务。开放服务是在服务区中免费提供定位、测速和授时服务,定位精度为 10 米,授时精度为 50 纳秒,测速精度 0.2 米/秒。授权服务是向授权用户提供更安全的定位、测速、授时和通信服务以及系统完好性信息。

① BDS 的构成。BDS 空间段由若干地球静止轨道卫星、倾斜地球同步轨道卫星和中圆地球轨道卫星等组成;BDS 地面段包括主控站、时间同步/注入站和监测站等若干地面站,以及星间链路运行管理设施;BDS 用户段包括北斗兼容其他卫星导航系统的芯片、模块、天线等基础产品,以及终端产品、应用系统与应用服务等。

北斗地基增强系统是北斗卫星导航系统的重要组成部分,按照"统一规划、统一标准、共建共享"的原则,整合国内地基增强资源,建立以北斗为主、兼容其他卫星导航系统的高精度卫星导航服务体系。利用北斗/GNSS 高精度接收机,通过地面基准站网,利用卫星、移动通信、数字广播等播发手段,在服务区域内提供 1～2 米、分米级和厘米级实时高精度导航定位服务。

② BDS 的特点。一是北斗三号系统空间段采用三种轨道卫星组成的混合星座,与其他卫星导航系统相比高轨卫星更多,抗遮挡能力强,尤其在低纬度地区其性能特点更为明显;二是北斗三号系统提供多个频点的导航信号,能够通过多频信号组合使用等方式提高服务精度;三是北斗三号系统创新融合了导航与通信能力,具有实时导航、快速定位、精确授时、位置报告和短报文通信服务五大功能。

📝 相关链接

从 2017 年年底开始,北斗系统正式向全球提供 RNSS 服务。至 2022 年上半年,新进网手机中有 128 款支持北斗,出货量合计 1.32 亿部,出货量占比达 98.5%。2022 年 9 月,百度地图宣布正式切换为北斗优先定位;2022 年下半年高德地图开始使用以北斗系统为主导的定位系统,截至 2022 年 11 月,高德地图调用北斗卫星日定位量已超过 2100 亿次,且在定位时北斗的调用率已超越了 GPS 等其他卫星导航系统。基于北斗定位的高德地图还有能够为用户精准读秒的"黑科技"红绿灯倒计时,背后的算力基础同样是基于北斗连续稳定、精准高效的定位能力;此外还有针对绿色出行的骑步行导航定位,共享位置的报平安服务等,北斗系统都在其中提供着至关重要的技术支撑。

截至 2023 年 3 月,北斗三号全球卫星导航系统自 2020 年建成开通以来,全国已有超过 790 万辆道路营运车辆、4.7 万多艘船舶、4 万多辆邮政快递干线车辆应用北斗系统,近 8000 台各型号北斗终端在铁路领域应用推广;截至 2023 年 7 月,北斗系统已服务全球 200 多个国家和地区用户。

2023 年 12 月 26 日 11 时 26 分,中国在西昌卫星发射中心用长征三号乙运载火箭与远征一号上面级,发射第 57 颗、58 颗北斗导航卫星。该组卫星属中圆地球轨道卫星,是中国北斗三号全球卫星导航系统建成开通后发射的首组 MEO 卫星,入轨并完成在轨测试后,将接入北斗卫星导航系统。该组卫星与前期 MEO 组网卫星相比,在全球短报文通信容量、星载原子钟技术、有效载荷智能化等方面,功能性能进一步升级,入网工作后将进一步提升北斗系统可靠性和服务性能,对支撑系统稳定运行和规模化应用具有重要意义。

得益于北斗系统的快速发展和成熟，尤其 2020 年"北斗三号"全球组网成功，这一"国之重器"在卫星数量和分布完整度上都更具备优势。基于该系统的地图导航应用中也呈现出定位信号更稳定、定位质量更高、定位速率更快的特点。据统计，在同时支持北斗系统和其他卫星导航系统的手机用户中，高德地图平均每次定位所调用的卫星，北斗卫星的数量占比最高，较排名第二的 GPS 多出 30%。

3．定位技术在物流中的应用

定位系统在物流中的应用，体现在对车辆行驶状态的管理以及货物流动的查询上。用户只需在每辆长途运输车辆上安装定位系统的接收设备，便可实现实时跟踪、管理记录功能。运输公司可以通过定位系统的调度中心或互联网的方式了解车辆工作状态，比如查看车辆是否按预定轨迹接送货物，中间有无停车，在哪里停的车，停了多少次等。同时，对于货物的委托用户，可以通过网上查询，及时了解货物运转状态。利用定位系统还可以实现防暴反劫功能，将为货主、运输公司提供更多的安全保障，尤其对贵重物品和特殊物品的运输管理。

① 双向通信功能。不管是 GPS 还是 BDS，都具有与司机进行通话或使用本系统安装在运输工具上的移动设备的汉字液晶显示终端进行汉字消息收发对话的功能。驾驶员通过按下相应的服务、动作键，将该信息反馈到定位系统服务器端，质量监督员可在定位系统的服务器端的显示屏上确认其工作的正确性，了解并控制整个运输作业的准确性（如发车时间、到货时间、卸货时间、返回时间等）。

② 动态调度功能。调度人员能在任意时刻通过调度中心发出文字调度指令，并得到确认信息。操作人员可进行运输工具待命计划管理，通过在途信息的反馈，在运输工具未返回车队前即做好待命计划，可提前下达运输任务，减少等待时间，加快运输工具周转速度。

③ 运能管理。将运输工具的运能信息、维修记录信息、车辆运行状况登记信息、司机人员信息、运输工具的在途信息等多种信息提供给调度部门决策，以提高重车率，尽量减少空车时间和空车距离，充分利用运输工具的运能。

④ 路线规划及路线优化。根据地图信息及客户地址，可事先规划车辆的运行路线、运行区域，何时应该到达什么地方等，并将该信息记录在数据库中，以备以后查询和分析使用，并在车辆送货过程中可以实时跟踪车辆位置信息。

⑤ 服务质量跟踪。在中心设立服务器，并将车辆的有关信息（运行状况、在途信息、运能信息、位置信息等用户关心的信息）让有该权限的用户能在异地方便地获取自己需要的信息。同时还可将客户索取的信息中的位置信息用相对应的地图传送过去，并将运输工具的历史轨迹印在上面，使该信息更加形象化。

依据资料库储存的信息，可随时调阅每台运输工具以前的工作资料，并可根据各管理部门的不同要求制作各种不同形式的报表，使各管理部门能更快速、更准确地做出判断以及提出新的指示。物流企业通过使用定位系统可以优化企业车辆资源配置，实时掌控车辆运营情况；提高企业市场竞争力，保障客户财产安全；降低企业成本，提高服务水平，增强公司实力；为现代物流管理提供了强大而有效的工具。

2.4.2　GIS 技术

1．GIS 的概念

地理信息系统（Geographic Information System，GIS）是以地理空间数据库为基础，在计算机软硬件的支持下，对空间相关数据进行采集、管理、操作、分析、模拟和显示，并采用地理模型分析方法，实时提供多种空间和动态的地理信息，是为地理研究和决策服务而建立起来的计算机技术系统。简而言之，GIS 就是一个空间数据库管理系统。GIS 的基本功能是将表格型数据（无论它来自数据库、电子表格文件或直接在程序中输入）转换为地理图形显示，然后对显示结果浏览、操作和分析。其显示范围可以从洲际地图到非常详细的街区地图，显示对象包括人口、销售情况、运输路线以及其他内容。

GIS 技术把地图这种独特的视觉化效果和地理分析功能与一般的数据库操作（例如查询和统计分析等）集成在一起。这种能力使 GIS 与其他信息系统相区别，从而使其在广泛的公众和个人企事业单位中解释事件、预测结果、规划战略方面具有实用价值。

从技术和应用的角度，GIS 是解决空间问题的工具、方法和技术；从学科的角度，GIS 是在地理学、地图学、测量学和计算机科学等学科基础上发展起来的一门学科，具有独立的学科体系；在功能上，GIS 具有空间数据的获取、存储、显示、编辑、处理、分析、输出和应用等功能；从系统学的角度，GIS 具有一定结构和功能，是一个完整的系统。

地理信息系统把要处理的信息分为两类：第一类是反映事物地理空间位置的信息，从计算机的角度可称为空间位置数据，也常称为地图数据、图形数据；第二类是反映事物其他特征的信息，可称为专题属性信息或专题属性数据，也称为文字数据、非图形数据。

2．GIS 的特征

① 空间性、动态性。GIS 具有系统管理、分析和以多种方式输出地理空间信息的能力。GIS 的数据必须具有空间分布特征，具有一个特定投影和比例的参考坐标系统，基于共同的地理基础。

② 为管理和决策服务。GIS 以地理模型方法为手段，具有区域空间分析、多要素综合分析和动态预测能力，产生决策支持信息及其他高层地理信息。

③ 由计算机系统支持。GIS 由计算机系统支持进行地理空间数据管理，并由计算机程序模拟常规的专门地理分析方法，作用到空间数据之上产生有用信息，完成人类难以完成的任务。计算机系统的支持使得 GIS 具有快速、精确并能综合地对复杂的地理信息进行空间动态分析的功能。

3．GIS 的组成

GIS 由硬件、软件、数据、人员和方法五部分组成。硬件和软件为 GIS 建设提供环境；数据是 GIS 的重要内容；人员是系统建设中的关键和能动性因素，直接影响和协调其他几个组成部分；方法为 GIS 建设提供解决方案。

① 硬件。硬件是 GIS 所操作的计算机。今天，GIS 软件可以在很多类型的硬件上运行，从中央计算机服务器到桌面计算机，从单机到网络环境。

② 软件。GIS 软件提供所需的存储、分析和显示地理信息的功能和工具。主要的软件部件有：输入和处理地理信息的，数据库管理系统，支持地理查询、分析和视觉化的工具，

容易使用这些工具的图形化界面。

③ 数据。一个 GIS 中最重要的部件就是数据了。地理数据和相关的表格数据可以自己采集或者从商业数据提供者处购买。GIS 将把空间数据和其他数据源的数据集成在一起，而且可以使用那些被大多数公司用来组织和保存数据的数据库管理系统，来管理空间数据。

④ 人员。GIS 技术如果没有人来管理系统和制订计划应用于实际问题，将没有什么价值。GIS 的用户范围包括从设计和维护系统的技术专家，到那些使用该系统并完成他们每天工作的人员。

⑤ 方法。成功的 GIS 系统具有好的设计计划和自己的事务规律，这些是规范，而且对每一个公司来说具体的操作实践又是独特的。

4．GIS 技术在物流中的应用

GIS 技术作为地理数据获取、存储、分析、处理等的工具，将多种地理数据以不同层次联系构成现实世界模型，具有强大的空间数据管理、地理分析和空间分析的能力。GIS 应用于物流分析，主要是指利用 GIS 强大的地理数据功能来完善物流分析技术。国外公司已经开发出利用 GIS 技术为物流分析提供专门分析的工具软件。

完整的 GIS 物流分析软件集成了车辆路线模型、网络物流模型、分配集合模型和设施定位模型等。

① 车辆路线模型。用于解决在一个起始点、多个终点的货物运输中如何降低物流作业费用，并保证服务质量的问题，包括决定使用多少辆车，每辆车的路线等。

② 网络物流模型。用于解决寻求最有效的分配货物路径问题，也就是物流网点布局问题。如将货物从 N 个仓库运往到 M 个商店，每个商店都有固定的需求量，因此需要确定由哪个仓库提货送给哪个商店，所耗的运输代价最小。

③ 分配集合模型。可以根据各个要素的相似点把同一层上的所有或部分要素分为几个组，用以解决确定服务范围和销售市场范围等问题。如某一公司要设立 X 个分销点，要求这些分销点要覆盖某一地区，而且要使每个分销点的顾客数目大致相等。

④ 设施定位模型。用于确定一个或多个设施的位置。在物流系统中，仓库和运输线共同组成了物流网络，仓库处于网络的节点上，节点决定着线路，如何根据供求的实际需要并结合经济效益等原则，在既定区域内设立多少个仓库，每个仓库的位置，每个仓库的规模，以及仓库之间的物流关系等问题，运用此模型均能很容易地得到解决。

本章小结

本章对物流管理信息系统中涉及的信息技术进行了详细的介绍，包括数据采集用到的条形码技术和 RFID 技术，数据存储用到的数据库技术及数据仓库技术，网络通信用到的互联网技术、EDI 技术以及物联网技术，在对物流位置信息进行采集的定位技术以及对位置信息进行数据分析的 GIS 技术。本章首先介绍了以上技术的基本概念、特点和工作原理，最后将其在物流中的应用分别进行了总结。

思考题

1. 请简述条形码技术在物流信息采集中的应用。
2. 请简述 RFID 技术的工作原理。
3. RFID 技术可以应用在物流中的哪些方面？
4. RFID 相对于条形码技术的主要优势有哪些？
5. 数据库系统的构成包括哪几个部分？
6. 请简述数据仓库的特征。
7. 请概括数据仓库有哪些决策分析工具。
8. 请总结网络通信技术的功能有哪些。
9. 请总结 EDI 技术的工作过程。
10. 请概括物联网技术的概念。
11. 现有成熟的定位技术有哪些？
12. 请概括 GIS 技术的特征。
13. 请总结 GIS 技术在物流中的应用。

案例分析

中国邮政、顺丰速运、京东物流、"两通一达"利用北斗系统加速布局

2020 年 7 月 31 日 10 时 30 分，北斗三号全球卫星导航系统建成暨开通仪式在人民大会堂举行。中共中央总书记、国家主席、中央军委主席习近平出席仪式。

北斗三号全球卫星导航系统（以下简称"北斗三号系统"）是中国自行研制的全球卫星导航系统，可在全球范围内全天候、全天时为各类用户提供高精度、高可靠定位、导航、授时服务。随着北斗三号系统的建成，其应用场景和需求将进一步扩大。业内专家认为，在 5G+北斗系统的加持下，智能快递物流有望成为最先落地的北斗三号系统规模化应用场景。

1. 一大批快递企业先行先试

作为北斗系统应用尝试的先行者，中国邮政、顺丰速运、京东物流、圆通、申通、韵达等中国快递巨头已经积累了丰富的北斗系统应用经验，北斗系统也以快递为窗口加快融入中国物流产业。

2013 年 12 月，北斗系统在邮政物流领域的应用示范项目在湖南启动，这将加快北斗系统融入中国物流产业。该项目研究生产的基于北斗系统的智能车载终端及北斗手持终端将在中国邮政集团公司及 31 个省份和直辖市安装部署 3 万台。疫情发生后，中国邮政为邮政干线物资运输车辆装载了 5000 台北斗系统终端，利用车辆定位信息进行实时监管和调配，确保疫情防控物资及时送达。

隶属顺丰的丰图科技，已在 1 万多辆顺丰自营车辆上安装具备北斗/GPS 双模定位能力的智能终端。此外，丰图科技还有几十台高精度定位设备，即为北斗/GPS/GLONASS 多模定位，当接入 CORS 站时可实现实时厘米级定位。

京东物流早在多年前就开始布局。2012 年，在国家正式宣布北斗卫星导航系统试运行启动后，京东率先启动"基于北斗的电子商务云物流信息系统项目"，成为中国第一批应用北斗技术进行车辆管控的企业之一。2013 年，京东物流开始在传站、摆渡、干支线等运输的所有环节的车辆上安装北斗导航设备，不仅包括国家规定的所有重型卡车，而且在中型和小型货车上均安装了北斗设备。2015 年，京东物流借助北斗系统研发了第三方配送大件订单轨迹功能，开创了行业先河。2019 年，京东物流与北斗合作，在湖南岳阳共同打造数字物流示范城市，发展现代智能物流产业。

从 2012 年开始，圆通快递在全网干线车辆上安装使用北斗芯片。目前，圆通快递全网有 5500 多辆干线运输车辆（其中 2200 辆是自营车辆）采用了北斗系统。此外，圆通快递自主研发的专门为圆通货运司机打造的"运盟"App 也使用了北斗系统的定位导航技术，可全方位掌握车辆、快件最新信息。

目前，申通快递拥有干线自营车辆近 4000 辆，车辆 100% 安装北斗卫星导航系统。北斗卫星导航系统为申通干线自营车辆提供高精度的定位信息和优化的出行路线，还可以为企业运输车辆调配和快件的运输、管理、运量统计等提供重要数据支撑，保障企业的运输效率。

韵达总部自营车辆均采用北斗系统，而且对网点的管理也采用了北斗系统。此举使韵达干线运输实现了可视化管控，包括对在途车辆实时监控，对路径轨迹偏差、超速、瞌睡闭眼等能做到及时报警提醒，动态智能化路由规划，监控货量变化，找到时效和成本的"帕累托最优"等。

2. 不止定位那么简单

自 2018 年 12 月 27 日，中国宣布自主研发的北斗三号全球卫星导航系统开始提供全球定位服务，我国的北斗卫星定位系统正式迈向全球时代，得到广泛应用，产业规模不断壮大。目前北斗卫星导航系统已形成完整产业链。北斗系统在国家安全和重点领域标配化使用，在大众消费领域规模化应用，正在催生"北斗+"融合应用新模式，产业融合趋势愈发明朗。其中，北斗系统在智慧物流领域有着巨大潜力。

中国邮政系统正在推广结合北斗卫星导航系统的"中国邮政运输调度系统"，在邮政行业形成典型示范应用，并将辐射整个中国物流行业，打破 GPS 导航在物流行业的垄断。全面推广北斗系统定位导航服务在邮政系统的应用能快速使北斗技术渗透到中国邮政的各个部门、各个生产环节，实现邮政行业从车辆定位调度管理到中国邮政 30 万揽投人员定位调度管理，最终达到北斗与 RFID 结合实现邮件全程可跟踪控制、可视化管理，同时通过在邮政行业的全面推广与产业化应用，依托中国邮政国内物流龙头地位的优势，能使北斗系统快速地辐射到中国现代物流系统。

2019 年 11 月，专注于地图领域的科技公司——丰图科技正式获得自然资源部颁发的导航电子地图制作甲级测绘资质。导航电子地图制作甲级测绘资质是测绘企业从事采集、制作、生产地图导航数据所必需的资质，目前全国只有 21 家企业获得，丰图科技作为顺丰集团旗下专注于地图领域的科技公司，意味着顺丰成为物流行业第一家获此资质的企业。在新一轮产业互联网科技浪潮下，基于定位导航技术的地图将成为数字化和智能化世界的"操作系统"，会成为非常重要的基础设施。丰图科技致力于打造数字化和 AI 系统能读懂的地图，为各种对象提供可信赖的位置决策服务。丰图科技目前为顺丰提供全流程物流地图服务，已成为顺丰数字化和智能化建设的底盘引擎。

京东物流则以北斗系统导航应用技术为基础，建设电商物流配送和服务体系，带动了物流行业的流程升级，如今已成为我国最大的北斗系统规模化应用企业。目前，京东物流正在利用无线通信、现代物流配送规划等技术，研发基于北斗系统的云物流信息系统，实现对物流过程、运载车辆、一线工作人员时空定位的全面管理等个性化服务，确保安全的同时，降低物流成本并提高物流配送效率。通过为物流车辆、物流一线员工安装配备基于北斗的智能车载和手持终端，实现基于北斗系统的物流智能位置服务。京东物流以核心运输基础设施、技术和运营能力为基础，基于北斗、IoT、AI图像处理、大数据等技术，融合形成服务物流运输的多种创新应用生态，如北斗+物流可视化监控——利用北斗赋能IoT，打造基于北斗定位、温度、视觉传感器的全链路位置、温度数据，提供集监控、异常预警、可视化、一体化解决方案，提升物流安全；北斗+物流运输调度——利用北斗定位进行运力匹配和配载，找到当时距离目的地最近且能装载的车辆，系统规划出最合适的路径下发给司机，提高整体效率，并利用北斗定位进行物流跟踪；北斗+物流无人机——利用北斗定位，结合INS捷联惯性导航系统为物流无人机提供高精度、高可靠性的位置信息。

韵达2019年借助北斗系统对路由优化系统进行升级，根据包裹量、重量、流向等因素，结合大路由系统、电子面单系统和地址归集技术，将全息计算结合大规模优化技术应用于分拨选择和路线规划：一是基于大规模数值计算的运筹学优化技术，将路由优化系统应用于新建分拨城市选址和具体市内选址；二是通过发挥"集散模式"与"规模优势"，最大化将路由优化拉直，有效解决"运输货量和运能不匹配"的难题；三是可基于淡旺季货量预测，对可能出现异常的线路发出系统预警；四是通过对运输数据的分析，实现对运输异常情况的识别和及时处理，有利于提高运输安全、降低运输成本。

思考题：
1. 北斗三号全球卫星导航系统的主要功能是什么？
2. 北斗三号全球卫星导航系统可以应用在快递企业中的哪些场景？

第 3 章

物流管理信息系统的开发概述

导入案例

G7 易流牵手欧冶云商，构建钢铁行业数字运力网络

2024 年 1 月 24 日，G7 易流与欧冶云商正式签署战略合作协议。依托欧冶云商深厚的钢铁产业生态服务平台经验和 G7 易流在大数据以及物流数字化变革领域的沉淀，二者合作将共同构建"低碳可视、安全可控、直达终端"的数字运力网络。

欧冶云商是中国宝武旗下第三方产业互联网平台公司，拥有深厚的钢铁行业底蕴和丰富的产业互联网经验积累，连接超过 300 家钢厂及其分支机构、2000 家钢材仓库，平台车辆资源超 5 万辆，船舶超过 6000 艘，合作加工中心超过 700 家。目前已构建了"平台+生态、技术+场景、线上+线下"的钢铁共享服务生态圈，促进万亿级钢铁产业链提质增效和创新发展。

欧冶云商通过平台化和数字化解决了钢铁生产企业所面临的重资产问题。但想要推动钢铁产业乃至下游实现供应链高质量发展，其背后需要构建一个"低碳可视、安全可控、直达终端"的数字运力网络，既广泛连接下游，实现信息共享降本增效，又直达终端客户，提高服务质量。

本次合作，G7 易流和欧冶云商核心聚焦三大目标：协同建立钢铁产业供应链数据标准、构建管理流程闭环，推进上下游协作机制；面向欧冶物流总部，G7 易流则通过共享数据以及智能新技术能力，共建钢铁物流新生产关系顶层设计；面向广泛的钢铁产业物流服务商，将逐步推动承运商数字化连接并持续赋能产业下游数字化升级。

首先，通过全链条数字化管理，实现"厂区安全规则设置—过程安全监管—安全数据沉淀&分析—安全治理迭代"的安全治理闭环；其次，打通欧冶 LSP 和 G7 易流财运通，优化运力资源调度，同时满足钢铁行业承运商多货主服务需求，提升下游承运商数字化经营水平及业务扩展能力；再次，基于 G7 易流在大数据方面的沉淀，融合"基础数据、在途动态数据、大数据智能服务"，形成钢铁行业数据库，包括但不限于风险地图，沉淀运力画像，用数据赋能行业；最后，建设物流碳数据库，推进钢铁产业物流能源转换进程，促进绿色低碳发展。

此次 G7 易流与欧冶云商强强联合，双方将根据各自领域优势，实现资源共享和优势互补，共同探索钢铁和物联网行业耦合、协同发展的新模式。未来，双方也将积极践行 ESG 发展理念、履行社会责任，引领钢铁行业向更完善、更规范迈进。

学习目标

1. 了解物流管理信息系统的开发策略。
2. 了解物流管理信息系统的开发原则。
3. 掌握物流管理信息系统的开发方法。
4. 掌握每种物流管理信息系统开发方法的优缺点。
5. 掌握每种物流管理信息系统的开发方式及其适用范围。

物流管理信息系统是把各种企业物流及其相关活动连接在一起的信息一体化过程，是实现对企业物流活动的各个环节进行管理、控制和衡量的通道。物流管理信息系统是硬件和软件的结合，其中硬件包括计算机设备、输入/输出设备和存储媒体等，软件包括用于处理交易、管理控制、决策分析和制订战略计划的系统平台和应用程序。

物流管理信息系统的开发是一项复杂的系统工程，它涉及计算机处理技术、系统理论、组织结构、管理功能、管理认识、认识规律及工程化方法等方面的问题。开发方面的方法有很多种，面对不同的企业情况，各种方法有不同的使用范围，企业应根据自身情况进行合理的选择。

3.1 物流管理信息系统的开发策略

每一种开发方法都要遵循相应的开发策略。任何一种开发策略都要明确系统要解决的问题是什么，即采取何种方式解决组织管理和信息处理方面的问题，对企业提出的新的管理需求该如何满足等。另外还要确定系统所要实现的目标，通过对企业状况的初步调研得出现状分析的结果，然后提出可行性方案并进行论证。开发前做好人员、企业基础工作等各项准备工作。最后针对已经确定的开发策略确定开发计划，即明确系统开发的工作计划、投资计划、工程进度计划和资源利用计划。系统的具体开发策略有自上而下的开发策略、自下而上的开发策略以及综合开发策略三种。

3.1.1 自上而下的开发策略

"自上而下"的开发策略是从企业管理的整体进行设计，逐渐从抽象到具体，从概要设计到详细设计，体现结构化的设计思想。这种开发策略强调整体协调和规划，由全面到局部，由长期到近期，从探索合理的信息流出发来设计整体的管理信息系统。它首先考虑企业的总体目标、总功能，然后根据需求划分子系统，结合各个子系统之间的联系对各个子系统进行分析和设计。这种开发策略具有系统性、逻辑性强的特点，是管理信息系统各个子系统集成和成熟的表现。但是对于较大的系统来说，"自上而下"的开发策略工作量大，开发周期长，开发费用也很大。

3.1.2　自下而上的开发策略

"自下而上"的开发策略是首先设计系统的构件，采用搭积木的方式组成整个系统。采取此种策略就是从现行系统的业务状况出发，先实现一个一个子系统的具体功能，再逐步由低向高建立起企业整体的管理信息系统。LMIS 的主要功能是数据的处理和传递，因此在"自下而上"的开发策略中首先要调查、分析每项数据处理如何进行，然后根据需要逐渐增加管理控制方面的功能，比如企业可以先从某个物流业务子系统（如库存管理、仓储管理、会计核算等）的日常业务处理开始进行分析和设计，调查该项工作的数据处理和传递过程，完成业务子系统的建设。实现这个子系统的功能后，再逐步地建立高级的物流管理信息系统，最终实现这个企业物流活动整体的信息化开发建设。这种开发策略边实施边见效，容易接受和开发，可以避免大规模系统可能出现的运行不协调的风险。但是由于在开发具体子系统的时候，缺乏整体性的考虑，忽视各个子系统之间的有机联系，容易导致功能和数据的重复和不一致现象发生，随着系统的进展，往往需要做出重大修改，甚至重新规划设计。因此这种开发策略适合小型系统的开发和设计。

3.1.3　综合开发策略

综合开发策略是将以上两种策略结合起来使用。"自上而下"的方法适用于系统的总体规划和设计，能够考虑到各个子系统之间的有机结合，避免数据和功能的冗余和不一致。"自下而上"的开发策略适合具体子系统的系统设计、系统实施阶段，便于快速完成对子系统的设计和实施。因此在实践中，企业往往将两种开发策略结合起来使用，即先"自上而下"地做好管理信息系统的战略规划和系统分析，再"自下而上"地逐步实现各个子系统的设计和实施。

3.2　物流管理信息系统的开发原则

物流管理信息系统的开发是一个政策性强、技术要求高、环境复杂的庞大的系统工程，它涉及组织日常管理工作的各个方面，为了保证物流管理信息系统的成功开发，在物流管理信息系统开发中应遵循一定的原则。

3.2.1　系统性原则

物流管理信息系统的开发涉及管理思想、管理体制和管理工作等诸多方面的问题。它们是相互联系、相互作用的综合体。系统开发人员必须从整体和各组成部分的相互关系来考察事物，从整体目标和功能出发，正确处理系统各组成部分之间的相互关系和相互作用，使开发工作在系统目标、系统设计、系统实施、资源配置以及系统运行维护等方面有一个整体的考虑，使开发工作达到整体最优的效果。

3.2.2 标准化原则

科学管理是开发信息系统的基础,只有在合理的管理体制、完善的规章制度和科学的管理方法之下,系统才能充分发挥其作用。本原则要求数据尽可能共享,减少系统的输入和输出,对已有的数据、信息做进一步的分析和处理,以便系统充分发挥深层次加工信息的作用。在 LMIS 开发过程中,管理工作要严格科学化,具体方法要程序化、规范化;做好基础数据管理工作,严格计量程序、计量手段、检测手段和数据统计分析渠道;要保证数据、文件、报表的统一化。

3.2.3 相关性原则

组成 LMIS 的各子系统各有其独立功能,同时又相互联系,相互作用。通过信息流把它们的功能联系起来,当某一子系统发生了变化,其他子系统也要相应地进行调整和改变,因此,在 LMIS 开发中,要考虑各子系统的相关性,即不能不考虑其他子系统而孤立地设计某一子系统。

3.2.4 可靠性原则

只有可靠的系统才能得到用户的信任。因此在 LMIS 开发时,要保证系统软硬件设备的稳定性,要保证数据采集的质量,要有数据校验功能,要有一套系统的安全措施。只有这样,系统的可靠性才能得到充分保证。系统的可靠性是检验系统成败的主要指标之一。另外要从网络安全、数据安全等多角度考虑系统的安全性,要有必要的网络安全措施,如防火墙、入侵检测系统,数据要做好数据备份、数据加密等保障数据安全的工作。

3.3 物流管理信息系统的开发方法

3.3.1 结构化开发方法

结构化开发方法源自结构化程序设计,它是一种比较经典的开发方法。在 20 世纪 70—80 年代,该类方法非常盛行,在信息系统的开发上取得了较好的效果。它是指系统分析员、软件工程师、程序员以及最终用户建立计算机信息系统的一个过程,是管理和控制信息系统成功开发的一种必要措施和手段;或者是一种用于规划、执行和控制信息系统开发项目的项目组织和管理方法,是工程学原理(系统工程的方法)在信息系统开发中的具体应用。

结构化开发方法的基本思想是用系统工程的思想和工程化的方法,按照用户至上的原则,结构化、模块化、自顶向下对系统进行分析和设计。在系统实施阶段采用自底向上逐步实施。该方法是自顶向下结构化方法、工程化的系统开发方法和生命周期法的结合,是迄今为止应用最普通、最成熟的一种开发方法。

1. 结构化开发方法的过程

结构化开发方法将 LMIS 的开发过程分为 5 个阶段,包括系统规划阶段、系统分析阶段、系统设计阶段、系统实施阶段、系统运行维护与评价阶段，系统开发的生命周期模型如图 3-1 所示。

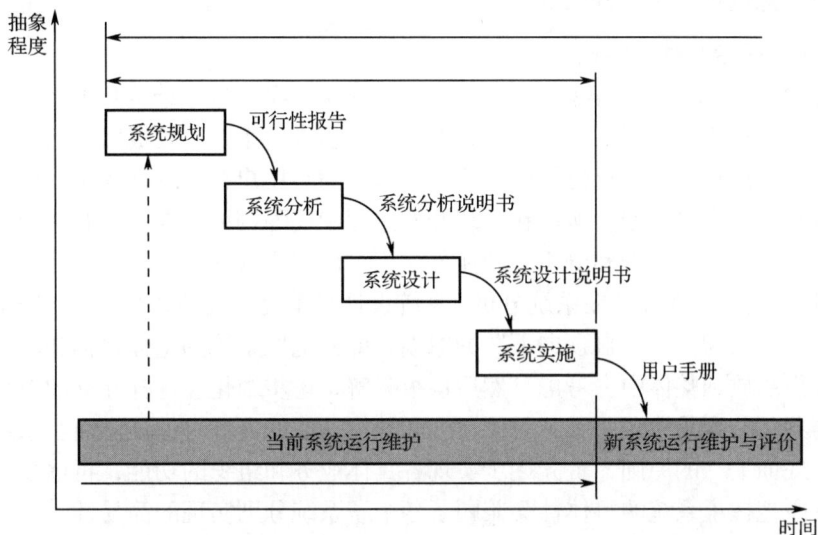

图 3-1 系统开发的生命周期模型

① 系统规划阶段。管理信息系统规划是管理信息系统开发的起始阶段。管理信息系统规划是将组织目标、支持组织目标所必需的信息、提供这些必需信息的信息系统，以及这些信息系统的实施等诸要素集成的信息系统方案，是面向组织中信息系统发展远景的系统开发计划，并对该计划的可行性进行分析。在实施方案可行的基础上，给出整个开发过程对人、财、物及时间资源的整体安排计划。

② 系统分析阶段。系统分析主要是对开发的软件进行业务调查和分析，充分理解用户的需要，明确这些需要的逻辑结构并加以确切的描述，即解决"做什么"的问题。该阶段与系统将采用什么样的信息技术无关。系统分析阶段的主要任务是对客户信息需求进行详细调查，包括对企业的业务情况进行详细调查，分析业务流程，分析数据与数据流程，分析功能与数据之间的关系，最后提出新系统的逻辑方案。系统分析阶段结束后给出的系统分析说明书将作为下一开发阶段的工作基础。

③ 系统设计阶段。系统设计阶段的任务是依据系统分析说明书进行新系统的物理设计，提出一个由一系列物理设备构成的新系统设计方案，并把这一方案表达出来，即解决"怎么做"的问题。系统采用的信息技术将在这一阶段引入。系统分析通常分为总体设计阶段和详细设计阶段。总体设计阶段包括系统空间布局设计、系统模块结构设计、系统软硬件结构设计；详细设计阶段包括数据库/文件设计、编码设计、输入/输出设计、模块结构与功能设计。系统设计阶段的工作结束后，要将系统设计的结果编制成系统设计说明书，作为下一开发阶段的工作基础。

④ 系统实施阶段。系统设计完成后，即可进入系统实施阶段。系统实施的主要任务是购置计算机硬件、开发系统软件；设计程序、调试程序及程序系统；系统试运行；编写操作说明等文字资料；培训操作人员等。

⑤ 系统运行维护与评价阶段。本阶段的主要任务是同时进行系统的日常运行管理、评

价、监理三部分工作。在系统运行过程中要逐日记录并提交运行记录，发现问题要及时对系统进行修改、维护或局部调整；对系统运行的效果进行评价，确定系统开发是否成功，是否需要对信息进行更新与升级等。

2. 结构化开发方法的特点

① 面向用户需求。管理信息系统的用户是各级各类管理者，结构化强调用户是整个系统开发的起源和最终归宿，用户的参与程度和满意程度是系统开发成败的关键。在系统开发过程中，强调用户参与，充分了解用户的需求，满足用户在管理活动中的信息需求是管理信息系统建设的直接目的。所以在系统开发过程中要强调用户参与，和用户充分沟通，了解他们的需求，深入调查和分析管理业务流程，使用户满意。

② 采用综合开发策略。在系统分析、系统设计与系统实施的各个阶段，结构化开发方法强调在工作中贯彻执行"自顶向下"的原则，即先把握系统的整体目标和功能，将各项具体业务和组织放到整体中去考虑，然后逐级分解，逐步细化。这样建立的系统，结构合理，总体与各部分容易协调一致，总体目标和总体功能的实现有保证。而在系统实施阶段则采用"自底向上"的原则，首先逐步实现各具体业务和组织的功能，再逐步实现总的目标和功能，既把握了系统的整体性又兼顾了各个子系统分别实现的简易性。

③ 严格区分工作阶段，每个阶段有明确的任务和目标。结构化开发方法将整个系统开发过程划分为若干个阶段，每个工作阶段的活动内容、工作任务、所用方法、工具、准则，都有明确的规定，每个工作阶段的主要成果也有具体要求，每个阶段的目的和实现的功能都很明确，这样有利于控制和协调整个系统工程进度。

④ 系统开发工作的质量与效率有保障。结构化开发方法强调在进行技术设计和实施之前，要进行充分的调查、分析、论证，进行逻辑方案的探索，弄清系统要解决的问题，即解决"做什么"的问题，然后再进入系统设计阶段，解决"怎样做"的问题，从而确保系统开发工作的完整性和顺序性，提高系统开发的质量和效率。

⑤ 开发过程规范化。程序和文档都要规范化、标准化。结构化开发方法强调各阶段工作成果描述的标准化。每一个阶段的成果必须用明确的文字和标准化的图形、图表，完整、准确地进行描述，严格地建立技术文档资料档案。这样可以防止由于描述的随意性造成系统开发者之间的误解而贻误工作，便于各部门之间的工作交流和各阶段的交接，便于以后对系统进行维护。

3. 结构化开发方法的优缺点及适用范围

（1）结构化开发方法的优点

结构化开发方法在开发过程中的整体性和全局性，强调在整体优化的前提下考虑每个子系统的分析设计问题，即自顶向下。在开发过程中要严格区分开发阶段。对每一阶段工作及时总结，发现问题及时反馈纠正，避免开发过程的混乱状态。每个阶段工作的成果是下一个阶段的依据，工作进度容易掌握，有利于系统开发的总体管理和控制，简便易行，易于实施。

（2）结构化开发方法的缺点

首先，结构化开发方法系统开发周期长，很难适应需求的变化。由于系统要求不同类型的用户与管理信息系统交互使用，这样使信息系统的需求分析变得很困难，因此常常需要做阶段回溯，延长系统的开发时间，有时系统开发尚未完成而内外部环境可能已经发生了变化。

其次，只有到系统运行阶段用户才能看到最终结果，风险大。在系统分析、系统设计阶段存在的错误一直会延续到系统运行阶段才能发现，而改正这样的错误需要花费的成本较大。

再次，要求开发者开始就要完全"固化"需求或者预见可能的变化，不符合实际，困难大。结构化开发方法是一种预先定义需求的方法，基本前提是必须能够在早期就冻结用户的需求，只适用于可以在早期阶段就完全确定用户需求的项目。然而在实际中要做到这一点往往是不现实的，用户很难准确地陈述其需求。

最后，该方法的文档编写工作量极大，随着开发工作的进行，这些文档需要及时更新。开发人员工作量较大。

（3）结构化开发方法的适用范围

该方法适用于一些组织相对稳定、业务处理过程规范、需求明确且在一定时期内不会发生大的变化的大型复杂系统的开发，尤其是事务处理系统。这类系统的各个子系统之间相关性较大，需要共享的数据量大，业务之间的联系性大，需要首先从系统的角度对各个子系统进行统一的规划设计，才能保证在系统运行中的数据和功能的一致性。

3.3.2　原型法

1．原型法的基本思想

为了弥补生命周期法开发周期长的不足，在 1977 年，人们提出了一种开发思想、工具和手段都是全新的开发方法——原型法。它抛弃了首先进行周密细致的调查分析，然后整理出文字档案，最后让用户看到最终结果的烦琐做法。它的主要思想是：由用户与系统分析设计人员合作，在短期内根据用户的要求首先建立一个能反映用户主要需求的原型，然后与用户反复协商改进，使之逐步完善，最终建立完全符合用户要求的新系统。它既可以单独作为一种开发方法加以应用，又可以作为结构化开发方法的辅助方法和工具。

2．原型法的开发过程

原型法的开发过程包括 4 个基本阶段：确定用户需求的基本信息，建立初始原型，对初始原型运行和评价，修正和改进原型，如图 3-2 所示。

① 确定用户需求的基本信息。开发人员对用户的关键决策者及关键个人进行初步调查，弄清用户对系统的基本要求，例如各种功能的要求、数据规范等。但是这些信息不必像生命周期法那样要详细定义而只是简单地分析和说明。

② 建立初始原型。本阶段的目的是在对系统功能和要求初步了解的基础上建立一个有一定深度和广度的初始原型，以便以后的运行、修改和完善。

③ 对初始原型运行和评价。初始原型是用户和开发人员发展系统方案和功能的基础，在得到初始原型后，就可以运行，在运行过程中对运行的效果进行评价，然后进一步明确系统的功能和性能，提出更加具体的要求。

④ 修改和改进原型。根据在上一步运行中发现的问题，有针对性地对原型系统进行修改和改进，从而得到一个更加完善的原型，然后把改进的原型交给用户试用、评价并反馈

意见，如此反复直到用户满意为止。

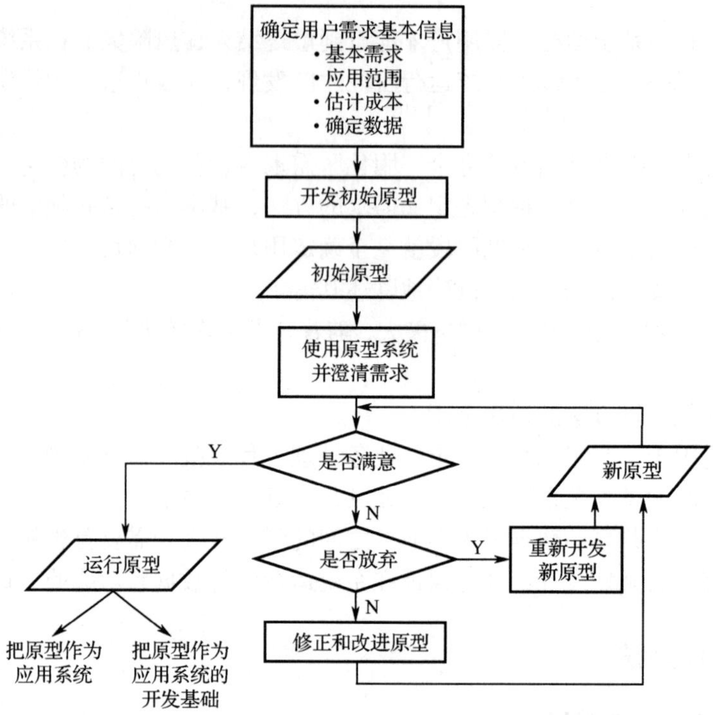

图 3-2　原型法的开发过程

原型法的目标是鼓励改进和创造。为此，开发人员应向用户充分解释所建成的原型系统的合理性，但是也不要过分辩解，应在和用户的沟通中，进一步完善原型系统。如果在运行过程中发现绝大部分的功能不能达到用户要求甚至与用户要求相违背，则应果断放弃而不能凑合。

3. 原型法的开发环境要求

（1）对软件的基本要求

在原型法的开发过程中，需要迅速实现原型的投入运行并不断修改完善，所以对开发工具具有较高的要求。

① 集成化的数据词典。它用来保存全部有关的系统实体（如数据元素、程序、报告等）的定义和控制信息。它可以辅助生成系统的某些部件。

② 高性能的数据库管理系统。它使文件的设计、数据的存储和查询更为方便，并简化了开发程序。

③ 应用第四代程序设计语言和开发环境。第四代程序设计语言支持非过程化技术，交互性能强，以减少复杂的编程时间，缩短系统的开发周期。

④ 自动文档编写机制。与数据词典相联系，随着原型法开发过程的进行，能够自动生成、保护和维护文档。

（2）对工作环境的基本要求

① 快速响应的环境。无论是系统设计人员和用户的交互过程，还是文档批处理方式的

响应过程都要很快。

② 规范的原型构成过程。必要的规范和标准能加快原型的建立和最终系统的转换，利用规范的开发技术，可以从现有的软件和模式来构造原型系统，加快开发速度，减少系统开发消耗的人力和物力。

③ 好的演示原型的设施。在初始原型做好以后要有演示原型的设施，使用户充分了解原型系统的功能和性能，找出其中的不足之处，对原型系统进行完善。

4．原型法的优缺点及适用范围

（1）原型法的优点

一方面，原型法更多地遵循了人们认识事物的规律，即循序渐进的原则，因此更容易被人们接受。在开发之初用户可以通过"原型"直接接触系统，对系统能有一定的了解。这样用户不仅能很快看到系统，而且可以尽早发现问题，降低了系统开发风险，一定程度上减少了开发费用。

另一方面，这种方法改进了用户和系统开发人员的交流方式。由于用户直接参与，就更直接、及时地发现问题，并进行修改，因此原型法更易于用户和开发人员沟通，缩短了二者的差距，使需求易于表达清楚、一致，确保用户的要求得到较好的满足。

（2）原型法的缺点

首先，在大型复杂系统中实施比较困难，只能局部使用。因为不经过系统分析来进行整体性划分，想直接用屏幕来模拟是非常困难的。

其次，对于大量运算而不需要很多交互的问题很难构造原型。因为这种问题不是通过交互过程能够解决的。另外，批处理系统，大部分是内部处理过程，不易使用。

再次，原型法对开发工具及开发环境要求高。原型法需要有现代化的开发工具支持，例如集成化的数据词典、高性能的数据库管理系统、应用第四代程序设计语言、自动文档编写机制等。还需要较高的开发环境，如快速响应的环境、规范的原型构成过程、好的演示原型的设施。否则开发工作量就会加大，成本会升高，这就失去了采用原型法的意义。

最后，对用户的管理水平要求高。由于原系统没有经过系统分析，整个系统没有一个完整的概念，各个系统的接口也不规范，这就使系统开发和使用有一定的困难。所以对用户的管理和维护水平的要求很高。

（3）原型法的适用范围

管理信息系统开发之初，多数用户还不太熟悉管理信息系统的应用，原型法能使用户在系统开发初期就可以看到结果——原型系统，用户比较容易了解管理信息系统，尽快与系统开发人员沟通。但由于原型法的系统性较差，因此适用范围是比较有限的，对于小型、简单、处理过程比较明确，没有大量运算和逻辑处理过程的系统，例如单个业务系统的开发或是决策支持系统的开发可以使用原型法的开发方法。

3.3.3　面向对象方法

面向对象（Object Oriented，OO）方法是以面向对象思想为指导进行系统开发的一类方法的总称。这类方法以对象为中心，以类和继承为构造机制来构造抽象现实世界，并构建相应的软件系统。兴起于 20 世纪 80 年代，成长和繁荣于 90 年代的面向对象的思想方法一反结构化自顶向下的认识方法，直面要解决的现实对象，由对象的属性、行为表示问题域的静态结构，由对象对事件的响应构成问题域的动态联系，遵循自底向上逐步抽象、归纳、综合的方法寻求对问题域的认识和表达。由于其顺乎人类自然的认识思维，得到了越来越多的实现工具的支持，成为现今的主流技术，同时标志着计算机界对问题域的认识发展到了一个新的阶段。

在实际应用中，它采用对象及其属性，整体和部分，类、成员和它们之间的关系的区别等三个法则来对系统进行分析和设计，遵循了分类学理论的基本原理，符合物质第一性，意识第二性以及认识来源于实践的思想，又服务于实践的辩证唯物主义思想。

1. 面向对象方法中的基本概念

① 面向对象。面向对象是一种认识客观世界的世界观，是从结构组织角度模拟客观世界的一种方法，人们在认识和理解现实世界的过程中，普遍运用以下三个构造法则：区分对象及其属性，如区分车和车的大小；区分整体对象及其组成部分，如区分车和车轮；不同对象类的形成及区分，如所有车的类和所有船的类。

面向对象具有以下特征：

第一是封装性。对象的概念突破了传统数据与操作分离的模式。对象作为独立存在的实体，将自由数据和操作封闭在一起，使自身的状态、行为局部化。

第二是继承性。继承是面向对象特有的，亦是最有力的机制。通过类和继承可以弥补由封装对象带来的诸如数据或操作冗余的问题，通过继承支持重用，实现软件资源共享、演化以及增强扩充。

第三是多态性。同一消息发送至不同类或对象可引起不同的操作，使软件开发设计更便利，编码更灵活。

第四是易维护性。面向对象的抽象封装使对象信息隐藏在局部。当对象进行修改或对象自身产生错误的时候，由此带来的影响仅仅局限在对象内部而不会波及其他对象乃至整个系统环境，这极大方便了软件设计、构造和运行过程中的检错、修改。

② 对象。对象是现实世界中一类具有某些共同特性的事物的抽象。它是对一组信息及其操作的描述。如一辆汽车是一个对象，它包含了汽车的信息（如颜色、型号、载重量等）及其操作（如启动、刹车等）；一个窗口是一个对象，它包含了窗口的信息（如大小、颜色、位置等）及其操作（如打开、关闭等）。

③ 类。类是具有相同属性和服务的一组对象的集合，即依据抽象和综合的原则，忽视事物的非本质特征，找出事物的共性，得出一个抽象的概念。如各种人种虽然在种族、肤色等方面有许多不同，但忽略这些差别后可以抽象出人类的共有特征。

④ 封装。封装有两层含义，一是指把对象的全部属性和全部服务结合在一起，形成一个不可分割的独立单位（即对象）；二是指信息隐藏，即将一个对象的外部特征和内部执行细节分割开来，并将后者对其他对象隐藏起来。

⑤ 继承。特殊类的对象拥有其一般类的全部属性与服务，即称作特殊类对一般类的继承。继承简化了人们对事物的认识和描述，如汽车类作为交通工具类的特例，具有一切交通工具类的属性和行为。

2．面向对象方法的开发过程

面向对象方法的开发过程也要经历五个阶段：系统规划、面向对象系统分析（OOA）、面向对象系统设计（OOD）、面向对象系统实现、系统运行维护与评价，如图 3-3 所示。这个过程与结构化开发方法相似，但各阶段所解决的问题和采用的描述方法却有极大区别，其中开始的系统规划和结束的系统运行维护与评价过程与结构化开发方法一致，这里就不再赘述。

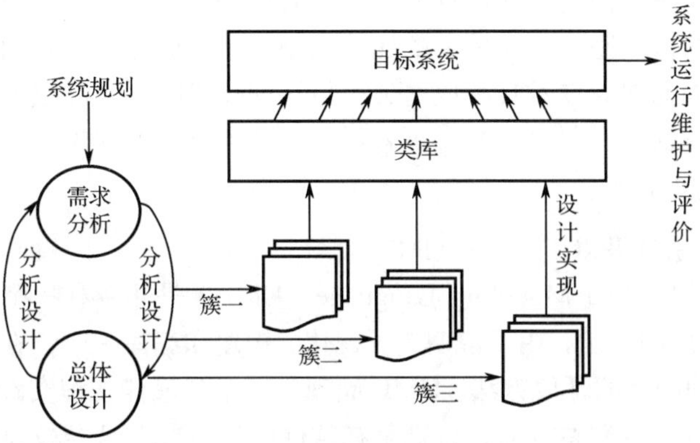

图 3-3   面向对象方法的开发过程

（1）系统分析阶段

这一阶段主要采用面向对象技术进行需求分析。面向对象分析运用以下主要原则：

第一是构造和分解相结合的原则。构造是指由基本对象组装成复杂活动对象的过程；分解是对大粒度对象进行细化，从而完成系统模型细化的过程。

第二是抽象和具体相结合的原则。抽象是指强调事务本质属性而忽略非本质细节；具体则是对必要的细节加以刻画的过程。在 OO 方法中，抽象包括数据抽象和过程抽象：数据抽象是把数据特性与内容实现相分离，将数据及有关的操作封装起来，过程抽象则定义了对象间的相互作用。

第三是封装的原则。封装有两个含义，其一是描述一个事物的性质和行为结合在一起，对外形成该事物的一个界限。封装原则使对象能够集中而完整地对应并描述具体的事物，体现了事物的相对独立性；其二是信息隐蔽，即外界不能直接存取对象的内部信息（属性）以及隐藏起来的内部操作。

第四是继承的原则。继承是指直接获取父类已有的性质和特征而不必再重复定义。这样，在系统开发中只需一次性说明各对象的共有属性和服务，对子类的对象只需定义其特有的属性和方法。继承的目的也是为了提高程序的可重用性。

（2）系统设计阶段

这一阶段主要利用面向对象技术进行概念设计。值得注意的是，面向对象的设计与面向对象的分析使用了相同的方法，这就使得从分析到设计的转变非常自然，甚至难以区分。可以说，从 OOA 到 OOD 是一个积累型的扩充模型的过程。这种扩充使得设计变得很简单，它是从增加属性、服务开始的一种增量递进式的扩充。这一过程与结构化开发方法那种从数据流程图到结构图所发生的剧变截然不同。

一般而言，在设计阶段就将分析阶段的各层模型化的"问题空间"逐层扩展，得到下个模型化的特定的"实现空间"。有时还要在设计阶段考虑到硬件体系结构和软件体系结构，并采用各种手段（如规范化）控制因扩充而引起的数据冗余。

（3）系统实现阶段

这一阶段主要是将 OOD 中得到的模型利用程序设计来实现。具体操作包括：选择程序设计语言编程、调试、试运行等。前面两阶段得到的对象及其关系最终都必须由程序语言、数据库等技术实现，但由于在设计阶段对此有所侧重考虑，故系统实现不会受具体语言的制约，因而本阶段占整个开发周期的比重较小。建议应尽可能采用面向对象程序设计语言，一方面由于面向对象技术日趋成熟，支持这种技术的语言已成为程序设计语言的主流；另一方面，选用面向对象语言能够更容易、安全和有效地利用面向对象机制，更好地实现 OOD 阶段所选的模型。

3. 面向对象方法的开发工具——UML

统一建模语言（Unified Modeling Language，UML）是非专利的第三代建模和规约语言。UML 是一种开放的方法，用于说明、可视化、构建和编写一个正在开发的、面向对象的、软件密集系统的制品的开放方法。UML 展现了一系列最佳工程实践，这些最佳实践在对大规模、复杂系统进行建模方面，特别是在软件架构层次上已经被验证有效。

（1）UML 的定义

作为一种建模语言，UML 的定义包括 UML 语义和 UML 表示法两个部分。UML 语义是描述基于 UML 的精确元模型定义。元模型为 UML 的所有元素在语法和语义上提供了简单、一致、通用的定义性说明，使开发者能在语义上取得一致，消除了因人而异的最佳表达方法所造成的影响。此外 UML 还支持对元模型的扩展定义。

UML 表示法则是定义 UML 符号的表示法，为开发者使用这些图形符号和文本语法进行系统建模提供了标准。这些图形符号和文字所表达的是应用级的模型，在语义上它是 UML 元模型的实例。

（2）UML 模型图的构成

UML 模型图包括 3 种构造模块，即元素、关系和图。元素是模型中重要的抽象，关系将这些元素连接起来，而图则将元素的集合进行分组，进而对元素和关系进行可视化表示。

（3）UML 图

UML 语言的重要内容可以由下列五类图来定义。

第一类是用例图，从用户角度描述系统功能，并指出各功能的操作者，如图 3-4 所示。

第二类是静态图，包括类图、对象图和包图，如图 3-5 所示。类图描述的是一种静态关系，在系统的整个生命周期都是有效的，类图不仅定义系统中的类，表示类之间的联系，如关联、依赖、聚合等，也包括类的内部结构（类的属性和操作）。

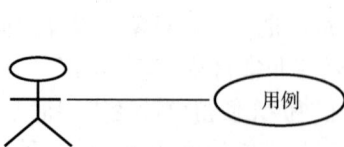
图 3-4 用例图

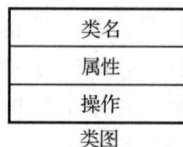
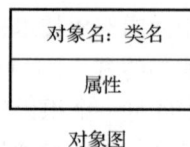
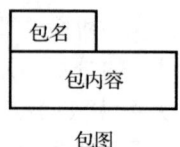
图 3-5 静态图

对象图表示对象的名字与属性，对象图是类图的实例，几乎使用与类图完全相同的标识。它们的不同点在于对象图显示类的多个对象实例，而不是实际的类。一个对象图是类图的一个实例。由于对象存在生命周期，因此对象图只能在系统某一时间段存在。

包图由包或类组成，表示包与包之间的关系。包图是描绘模型元素分组以及分组之间依赖的图。包图用于描述系统的分层结构。

第三类是行为图，描述系统的动态模型和组成对象间的交互关系。其中状态图描述类的对象所有可能的状态以及事件发生时状态的转移条件。通常，状态图是对类图的补充。在使用上并不需要为所有的类画状态图，仅为那些有多个状态并且其行为受外界环境的影响而发生改变的类画状态图，行为图如图 3-6 所示。

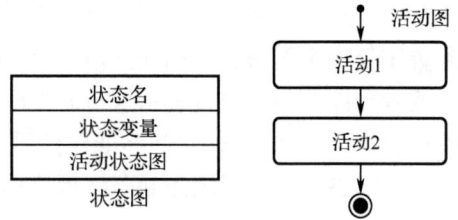

图 3-6　行为图

而活动图描述满足用例要求所要进行的活动以及活动间的约束关系，尤其有利于识别并行活动。

第四类是交互图，描述对象间的交互关系。其中顺序图显示对象之间的动态合作关系，它强调对象之间消息发送的顺序，同时显示对象之间的交互；合作图描述对象间的协作关系，合作图跟顺序图相似，显示对象间的动态合作关系。除显示信息交换外，合作图还显示对象以及它们之间的关系。如果强调时间和顺序，则使用顺序图；如果强调上下级关系，则选择合作图。这两种图合称为交互图，如图 3-7 所示。

图 3-7　交互图

第五类是实现图。实现图包括构件图、部件图和配置图。

构件图描述代码部件的物理结构及各部件之间的依赖关系。一个部件可能是一个资源代码部件、一个二进制部件或一个可执行部件。它包含逻辑类或实现类的有关信息。部件图有助于分析和理解部件之间的相互影响程度。实现图如图 3-8 所示。

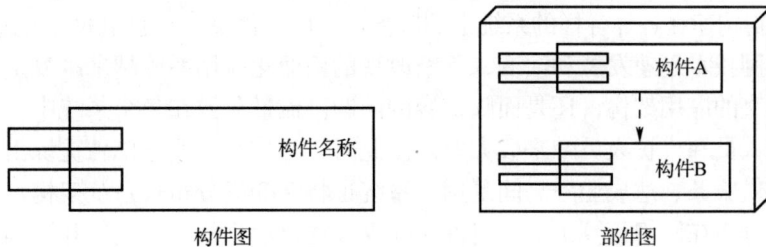

图 3-8　实现图

配置图定义系统中软硬件的物理体系结构。它可以显示实际的计算机和设备（用节点表示）以及它们之间的连接关系，也可显示连接的类型及部件之间的依赖性。在节点内部，放置可执行部件和对象以显示节点跟可执行软件单元的对应关系。

从应用的角度看，当采用面向对象技术设计系统时，第一步是描述需求；第二步是根据需求建立系统的静态模型，以构造系统的结构；第三步是描述系统的行为。其中在第一步与第二步中所建立的模型都是静态的，包括用例图、类图（包含包）、对象图、构件图和配置图等五个图形，是标准建模语言 UML 的静态建模机制。其中在第三步中所建立的模型或者可以执行，或者表示执行时的时序状态或交互关系，它包括状态图、活动图、顺序图和合作图等四个图形，是标准建模语言 UML 的动态建模机制。因此，标准建模语言 UML 的主要内容也可以归纳为静态建模机制和动态建模机制两大类。

4．面向对象方法的优缺点

面向对象方法以对象为中心，利用特定的软件工具直接完成从对象客体的描述到软件结构间的转换，具有多方面的吸引力。对管理人员，它实现了更快和更廉价的开发与维护过程。对分析与设计人员，建模处理变得更加简单，能生成清晰、易于维护的设计方案。对程序员，对象模型显得高雅和浅显，能够缩短开发周期。此外，面向对象工具以及库的巨大威力使编程成为一项使人更愉悦的任务。

但在获得巨大成功的同时，面向对象方法也存在着自身的局限性，主要表现在：首先，容易带有原系统的不合理成分。面向对象方法采用局部的认识而后归纳的做法很难与系统整体最优的要求相吻合。其次，思考对象的时候，需要采用形象思维，而不是程序化的思维。与程序化设计相比，对象的设计过程更具挑战性——特别是在尝试创建可重复使用（可再生）的对象时。最后，面向对象方法的理论有待成熟。面向对象思想起源于面向对象的编程（OOP），而后推演到面向对象的设计（OOD），最后才形成面向对象的分析（OOA）。特别是面向对象的分析，还未达到成熟阶段。

3.3.4 面向服务架构的开发方法

1．面向服务架构的概念及原理

面向服务架构（Service-Oriented Architecture，SOA）是 Gartner 于 20 世纪 90 年代中期提出的概念。2002 年的 12 月，Gartner 提出 SOA 是"现代应用开发领域最重要的课题"之后，国内外计算机专家、学者掀起了对 SOA 的积极研究与探索。SOA 是一个组件模型，它将应用程序的不同功能单元（称为服务）通过这些服务之间定义良好的接口和契约联系起来。接口是采用中立的方式进行定义的，它应该独立于实现服务的硬件平台、操作系统和编程语言。这使得构建在各种各样的系统中的服务可以以一种统一和通用的方式进行交互。

随着互联网技术迅速发展和演变，不断改变的商业化应用系统越来越复杂，由单一的应用架构到垂直的应用架构，还是面临扩容的问题。流量分散在各个系统中，虽然体积可控，但给开发人员和维护人员带来极大麻烦。此时，将核心的业务单独提炼出来作为单独的系统对外提供服务、达成业务之间复用，系统也将演变成分布式系统架构。分布式系统架构是各组件分布在网络计算机上，组件之间仅仅通过消息传递来通信并协调行动。

这种具有中立的接口定义（没有强制绑定到特定的实现上）的特征称为服务之间的松

耦合。松耦合系统的好处有两点，第一点是它的灵活性，第二点是当组成整个应用程序的每个服务的内部结构和实现逐渐地发生改变时，它能够继续存在。此外，紧耦合意味着应用程序的不同组件之间的接口与其功能和结构是紧密相连的，因而当需要对部分或整个应用程序进行某种形式的更改时，它们就显得非常脆弱。

对松耦合系统的需要来源于业务应用程序，需要根据业务的需要变得更加灵活，以适应不断变化的环境，比如经常改变的政策、业务级别、业务重点、合作伙伴关系、行业地位以及其他与业务有关的因素，这些因素甚至会影响业务的性质。我们称能够灵活地适应环境变化的业务为按需业务，在按需业务中，一旦需要，就可以对完成或执行任务的方式进行必要的更改。

SOA 是传统的面向对象架构模型的替代模型，面向对象的模型是紧耦合的，已经存在二十多年了。虽然基于 SOA 的系统并不排除使用面向对象的设计来构建单个服务，但是其整体设计却是面向服务的。由于它考虑到了系统内的对象，所以虽然 SOA 是基于对象的，但是作为一个整体，它却不是面向对象的，不同之处在于接口本身。

SOA 通过使用基于可扩展标记语言（Extensible Markup Language，XML）的语言称为 Web 服务描述语言（Web Services Description Language，WSDL）来描述接口，服务已经转到更动态且更灵活的接口系统中。

SOA 服务用消息进行通信，该消息通常使用 XML Schema 来定义。消费者和提供者或消费者和服务之间的通信多见于不知道提供者的环境中。服务间的通信也可以看作企业内部处理的关键商业文档。

在一个企业内部，SOA 服务通过一个扮演目录列表角色的登记处来进行维护。应用程序在登记处寻找并调用某项服务。统一描述、定义和集成（Universal Description，Definition，and Integration，UDDI）是服务登记的标准。

每项 SOA 服务都有一个与之相关的服务质量（Quality of Service，QoS）。QoS 的一些关键元素有安全需求（例如认证和授权）、可靠通信以及谁能调用服务的策略。

图 3-9 描述了苏宁的 SOA 架构图，使用 IBM ESB 企业服务总线这样的消息系统整合了新旧各种系统。

不同种类的操作系统、应用软件、系统软件和应用基础结构相互交织，这便是 IT 企业的现状。一些现存的应用程序被用来处理当前的业务流程，因此从头建立一个新的基础环境是不可能的。企业应该能对业务的变化做出快速的反应，利用对现有的应用程序和应用基础结构的投资来解决新的业务需求，为客户、商业伙伴以及供应商提供新的互动渠道，并呈现一个可以支持有机业务的构架。SOA 凭借其松耦合的特性，使得企业可以按照模块化的方式来添加新服务或更新现有服务，以解决新的业务需要，提供选择从而可以通过不同的渠道提供服务，并可以把企业现有的或已有的应用作为服务，从而保护了现有的 IT 基础建设投资。

SOA 的目标在于让 IT 系统变得更有弹性，以便更灵活、更快地响应不断改变的企业业务需求，解决软件领域一直以来存在的"如何重用软件功能"问题。采用 SOA 来构建信息平台，无疑是未来的发展方向。

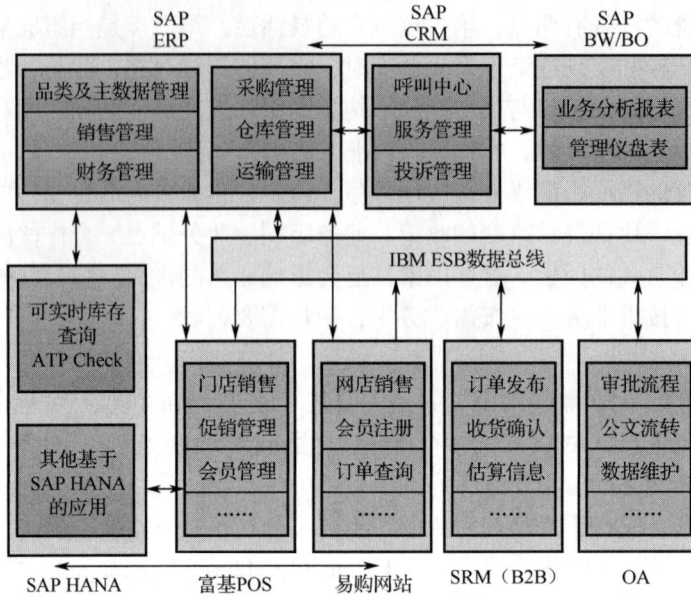

图 3-9　苏宁的 SOA 架构图

2. 面向服务架构的服务架构

为了实现 SOA，企业需要一个服务架构，服务请求者可以通过发送消息来调用服务。这些消息由一个服务总线转换后发送给适当的服务实现。这种服务架构可以提供一个业务规则引擎，该引擎容许业务规则被合并在一个服务或多个服务里。这种架构也提供了一个服务管理基础，用来管理服务，类似审核、列表、日志等功能。此外，该架构给企业提供了灵活的业务流程，更好地处理控制请求，并且可以在不影响其他服务的情况下更改某项服务。SOA 的服务架构如图 3-10 所示。

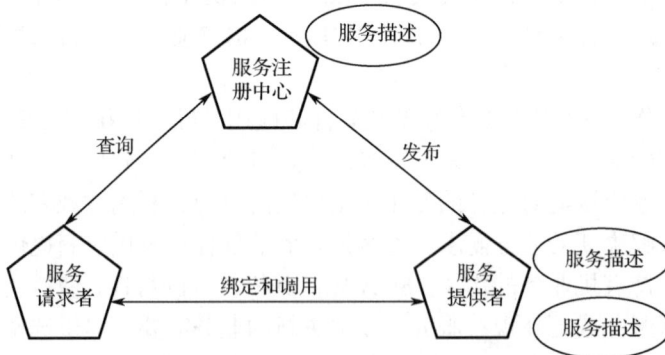

图 3-10　SOA 的服务架构

（1）服务请求者

服务请求者是一个应用程序、一个软件模块或需要一个服务的另一个服务。它发起对注册中心中的服务查询，通过传输绑定服务执行服务功能。服务请求者根据接口契约来执行服务。

（2）服务提供者

服务提供者是一个可通过网络寻址的实体，它接受和执行来自请求者的请求。它将自己的服务和接口契约发布到服务注册中心，以便服务请求者可以发现和访问该服务。

（3）服务注册中心

服务注册中心是服务发现的支持者。它包含一个可用服务的存储库，并允许感兴趣的服务请求者查找服务提供者接口。面向服务的体系结构中的每个实体都扮演着服务提供者、请求者和注册中心这三种角色中的某一种（或多种）。

（4）面向服务的体系结构中的操作

发布：为了使服务可访问，需要发布服务描述以使服务请求者可以发现和调用它。

查询：服务请求者定位服务，方法是查询服务注册中心来找到满足其标准的服务。

绑定和调用：在检索完服务描述之后，服务请求者继续根据服务描述中的信息来调用服务。

（5）面向服务的体系结构中的构件

面向服务的体系结构中包括服务和服务描述两种构件。服务可以通过已发布接口使用服务，并且允许服务使用者调用服务；服务描述是指定服务使用者与服务提供者交互的方式。它指定来自服务的请求和响应的格式。服务描述可以指定一组前提条件、后置条件或服务质量（QoS）级别。

3. 面向服务架构涉及的技术

① XML。XML 标准是一个基于文本的 World Wide Web 组织规范的标记语言。与 HTML 使用标签来描述外观和数据不同，XML 严格定义了可移植的结构化数据。它可以作为定义数据描述语言的语言，如标记语法或词汇、交换格式和通信协议。

② SOAP。简单对象访问协议（Simple Object Access Protocol, SOAP）是一个基于 XML 的，用于在分布式环境下交换信息的轻量级协议。SOAP 在请求者和提供者对象之间定义了一个通信协议，这样在面向对象变成流行的环境时，该请求对象可以在提供的对象上执行远程方法调用。SOAP 的优点在于它完全与厂商无关，相对于平台、操作系统、目标模型和编程语言可以独立实现。另外，传输和语言绑定以及数据编码的参数选择都是由实现决定的。

③ WSDL。WSDL 是一个提供描述服务 IDL 标准方法的 XML 词汇。WSDL 规范定义了一个 XML 词汇表，该词汇表依照请求和响应消息，在服务请求者和服务提供者之间定义了一种契约，可以将 Web 服务定义为软件，这个软件通过描述 SOAP 消息接口的 WSDL 文档来提供可重用的应用程序功能，并使用标准的传输协议来进行传递。

④ UDDI。统一描述、定义和集成规范提供了一组公用的 SOAP API，使得服务代理得以实现。UDDI 为发布服务的可用性和发现所需服务定义了一个标准接口（基于 SOAP 消息）。UDDI 能实现将发布和发现服务的 SOAP 请求解释为用于基本数据存储的数据管理功能调用。为了发布和发现其他 SOAP 服务，UDDI 通过定义标准的 SOAP 消息来实现服务注册。

⑤ ESB。企业服务总线（Enterprise Service Bus, ESB）是 SOA 架构的一个支柱技术。作为一种消息代理架构，它提供消息队列系统，使用诸如 SOAP 或 JMS 等标准技术来实现。ESB 的主要功能有：通信和消息处理，服务交互和安全性控制，服务质量和服务级别管理，

建模、管理和自治，基础架构智能等。

4. 面向服务架构的特点

① 明确定义的接口。服务之间通过简单、精确定义的接口进行通信，不涉及底层编程接口和通信模型。服务交互必须是明确定义的。WSDL 是用于描述服务请求者所要求的绑定到服务提供者的细节。WSDL 不包括服务实现的任何技术细节。服务请求者不知道也不关心服务究竟是由哪种程序设计语言编写的。

② 松耦合性。松耦合性要求 SOA 架构中的不同服务之间应该保持一种松耦合的关系，也就是应该保持一种相对独立的关系。服务请求者到服务提供者的绑定与服务之间应该是松耦合的。因此，服务请求者不需要知道服务提供者实现的技术细节，例如程序语言、底层平台等。

③ 无状态的服务设计。服务应该是独立的、自包含的请求，在实现时它不需要获取从一个请求到另一个请求的信息或状态。服务不应该依赖于其他服务的上下文和状态。当产生依赖时，它们可以定义成通用业务流程、函数和数据模型。

④ 基于开放标准。当前 SOA 的实现形式是 Web 服务，基于公开的 W3C 及其他公认标准，采用第一代 Web 服务定义的 SOAP、WSDL 和 UDDI 以及第二代 Web 服务定义的 WS-*来实现 SOA。

⑤ 可重用。一个服务创建后能用于多个应用和业务流程。

5. 面向服务架构的优缺点

（1）SOA 的优点

SOA 的概念并非什么新东西，SOA 不同于现有的分布式技术之处在于，大多数软件商接受它并有可以实现 SOA 的平台或应用程序。SOA 伴随着无处不在的标准，为企业的现有资产或投资带来了更好的重用性。SOA 能够在最新的和现有的应用之上创建应用；SOA 能够使客户或服务消费者免受服务实现的改变所带来的影响；SOA 能够升级单个服务而无须重写整个应用，也无须保留已经不再适用于新需求的现有系统。总而言之，SOA 以借助现有的应用来组合产生新服务的敏捷方式，提供给企业更好的灵活性来构建应用程序和业务流程，其主要优点表现在以下几点：

第一，SOA 可通过互联网服务器发布，从而突破企业内网的限制，实现与供应链上下游伙伴业务的紧密结合。通过 SOA 架构，企业可以与其业务伙伴直接建立新渠道，使建立新伙伴的成本得以降低。

第二，SOA 与平台无关，减少了业务应用实现的限制。要将企业的业务伙伴整合到企业的"大"业务系统中，对其业务伙伴具体采用什么技术没有限制。

第三，SOA 具有松耦合性特点，业务伙伴对整个业务系统的影响较低。在企业与各业务伙伴关系不断发生变化的情况下，节省的费用会越来越多。

第四，SOA 具有可按模块分阶段实施的优势。可以成功一步再做下一步，将对企业实施的冲击减少到最小。

（2）SOA 的缺点

作为一个具有发展前景的应用系统架构，SOA 尚处在不断发展中，肯定存在许多有待改进的地方。

第一，缺乏可靠性。SOA 还没有完全为事务的最高可靠性，即不可否认性、消息一定会被传送且仅传送一次以及事务撤回做好准备。

第二，安全性不足。在过去，访问控制只需要登录和验证，而在 SOA 环境中，由于一个应用软件的组件很容易与属于不同域的其他组件进行对话，所以确保迥然不同又相互连接的系统之间的安全性就复杂得多了。

第三，编排缺少统一协调。统一协调分布式软件组件以便构建有意义的业务流程是最复杂的，但它同时也最适合面向服务类型的集成，原因很显然，建立在 SOA 上面的应用软件被设计成可以按需要拆散、重新组装的服务。作为目前业务流程管理解决方案的核心，编排功能使 IT 管理人员能够通过已经部署的套装或自己开发的应用软件的功能，把新的元应用软件连接起来。

第四，不能理解 SOA 性能需求。松散的连接是有代价的。当实现网络服务之后，SOA 实现了数据处理层及架构在此基础上的相关性能。从小做起，建立能按照预期运转的面向服务方案是较容易的。随着规模的扩大和新功能的增加，以信息为基础的沟通将会增加，如此一来，在预计之外的情况将开始经历一个重大的处理反应期。建立成功的面向服务方案的关键在于事先理解该方案性能需求及其基础架构的局限性。这就意味着要测试企业的外部环境的信息处理能力并密切注意服务设计以达到在传送速度、传送量和能给方案性能带来负面影响的其他服务之间的平衡。

第五，缺乏过渡计划。SOA 没有全面的过渡计划，成功转换的概率将大大降低。由于企业内服务端点的范围将引起外部基础架构的重新定义，执行低质量的转换，其影响将是巨大的。有了过渡计划，你就可以在控制中逐步实现服务定位和 SOA 特性，从而使转换是在技术、架构及组织层面上进行的。

3.4　物流管理信息系统的开发方式

LMIS 的开发方式有自行开发与合作开发、委托开发、购买现成软件包、业务外包等几种形式。一般来说，开发方式根据企业的技术力量、资源及外部环境而定。

3.4.1　自行开发与合作开发

自行开发即由用户依靠自己的力量独立完成系统开发的各项任务。通过自行开发可以得到适合本单位需要的、满意的系统，在系统开发过程中还可以培养自己的技术力量，开发费用低。自行开发的缺点是开发的系统受企业开发人员的经验和熟练水平的限制，还受业务人员工作性质的限制，系统整体优化不够，开发水平低。而且开发人员一般都是临时从所属各单位抽调出来进行管理信息系统开发的，工作时间和精力不能保证，因此开发周期往往较长，系统维护工作没有保障。自行开发需要强有力的领导，足够的技术力量，需进行一定的调研和咨询。自行开发的方式一般适合于专门从事 IT 行业的企业的管理信息系统的开发。

如果用户单位或企业在人力资源或技术某个方面能力不够，可以采取合作开发的方式，即使用单位（甲方）和具有丰富开发经验的机构或专业开发人员（乙方）共同完成开发任务，双方共享开发成果。合作开发对于培养自己的技术力量最有利，系统维护也比较方便。其条件是企业组织有一定的系统分析和设计力量，合作双方要精密协作和配合，否则会出现沟通不畅，不能达成系统开发的共识等问题。

3.4.2 委托开发

委托开发即由使用单位（甲方）委托通常具有丰富经验的机构或专业开发人员（乙方），根据用户的需求承担系统开发的任务。委托开发从用户角度最省事，但必须配备精通业务的管理人员参加，经常检查和督促。这种开发方式一般费用较高，开发一个很小的系统也需要数十万元，开发大的系统则需要几百万元甚至几千万元的费用。用户单位在与乙方签订合同时应明确新系统的目标与功能、开发时间与费用、系统标准与验收方式、人员培训等内容。委托开发的方式，由于用户单位不参与软件开发的过程，因此系统维护比较困难。

3.4.3 购买现成软件包

目前，软件开发正向专业化方向发展。一些专门从事软件开发尤其是物流软件开发的公司已经开发出大量使用方便、功能强大的应用软件包。而且有许多组织的物流信息需求是可以通用的，例如运输管理、仓储管理和库存管理等。对于这样的需求，企业便不用再额外编写自己的程序，可以从市场上购买预先编制好的、能完成一定功能的、供出售或出租的成套软件系统。

购买现成软件包最省事、省时。而且软件厂商会提供持续性的系统维护与支持，并且根据持续成长的技术与业务发展需求，加强或更新所使用的系统。如果所购买的软件包与公司业务有一些差异，则需要有一定的技术力量进行二次开发来满足企业的需求。但是如果二次开发的量大则会破坏软件系统的整体性，而且额外的程序设计可能变得昂贵和耗时，从而丧失了购买现成软件包的优点。

即使购买现成软件包，系统分析也需要对软件包进行评估。其中最重要的评估标准有软件包的功能、弹性、用户界面友好度、软硬件环境、数据库需求、安装维护难易度、文档齐全度、供货商质量与成本等。

如果选择购买现成软件包的开发方式，则企业不再对系统设计流程拥有控制权。设计工作不再是如何满足使用者的需求，而是去影响使用者需求进而符合软件包的特性。

刚成立的新公司以及其物流管理信息系统的业务流程规范化程度比较高的公司可以采用购买现成软件包的方式来开发自己的 LMIS 系统。

3.4.4 业务外包

业务外包是指企业不依靠其内部资源建立 LMIS，而是聘请专门从事开发服务的外包组织进行开发工作，由外包开发商负责 LMIS 的开发，甚至是日常管理。

将信息系统业务外包，可以免除维护信息中心和信息系统对人员的需求。而提供外包服务的供货商得益于规模经济，可以对信息系统服务提供具有竞争力的价格。

业务外包适合需求波动性较大的企业，企业只需要为其所需要的能力付费。而且信息技术或商业运营变化很快的企业，可以借助业务外包将稀缺和昂贵的人力资源和资金用于企业的核心竞争力上。

业务外包的缺点是外包服务供货商有时不能充分理解和管理企业的 LMIS，致使企业运营产生严重的问题。很多公司还低估了业务外包的费用。业务外包的费用除了支付服务的费用外，还包括确认和评估信息技术服务提供商的费用、转换至新的服务提供商的费用、监控厂商以确保其履行合约义务的费用等。而且将信息系统业务外包，不利于企业控制其功能。

> **相关链接**
>
> 软件即服务（Software as a Service，SaaS）是基于互联网提供软件服务的应用模式，是 SaaS 提供商为企业搭建信息化所需要的所有网络基础设施及软件、硬件运作平台，并负责所有前期的实施、后期的维护等一系列服务，企业无须购买软硬件、建设机房、招聘 IT 人员，即可通过互联网使用信息系统。
>
> SaaS 服务是为物流企业提供相关管理信息系统业务外包的一种服务。SaaS 服务商提供物流管理信息系统相关功能及软件的维护服务，物流企业只需根据自己的需求租用相关的软件功能即可。

本章小结

本章对物流管理信息系统开发的策略、原则、方法等进行了详细的解释。物流管理信息系统的开发策略有自上而下的开发策略、自下而上的开发策略、综合开发策略三种。在进行物流管理信息系统开发时，应遵守系统性原则、标准化原则、相关性原则和可靠性原则。物流管理信息系统的开发方法有结构化开发方法、原型法、面向对象方法、面向服务架构的开发方法。其中结构化开发方法将物流管理信息系统的开发过程划分为系统规划、系统分析、系统设计、系统实施、系统运行维护与评价五个阶段，每个阶段的最终成果都要有书面文件，作为下一个阶段工作的依据。原型法要求开发人员首先开发出一个原型，由用户使用后提出修改意见，开发人员不断修改原型直至用户满意的一种开发方法。面向对象方法直面要解决的现实对象，由对象的属性、行为表示问题域的静态结构，由对象对事件的响应构成问题域的动态联系，遵循自底向上逐步抽象、归纳、综合的方法寻求对问题域的认识和表达。由于其顺乎人类自然的认识思维，得到了越来越多的实现工具的支持。面向服务架构的开发方法是一个组件模型，它将应用程序的不同功能单元（称为服务）通过这些服务之间定义良好的接口和契约联系起来。接口是采用中立的方式进行定义的，它应该独立于实现服务的硬件平台、操作系统和编程语言。这使得构建在各种各样的系统中的服务可以以一种统一和通用的方式进行交互。物流管理信息系统的开发方式又分为自行开发与合作开发、委托开发、购买现成软件包、业务外包四种方式，企业应根据人力资源情况、开发周期要求、企业资金情况、业务流程的规范性等情况进行选择。

思考题

1. 简述物流管理信息系统的几种开发策略及其优缺点。
2. 结构化开发方法将物流管理信息系统的开发分成了几个部分？
3. 论述原型法开发方法的优缺点。
4. 面向服务架构的开发方法的特点是什么？
5. 试分析购买现成软件包这种开发方式的优缺点及适用范围。

案例分析

中铁伊通×路歌：数字货运激活国企发展新动能

中国铁路物资集团有限公司旗下的中铁伊通某钢铁项目承担着"南钢北运"的重任，庞大的业务量给管理带来了不小的挑战，怎么加快财务审批速度提高资金流动率，如何合理配置人力资源提高企业运营效率来提升服务质量并提高客户满意度？

2020年，中铁伊通选择与合肥维天运通（以下简称"路歌"）合作，打造全链路数字化升级系统，提出四化解决方案，即"运价透明化、司机线上化、运作结构细化、运力储备整体化"，让企业迈开了高质量发展的步伐。

1. 财务审批靠数据说话

（1）中铁伊通原有财务审批流程

中铁伊通为运力外采模式，这种过程和费用双不透明的粗放式运输模式与国有企业的精细化管理就形成了天然的矛盾。

财务审批流程就成了大难题。国有企业对财务票据的真实性有着严格要求，需要经过层层审批。在这种模式下，运输途中没有任何数据记录，只有回单作为依据，而回单通常不被认作事前依据，其票据的真实性存疑。

钢铁类的大宗业务受市场周期影响，价格波动较大，随之而来的运费起伏也较大。每笔运费结算价格不一，在向上级汇报时缺少数据的支撑，导致审批困难，严重影响财务结算的时效性。

（2）改进后的审批流程

基于上述问题，路歌对症下药，通过数字化平台，将运输信息集中整合到线上，所有环节透明可控，平台提供在线支付功能，每笔运费都有清晰的记录。运价不再是一笔"糊涂账"。

跟单员在线查看车辆行车轨迹，并核对电子回单。财务收到司机的运费申请后，线上审批、结算，每月流水报表自动生成。真实的运输数据和运单大幅提高了财务结算的效率和准确性。同时系统会统计每天的运费变化，让这一变量有据可查，避免因价格波动带来财务审批困难。

以往纸质化的运输，单据繁多，需要专人进行整理分析，对人员的专业素质要求极高。路歌数字化平台可以按不同时间段（月、季度、年）将经营数据打包整理分析，一键导出，经营情况一目了然，辅助企业与上级部门更好地经营与管理。

运价透明化和数据化将财务审批机制彻底打通，整个财务系统的结算时间缩短了一半，财务效率大幅提升。

2. 流程建设重塑升级

（1）原有流程痛点分析

中铁伊通业务模块多，覆盖广，仅某钢铁项目每天就有 50 辆车发出，庞大的业务量给管理带来了不小的挑战。原本的系统无法串联业务全流程，调度、分管经理、主管项目经理、部门经理、分管领导等难以高效协同。

运输任务开始后，司机何时接单、何时到场、何时结算、装卸注意事项、在途如何监控，有事找调度成了默认的解决办法，岗位职责划分不清导致运行效率不高，进而影响物流效率。

同时，运价审批工作依然依靠邮件和纸质单据进行，每天要发多少车，派出去了多少车，多少车异常，各种数据难以统计分析，混乱无序成为常态，人工作业出错在所难免，严重影响企业复核追溯及成本核算。

（2）流程重塑提升效率

路歌通过数字货运平台，把物流企业运力采购、业务运作、财务结算各个环节连接起来，实现全链路数字化转型。在线上平台可以一键导入运输计划，实现对公司业务的数字化、现代化、智能化管理。在平台上可直观看到全方位的信息，包括司机接单、装货注意事项、到场打卡、确认发车、在途监控、回单快递等。运输进度同步共享，调度、司机若未及时上传节点信息，系统还会自动发出弹窗提醒。通过业务运作数字化看板，展示计划用车、采购车辆、在途车辆、结算车辆、当前异常等关键数据，每日发车情况一目了然。

数字化的管理手段将工作流程再造，将线下信息部的"小黑板"搬到了线上，把人从海量的、简单重复的工作中解放出来。

中铁伊通通过数字化改造，让每个岗位的工作内容更加明确化，工作应对更加从容自在，内部角色交互能力明显加强，内部协作效率显著提升。同时企业与外部车辆也形成了良好的作业协同机制，进一步提升了运输效率。

企业、司机双方在长期不透明的合作机制中难以建立稳定的合作关系，搭建私域运力协作网络无从说起，提升服务质量更是成为一纸空谈。在内卷严重的物流圈里，不进步就会被甩开。

此外，路歌还提供了货损保障服务，服务费率低，保障额度大，在线投保，实时出单，即时生效，最快 1 天内拿到理赔款，解决了货主企业的货损要求难题，同时也降低了企业和司机的不必要支出。

路歌通过全链路数字货运平台帮助中铁伊通与社会运力建立良性的合作信任关系，基于此来搭建企业私域运力协作网络，进一步增加了企业的运力采购渠道，减少外部依赖，让企业有效使用稳定运力，带来运力调度效率和服务能力的显著提升。

"路歌数字货运平台帮助我们进一步提升了项目运转效率，也得以为我们的客户提供更加优质的服务"，相关项目负责人说道。

通过三年的合作，中铁伊通财务成本有效降低，客户满意度显著提升，在行业内树立了良好的口碑和企业形象。在未来，中铁伊通将持续与路歌开展全方位合作，努力将中铁伊通打造成国有物流企业向数字化转型的标杆。

思考题：

1. 中铁伊通物流管理信息系统的开发方式是什么？为什么采用这种开发方式？
2. 中铁伊通为开发物流管理信息系统做了哪些工作？

物流管理信息系统规划

福佑卡车：网络货运信息化应用案例

福佑卡车成立于 2015 年 3 月，是科技驱动的公路货运平台，聚焦于整车运输领域。公司致力于通过科技让公路货运更简单、更智能。福佑卡车平台以大数据和 AI 技术为核心构建智能物流系统，为上下游提供从询价、发货到交付、结算的全流程履约服务，帮助货主企业及卡车司机降低信息获取成本、提高车辆运行效率、优化运输服务体验。

福佑卡车拥有货主端和司机端两大核心产品，货主端是帮助货主企业快速找车的智能发货 App。货主端为运单提供智能、透明报价，货主可以快速找到司机完成发货，途中可实时查看车辆运输轨迹。平台全程为货主订单提供履约保障服务。司机端是为卡车司机提供快速找货的智能 App，卡车司机可在 App 中订阅线路、在线接单、快速结算。平台保障货源真实性，司机将货物送达即进入结算流程。

中国公路货运行业拥有 6 万亿的市场规模，但交易模式依然较为传统。在交易链中，发货方的货主企业和运力侧的卡车司机作为市场交易主体，长期存在诸多痛点问题，如司机找货空驶成本高昂、货主找车依赖熟人模式，因价格不透明带来议价过程繁冗、在途运输缺少服务保障带来延期交付以及交易后结算拖延等问题，这些劣根问题长期制约着行业的规范发展。

福佑卡车选择通过数字化解决行业痛点，将人与人之间的沟通交易交给独立系统完成。公司年投入近亿元用于研发支出，业内率先构建"福佑大脑"智慧系统，拥有智能分单、智能定价和智能服务三大系统，全链条实现数字化货运交易。

智能分单系统基于 AI 技术与算法，对运单与运力精准预测，实现最优匹配；智能定价系统对整车数据进行大量积累、清洗与分析，结合路线、天气、车型等多因素实时计算运价；智能服务系统结合海量运输数据，通过运力风控、智能预警和智能客服，让拥有不同承运经验的运力输出稳定、统一的标准化服务。

因闭环交易带来的服务标准化与交易保障性，更多承运司机选择了这一模式，更多的承运司机加入平台，运力及服务容量获得提升，吸收更多的托运客户加入并留存，有效满足承运司机的找货需要，订单密度得以扩大，承运司机的运输效率因此提高，吸引着更多承运司机加入，环环相扣，形成正向的飞轮效应。福佑卡车实现数字化交易需以大数据为依托。长期以来，福佑卡车积累了全国性的线路订单，包括运力信息、路况信息、运费信息以及油价、季节、天气等因素，这些数据经过系统清洗整合后，为智能定价、智能分单和服务系统提供了科学决策。

"福佑大脑"智慧系统自上线以来，显著提升了公路运输效率，运输准点率达到97.4%，大幅降低车辆空驶率至22.7%，将事故率降至0.02%。福佑卡车是国内最早将 AI 技术商用化的整车运输平台。数字化为广大货主和司机带来便捷准时、高效保障的服务体验的同时，大大提升了平台的运行效率，并降低人工作业成本。

[?] 案例思考

1. 福佑卡车平台的功能包括什么？
2. 福佑卡车平台为什么要实现这些功能？

学习目标

1. 理解物流管理信息系统规划的内容。
2. 掌握物流管理信息系统规划的步骤。
3. 掌握诺兰模型每个发展阶段的特点。
4. 了解物流管理信息系统规划的常用方法。
5. 掌握物流管理信息系统每种规划方法的步骤及优缺点。
6. 理解业务流程重组的原则。
7. 掌握可行性分析报告的内容。
8. 理解可行性分析的内容。

4.1 物流管理信息系统规划概述

物流管理信息系统的建设是一项投入资金大、开发周期长、技术要求高、影响因素多的复杂系统工程。因此在进行开发之前，必须系统地制定物流管理信息系统建设规划。20世纪 80 年代是系统规划方法论研究的鼎盛时期，随着计算软硬件环境和网络环境的飞速发展，系统规划的重要性显得尤为突出。系统规划是建立管理信息系统的第一阶段，是系统开发的基础准备和总体部署阶段，用于明确管理信息系统的目标。因此，战略规划在整个管理信息系统的开发过程中具有举足轻重的地位，必须引起高度重视。在还未明确新系统做什么的情况下，就开始急于进行功能和模块设计，是造成系统开发失败的主要原因之一。

从企业的角度来看，规划是在系统分析、设计、实施、评价和控制的环节，通过调节企业资源、组织结构等，最终实现企业宗旨和战略目标等一系列动态过程的总和。规划涉及系统整体思想和观念、目标、分析、决策、实施和评价。

物流管理信息系统的规划是指组织根据制定的组织规划，对已选定的开发对象进行有目的、有步骤的实地调查研究和科学整体规划。系统规划需要根据企业的需求和现状，确定系统的目标范围、功能结构、开发进度、投资规模、参加人员和组织的资源保证，制定实施规划和方案。系统规划的重点是确立系统目标、总体结构和子系统的划分。为保证系统规划的合理性和科学性，应该组织相关领域的专家进行战略规划认证，根据反馈意见对系统规划进行改进和完善，并取得企业组织负责人的审查批准。

4.1.1 物流管理信息系统规划的必要性

完整的物流管理信息系统由许多个分离的模块构成，模块之间靠数据联系在一起，即这些数据是共用的。同时，管理信息系统也是由各个子系统组成的，各个子系统的开发如果没有从整个大系统的运行考虑而各自为政，势必会造成各个子系统的功能和数据的冗余和不一致情况的发生，甚至各个子系统不能兼容造成系统开发失败。因此，对于各个子系统的开发工作，应该在高层的总体规划的指导下进行，协调各个子系统、各模块之间数据关系，将各子系统、各模块组合起来构成一个有机的大系统。对于开发管理信息系统这样的大工程来说，总体规划是其发展的必然产物。

1．总体规划是信息发挥作用的基础

信息是组织的重要资源，只有经过总体规划才能被整个组织共享利用，发挥其作用。由于企业或组织内外部信息资源很多，其内外之间都有大量的信息需要交换和共享，如何收集、存储、加工和利用这些信息以满足各种不同层次的需要，必须通过统一的、全局的规划才能够保证数据的一致性和有效性，实现真正的信息共享，进而为企业经营提供服务。

2．保证各个子系统之间的协调工作

子系统之间的协调必须有来自高层的总体规划。总体规划能够站在总体的高度识别并规划出各项管理数据、数据产生的地点、使用的部门等，可以协调各子系统之间的关系，以克服手工管理的弊端。

3．保证开发工作的顺利进行

物流管理信息系统的开发是一个历时长、投资大、涉及人员多的工作，其内部各子系统的开发不能齐头并进地进行，往往采取先开发一部分，再开发其他部分这样循序渐进的开发过程。究竟哪些子系统先开发、什么时间完成；哪些子系统后开发、什么时间开始；每个阶段涉及哪些人员；在整个开发过程中，什么时间内完成哪个阶段的任务、这些任务的完成需要什么样的人、做什么样的工作等有关开发进度、人员调配、所需设备的配置等一系列问题都必须在总体规划阶段内解决，才能保证物流管理信息系统的开发工作有序地展开和进行。

4.1.2 物流管理信息系统规划的内容

1．企业战略规划的内容

① 方向和目标。经理在设立方向和目标时有自己的价值观和自己的抱负。但是他不得不考虑到外部的环境和自己的长处，因而最后确定的目标总是这些东西的折中，这往往是主观的，一般来说最后确定的方向和目标绝不是一个人的愿望。

② 约束和政策。这就是要找到环境和机会与自己组织资源之间的平衡。要找到一些最好的活动集合，使它们能最好地发挥组织的长处，并最快地达到组织的目标。这些政策和约束所考虑的机会是现在还未出现的机会，所考虑的资源是正在寻找的资源。

③ 计划与指标。这个属于短期计划，计划的责任在于进行机会和资源的匹配。但是这里考虑的是现在的情况，或者说是不久的将来的情况。由于是短期的，有时可以做出最优的计划，以达到最好的指标。经理或厂长以为他做到了最好的时间平衡，但这还是主观的，实际情况难以完全相符。管理信息系统规划的内容涵盖广泛，是根据企业的总体规划和各职能部门的规划层层递进的。

2. 物流管理信息系统规划的内容

参照企业战略规划的内容，物流管理信息系统规划的主要内容包括以下几个：

① 确定 LMIS 的目标和方向。物流管理信息系统服务于物流管理，其发展战略必须与整个物流系统的战略目标协调一致。首先要调查分析物流系统的目标和发展战略，评价现行管理信息系统的功能、环境和应用状况，再确定物流管理信息系统的使命，制定信息系统的战略目标及相关政策。

② 调查单位（企业、部门）的现状。对单位（企业、部门）的现状进行调查研究，分析单位现行的信息化环境，理清现有信息系统资源，如硬件设备、软件设备、应用系统和人力资源；分析现有信息系统资源运行情况及相关费用，并对现有信息系统进行评估；了解组织业务流程的现状、存在的问题和不足；分析企业的人力资源状况；对单位的约束条件和资源进行总结，作为后面提出物流管理信息系统开发方案的基础。

③ 确定物流管理信息系统的开发方案。根据对单位（企业、部门）的现状调查，形成物流管理信息系统的总体开发方案，包括开发方式、开发策略与开发方法的选择，安排项目开发计划，形成 LMIS 开发的整体方案。

④ 规划物流管理信息系统的总体结构。在调查分析企业信息需求的基础上，提出信息系统的总体结构方案。根据发展战略和总体结构方案，确定系统和应用项目开发次序及时间安排。

⑤ 制订系统建设的资源分配计划及评价体系。提出为实现系统开发计划所需要的硬件、管理软件、数据通信设备、人员、技术、服务、资金等资源计划，做系统建设的概算，并提出物流管理信息系统的评价体系。

⑥ 编写可行性报告。对确定的物流管理信息系统开发方案从经济性、技术性、管理性等各方面进行可行性论证，将论证结果形成可行性报告，该报告将作为是否进行物流管理信息系统开发的佐证材料。

4.1.3 物流管理信息系统规划的步骤

1. 分析现状和环境约束条件

分析物流企业现有资源情况，如人员经验、资金使用情况、原有系统运行状况、系统现存的软硬件设备及质量状况、安全措施以及供应链相关企业和环境因素等。

2. 明确规划的基本问题

根据对现状的分析，找出系统存在的问题，或明确信息系统的主要目标。确定规划的年限、规划的方法、规划的方式（集中式或分散式）以及规划的策略（进取型或保守型）等。

3．收集相关资料

利用一定比例的经费，组织专业人员进行实地调查，获取可靠的一手资料；从行业组织、市场同行、本企业内部各管理职能部门，以及各种文献、书籍中收集信息，获得二手资料；将所有资料汇总在一起，整理出与信息系统规划相关的文档。

4．确定目标体系

物流管理信息系统规划的内容包括目标、系统开发方法、现存硬件和它的质量、信息部门人员、运行和控制、资金、安全措施、人员经验、手续和标准、中期和长期优先序、外部和内部关系、现存的设备、现存软件及其质量以及企业的思想和道德状况。在此基础上由企业领导和系统开发负责人依据企业整体目标来确定信息系统的目标。目标应该包括信息系统开发的总体目标、建设的具体目标和系统未来发展的长远目标等。

5．整体分析和预测

由于资源有限，不可能所有项目同时进行，只有选择一些好处最大的项目先进行，同时要正确选择工程类项目和日常重复类项目的比例，正确选择风险大的项目和风险小的项目的比例。根据上述条件对系统开发的进度、运行情况和效益进行分析和预测。

6．确定规划方案

确定给定项目的优先权和估计项目的成本费用，并依此编制项目的实施进度计划，把战略长期规划书写成文。在此过程中还要不断与用户、信息系统工作人员以及信息系统委员会的领导交换意见，不断修改、完善文档。最后报总经理批准才能生效，并宣告战略规划任务的完成，如果总经理没批准，只好再重新进行规划。

4.2 确定 LMIS 的目标与方向

在确定 LMIS 的开发目标时，首先要与企业的战略相一致，其次每个企业的信息化都会经历从初装到成熟的过程。诺兰在 1973 年首次提出了管理信息系统发展的阶段理论，后来被称为诺兰模型。诺兰模型把管理信息系统在企业的应用发展归纳为初装、蔓延、控制、集成、数据管理、成熟六个阶段，如图 4-1 所示。

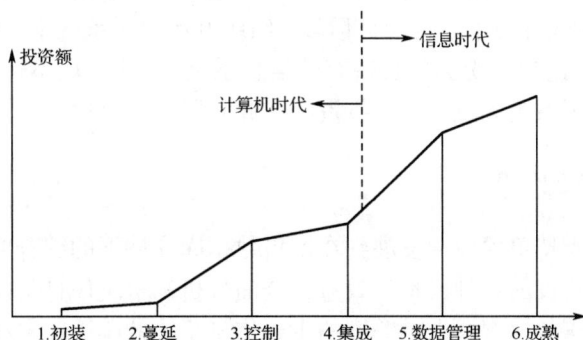

图 4-1 诺兰模型

4.2.1 初装阶段

初装阶段一般指组织购入第一台计算机并初步开发管理应用程序。该阶段的管理应用程序一般为单机使用，多发生在财务部门。组织引入了像管理应收账款和工资这样的数据处理系统，各个职能部门（如财务）的专家致力于发展他们自己的系统。人们对数据处理费用缺乏控制，信息系统的建立往往不讲究经济效益。用户对信息系统也是抱着敬而远之的态度。但该阶段用户能初步认识到计算机的作用，开始慢慢接受计算机作为数据处理的工具。

4.2.2 蔓延阶段

随着个别部门应用计算机使工作效率提高，信息技术应用开始扩散，数据处理专家开始在组织内部鼓吹自动化的作用，组织开始在多个部门、多个工作岗位使用管理信息系统。在这个阶段，数据处理能力发展迅速，在单个部门使用良好，但扩展到多个部门就出现了很多问题，例如数据冗余、不一致、难以共享等。这时，组织管理者开始关注信息系统方面投资的经济效益，这个阶段的投资主要是硬件设备的投资，但是实质的控制还不存在。

4.2.3 控制阶段

管理部门在这个阶段会发现计算机的数量和投资都超出控制，预算每年以 30%～40%的速度增长，但投资回报却不理想。出于控制数据处理费用的需要，管理者开始召集来自不同部门的用户组成委员会，以共同规划信息系统的发展。管理信息系统成为一个正式部门，以控制其内部活动，启动了项目管理计划和系统发展方法，对整个企业的信息系统建设进行统筹规划，尤其是利用数据库技术解决数据共享的问题。目前的应用开始走向正规，并为将来的信息系统发展打下基础。诺兰认为这个阶段是从以计算机为主到以数据管理为主转换的关键阶段，一般发展较慢。

4.2.4 集成阶段

这时，组织从管理计算机转向管理信息资源，这是一个质的飞跃。从第一阶段到第三阶段，通常产生很多独立的实体。在第四阶段，组织开始对子系统中的硬件进行重新连接，使用数据库和远程通信技术，努力整合现有的信息系统。这个阶段不仅需要重装大量设备，还需要开发软件以实现系统集成，一次投资额在此阶段增长迅速。

4.2.5 数据管理阶段

信息系统开始从支持单项应用发展到在逻辑数据库支持下的综合应用。组织开始全面考察和评估信息系统建设的各种成本和效益，全面分析和解决信息系统投资中各个领域的平衡与协调问题。在诺兰模型提出时美国的主要信息系统的应用普遍在第四阶段，所以诺兰对后面的阶段并没有详细的描述。

4.2.6　成熟阶段

中上层和高层管理者开始认识到，管理信息系统是组织不可缺少的基础，正式的计划信息资源和控制系统投入使用，以确保管理信息系统支持业务计划。信息资源管理的效用充分体现出来。

诺兰模型总结了发达国家信息系统发展的经验和规律。一般认为模型中的各阶段都是不能跳跃的。其原因是组织机构在准备进行下一阶段工作之前需要一定的经验。尽管这些阶段含有某些自然生长过程，但是这些生长过程是能够有效地进行计划协调和管理的，因此，每一阶段也都代表着计划与管理工作的变动次序。因此，无论在确定开发管理信息系统的策略，或者在制定管理信息系统规划的时候，都应首先明确本单位当前处于哪一生长阶段，进而根据该阶段特征来指导 LMIS 建设。

4.3　物流管理信息系统规划的主要方法

用于物流管理信息系统规划的方法很多，包括关键成功因素法、企业系统规划法、战略目标集转化法、企业信息分析与集成技术法、产出/方法分析、投资回收法、零线预算法和阶石法等。下面仅介绍应用最多的三种方法。

4.3.1　关键成功因素法

关键成功因素法（Critical Success Factors，CSF）的概念是 1970 年美国哈佛大学商学院教授 William Zani 在论文 *Blueprint for MIS* 中首次提出的，并在 MIS 模型中首先应用的一种方法。

20 世纪 80 年代，麻省理工学院斯隆管理学院的 John F. Rockart 正式确立了关键成功因素法在管理信息系统战略规划中的地位。

1．关键成功因素法的概念

关键成功因素法是以关键因素为依据来确定系统信息需求的一种 LMIS 总体规划方法。在现行系统中，总存在着多个变量影响系统目标的实现，其中若干个因素是关键的和主要的（即成功变量）。通过对关键成功因素的识别，找出实现目标所需的关键信息集合，从而确定系统开发的优先次序。关键成功因素指的是对企业成功起关键作用的因素。关键成功因素法就是通过分析找出使企业成功的关键因素，然后再围绕这些关键因素来确定系统的需求，并进行规划。

2．关键成功因素法的步骤

如图 4-2 所示，关键成功因素法主要包括以下四个步骤：

① 系统目标识别。确定企业或 MIS 的战略目标。

② CSF 识别。首先识别所有的成功因素。通过分析影响战略目标的各种因素和影响这些因素的子因素，识别出企业的所有成功因素。不同行业的关键成功因素各不相同。即使是同一个行业的组织，由于各自所处的外部环境的差异和内部条件的不同，其关键成功因素也不尽相同。企业要根据行业结构、企业所处位置等实际情况识别出该企业的关键成

功因素。

③ 性能指标识别。分析企业关键成功因素的评价方法，进而明确各关键成功因素的性能指标和评估标准。

④ 定义数据字典。根据企业的实际情况确定关键成功因素评估所用到数据的数据字典。

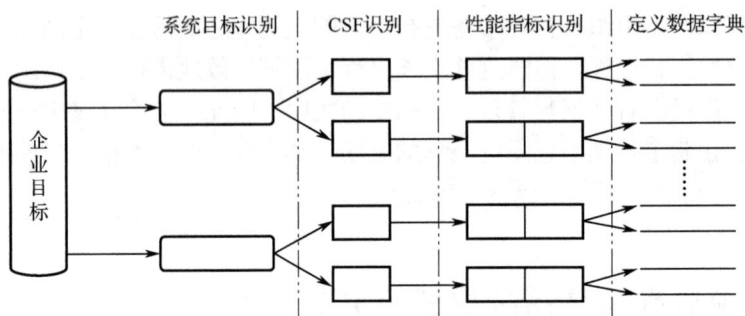

图 4-2 关键成功因素法的主要步骤

关键成功因素法源自企业目标，通过目标分解和识别、关键成功因素识别、性能指标识别，最终产生数据字典。这是一个从建立数据库到数据字典的细化过程。其中关键因素识别就是识别联系系统目标的主要数据类及其关系。这就好像建立一个数据库，一直细化到数据字典，因而这种方法也用于数据库的分析与建立。

关键成功因素法的优点是能够使所开发的系统具有很强的针对性，能够较快地取得收益。应用关键成功因素法需要注意的是，当关键成功因素解决后，又会出现新的关键成功因素，就必须再重新开发系统。

3．识别企业的关键成功因素

不同的行业和企业有各自不同的关键成功因素。关键成功因素在组织的目标和完成目标所需要的信息之间起着一种引导和中间桥梁的作用。通过对关键成功因素的识别，可以找出和弥补所需的关键信息。

关键成功因素的重要性置于企业其他所有目标、策略和目的之上，寻求管理决策阶层所需的信息层级，并指出管理者应特别注意的范围。若能掌握少数几项重要因素（一般关键成功因素有 5~9 个），便能确保相当的竞争力，它是一组能力的组合。如果企业想要持续成长，就必须对这些少数的关键领域加以管理，否则将无法达到预期的目标。即使同一个产业中的个别企业也会存在不同的关键成功因素，关键成功因素有 4 个主要的来源：

① 个别产业的结构。不同产业因产业本身特质及结构不同，而有不同的关键成功因素，此因素决定产业本身的经营特性，该产业内的每一公司都必须注意这些因素。

② 竞争策略、产业中的地位及地理位置。企业的产业地位是由过去的历史与现在的竞争策略所决定的，在产业中每一家公司因其竞争地位的不同，关键成功因素也会有所不同，对于由一或两家大公司主导的产业而言，领导厂商的行动常为产业内小公司带来重大的问题，所以对小公司而言，大公司竞争者的策略，可能就是其生存竞争的关键成功因素。

③ 环境因素。企业因外在因素（总体环境）的变动，都会影响每个公司的关键成功因素。如在市场需求波动大时，存货控制可能就会被高阶主管视为关键成功因素之一。

④ 暂时因素。大部分是由组织内特殊的理由而来的，这些是在某一特定时期对组织的成功产生重大影响的活动领域。

一般会用到鱼刺图（也叫因果分析图）来表示企业的关键成功因素。首先根据企业的目标分解各个子系统的目标及其关键影响因素，然后对关键要素进行分析，如图 4-3 所示。

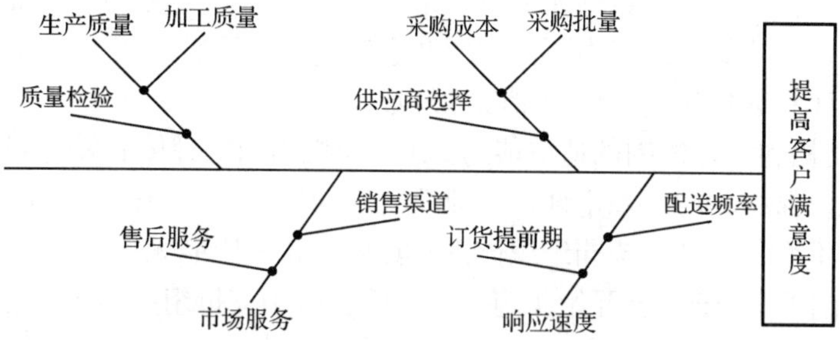

图 4-3　提高客户满意度的鱼刺图

其他 CSF 比较适合在高层管理的规划中应用，因为高层管理人员通常考虑的是一些事关企业重大问题的关键因素，面临的非结构化问题较多，自由度较大。相比之下，CSF 对中层管理来说一般不太合适，因为中层管理者所面临的决策大多数是自由度较小的结构化问题。

4.3.2　企业系统规划法

企业系统规划法是美国 IBM 公司在 20 世纪 70 年代初用于企业内部系统开发的一种结构化规划方法。这种方法要求所建立的管理信息系统能够支持企业目标，表达所有管理层次的要求，向企业提供一致性的信息，对组织机构的变动具有适应性。

1. 企业系统规划法的基本概念

企业系统规划法要求所建立的信息系统支持企业目标，表达所有管理层次的要求，向企业提供一致性信息，对组织机构的变革具有适应性，即把企业目标转化为信息系统战略的全过程。

企业系统规划法是从企业目标入手，逐步将企业目标转化为管理信息系统的目标和结构，从而更好地支持企业目标的实现。

企业系统规划法在实施的过程中应贯彻以下原则：

① 对组织目标的支持。企业系统规划法的设计要始终贯穿这一基本原则，以确保信息系统的总体结构能直接反映组织目标和战略需求。信息系统是一个组织的有机组成部分，对组织的整体有效性起着关键作用。信息系统的开发将占用大量的资金和时间，所开发的系统必须支持组织的真正需求，并直接影响组织的目标。只有组织的最高管理者充分认识到信息系统的重要性，并直接参与到信息系统的建设中来，才能保证企业系统规划法的顺利进行。

② 表达不同管理层次的要求。组织管理可以分为不同的层次，而各个层次对信息系统的要求不尽相同。企业的高层管理者需要得到管理决策的支持，而中层管理者更需要得到统计报表和相关数据。不同的管理需求反映出不同的组织决策目的。企业系统规划法从资

源管理的角度去识别信息的需求，作为定义系统的主要手段。由于资源管理过程一般具有穿透组织的特点，即能够垂直穿透各种管理层面和水平穿透职能区域，因此可以建立一种框架，来分析资源管理和各种计划、控制层次上的功能和信息需求，然后在这一框架基础上建立信息系统的总体结构。

③ 保证数据的一致性。将数据作为资源来管理，对于不同的数据采用不同的管理原则。保持数据的一致性，才能为组织内不同部门共享和使用。要制定关于一致性的定义、技术实现、使用数据库和数据库安全性的策略和规章。

④ 对组织机构和管理体制的适应能力。在组织机构和管理体制发生变化的情况下，信息系统应当有能力保持相对的稳定性。企业系统规划法采用组织过程的概念，只要组织的产品和服务基本不变，信息系统同组织体系和具体的管理职能无关。

⑤ 在总体结构下由子系统开始实施。一方面，由于支持组织需求的总信息系统太大，不可能在一个项目中完成；另一方面，自下而上的开发信息系统又存在许多缺点。因此，应该是自上而下地对信息系统进行规划，自下而上地对系统进行实现。在实现子系统时，子系统直接支持组织的过程，而不是组织机构，这正是以系统的总体规划为前提的。

2. 企业系统规划法的步骤

① 准备工作。企业将成立由最高领导牵头的委员会，下设一个规划研究组，确定总体规划的范围，该范围一般要延伸到过程管理并提出工作计划。

② 调研。规划研究组成员通过查阅资料，深入各级管理层，了解企业有关决策过程、组织职能和部门的主要活动和存在的主要问题。

③ 定义业务过程。定义业务过程是系统规划方法的核心。业务过程是指企业管理中必要且逻辑上相关的、为了完成某种管理功能的一组活动，它构成整个企业的管理活动。对功能模型进一步分解即到了企业的过程层次。一项任务可以分解为若干个执行过程，每个执行过程都是相对独立的一项功能。过程确定后，应结合功能模型和调查资料来检查过程的正确性和完备性，并对过程按功能分组，最后把过程与组织结构之间的关系用组织/过程矩阵表来体现，如表 4-1 所示。

表 4-1　组织/过程矩阵表

功能	部门													
	计划科	质量科	设计科	工艺科	机动科	总工室	研究所	生产科	供应科	人事科	总务科	教育科	销售科	仓库	……
计划	√					★		★	★				★	★	
销售		★											√	★	
供应	★							★	√					★	
人事										√	★	★			
生产	★	★	★	★		√		√	★				★	★	
设备更新				√	★	★	★	★							
……															

注：√表示该功能的主要负责部门；★表示该功能的主要参与部门

④ 业务过程重组。业务过程重组是在业务过程定义的基础上，找出哪些过程是正确的，哪些过程是低效的，需要在信息技术支持下进行优化处理，还有哪些过程不适合采用计算机信息处理，应当取消。

⑤ 定义数据类。对数据进行分类是按业务过程进行的，即分别从各项业务过程的角度将与该业务过程有关的输入数据和输出数据按逻辑相关性整理出来归纳成数据类。在区分数据类时可以有两种方法。

一种是实体法，实体法是先识别系统的实体，如记账凭证、设备、材料、人员等，然后用计划型、统计型、存储型和事务型四种类型的数据类描述每个实体，得到实体/数据类型表，如表 4-2 所示。

表 4-2 实体/数据类型表

实体 数据类	记 账 凭 证	设 备	材 料	人 员
计划类数据	资金筹措计划	设备使用、添加、维修、保养	材料需求	人员需求计划
统计类数据	统计销售收入、成本、应收、应付	设备利用率	材料耗用	各类人员统计
存储类数据	凭证文件	设备维护使用记录	材料入库、出库记录	职工档案
事务型数据	记账	设备进出记录	采购订货、收发	调动、晋升记录

另一种是过程法，识别企业经营的每一个过程，并对每一个过程标出其输入数据和输出数据类型。与第一种方法得到的数据类比较进行调整，最后归纳出系统的数据类，一般为 30~60 个数据类。如图 4-4 所示。

⑥ 定义信息系统总体结构。定义信息系统总体结构的目的是刻画未来信息系统的框架和相应的数据类。其主要工作是划分子系统，具体可利用 U/C 矩阵实现。将上述定义的数据类和相应的功能表示在 U/C 矩阵中，如表 4-3 所示。

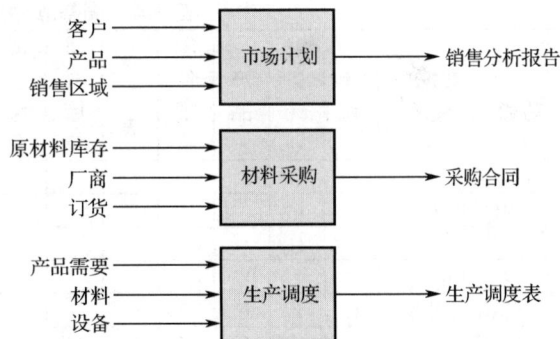

图 4-4 过程法示例图

在 U/C 矩阵中，横向表示定义的数据类，纵向表示企业经营过程中相应的功能，将功能与数据类的对应关系用"U"和"C"标注在 U/C 矩阵中。然后将 U/C 矩阵中的横向数据类和纵向功能的顺序进行调整，使 U/C 矩阵中所有的"C"尽量靠近整个矩阵的主对角线，如表 4-4 所示。最后以"C"为基准划分子系统，即将功能相近的几行中所有的"C"用小矩形框起来，这就是将来管理信息系统的一个子系统，并给这个子系统起个名字，如表 4-5 所示。小矩形框外部的"U"是子系统之间的数据流，也就是几个子系统共用的数据，这些数据的属性要进行统一规划，满足数据的一致性。

表 4-3　U/C 矩阵

功能＼数据类	客户	订货	产品	工艺流程	材料表	成本	零件规格	材料库存	成品库存	职工	销售区域	财务计划	计划	设备负荷	物资供应	任务单
经营计划		U				U						U	C			
财务规划						U				U		C	U			
资产规模												U				
产品预测	C		U								U					
产品设计开发	U		C	U	C		C						U			
产品工艺			U		C		C	U								
库存控制							C	C							U	U
调度			U	U					U					U		C
生产能力计划			U											C	U	
材料需求			U		U				U						C	
操作顺序			C											U	U	U
销售管理	C	U	U								U	U				
市场分析	U	U	U								C					
订货服务	U	C	U								U	U				
发运		U	U								U	U				
财务会计	U	U	U							U	U	U				
成本会计		U	U			C						U				
用人计划										C						
业绩考评										U						

表 4-4　调整顺序后的 U/C 矩阵

功能＼数据类	计划	财务计划	产品	零件规格	材料表	材料库存	成品库存	任务单	设备负荷	物资供应	工艺流程	客户	销售区域	订货	成本	职工
经营计划	C	U												U	U	
财务规划	U	C													U	U
资产规模		U														
产品预测			U									C	U			
产品设计开发	U		C	C	C						U	U				
产品工艺			U	C	C	U										
库存控制				C		C		U		U						
调度			U				U	C	U		U					
生产能力计划			U						C	U						
材料需求			U		U		U			C						
操作顺序			C					U	U	U						
销售管理		U	U									C	U	U		
市场分析			U									U	C	U		
订货服务		U	U									U	U	C		
发运		U	U										U	U		
财务会计		U	U									U	U	U		U
成本会计		U	U											U	C	
用人计划																C
业绩考评																U

如表 4-5 所示，企业管理信息系统开发的总体框架包括经营计划、技术准备、生产制造、销售管理、财务会计、人事管理六个子系统，每个子系统的功能即为 U/C 矩阵中每个小矩形包括的功能。

表 4-5 划分子系统的 U/C 矩阵

功能	数据类	计划	财务计划	产品	零件规格	材料表	材料库存	成品库存	任务单	设备负荷	物资供应	工艺流程	客户	销售区域	订货	成本	职工
经营计划	经营计划	C	U												U	U	
	财务规划	U	C													U	U
	资产规模		U														
技术准备	产品预测			U									U	U			
	产品设计开发	U		C	C	C							U				
	产品工艺			U	U	U	U										
生产制造	库存控制						C	C	U		U						
	调度			U					U	C	U	U					
	生产能力计划									C	U	U					
	材料需求			U		U	U				C						
	操作顺序								U	U	U	C					
销售管理	销售管理		U	U					U				C	U	U		
	市场分析		U	U									U	C	U		
	订货服务			U					U				U	U	C		
	发运		U	U					U					U	U		
财务会计	财务会计	U	U	U					U						U		U
	成本会计	U	U	U											U	C	
人事管理	用人计划																C
	业绩考评																U

⑦ 确定总体结构中的优先顺序。这是对信息系统总体结构中的子系统按先后顺序排出开发计划。

由于企业资源的限制，系统的开发要依次进行。划分子系统后，根据企业目标和技术约束确定子系统实现的优先顺序。具体实施步骤有以下四步。

第一是确定选择标准。主要有近期效益、长期效益、竞争优势、组织经济趋势、关键成功因素、外部环境、技术和组织可能性、现行系统的价值及其他应用系统的关系。

第二为运用上述标准对应用项目进行排序。对构成信息系统结构的应用项目进行分析，用上述标准对每个应用打分。在某一个优先项目实施以后，其余应用项目的优先次序需要重新排序。

第三为用文件说明被优先建议的应用项目。对被优先建议的项目应该建立足够详细的资料，以便管理部门进行评价。这些说明资料以组织过程和数据类型、问题分析、机构、系统矩阵和研究判断为基础。

第四是提出实施方法。对优先开发的应用项目，应该考虑适当的实施方案。实施方案可以是自行开发，也可以是购买现成软件。根据企业系统规划法所提出的具体开发建议主要涉及信息结构和信息资源管理这两个方面的内容。

另外，对于企业各子系统之间的数据流需要进行统一规划和设计，以保证数据的一致性。

⑧ 完成企业系统规划法研究报告，撰写建议书和提出开发计划。

3．企业系统规划法的优缺点

企业系统规划法是一种能够帮助规划人员根据企业目标制定出 LMIS 战略规划的结构化方法。通过这种方法可以确定未来信息系统的总体结构，明确系统的子系统组成和开发子系统的先后顺序，以及对数据进行统一规划、管理和控制，明确各子系统之间的数据交换关系，保证信息的一致性。

企业系统规划法的优点在于利用它能保证信息系统独立于企业的组织机构，使信息系统具有对环境变更的适应性。即使将来企业的组织机构或管理体制发生变化，信息系统的结构体系也不会受到太大的冲击。企业系统规划法的缺点是规划过程任务量较大。

4.3.3　战略目标集转化法

1．战略目标集转化法的概念

战略目标集转化法是 William King 在 1978 年提出的，他把整个战略目标看成"信息集合"，由使命、目标、战略和其他战略变量组成，LMIS 的战略规划过程是把组织的战略目标转变为 MIS 战略目标的过程，如图 4-5 所示。

图 4-5　战略目标集转化法的示意图

2．战略目标集转化法的步骤

（1）识别组织的战略集

首先考察一下该组织是否有成文的战略式长期计划，如果没有，就要去构造这种战略集合。可以采用以下步骤：

① 描绘出组织各类人员结构，如卖主、经理、雇员、供应商、顾客、贷款人、政府代理人、地区社团及竞争者等。

② 识别每类人员的目标。

③ 识别每类人员的使命及战略。

（2）将组织战略集转化成 LMIS 战略

LMIS 战略应包括系统目标、约束以及设计原则等。这个转化的过程包括对应组织战略集的每个元素识别为对应的 LMIS 战略，然后提出整个 LMIS 的结构。最后，选出一个方案报送总经理。

3．战略目标集转化法的优缺点

战略目标集转化法从另一个角度识别管理目标，它反映了各种人的要求，而且给出了按这种要求的分层，然后转化为信息系统目标的结构化方法。它能保证目标比较全面，疏漏较少，但它重点不够突出。

4.3.4　基于 BPR 的管理信息系统规划

1．企业流程重组的概念

企业流程重组（Business Process Reengineering，BPR）是指为完成企业目标或任务而进行的一系列跨越时空的逻辑相关的业务活动。BPR 强调以业务流程为改造对象和中心、以关心客户的需求和满意度为目标，对现有的业务流程进行根本的再思考和彻底的再设计，利用先进的制造技术、信息技术以及现代的管理手段，最大限度地实现技术上的功能集成和管理上的职能集成，以打破传统的职能型组织结构，建立全新的过程型组织结构，从而实现企业经营在成本、质量、服务和速度等方面的全局性的提高。例如，在手工管理方式下，仓库收货的业务流程可能是，保管员验收货物并做记录、通知采购员、签收货物发运单、填写入库单、入库、分发入库单、填写送验单等。企业已经形成了一套比较成型的业务流程和管理方法。信息技术的应用有可能改变原有的信息采集、加工和使用方式，甚至使信息的质量、获取途径和传递手段等都发生根本性的变化。

在传统的劳动分工原则下，企业流程被分割为一段段分裂的环节，每一环节关心的焦点仅仅是单个任务和工作，而不是整个系统的全局最优。在管理信息系统建设中，仅仅用计算机系统去模拟原手工管理系统，并不能从根本上提高企业的竞争能力，重要的是重组企业流程，按现代化信息处理的特点，对现有的企业流程进行重新设计，提高企业运行效率。企业流程重组的本质就在于根据新技术条件下信息处理的特点，从事务发生的自然过程寻找解决问题的途径。

企业流程与企业的运行方式、组织的协调合作、人的组织管理、新技术的应用与融合等紧密相关。因而，企业流程的重组不仅涉及技术，也涉及人文因素，包括观念的重组、流程的重组和组织的重组，以新型企业文化代替老的企业文化，以新的企业流程代替原有的企业流程，以扁平化的企业组织代替金字塔型的企业组织。其中，信息技术的应用是流程重组的核心，信息技术既是流程重组的出发点，也是流程重组最终目标的体现者。

2．基于 BPR 的管理信息系统规划的步骤

企业流程重组实际上是站在信息的高度，对企业流程的重新思考和再设计，是一个系统工程，包括系统规划、系统分析、系统设计、系统实施和评价等整个规划与开发过程。

BPR 的核心思想是流程管理，它要求打破部门间的界限，从流程的角度而不是职能部门的角度看问题。基于 BPR 的管理信息系统规划就是要从流程而不是企业职能部门出发来规划企业的信息系统。在信息系统规划中，要充分认识信息作为战略性竞争资源的潜能，创造性地对现有业务流程进行分析，找出现有流程存在的问题及产生问题的原因，分析每一项活动的必要性，并根据企业的战略目标，采用关键成功因素法等，去发现正确的业务流程。如在信息技术支持下，某些活动可以合并，管理层次可以减少，某些审批环节可以取消等，具体步骤如图 4-6 所示。

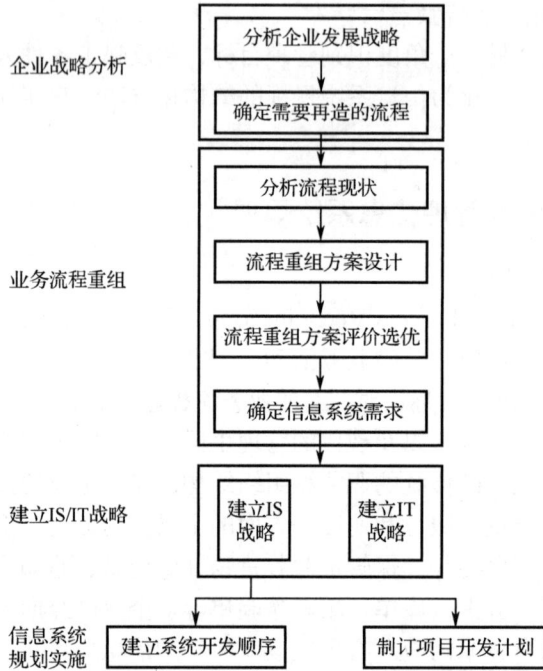

图 4-6　基于 BPR 的管理信息系统规划的具体步骤

（1）企业战略分析阶段

本阶段的主要目的是通过分析企业战略使信息系统能够支持企业的战略发展并能够依据企业战略选择要求再造业务流程，这一阶段可以分成两个步骤。

① 分析企业发展战略。企业发展战略受到外部环境中政治、经济和技术等因素以及竞争压力的影响，同时也要符合企业自身的实际情况。企业发展战略确定了企业未来发展的方向，这将直接影响到基于 BPR 的管理信息系统规划的重点选择。

② 确定需要再造的流程。识别企业中需要再造的流程，一般情况下首先考虑企业的核心业务流程。企业的核心业务流程直接为企业产生价值或为产生直接价值的流程提供必要的支持，是流程再造的重点，也是信息系统开发需求的主要来源。其次，需要考虑那些有问题的非核心流程。这些流程虽然不是企业的核心流程，但却因其问题较大，有可能使基于其流程再造的信息系统获取明显的成效。

（2）业务流程重组阶段

这一阶段的主要目的是全面了解核心流程现行的运营方式，对其进行必要的分析和优化，保证其运营方式符合企业战略、满足关键成功因素，同时确定信息系统（Information System，IS）需求。这一阶段是企业信息系统规划过程中最重要的阶段。它包括四项活动。

① 分析流程现状。通过详尽的调查，全面了解流程的运营方式，流程运营中信息是如

98

何流动的、流程之间是如何连接的、目前有哪些信息系统来支持流程的运营等；分析目前的流程运营模式是否符合企业战略、是否满足关键成功因素、还存在哪些不足之处。根据这些信息建立企业流程模型和信息模型。

② 流程重组方案设计。对流程现状进行分析之后，下一步对不合理的流程进行优化。遵循 BPR 中的流程优化规则，充分利用当今先进的 IT 对流程进行再设计。对于同样的流程由于使用的信息技术不同，可能再造的程度以及再造的效果都会有所不同。流程设计的好坏在很大程度上取决于设计者对信息技术潜能的把握以及对现有业务流程、运行环境、客户需求等因素的熟悉程度。

流程设计有以下几点原则方法可供参考：

以过程管理代替职能管理，取消不增值的管理环节。

以事前管理代替事后监督，减少不必要的审核、检查和控制活动。

取消不必要的信息处理环节，消除冗余信息集。

以计算机协同处理为基础的并行过程取代串行和反馈控制管理过程。

用信息技术实现过程自动化，取代手工管理存档过程。

上述原则指出了流程重组的指导性方法，在实际操作中，还应考虑具体的企业环境及条件，灵活运用才能设计出理想的企业过程。

③ 流程重组方案评价选优。由于所设计的流程再造方案可能有多个，需要对这些不同的方案进行评价，从中选择合适的再造方案。为此，首先确定流程评价指标体系，然后利用综合评价方法对备选的再造方案进行评价，最终确定一个适合特定要求的再造流程。

④ 确定信息系统需求。确定了流程重组方案后，对优化后的流程所产生、控制和使用的数据将进行识别、分类和分析，包括定义数据类、进行数据规划、按照相关规则对数据进行分类等，进而确定流程重组方案的信息需求。

（3）建立 IS/IT 战略阶段

IS 要利用 IT 来实现。这既要充分利用现有的信息资源，又要了解当前先进的 IT 以及 IT 的未来发展趋势，在企业现有的资源状况下，选用最适当的、相对稳定的 IT 来实施这些 IS。因此，要确定各个 IS 属于哪种类型、采用什么软件来完成、需要哪些硬件支持、在何种网络上运行并将这些 IT 需求综合起来，制订相应的规划，形成一个完整的 IT 基础构架。

（4）信息系统规划实施阶段

本阶段的目的是制订 IS 规划的实施计划，保证 IS 战略和 IT 战略能够顺利实施。在企业目前有限的资源状况下，要确定各个信息系统开发的优先次序，保证那些最关键的 IS 能优先开发。同时，要制订各个 IS 开发的计划，保证 IS/IT 战略能有序的实施。

4.4 可行性分析报告

4.4.1 可行性分析报告的内容

总体规划的最后一项工作就是将前面规划的工作进行总结，撰写可行性分析报告。可行性分析报告包括总体方案和可行性研究论证两个方面的内容，一般包括以下几点。

1．引言

这部分主要包括需要开发的管理信息系统的名称、系统开发的目标和方向、管理信息系统的功能、项目的由来等内容。

2．系统建设的背景和意义

在可行性分析报告中，将用较大篇幅说明总体规划调查、汇总的总过程。为了让人信服，汇总要有根据，规划必须是可信的。

3．拟建系统的备选方案

这部分将管理信息系统规划的过程和最后结果一一呈现出来，可以提出一个主要方案，也可以再提出一个或多个备选、辅助方案。

4．可行性分析

从开发的必要性、技术可行性、经济可行性、组织与管理可行性四个方面对管理信息系统规划方案的可行性进行论证。

5．方案的比较并得出结论

通过评价指标及可行性分析选择一个最适合的方案，并得出最终的结论。可行性分析报告中的最终结论有可以立即开发、改进原系统、目前不可行或需要推迟到某些条件具备以后再进行这几种。

如果认为方案是可行的，则需要给出管理信息系统开发的计划，包括各阶段的人力、资金、设备的需求，以及开发时间进度安排。

可行性分析报告要尽量确定有关管理人员的一致认识，并在主管领导批准后方可实施，进入管理信息系统开发下一个阶段的工作。

在进行完管理信息系统总体规划之后，根据开发先后顺序的安排，确定需要开发的信息系统。这就要对信息系统规划的方案进行研究，并形成可行性分析报告，提交审批。

4.4.2　可行性分析的内容

可行性分析是指在当前组织所处的内部环境和外部环境下，所提议的管理信息系统是否具备实施的必要资源和条件。通常可以从开发的必要性、技术可行性、经济可行性、组织与管理可行性这四个方面进行考察。

1．开发的必要性

可行性并不等于可能性，它还包含了必要性。例如，某物流企业具备扩大散货运输规模的生产能力，但是散货运输市场已经饱和、货源不足。因此，扩大运输规模是没有必要的。在这种情况下，虽然在运力上具备扩大生产的能力，但是由于货源无法保证，从而使得这种做法不可行。管理信息系统的开发也要考虑这种必要性。如果企业的现行系统没有更换的必要，或者业务人员对开发新系统的愿望并不迫切，那么新系统的开发就不具备可行性。总之，需要根据企业现状、员工情况、现有系统功能和效率等，来论证开发系统的必要性。

2．技术可行性

技术可行性是指现有技术条件能否达到新系统所提出的技术要求。管理信息系统的技术可行性分析可以从硬件、软件、网络以及企业的技术力量等方面来考察。

硬件方面包括计算机系统中各种硬件设备，如硬盘、内存、输入/输出设备、外存储设备的配置、性能、效率，以及计算机硬件的稳定性和可靠性等。

软件方面包括操作系统平台、数据库管理系统、应用软件包、开发工具软件的配置和功能等。

网络方面主要是指数据传输和通信方面的相关网络硬件，如网卡、HUB、路由器、布线以及网络软件，如通信协议、网络防火墙等。

技术力量主要是指物流管理信息系统开发与维护人员的技术水平。这些人员包括系统分析人员、系统设计人员、程序员以及软硬件维护人员。如果在物流管理信息系统开发和维护的各个阶段，不能投入足够的技术人员，或者技术人员的技术水平不够理想，那么就可以认为系统开发的技术力量是不可行的。

3．经济可行性

经济可行性主要是对开发项目的成本和效益做出评价，即新系统所带来的经济效益能否超过开发和维护新系统所需要的费用。经济可行性可以从费用和收益两个方面加以估算。

① 费用估计。在费用估计时，特别要注意防止费用估计过低，否则会使可行性分析得出错误的结论。造成估计过低的原因通常有：只注意了硬件费用，而忽视了软件费用；只注意了设备费用，而忽视了人工费用；只注意了开发费用，而忽视了维护费用；只注意一次性投资，而忽视了日常性开支等。

正确的费用估计通常包括设备费用、开发费用、运行费用、培训费用和设备的维护费用五项。

设备费用由硬件费用和软件费用组成。硬件费用主要包括计算机主机设备、外部输入/输出设备、网络设备和机房设备等。软件费用主要包括操作系统软件、开发工具软件、数据库软件、文字处理软件、服务器软件和网络管理软件等。

开发费用主要指系统开发所需的人工劳务费及其他相关费用。

运行费用包括系统运行所需的各种消耗费用，如电力、纸张等。

培训费用包括管理人员、操作人员和维护人员的培训费用。

设备的维护费用，如软硬件的日常消耗和维护人员的工资。

② 收益估计。收益估计不像费用估计那样具体，因为应用系统的收益往往不易定量计算。收益估计可以从直接效益和间接效益两个方面考虑。

一是直接效益，它是指系统交付使用后，在某一段时期产生的明显经济效益。例如，加强物流环节中的仓储管理从而减少场地的租用费，优化物流过程从而减少运输成本。

二是间接效益，间接效益往往更能体现管理系统的收益价值。例如为提高工作效率，从而提高企业管理水平；为领导决策及时提供相关信息，从而对市场能够做出快速反应；通过广泛使用管理信息系统，从而促进企业业务的规范化和程序化；通过提高员工的素质，从而增强企业凝聚力；通过提升企业形象，从而增加企业的无形资产等。

4．组织与管理可行性

组织与管理可行性主要从以下三个方面考虑。

① 企业管理者的管理水平。企业管理者的现代化管理水平，特别是他们的信息管理意识，是新系统建设成败的关键。一个具有现代化管理意识的管理者会从长远的发展角度看问题，从提高组织的素质、增强组织竞争力的意义上看待建立新系统的必要性，只有这样才能开发出成功的系统。

② 科学管理的基础工作。只有在合理的管理体制、完善的规章制度、稳定的企业流程、科学的管理方法和程序以及完善、准确的原始数据基础上，才能有效地建立管理信息系统。如果一个企业连原始数据都不齐备，无章可循或有章不循，管理混乱，则暂不具备开发新系统的可能性。

③ 企业业务流程的透明度及标准化程度。建立管理信息系统的目的就是要把企业管理过程数字化。企业管理过程概念化、清晰化、透明化和标准化越高，就越容易将企业经营过程用计算机形式描述出来。在管理信息系统的建设和运行中所遇到的许多问题，如系统功能的重复设置、结构混乱等，往往是由于企业流程不明、暗箱操作，或者标准化程度不够高造成的。

本章小结

物流管理信息系统的规划是指组织根据制定的组织规划，对已选定的开发对象进行有目的、有步骤的实地调查研究和科学的整体规划。物流管理信息系统规划的内容包括确定LMIS 的目标和方向、调查单位（企业、部门）的现状、确定物流管理信息系统的开发方案、规划管理信息系统的总体结构、制订系统建设的资源分配计划及评价体系、编写可行性报告。进行物流管理信息系统规划的步骤是分析现状和环境约束条件、明确规划的基本问题、收集相关资料、确定目标体系、整体分析和预测、确定规划方案。物流管理信息系统建设的目标参考诺兰模型来确定，诺兰模型把管理信息系统在企业的应用发展归纳为初装、蔓延、控制、集成、数据管理、成熟六个阶段，企业应首先判断自身所处阶段，进而规划下一步管理信息系统的发展目标。在进行物流管理信息系统规划时可以采用关键成功因素法、企业系统规划法、战略目标集转化法。关键成功因素法适合存在关键成功因素的企业使用，企业系统规划法一般适合比较稳定的事务处理系统的规划。在企业进行业务流程重组时，要同时进行管理信息系统的规划。基于 BPR 的管理信息系统规划的步骤是企业战略分析、业务流程重组、建立 IS/IT 战略、信息系统规划实施四个阶段。战略目标集转化法是把整个战略目标看成"信息集合"，由使命、目标、战略和其他战略变量组成，LMIS的战略规划过程是把组织的战略目标转变为 MIS 战略目标的过程，它能保证目标比较全面，疏漏较少，但它重点不够突出。完成系统规划方案后，要对方案进行可行性分析，可行性分析从开发的必要性、技术可行性、经济可行性、组织与管理可行性四个方面进行论证得到管理信息系统的可行性结果，撰写可行性报告，作为系统规划阶段的成果交至系统分析阶段。

思考题

1. 总结物流管理信息系统规划的必要性。
2. 物流管理信息系统规划的内容有哪些？
3. 总结诺兰模型中集成阶段的特点和主要任务。
4. 关键成功因素法的实施步骤是什么？
5. 企业系统规划法的优缺点是什么？
6. 在进行业务流程重组时，业务流程设计的原则是什么？
7. 可行性分析的内容有什么？
8. 战略目标集转化法的优缺点是什么？

案例分析

元初食品生鲜物流信息化项目

1. 元初食品简介

元初食品起源于 2001 年 11 月 22 日创立的厦门天酬进出口有限公司。自成立以来，厦门天酬进出口有限公司与众多中国优质的食品生产厂商及海内外知名食品厂家合作，将上千种自有品牌商品出口到美洲、欧洲、澳洲及日本等国家和地区。元初食品拥有"元初/Sungiven""元童/Onetang""元和/Yuho""元实/Ontrue"等以"元"字为前缀的自有品牌商标。元初食品是在国际上畅销的自有品牌商品，通过严格的国际认证或专业的食品安全检测，不少产品在国外大型超市同步上市。

元初食品早在成立之初，就把食品安全和企业的自身命运彻底捆绑在一块。元初食品的商品定位是"坚持最大程度原生态、少处理、少添加"。根据全国中小企业股份转让系统的公开数据，按照零售超市的行业分类，元初食品是福建零售超市行业首家挂牌企业。截至 2020 年 5 月 12 日，元初食品已在厦门、深圳、大连、泉州和加拿大温哥华开设 117 家社区生鲜超市（含 3 个餐饮集成区及多个餐饮档口）、18 家便利店、3 家电商前置仓、1 家餐饮独立店，各种业态门店累计达 139 家。

2. 元初食品信息化存在的问题

根据元初食品近年来快速增长的业务需求，现有信息系统已不能满足高速增长的业务管理需求。生鲜食品对配送的时效性要求，配送中心对供应商送货的响应时间与处理速度，都随着业务扩大，门店增多，有了很大的变化。需要具备仓储作业、运输可视化、运输在途全程跟踪、财务计费结算等业务一体化信息管理，满足元初集团自身业务的个性化需求增长，同时兼顾多项目共管、可集成多种现有业务的物流信息管理平台，在没有应用新系统之前，其存在的突出问题如下：

- 旧 ERP 系统无法适应新业务的不断扩张与新的流程要求，基础数据管理在 ERP 中已经无法跟上业务的更新了，造成大量基础数据更新只能重新返回到 Excel 进行手工操作；

- 公司管理层无法直接得到准确的配送中心商品进出库报表，对整个公司的经营状况无法第一时间进行分析决策；
- 各职能部门之间的业务交接、配合也存在较多问题，导致数据延迟甚至不准确；
- 对于供应商送货到配送中心收货时，产生的不良品只能直接退货，没有对产生的原因和后续的处理进行管理。不能提供供应链优化所需要掌握的原始数据。

3. 元初食品信息化项目的实施

元初食品委托荆艺软件为其开发与建设信息化项目。荆艺软件根据元初食品业务的特点，即业务板块多样化、业务服务要求精细化、业务数据传递复杂化、业务控制准确化等，建议通过自有研发的供应链管理系统，结合元初食品现行业务板块，分别定制具有各板块可独立互联但同时业务板块间的数据可互相传递共享的信息架构。

元初食品物流信息化整合分为三个层次：第一个层次是企业内部信息资源的整合，提高物流运作的自动化程度和物流决策的水平，企业通过内部信息整合，实现业务的优化管理和业务财务一体化管理；第二个层次是将信息化系统拓展到供应链上下游，为上下游厂商、客户、供应商开发信息化跟踪查询、信息反馈的物流管理模块；第三个层次是伴随物流产业面向供应链管理系统的快速发展，资源、市场和信息的整合推动了物流信息化平台的开发和建设。

经过双方成员的共同努力，项目实施进展顺利，于 2020 年 5 月 20 日宣布正式上线，为客户提供订单管理、仓储管理、越库管理、运输管理、客服管理、在途可视化管理、微信在线 TMS、财务管理等几大核心解决方案。

为保障 TMS 系统成功上线，双方领导高度重视，各部门员工积极配合系统的培训、测试、反馈等实施工作，荆艺软件相关技术支持工作准备充分，及时解决现场问题，为系统顺利上线提供了保证。

系统的上线，标志着荆艺软件与元初食品的合作走向成功的第一步，作为一个新的里程碑，该系统的成功上线，对元初食品决策和管理水平、业务发展具有重大意义。

思考题：

1. 根据资料分析元初食品为什么要进行信息化建设？

2. 元初食品在信息化建设之前处于诺兰模型的哪个阶段，并分析其下一步建设的目标是什么？

第 5 章

物流管理信息系统的系统分析

一汽富晟运输管理信息系统开发

1. 长春一汽富晟物流有限公司简介

长春一汽富晟物流有限公司（以下简称"富晟物流"）成立于 2000 年，隶属于长春一汽富晟集团有限公司，是一家合资企业，总部位于吉林省长春市。现拥有东北、华北、华东、西南、华南五大物流基地，仓储面积近 60 万平方米，运输线路 550 条，员工 1100 人，服务经销商 1000 余家。

富晟物流业务覆盖汽车备件售后物流供应链各环节，目前为一汽-大众旗下奥迪品牌/大众品牌、一汽红旗提供售后备件全供应链服务，服务内容涵盖进口备件/国产备件调达、入库接收、储存管理、出库分拨、运输服务、物流包装、物流咨询、物流装备、信息服务等一体化专业服务。

2. 企业存在的问题

富晟物流缺乏专业的物流信息系统，信息化依赖客户，不利于公司业务拓展。公司业务核心数据积累不足，信息化无法满足公司未来发展需要。急需一套完全适配富晟物流运输管理作业的系统，有效管控各业务节点，增强客户黏度，体系化管理承运商，有效分析企业经营数据，为公司决策提供大数据支撑，提升核心竞争力。

立项前技术状态：

① 运输信息无记录。无系统和文档记录发货出库后订单运输信息，如发货出库后车辆、司机、运单、位置等信息。

② 纸质单据操作。库内拣货、装箱、验收、平台交接操作信息传递主要依赖纸质单据，信息传递不及时、有效。

③ 库内业务系统与承运商运输作业系统信息断层。库内销售出库业务数据与承运商运输作业数据无接口直接传递，未实现上游客户和下游运输状态信息对接跟踪，业务数据传递耗费大量人力，数据传递可靠性、及时性差。

④ 业务追溯困难。未实现同一系统内销售单、出库、运输、签收业务管理闭环，各节点操作信息追溯难度大。

⑤ 报表无法支撑决策。由于调度分配、行车管理、GPS 车辆定位系统、车辆管理等功能欠缺，没有足够的报表为业务分析提供直接依据。

3. 信息化实施过程

系统实施中的主要困难、问题与解决措施：

（1）基础数据薄弱

基础数据梳理也往往伴随着业务流程梳理，大多数项目人员对基础数据认识不够。通常上线后出现的问题都是基础数据不完整引起的，而现场操作人员往往将其归结于系统功能问题，对系统产生不可靠的误判，排斥使用新系统。

以长春库为例，基础数据分布在不同部门和班组，并且同一班组每人分工不一。如经销商数据，经常出现新增经销商而在系统没有维护的情况，经销商数据缺失导致销售单据导入 OTMS 系统时报错。经销商的路线和其他基本信息分别在客服班不同人手中。由于仓库内人员只对自己工作了解，因此基础数据整理工作应排除以往乙方收集数据、甲方提供数据再由项目组人员导入系统的单一形式，要注重基础数据创建流程梳理，强化数据规范意识，并在上线培训阶段考核。因此在上线前的数据准备阶段，需要完成以下工作：

① 收集 OTMS 基础数据和每项基础数据对应操作员的信息，按照 OTMS 需要的格式整合基础数据。

② 梳理基础数据创建流程，明确各节点对应操作员，形成操作手册，并将操作手册下发到具体人员，作为上线培训考试的内容严格执行。

（2）操作方式多样

各库之间由于业务量的不同，工作方式各异，造成同一工作实现方式不一样的问题，例如长春库出库量大，采取按时间节点分大波次集中拣货的方式，拣货后必须按经销商分箱；其他库业务量小，拣货按经销商分小波次拣货，无须再分箱。所以长春库的验收操作在平台验收班完成，其他库的验收操作在拣货班直接完成。由于同一操作完成班组不同，流程设计与功能设计上的需求也不一样。长春库平台验收班要操作合单验收与交接，因此功能上要求操作方便无须反复切换。由此引发的待决策项如下：

① 统一操作流程，关于验收操作，长春库与其他库一直在拣货班完成。

② 如无法实现①，长春库平台验收操作位置在装箱区和出库平台之间选择。

针对上述困难，在处理时采取以目标为导向，取代以往只关注具体问题的解决方法，着眼于统一管理、统一流程、标准化操作的目标。首先讨论决策项统一操作流程的可行性，在经过相关部门、班组决策后根据当前情况无法实现，可进一步讨论决策项如何进行平台验收，选在哪个工作区，经现场多次测试，考虑验收员操作方便性、平台发货现场货箱堆积情况，选择装箱区验收。

项目实施推进过程如下：

在项目推进过程中由于新的管理方式必定会触犯一部分人的既得利益，所以充分争取了一把手的支持。信息化过程实质是引进先进管理手段的过程，因此首先将管理和业务骨干设置为项目的主要成员，其次是 IT 技术人员。主要考虑管理适用性和技术适用性。

需求调研和流程梳理阶段，杜绝照搬现有流程强硬、客制化开发，各里程碑汇报过程由管理和业务骨干主导。摒弃无效率地开大会，采取强相关部门小范围上会，对于无法决策项逐层升级，提交更高层领导决策。严控项目风险和成本，对项目风险紧密跟踪。

在系统开发阶段，充分发挥甲方 IT 人员专业能力，以开发方案的合理性、兼容性、可扩展性作为评审标准，而不是简单的功能交付。

系统上线部署阶段注重基础数据，规范基础数据。

项目验收阶段重视系统日常运维，监控相关内容的交付。

4. 实施效益分析

系统使用后摒弃以往纸质单据改用手持设备，避免了纸张浪费，同时信息传递更及时。平台与司机使用 App 交接，运单信息从仓库 OMS 系统实时传递至 TMS 系统，信息传递及时，消除手动传递浪费人力资源。先进的管理理念将从人员、设备以及管理等多个方面降低了公司成本，创造更大的利润空间和竞争优势。

？案例思考

1. 一汽富晟运输管理信息系统项目开发前做了哪些工作？
2. 一汽富晟运输管理信息系统项目的系统分析工作涉及哪些人员？

学习目标

1. 理解系统分析涉及的人员。
2. 掌握系统分析的任务是什么。
3. 掌握系统详细调查的内容有哪些。
4. 掌握结构化开发方法中业务流程分析的内容及方法。
5. 掌握结构化开发方法中数据流程分析的内容及方法。
6. 掌握新系统的逻辑方案包括的内容。
7. 掌握面向对象开发方法中系统分析的内容及方法。

5.1　系统分析的概述

系统分析是管理信息系统开发的一个主要和关键阶段，负责这个阶段的关键人物是系统分析员，完成这个阶段任务的关键是开发人员与用户之间的沟通。系统分析的目的是将用户的需求及其解决方法确定下来。系统分析的主要任务是将在系统详细调查中所得到的文档资料集中到一起，对组织内部整体管理状况和信息处理过程进行分析。它侧重从业务全过程的角度进行分析。

物流管理信息系统分析阶段在信息系统开发过程中，是工作任务最繁重、最重要的阶段之一，它的主要任务是根据信息系统规划阶段确定系统总体建设方案和计划，对现行系统进行详细调查，描述现行系统的业务流程，指出现行系统的局限性和不足之处，在业务流程优化的基础上，确定新系统的基本目标和逻辑功能，提出新系统的逻辑模型的过程。

5.1.1　系统分析涉及的人员

1．用户单位的主要领导

系统分析是为了了解用户单位在经营工作中的信息需求，这部分的工作涉及的技术内容很少，需要系统分析员与用户沟通了解在业务层面的信息需求。系统分析涉及的人员多、时间长，需要用户的主要领导确定系统分析过程中的各项资源的使用和分配计划，对参与人员进行协调和动员，才能确保系统分析工作的正常进行。

2．使用管理信息系统各职能部门负责人

各职能部门的负责人主要是提供该部门的业务内容及流程等内容。作为负责人能从该部门的整体掌握该职能部门工作之间的联系以及与其他部门的业务往来。因此各职能部门负责人是系统分析的主要参与人员。

3．用户单位信息管理的高层负责人

信息管理的高层负责人配合系统分析人员做好用户单位的管理信息系统功能、技术方面的规划和需求分析。

4．用户单位的操作人员

操作人员是企业中处理日常事务的工作人员，企业的信息化首先是对事务处理系统的开发，这些操作人员是管理信息系统的最终用户，因此他们更了解工作过程中的信息需求的细节问题，也要熟悉管理信息系统的功能，为以后的使用作准备。

5．系统分析人员

系统分析是一个复杂而且难度较大的工作，需要专门的系统分析人员对企业的业务情况进行系统分析，进而对业务流程建模，形成新的逻辑方案。系统分析人员是在企业信息系统分析建模过程中，承担分析、设计和领导实施的领军人物。系统分析人员要维护好与客户之间的关系，同时对客户的需求要正确地理解，选择合适的开发技术，同时做好与客户间的沟通交流。

5.1.2　系统分析的任务

系统规模越大，系统分析的复杂性就越高。系统分析工作通常包括以下两方面的内容。

1．对系统进行详细调查，确定用户需求

通过详细了解企业的组织结构、组织目标、组织的业务流程及数据流程，分析和理解用户与管理业务对系统开发的实际需求，包括对系统功能、性能等方面的需求，对开发周期、开发方式及软硬件配置等方面的意向及打算。通常情况下，先由用户提出初步的要求，然后经由系统分析人员对系统进行详细调查，进一步完善用户对系统的要求，最终以系统需求说明书的形式将系统需求确定下来。

需求分析是一项既复杂又要求高的工作，它在对用户业务做大量调查分析的基础上，对整个系统的功能、条件、效果等进行分析，最后形成有关用户需求的文档资料。

用户需求分析从四个方面入手：

① 问题识别。首先，系统分析人员要研究在管理信息系统规划阶段产生的可行性分析报告，初步确定新系统的综合要求，并提出这些要求实现的条件以及需求应达到的标准。这也就是解决新系统要做什么、做到什么程度的问题。然后，通过详细调查和分析，进一步确定用户需求。这些需求包括功能需求、性能需求、环境需求、可靠性需求、安全保密需求、用户界面需求、资源使用需求、软件成本消耗与开发进度需求。

② 分析与综合。在对用户问题识别的基础上，系统分析员逐步细化所有的系统功能，找出系统各元素之间的联系、彼此之间的接口特性和设计上的限制，并分析它们是否满足功能要求、是否合理，剔除不合理的部分，增加其需要的部分，最终综合成系统的解决方案，给出新系统的逻辑模型。

③ 制定规格说明。对已经确定的需求应当进行清晰、准确的描述，即编制需求分析文档。

④ 需求分析评审。为保证需求分析的准确性，在需求分析的最后一步，应该对功能的正确性、完整性和清晰性以及其他需求给予评价。评审的主要内容有：系统定义的目标与用户的要求是否一致，系统需求分析时提供的文档资料是否齐全，文档中的所有描述是否完整、清晰，与其他相关系统的重要接口是否已经描述，设计的约束条件或限制条件是否符合实际，开发的技术风险如何等。

2. 确定系统逻辑方案，形成系统分析报告

在对系统进行详细调查的基础上，运用各种系统开发的理论、方法和技术，确定并表述出系统应具有的逻辑功能，形成系统逻辑方案。方案包括系统的结构、问题处理过程和分析计算模型。新系统的逻辑方案在逻辑上描述新系统的目标和具有的功能、性能，它以系统分析报告的形式表达出来，作为下一阶段系统设计的依据。

表 5-1 概述了信息系统分析所涉及的活动。

表 5-1　信息系统分析所涉及的活动

活　动	目　标	关　键问题	主要成果	管理决策
详细调查	调查现行系统的工作 建立现行系统逻辑模型 发现现行系统存在的问题	现行系统的结构、功能以及数据过程分析 问题的认定	系统详细的调查报告	审查现行系统的调查报告
新系统逻辑方案	明确用户的信息系统需求 提出新系统的改进方案	用户需求分析 建立新系统的逻辑模型	系统分析说明书	审查系统分析说明书 批准进入系统设计阶段

总体来说，系统分析的主要内容是关于现有组织管理状况的了解，业务和数据的流程是否通畅、是否合理，数据、业务过程和实现管理功能之间的关系，新的业务和数据流程，管理功能和管理数据指标体系，新系统拟改动和新增的管理模型等，最终确定用户的需求及其解决方案。系统分析所确定的内容是今后系统设计、系统实现的基础。

5.1.3 系统分析应注意的问题

随着管理信息系统复杂性的提高及规模的扩大，系统分析在系统开发中所处的地位愈加突出，它的难点主要体现在以下几个方面。

1．分析问题的复杂性

由于系统分析员对领域知识的缺乏或不足，在系统调查中往往感到无从下手，不知道该问用户一些什么问题，或者被各种具体数字、大量的资料、庞杂的业务流程搞得眼花缭乱。一个规模较大的系统，有反映各种业务情况的数据、报表、账页，业务人员手中各种正规的、不正规的手册，技术资料等，数量相当大。各种业务之间的联系繁杂，不熟悉业务情况的系统分析员往往感到各种信息流程像一堆乱麻，不知如何理出头绪，更谈不上如何分析制约现行系统的"瓶颈"。

2．交流障碍

系统分析涉及人员较多，如系统用户、问题领域专家、系统分析人员、项目管理员等，这些人具有不同的经历，具备不同的背景知识，处于不同的角度，扮演不同的角色，造成了相互之间交流的困难，因而系统调查和分析容易出现遗漏和误解，这些误解和遗漏是研制系统的隐患，会使系统开发偏离正确方向。

3．不完备性和不一致性

由于各种原因，用户对问题的陈述往往是不完备的，其各方面的需求还可能存在矛盾，系统分析要消除其矛盾，形成完备而一致的定义。系统说明书实际上是用户与研制人员之间的技术合同。作为设计基础和验收依据，系统说明书应当严谨准确，无二义性，尽可能详尽。作为技术人员与用户之间的交流工具，它应当简单明确，尽量不用技术上的专业术语。

4．环境和需求的动态性

系统分析阶段要通过调查分析，抽象出新系统的概念模型，锁定系统边界、功能、处理过程和信息结构，为系统设计奠定基础。但是信息系统生存在不断变化的环境中，环境对它不断提出新的要求。只有适应这些要求，信息系统才能生存下去。在系统分析阶段，要完全确定系统模式是困难的，有时甚至是办不到的。应当充分认识到，管理信息系统生存在不断变化的环境和不断改变的需求中，环境和新的需求对它不断提出新的要求。只有适应这些要求，系统才能生存下去。

5.2 系统详细调查

系统详细调查是系统分析工作中最重要的环节之一。全面真实的调查是系统分析的基础，而且系统详细调查的工作量很大，所涉及的业务、人员、数据和信息都非常多，如何科学地组织和恰当地展开这项工作是非常重要的。

5.2.1　系统详细调查的原则

1．自顶向下全面展开

系统详细调查工作应该严格按照自顶向下的系统化观点全面展开。

首先从组织管理工作的最顶层开始，然后再调查第二层、第三层的管理工作，直至摸清组织的全部管理工作。这样做的目的是使调查者既不会被组织内部庞大的管理机构搞得不知所措、无从下手，又不会因调查工作量太大而顾此失彼。

2．先熟悉业务再分析其改进的可能性

组织内部的每一个部门和每一项管理工作都是根据组织的具体情况和管理需要而设置的。一般来说，某个岗位的设置及其负责的业务内容和范围必然存在一定的合理性，因此，应该首先搞清这些管理工作的内容、环境条件和工作的详细过程，然后再通过系统分析讨论其在新的信息系统支持下，有无优化、改进的可能性。

3．工程化的工作方法

工程化的工作方法就是将每一步工作事先都计划好，对多个人的工作方法和调查所用的表格、图例都进行规范化处理，以使群体之间都能相互沟通、协调工作。

4．全面调查与重点调查相结合

开发 LMIS 时应该坚持全面调查与重点调查相结合的方法。尤其是某时期内需要开发企业的某一个局部的信息系统，更应该在全面调查业务的同时，侧重该局部业务相关的分支。

5．主动与用户沟通，保持积极友好的人际关系

系统调查是一项涉及组织内部管理工作的各个方面、涉及不同类型人的工作，故应该主动与用户在业务上沟通，同时创造和保持一种积极、主动、友善的工作环境和人际关系，这是调查工作顺利开展的基础。

5.2.2　系统详细调查的内容

1．系统边界和运行状态

确定系统边界是系统开发的首要任务。系统边界是系统包含的功能与不包含的功能的界线。通过明确系统边界，使其与环境区分开来。对现行系统的运行环境现状进行调查分析，掌握现行系统的运作效果、规模、业务处理情况以及外部环境和接口。调查的同时应注意发现当前系统的不足和面临的问题。

2．组织机构及人员分工

调查现行系统运行过程中的组织机构、领导分工、人员配备情况，掌握现行系统的组织构成、管理水平以及人力资源情况。

3．业务流程的调查

通过调查分析，系统分析员要全面了解整个业务流程，熟悉用户业务，掌握业务处理中的信息流向，明确系统的输入、输出和信息处理过程。

4．数据流程的调查

了解系统各种输入数据的来源、形式、时效性、准确性和数据量以及处理过程中要求的各种单据、票据、报表等，同时要根据现有数据的情况和将来的发展情况，推算今后的信息量需求的发展趋势。

5．约束条件与薄弱环节

管理信息系统是在一定的环境中运行的，时间、资金、技术都有一定的限制和约束，如系统运行时要求的保密性、时效性、输出方式等，此外还要考虑国家的有关制度、政策、法令、法规等约束条件。

6．现行系统的主要问题

在详细调查中，要特别注意现行系统中存在的问题，注意收集用户的各种意见和要求，找出系统中存在的问题，并分析产生的原因。

5.2.3 系统详细调查的方法

1．收集资料

收集资料就是将企业日常业务中所用的计划、原始凭据、单据和报表等的格式和样本统统收集起来，以便对它们进行分析研究。这是系统详细调查的基本方法。

2．开调查会

这是一种集中征询意见的方法，适合对系统的定期调查，调查会可以在一个集中的地点进行，也可以通过电话或视频会议进行。调查会有助于大家互相补充见解，以便形成较为完整的意见。

3．个别访问

开调查会有助于大家互相补充见解，以便形成较为完整的印象。但是由于时间限制等其他因素，会上往往不能完全反映出每个与会者的意见，因此，在会后应根据具体需要再进行个别访问。

4．书面调查法

根据系统特点设计书面调查表，用调查表向有关单位和个人征求意见和收集数据，发放调查问卷可以通过发放纸质问卷的方式进行，也可以通过 Internet 和局域网或是电子邮件的方式发放。当系统比较复杂时，涉及范围会很广，采用书面调查法会获得比较好的效果。

5．参加业务实践

如果条件允许，亲自参加业务实践是了解现行系统的最好方法。通过实践，加深开发人员和用户的思想交流和友谊，这将有利于下一步的系统开发工作。通过参加实践，我们可以非常有效地发现问题的本质和寻找解决问题的方法。

5.3 结构化的系统分析

5.3.1 组织结构与功能分析

组织结构与功能分析是整个系统分析中最简单的一环。组织结构与功能分析主要有三部分内容：组织结构分析、业务过程与组织结构之间的联系分析、业务功能一览表。其中组织结构分析通常是通过组织结构图来实现的，是将调查中所了解的组织结构具体地描绘在图上，作为后续分析和设计的参考。业务过程与组织结构之间的联系分析通常是通过组织/业务关系图来实现的，是利用系统调查中所掌握的资料着重反映管理业务过程与组织结构之间的关系，它是后续分析和设计新系统的基础。业务功能一览表是把组织内部各项管理业务功能都用一张表的方式罗列出来，它是今后进行功能/数据分析、确定新系统拟实现的管理功能和分析建立管理数据指标体系的基础。

1．组织结构分析

组织结构是组织的全体成员为实现组织目标，在管理工作中进行分工协作，在职务范围、责任、权利方面所形成的结构体系。组织结构图是一张反映组织内部之间隶属关系的树状结构图，如图 5-1 所示。

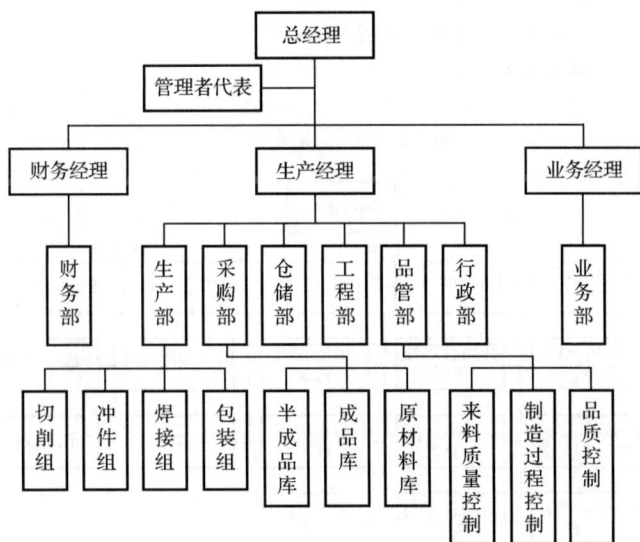

图 5-1　某企业的组织结构图

2．业务过程与组织结构之间的联系分析

组织结构图反映了组织内部和上下级关系，但是对于组织内部各部分之间的联系程度、组织各部分的主要业务职能和它们在业务过程中所承担的工作等却不能反映出来。为了弥补这方面不足，通常增设组织/业务关系图来反映组织各部分在承担业务时的关系，具体形式如图 5-2 所示。

3．业务功能一览表

在组织中，常常有这种情况，组织的各个部分并不能完整地反映该部分所包含的所有业务。因为在实际工作中，组织的划分或组织名称的确定往往是根据最初同类业务人员的集合而定的。随着生产的发展、生产规模的扩大和管理水平的提高，组织的某些部分业务范围越来越大，功能也越分越细，由原来单一的业务派生出许多业务。因此在进行详细调查的时候还要分析业务的具体功能，即描述组织内部各部分的业务和功能。据此绘制业务功能一览表，如图 5-3 所示。

功能	序号	联系的程度 组织 业务	计划科	质量科	设计科	工艺科	机动科	总工室	研究所	生产科	供应科	人事科	总务科	教育科	销售科	仓库	……
功能与业务	1	计划	*					√		×	×				×	×	
	2	销售		√											*	×	
	3	供应	√								*					√	
	4	人事										*	√	√			
	5	生产	√	××	×	×		*			*	×			√	√	
	6	设备更新				*	√	√	√	×							
	7	⋮															

注："*"表示该项业务是对应组织（即主持工作的单位）的主要业务。

"×"表示该单位是参加协调该项业务的辅助单位。

"√"表示该单位是该项业务的相关单位（或称有关单位）。

"空格"表示该单位与对应业务无关。

图 5-2　组织/业务关系图

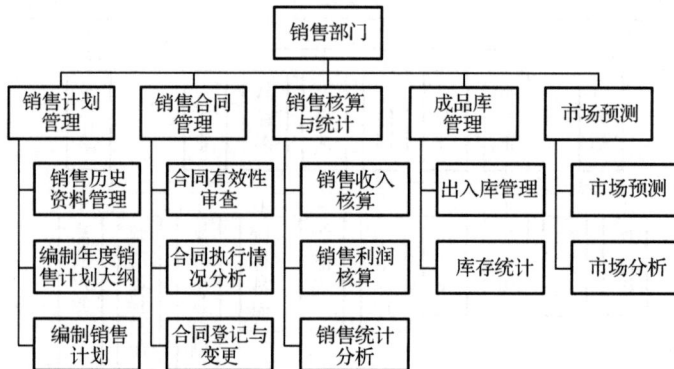

图 5-3　某企业销售部门业务功能一览表

5.3.2　业务流程分析

在对系统的组织结构和功能进行分析时，需要从一个实际业务流程的角度将系统调查中有关该业务流程的资料都串起来做进一步分析。业务流程分析可以帮助我们了解该业务的具体处理过程，包括整个业务的起始点是什么、总结点是什么、在这个流程中涉及哪些角色、在这个流程中需要做什么事情以及会产生什么文件。进而发现和处理系统调查工作中的错误和疏漏，修改和删除原系统的不合理部分，在新系统基础上优化业务处理流程。

1．业务流程分析的目的及步骤

业务流程分析是对业务功能分析的进一步细化，从而得到业务流程图（Transaction Flow Diagram，TFD），是一个反映企业业务处理过程的"流水账本"。业务流程分析的目的是形成合理、科学的业务流程。通过分析现有业务流程进行业务流程重组，产生更为合理的新的业务流程。业务流程分析是将企业具体的业务活动过程（内容、步骤等）描述出来，并对此优化。

业务流程分析的内容有原有流程的分析，业务流程的优化，确定新的业务流程、新系统的人机界面，具体步骤如图 5-4 所示。

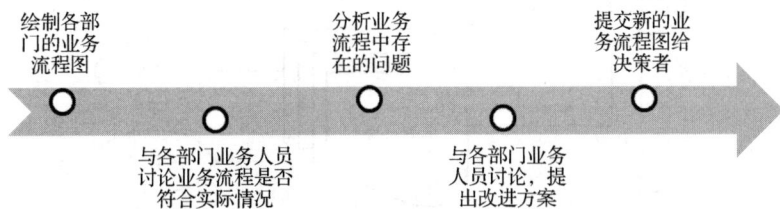

图 5-4　业务流程分析的具体步骤

2．业务流程图的概念

业务的流程可以用业务流程图来描述。TFD 是一种描述系统内各单位、人员之间业务关系、作业顺序和管理信息流向的图，它用一些特定的符号及连线表示某个具体业务的处理过程，利用它可以帮助分析人员找出业务流程中的不合理流向，它是物理模型。业务流程图主要是描述业务走向，比如去餐厅就餐，就餐者首先要看菜单进行点餐，然后服务人员将点餐单给厨师，厨师完成制作后由服务人员将饭菜端给就餐者，就餐者就餐结束后付款离开餐厅。业务流程图描述的是完整的业务流程，以业务处理过程为中心，一般没有数据的概念。TFD 是将业务流程图形化地表示，便于系统开发人员理解和传递，它反映了现行系统各机构的业务处理过程和它们之间的业务分工与联系，以及连接各机构的信息流的传递和流动关系，体现了现行系统的界限、环境、输入、输出、处理和数据存储等内容。不足之处是对一些专业性较强的业务处理细节缺乏足够的表现手段，比较适合业务操作层的业务流程描述。

3．业务流程图的基本符号

业务流程图用尽可能少且简单的方法来描述业务处理过程。由于它的符号简单明了，所以非常易于阅读和理解业务流程。它的基本符号只有六个，如图 5-5 所示。这六个符号所代表的内容与信息系统最基本的处理功能一一对应，基本能将组织中的事务处理类型的业务流程表达清楚。

图 5-5　业务流程图的基本符号

在业务处理过程中，为了传递信息，管理部门有时将某种单据或报告复印多份分发给其他相关部门，这种一式多份的单据，在业务流程图中用表格分配图来表示，如图 5-6 所示。这是一张描述物料采购业务的表格分配图。图中采购部门准备采购单，此采购单需要一式四份，分别给供货单位、收货部门登记待收货登记表，会计部门作应付账款处理，采购部门备案。表格分配图可以帮助系统分析人员描述系统中复制报告或单据的数量以及去向。

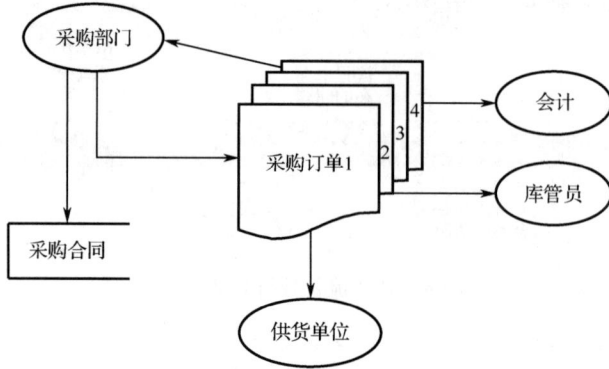

图 5-6　物料采购业务的表格分配图

4．业务流程图的绘制举例

TFD 是根据系统调查表中所得到的资料和问卷调查的结果，按照业务实际处理过程，用给定的符号将业务流程绘制在同一张图上。业务流程的绘制并没有严格的规则，只需要简明扼要地如实反映实际业务流程即可。

例如某企业的仓库出入库管理工作的业务流程为：采购员将入库单交给检验员，检验员将不合格的入库单退回采购员，合格的入库单交保管员，并由保管员记入库存台账，统计员根据库存台账制定月报表交主管部门审阅。这个业务的处理流程用 TFD 的表示结果如图 5-7 所示。

图 5-7　库存管理业务流程图

5.3.3　数据与数据流程分析

数据是信息的载体，是今后系统处理的主要对象。因此需要对系统详细调查中所收集的数据以及统计和处理数据的过程进行分析和整理。在业务流程图中能够形象地表达管理中信息的流动和存储过程，但仍没有完全脱离一些物质要素（如货品、产品等）。为了用计算机进行信息管理，还必须进一步舍去物质要素，收集有关资料，分析出原系统的数据特性流程，绘制数据流程图，为下一步分析做好准备。

1．数据与数据流程分析要收集的资料

在数据与数据流程的分析过程中要收集的资料包括：

① 收集原系统全部输出单据（如入库单、出库单、收据、凭证）、输出报表和数据存储介质（如账本、清单）的典型格式。

② 弄清各环节上的处理方法和计算方法。

③ 在上述各种单据、报表、账本的典型样品上用附页注明制作单位、报送单位、存放地点、发生频度、发生的高峰时间及发生量。

④ 在上述各种单据、报表、账本的典型样品上注明各项数据的类型、长度、取值范围等。

2．数据的汇总与分析

在系统详细调查中收集的大量数据和数据调查表需要进行分类、汇总和分析，使之协调一致，为以后的数据库设计和功能模块处理奠定基础。

（1）数据分类

将收集的数据分为以下三种：

① 本系统输入的数据类，主要指报来的报表，即今后下级子系统或网络要传递的内容。

② 本系统要存储的数据类，主要指各种台账、账单和记录文件，它们是今后本系统数据库要存储的主要内容。

③ 本系统产生的数据类，主要指系统运行所产生的各类报表，它们是今后本系统输出和网络传递的主要内容。

（2）数据汇总

数据分类后要对数据进行整理汇总，这个工作一般比较复杂，可以分为以下几步：

第一，对系统调查所收集到的数据资料，按照业务过程进行分类编码，按处理过程的顺序排列在一起。

第二，按照业务过程自顶向下地对数据项进行整理。

第三，将所有原始数据和最终输出数据分类整理出来。原始数据是以后确定关系型数据库基本表的主要内容，而最终输出数据则是反映管理业务需求的主要数据指标。这两类数据对于后续工作来说是非常重要的，要把它们单独列出来。

第四，弄清数据的字长和精度。根据系统详细调查中用户对数据的满意程度以及今后预计该业务可能的发展规模统一确定数据的字长和精度。

（3）数据分析

数据汇总只是对数据的分类整理，还不能确定收集到的数据质量，为了确保收集上来的数据质量，要对数据进行正确性分析。在对数据进行正确性分析时可以用企业系统规划法中用到的 U/C 矩阵来进行检验。用 U/C 矩阵对数据正确性进行检验的总原则是每个数据必定有也应该只有一个产生源，而且至少有一个用途。使用 U/C 矩阵可以对数据的完备性、一致性和无冗余性进行检验，具体分析方法有以下几条：

第一，在 U/C 矩阵中每一列有并且只有一个"C"，如果没有"C"，说明这个数据没有产生源，说明数据收集出现了问题；如果有两个或两个以上的"C"，这可能是本身系统流程有问题，有两个部门都产生这个数据源会导致数据的不一致，也可能是数据收集出现了问题。

第二，每一列至少有一个"U"。如果没有"U"，说明这个数据在系统中没有使用者，要么是数据冗余，要么是在系统调查时出现了问题。

第三，不能出现空行或空列。如果出现空行或空列，一种情况是数据项或业务过程的划分是多余的；另一种情况是调查或建立 U/C 矩阵过程中漏掉了它们之间的数据联系。

另外在数据分析中的另一个任务是数据属性的分析。数据属性的分析一方面是对数据静态特性的分析，包括数据的类型（字符型、数据型、日期型等）、数据长度（位数、小数位数）、取值范围（最大值、最小值）和所涉及的业务及数据量；数据属性的分析的另一方面是数据动态特性的分析，包括固定值属性、固定个体变动属性、随机变动属性。

3．分析数据流程

数据分析的最后一步是对数据流程的分析，即把数据在组织内部的流动情况抽象地独立出来，舍去了具体组织结构、信息载体、处理工作、物料等，单从数据流动过程来考察实际业务的数据处理模式。数据流程分析主要包括对信息的流动、传递、处理、存储等的分析。数据流程分析的目的就是要发现和解决数据流通中的问题，比如数据流程不畅、前后数据不匹配、数据处理过程不合理等。结构化开发方法中的数据流程分析多是通过多层的数据流程图来实现的。具体做法是按业务流程图理出业务流程顺序，将相应调查过程中所掌握的数据处理过程，绘制成一套完整的数据流程图，在绘制过程中，核对对应的数据、报表、模型等，及时发现在详细调查中存在的问题。

（1）数据流程图的基本构成

数据流程图包括系统的外部实体、处理过程、数据存储和系统中的数据流四个组成部分。

系统的外部实体是指系统以外又和系统有联系的人或事物，它说明了数据的外部来源和去处，属于系统的外部和系统的界面。外部实体中支持系统数据输入的实体称为源点，支持系统数据输出的实体称为终点。

处理过程是指对数据逻辑处理，也就是数据变换，它用来改变数据值。而每一种处理又包括数据输入、数据处理和数据输出等。

数据存储是指数据保存的地方，它用来存储数据。系统处理从数据存储中提取数据，也将处理的数据返回数据存储。与数据流不同的是，数据存储本身不产生任何操作，它仅仅响应存储和访问数据的要求。

系统中的数据流是指处理功能的输入或输出。它用来表示中间数据流的内容，但不能用来改变数据值。数据流是模拟系统数据在系统中传递过程的工具。

数据流程图的基本符号如图 5-8 所示。

（2）数据流程图的制作步骤

第一，把一个系统看成一个整体，明确信息的输入和输出。

第二，找到系统的外部实体。一旦找到外部实体，则系统与外部世界的界面就可以确定下来，系统的数据流的源点和终点也就找到了。

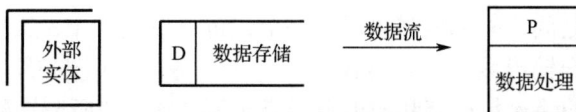

图 5-8 数据流程图的基本符号

第三，找出外部实体的输入数据流和输出数据流。

第四，在数据流程图的边上画出系统的外部实体。

第五，从外部实体的输入流（源）出发，按照系统的逻辑需要，逐步画出一系列逻辑处理过程，直至找到外部实体处理所需的输出流，形成数据流的闭环。

第六，将每一个系统内部处理看作一个整体功能，其内部又有信息的处理、传递、存储过程。

第七，如此一级一级地剖析，直到所有处理步骤都很具体为止。

（3）应用举例

图 5-9 是某销售部门接到用户订单后，根据库存台账决定是否向用户发货的订货处理的顶层数据流程图。

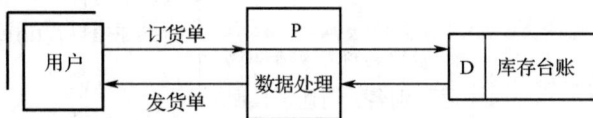

图 5-9 订货处理的顶层数据流程图

对顶层数据流程图的分解从"处理逻辑"开始，将"销售处理"分解为五个主要的处理逻辑，如图 5-10 所示。

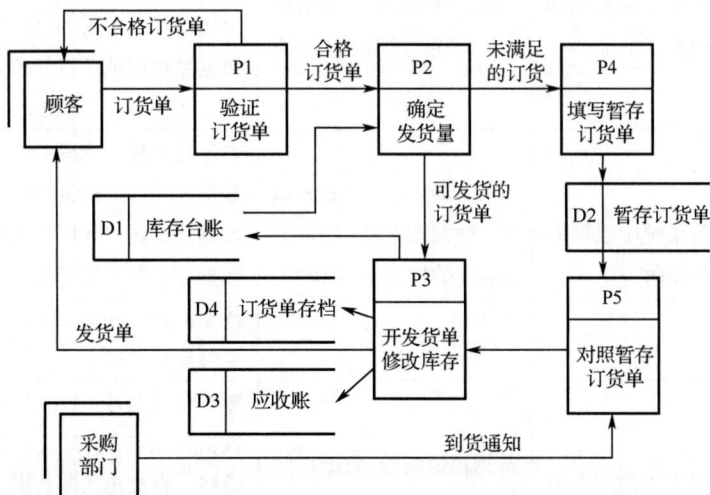

图 5-10 订货处理分解后的数据流程图

（4）数据流程图绘制时应注意的问题

第一，数据流程图上所有的图形符号必须是前面所述的四种基本元素；第二，数据流程图的主图必须含有前面所述的四种基本元素，缺一不可；第三，数据流程图上的数据流必须封闭在外部实体之间，外部实体可以是一个，也可以是多个；第四，处理过程至少有一个输入数据流和一个输出数据流；第五，任何一个数据流子图必须与它的父图上的一个处理过程对应，两者的输入数据流和输出数据流必须一致，即所谓"平衡"；第六，数据流程图上的每个元素都必须有名字。

5.3.4 数据字典

为了对数据流程图中的各个元素做出详细的说明，有必要建立数据字典。数据字典是指对数据的数据项、数据结构、数据流、数据存储、处理逻辑、外部实体等进行定义和描述，其目的是对数据流程图中的各个元素做出详细的说明，使用数据字典为简单的建模项目。简而言之，数据字典是描述数据的信息集合，是对系统中使用的所有数据元素的定义的集合。数据字典的具体内容如表 5-2 所示。

表 5-2 数据字典的具体内容

名 称	定 义	构 成 内 容	举 例
数据项	数据元素，最小的数据单元	数据项名称、数据项编号、别名、简述、长度、取值范围等	数据项名称：商品代号 数据项编号：B01-03 别名：商品号 简述：对销售商品的编码 长度：8 个字节 取值范围：0～99999999
数据结构	由若干个数据项构成的数据组合	数据结构名称、数据编号、简述、数据结构组成	数据结构名称：用户订单 数据编号：F02-06 简述：用户填写的订货要求情况 数据结构组成：订货单号+用户号+商品号+规格+数量+价格
数据流	表明系统中数据的逻辑流向	数据流名称、数据流编号、数据流来源、数据流去向、数据流量、高峰流量	数据流名称：入库单 数据流编号：F03-02 数据流来源：入库处理功能 数据流去向：库管员 数据流量：10 份/小时 高峰流量：30 份/小时
数据存储	数据流暂存或永久保存的地方	数据存储编号、数据存储名称、简述、关键字、相关的处理	数据存储编号：D1 数据存储名称：库存台账 简述：存放出入库数据 关键字：物料号 相关的处理：P2（确定发货量），P3（开发货单修改库存）

续表

名　　称	定　　义	构 成 内 容	举　　例
处理逻辑	数据加工处理的方式，只描述数据流程图中最底层的处理逻辑	处理逻辑编号、处理逻辑名称、简述、输入的数据流、处理、输出的数据流、处理频率	处理逻辑编号：P1 处理逻辑名称：验证订货单 简述：对客户订货单检查，确定是否正确 输入的数据流：订货单 处理：检验订货单数据，查明是否符合供货范围 输出的数据流：合格订货单 处理频率：50 次/天
外部实体	外部实体是数据的来源和去向	外部实体编号、外部实体名称、简述、输入的数据流、输出的数据流	外部实体编号：W04-02 外部实体名称：顾客 简述：购买公司产品的用户 输入的数据流：发货单、不合格订货单 输出的数据流：订货单

数据字典最重要的作用是作为分析阶段的工具。任何字典最重要的用途都是供人查询不了解的条目的解释，在结构化分析中，数据字典的作用是给数据流程图上每个成分加以定义和说明。换句话说，数据流程图上所有的成分的定义和解释的文字集合就是数据字典，而且在数据字典中建立的一组严密一致的定义有助于改进分析员和用户的通信。在数据字典的建立、修正和补充过程中，始终要注意保持数据的一致性和完整性。

5.3.5　处理逻辑工具

数据流程图中的处理逻辑在数据字典中做了简要的定义。但是如果处理逻辑比较复杂，还有必要进一步地详细描述处理逻辑的过程。常用的描述处理逻辑的工具有结构化语言、决策树和决策表。

1．结构化语言

结构化语言是介于自然语言和形式语言之间的一种语言。不同于结构化程序设计语言，结构化语言没有严格的语法规定，它只用三种语法结构。

① 祈使语句。祈使语句指明要做什么事情，包括一个动词和一个宾语，如计算成本、输入姓名等。

② 判断语句。判断语句类似结构化程序设计中的分支结构，一般形式为：

如果条件

则动作 A

否则动作 B

例如：如果订货单合格

则输出合格订货单

否则输出不合格订货单

③ 循环语句。循环语句用于表达在一定条件下重复执行的相同动作，重复执行的次数取决于循环条件。循环语句的一般性形式为：

当条件成立时

执行动作 A

2. 决策树

决策树也叫判断树，适合描述问题处理中具有多个判断、而且每个决策与若干条件有关的处理逻辑。由于此工具形状像一棵树，因此被称为决策树。决策树的左边为树根，用来描述需要决策的问题，从左向右依次排列各种条件，左边的条件比右边的条件优先考虑。根据每个条件的取值不同，决策树产生很多分支，各分支的最右端（树梢位置）即为不同条件下的决策结果。图 5-11 为某企业库存量监控的处理逻辑决策树。

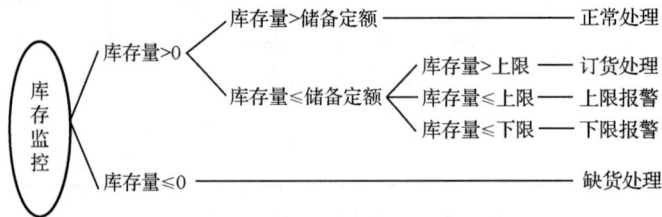

图 5-11　某企业库存量监控的处理逻辑决策树

该企业的库存决策依赖于三个条件的判断，即库存量大小、库存量与储备定额的比较、库存量与储备定额的上下限的比较。如果用结构化语言描述，就会出现多层判断语句，结构很复杂。而用决策树表达直观明了，可以清楚地看出不同条件下的最终决策，还可以看出判断条件的优先级和决策过程。

3. 决策表

决策表又称判断表，是一种呈表格状的图形工具，适用于描述处理判断条件较多，各条件又相互组合、有多种决策方案的情况。精确而简洁描述复杂逻辑的方式，将多个条件与这些条件满足后要执行的动作相对应。但不同于传统程序语言中的控制语句，决策表能将多个独立的条件和多个动作直接的联系清晰地表示出来。

决策表一般分为 4 个部分，如图 5-12 所示。每个条件对应一个变量、关系或预测，"条件说明"就是它们所有可能的值；"决策说明"指要执行的过程或操作；"条件组合"是指不同条件的所有取值的组合，"决策结果"是指在每一种条件组合下要执行的过程或操作。

图 5-12　决策表的构成

例如图 5-11 的处理逻辑可以表示成表 5-3 的形式。

表 5-3　某企业库存量监控的处理逻辑决策表

		1	2	3	4	5
条件	库存量≤0	Y	N	N	N	N
	库存量≤储备定额	N	Y	N	Y	Y
	库存量≤上限	N	N	--	Y	Y
	库存量≤下限	N	--	--	N	Y
决策	缺货处理	✓				
	订货处理		✓			
	正常处理			✓		
	上限报警				✓	
	下限报警					✓

注：图中"Y"表示符合该条件取值，"N"表示不符合该条件取值

决策表的构造方法是首先列出所有可能的条件和决策方案，然后按全部方案列出其选择的决策结果，并按照合并规则简化决策表，减少列数，在相同的决策列中，寻找不必要条件所列出的方案，并将这些方案从表中删除。

决策表能罗列出所有的可能情况，并清晰地指出相应的处理方式，用户不需要考虑其中的逻辑关系就能一眼看出其中什么样的动作对应什么样的情况，这比程序语言中层层嵌套的逻辑语句要强多了。但决策表不能表达重复执行的动作，如循环语句。

5.3.6　新系统的逻辑模型的建立

新系统的逻辑模型的建立是系统分析阶段的最终成果，是系统设计工作的基础。新系统的逻辑方案主要包括数据流程图和系统说明书两个方面。新系统的逻辑方案是新系统开发中要采用的管理模型和信息处理方法，以现行系统的数据流程图为基础，并以新系统的目标为依据，逐层修改完善来实现。

1．新系统的业务流程

这是业务流程分析和优化重组后的结果，包括以下内容：原系统的业务流程的不足及其优化过程、新系统的业务流程、新系统业务流程中人机界面的划分。

2．新系统的数据与数据流程

它是数据与数据流程分析的结果，包括下列内容：新系统数据的汇总与分类、原数据流程的不合理之处及优化过程、新系统的数据流程、新的数据流程中的人机界面划分。

3．新系统的数据处理方式

新系统的数据处理方式的确定对于满足用户要求、提高系统的服务质量以及选择硬件设备都很重要。数据处理方式分为联机处理方式和批处理方式两种。联机处理方式比较适合用户要求系统能及时反映某些数据处理结果，以及数据收集费用较高和处理负荷容易波动的场合；而批处理方式则适合固定周期的、大量的、无法联机方法处理的数据处理场合，以及需要在一段时间内积累数据后再进行数据处理的场合。

4．新系统的管理模型

确定在某一具体管理业务中采用的管理模型和处理方法。例如库存管理模型有库存物料分类法和最佳经济批量模型等，财务成本管理模型包括成本核算、成本预测和成本分析三大模型。

5．与新系统相配套的管理制度和运行体制

根据新系统的实际情况建立与之相配套的管理制度和运行体制，以确保系统日常运行的正常进行。

6．新系统的系统开发资源与时间进度估计

在系统分析结束后将上述内容编制成系统分析说明书，作为下一阶段工作的主要依据。

5.4　面向对象分析

面向对象分析（Object-Oriented Analysis，OOA）是一种新的系统分析方法，它采用面向对象的风格进行系统分析和需求定义。面向对象分析的关键在于理解问题空间并将其模型化，面向对象分析的目的是更好地理解系统及其功能需求。面向对象分析要求从用户角度开发所需的系统功能、支持所需系统功能的对象、对象的数据属性、相关的行为以及对象之间的关联。面向对象分析的基本任务是通过对问题域的分析，明确问题，识别对象，并根据确定的对象及其关系建立新的系统模型。

5.4.1　OOA 的步骤

1．问题域陈述

开发人员对问题域的陈述是系统分析的基础。用户最初提出的要求通常都是不够明确和具体的，甚至是含糊不清的。分析者必须同用户一块工作来提炼需求，因为这样才表示了用户的真实意图，其中涉及对用户需求的分析及查找丢失的信息。通过与用户的不断交流，开发人员能够加深对问题域的认识，经过讨论、修改与补充，逐步明确与具体化，获得对问题域的详尽陈述。

问题域分析是分析所要开发系统的业务范围、业务规则和业务处理过程，确定系统的责任、范围和边界，确定系统的需求。在分析中，开发人员需要着重对系统与外部用户和其他系统的交互进行分析，确定交互的内容、步骤和顺序。

例如将某企业库存管理系统的问题域陈述为，该系统主要是对产成品、零部件、原材料、辅料及外购件等进行管理。库存管理员可以通过该系统实现物料出入库的登记、定期汇总核算、生成报表、不定期检查库存等功能。

2．识别对象和类

识别对象和类，确定它们的内部特征，即属性和操作。这是一个从现实世界到概念模型的抽象过程，是认识从特殊到一般的提升过程。抽象是面向对象分析的基本原则，系统分析员不必了解问题域中繁杂的事物和现象的所有方面，只需研究与系统目标有关的事物及其本质特性，并且舍弃个体事物的细节差异，抽取其共同的特征来获得有关事物的概念，

从而发现对象和类。构建分析模型的基础是对象和类。

对象分为实体对象、接口对象和控制对象三类。其中，实体对象是指在问题域中直接认识到的对象，它代表了要为之存储数据的现实或抽象的东西；接口对象是一种技术性对象，用于连接应用（应用问题、应用软件）和外界系统或用户，如用户接口屏幕，尤其重要的是，实体对象的数据通常都是由接口对象进出应用的；控制对象负责协调和控制系统中实体对象和接口对象之间的交互和协作。采用分类方法的目的是将系统功能合理地分配到对象中，避免因某一对象内容的变动而引起其他对象发生变动，从而确保系统的强健性和可维护性。在分析阶段识别的主要是实体对象。

在识别对象时，开发人员首先从已得到的问题陈述入手，在此基础上反复对用户业务流程进行调查，研究用户提供的有关系统需求的形式不一的文字资料，查阅与应用领域紧密相关的专业文献，获得对问题空间的深层理解。识别对象通常依据以下准则：

① 搜寻准则。依次考虑问题域中的结构、系统设备、需要保持信息的事件、人员、物理位置、组织机构等多方面事物，从中挖掘系统潜在对象。

② 判别准则。根据系统是否有必要保存该对象的信息、对象的属性个数是否大于一等因素，确定模型对象。

③ 检验准则。在得到一些使用自然语言描述的候选对象后，要对其进行严格的检验。其中，若单个对象确实反映问题空间中的实体，那么其存在是合理的；若系统中还存在另一个有相同属性和服务的对象，并且它也正确刻画问题域，则将二者合并；若系统中存在另一个有相似属性和服务的对象，且它也能正确刻画问题域，则考虑使用分类结构，并且只需保存得出派生结果的对象。

在库存管理系统中涉及的对象有物料（产成品、零部件、原材料、辅料、外购件）、入库验收单、领料单、出库明细账、入库明细账、汇总账、仓库、管理员等。

3．确定对象的属性

定义属性是分析与选择的过程。首先要明确某个属性究竟在描述哪个对象，在保证最大稳定性和模型一致性的基础上，从原子概念的层次上标识属性。随着属性的增加，需要重新修订对象。例如，对于只适合某些特定的实例的属性，可通过引入分类结构予以解决；若某个对象只有一个属性，则将单个属性直接放入相关对象，并删除多余的对象；若存在重复的属性值，则考虑新增对象。定义属性主要是用名字和描述性语言说明属性，至于属性约束（取值范围、限制、类型、计量单位和精度）则在设计阶段制定。

在库存管理系统中的物料属性包括物料编号、物料名称、种类、计量单位、单价、超储点、欠储点等；出/入库明细账的属性包括物料出/入库时间、物料名称、数量、提货单位等；领料单属性为物料出库时间、领料单位、物资名称、数量、领料原因、经办人等；库存管理员属性为编号、姓名、使用权限、口令等。

4．确定对象的服务

在对系统数据信息进行详尽研究后，要着手考虑服务（对象行为）。定义服务的核心内容就是为每个对象和类定义各种行为，即识别在实际中能影响和改变对象状态属性的操作方法和确定方法的具体内容。可用类似于数据处理流程图和程序流程图的工具来表示。

例如库存管理系统中物料的服务是物料信息的维护、查询；出/入库明细账的服务是出/

入库明细账、信息维护、查询、统计、报表等。

5. 确定对象和类的关系

定义对象及其属性与服务后，接下来讨论如何从客观世界各式各样的关系中，抽出共性而舍去差异，确定对象之间的关系。关系是指客观世界中两个事物（具体的或抽象的）之间的相互作用和影响。在发现和定义对象和类的过程中，需要同时识别对象与类、类与类之间的各种外部联系，即结构性的静态联系和行为性的动态联系。对象之间的关系分为三种：概括（继承）是类与其衍生体之间的关系；聚集是对象间存在的一种整体与部分的关系，例如地址，其中可包括省名、县（市）名、街名、门牌号及邮政编码等部分；消息连接，其实质是一种调用关系，表示一个对象在某种情况下依赖于另一个对象提供某种或某些服务，类似于人机系统的交互方式。

例如在库存管理系统中物料对象包括了产成品、零部件、原材料、辅料、外购件，属于聚集关系；库存管理员需要登记或查询出库明细账，则二者的关系属于消息连接。

在分析阶段侧重描述对象间的静态关系，对象间的消息连接则放在设计阶段完成，标识消息连接时，要在发送者的服务说明中建立消息连接的文档，在接收者的服务说明中建立相应的执行服务的文档。

5.4.2 面向对象的逻辑方案的提出

面向对象的逻辑方案的提出通常需要借助 UML 对面向对象的系统分析及优化方案进行建模。

1. OOA 的建模内容

用面向对象分析方法进行系统分析，最终的分析结果通常需要借助 UML 建立 3 种形式的模型，它们分别是：描述系统数据结构的对象模型、描述系统功能的功能模型和描述系统控制结构的动态模型，如图 5-13 所示。

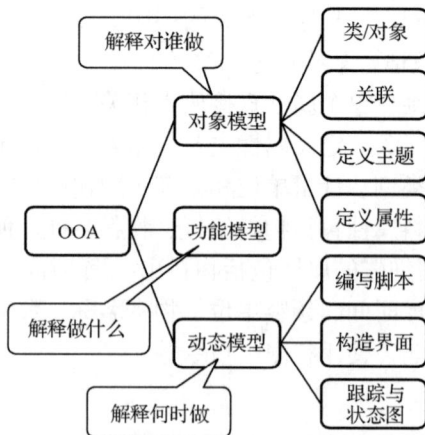

图 5-13 OOA 的建模内容

如果将这三个模型表示做一件事的步骤的话，对象模型表示的是对谁做，功能模型表示的是做什么，动态模型表示的是何时做。

对象模型中的对象、类、主题分别描述的是两个不同级别的抽象，对象抽象成类，类抽象成主题，然后再找出其中的关联和属性，最后再优化。

功能模型描述系统能做什么，即对系统的功能、性能、接口和界面进行定义，是由数据流图组成，指明从外部输入到外部输出，数据在系统中传递和变换的情况。

动态模型着重描述系统的控制逻辑，它的核心是事件的跟踪图和对象的状态图，这两表示"做一件事"时信息流的传递方向与状态。动态模型中需要编写脚本来描述每一个动态交互过程动作序列的信息，构造与用户交互的界面好让用户来输入信息。

2．OOA 的建模过程

OOA 的主要内容是在需求分析的基础上研究问题域中与需求有关的事物，把它们抽象为系统中的对象，建立类图，OOA 的建模过程如图 5-14 所示。

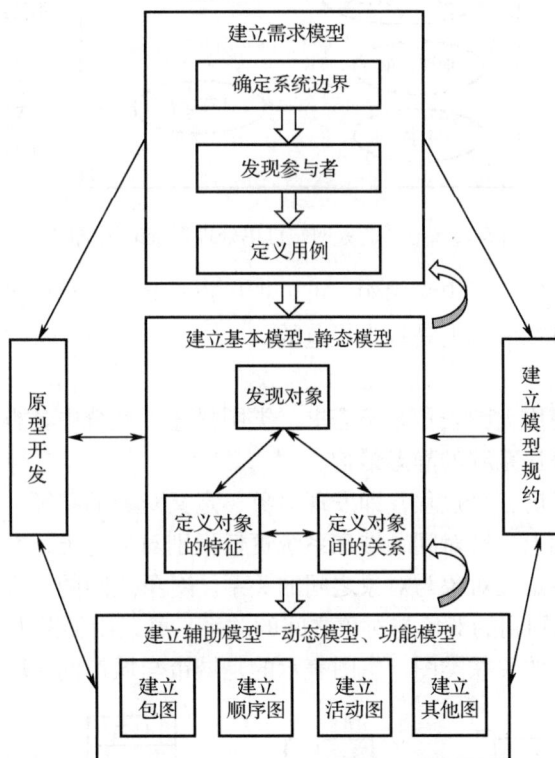

图 5-14　OOA 的建模过程

（1）建立需求模型

建立需求模型首先要考虑系统边界。系统边界是一个系统所包含的所有系统成分与系统以外各种事物的分界线。系统是由分界线包围起来的未知空间，系统只通过边界上的有限个接口与外部的系统使用者（人员、设备和外部系统）进行交互。确定系统边界可启发分析与发现一些通过接口与系统边界以外的参与者进行交互的对象。

系统的参与者定义了一组在功能上密切相关的角色，当一个事物与系统交互时该事物要扮演的角色。例如超市里的每个具体的收款员的首要职责是收款，还要负责检验购物篮中商品的数量以及验证顾客的优惠条件，这样每个收款员就要扮演三种在功能上紧密相关的角色。把这组角色定义为一个参与者。参与者可以是人员、设备和外部系统。

一个用例是描述系统的一项功能的一组动作序列，这样的动作序列表示参与者与系统间的交互，系统执行该动作要为参与者产生结果。用例是系统边界、系统参与者以及用户之间的关系的描述，如图5-15所示。椭圆形表示用例，矩形表示系统边界，参与者位于边界外面。其中用例的具体描述可以用自然语言、活动化语言或图形来表示。

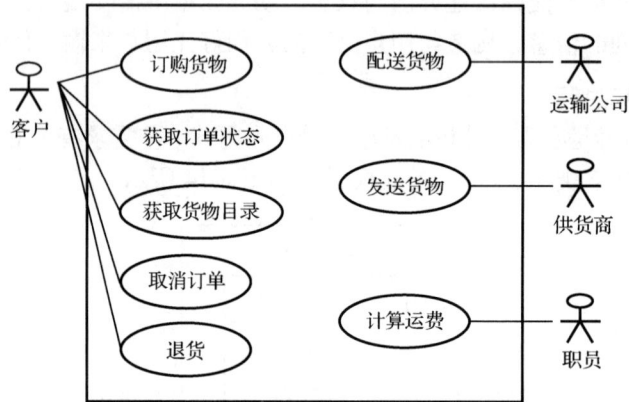

图 5-15 电子商务网站订单处理系统的用例图

分析员通过全面、细致地定义用例，可以把用户对系统的功能需求比较准确地在用例模型中表达出来，并且在形式上是较为规范的。

（2）建立基本模型

建立基本模型可使用类图表示系统需求。类图描述了系统中各类对象以及它们之间的各种关系。类图注重表达系统的静态结构。

建立基本模型要经历三个过程，即发现对象、定义对象的特征、定义对象间的关系。首先在用例模型的基础上，针对问题域和系统责任识别对象与类，然后通过用例描述定义对象或类的特征，最后定义对象与对象之间的关系。对象之间的关系包括继承、关联、聚合、依赖四种。分析识别到的对象与对象之间的关系，可以用类图表示出来，如图5-16左图表示的是教师与学生的关联类图，右图表示的是城市与城市的关联类图。

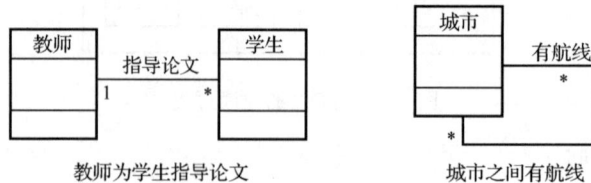

图 5-16 关联类图的示意图

教师与学生的关系是关联关系，教师指导学生论文，一个教师可以指导多个学生，二者之间是一对多的关联关系；另一个是城市与城市之间的关系图，表明城市与城市间有航线，而且有多条航线，城市与城市之间是多对多的关联关系。

（3）建立辅助模型

在类图中描述了对象及其特征以及对象与对象之间的关系，但是并没有详述类或对象的行为，也没有描述对象与对象之间的通信。因此需要建立辅助模型对对象的行为以及对象之间的通信进行详细描述。在 UML 中可以使用顺序图、通信图、活动图、状态机图和包图来表示对象的这些行为，如图 5-17 表示的是某企业货物销售的活动图。

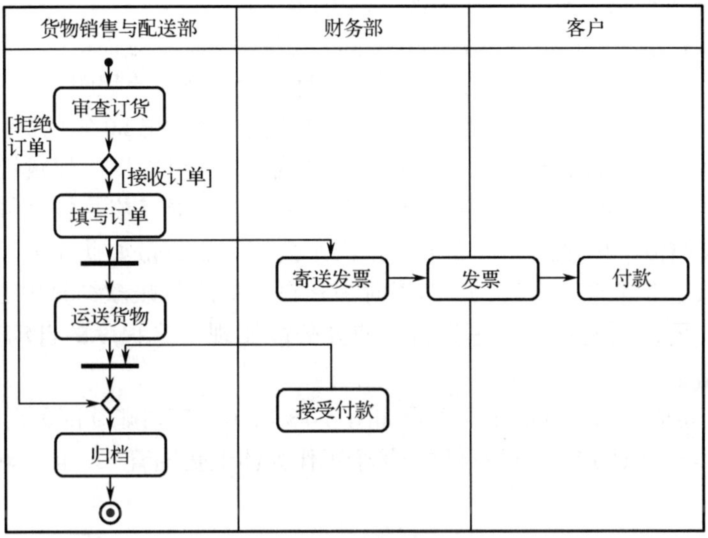

图 5-17　某企业货物销售的活动图

本章小结

本章介绍了物流管理信息系统系统分析的内容和方法。系统分析涉及的人员广，包括用户单位的主要领导、使用管理信息系统各职能部门负责人、用户单位信息管理的高层负责人、用户单位的操作人员和系统分析人员。具体的任务是对系统进行详细调查，确定用户需求；确定系统逻辑方案，形成系统分析报告。系统分析时应注意分析问题的复杂性、交流障碍、不完备性和不一致性、环境和需求的动态性等。在系统详细调查中应遵循自顶向下全面展开、先熟悉业务再分析其改进的可能性、工程化的工作方法、全面调查和重点调查相结合、主动与用户沟通的原则。系统详细调查的内容包括系统边界和运行状态、组织机构及人员分工、业务流程的调查、数据流程的调查、约束条件与薄弱环节、现行系统的主要问题。系统详细调查的方法包括收集资料、开调查会、个别访问、书面调查法、参加业务实践等。结构化的系统分析包括组织结构与功能分析、业务流程分析、数据与数据流程分析、数据字典、处理逻辑工具，并建立新系统的逻辑模型。面向对象分析包括问题域陈述、识别对象和类、确定对象的属性、确定对象的服务、确定对象和类的关系几个步骤，然后用 UML 对系统分析的结果建模。

思考题

1. 系统分析的任务是什么？

2. 系统分析应注意哪些问题?

3. 结构化的系统分析包括哪些内容?

4. 面向对象分析的步骤是什么?

5. 面向对象分析的 UML 模型包括哪三个模型?

6. 请分析福特汽车公司应付账款部效率低的主要原因,并对福特汽车公司的采购的整个业务流程进行分析,如何能提高效率,并绘制优化后的业务流程图。

福特汽车公司是美国三大汽车巨头之一,但是到了 20 世纪 80 年代初,福特汽车公司像许多美国大企业一样面临着日本竞争对手的挑战,正在想方设法削减管理费和各种行政开支。公司位于北美的应付账款部有 500 多名员工,负责审核并签发供应商供货账单的应付账款。按照传统的观念,这么大一家汽车公司,业务量如此庞大,有 500 多名员工处理应付账款是非常合情合理的,但当时的马自达的应付账款结算中心只有 5 人。当时曾有人想到,要设法利用电脑等设备,使办公能实现一定程度的自动化,提高 20% 的效率就很不错了。

福特汽车公司应付账款部的工作流程如图 5-18 所示,应付账款部负责核对"三证",三证一致则付,不一致则查,查清再付。整个工作大体上是围着"三证"转,自动化也帮不了太大的忙。

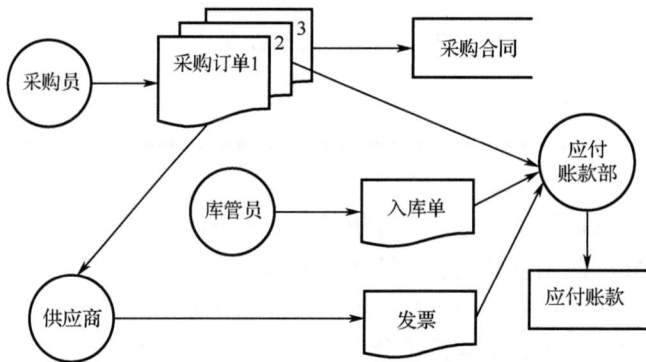

图 5-18 福特汽车公司应付账款部的工作流程图

案例分析

企业订货系统的数据流程分析

某一企业采购部门每天需要一张订货报表,报表按材料编号排序,报表中列出所有需要再次订货的材料。对于每种需要再次订货的材料应列出下列数据:材料编号、名称、订货数量、目前价格(或参考价格)、主要供应单位、第二供应单位等。材料入库或出库称为事务,通过放在仓库的 CRT 终端把事务报告给订货系统。当某种材料的库存数量少于库存量临界值时就应该再次订货。订货具体步骤如下所述。

1. 考虑数据的源点和终点

从上面对系统的描述可以知道,仓库管理员通过终端把事务报告给订货系统,系统经过汇总处理，每天向采购部提供一张订货报表。所以，采购员是数据的终点，而仓库管理员是数据的源点，如图 5-19 所示。

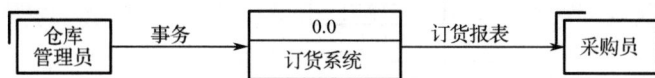

图 5-19 订货系统的顶层数据流程图

2. 考虑处理

问题是给出"采购部需要的报表"，因此必须有一个用于产生报表的处理。输入事务的结果是改变材料库存量，然而任何改变数据的操作都是处理，因此对事务进行的加工是另一个处理。

3. 考虑数据流

系统把订货报表送给采购部，因此订货报表是一个数据流；仓库需要将每笔事务输入到系统中，显然事务是另一个数据流。

4. 考虑数据存储

从问题的阐述中可以看出，产生报表和处理事务这两个处理在时间上明显不匹配，每当有一个事务发生时就必须立即处理事务，而每天只产生一次订货报表。因此，用来产生订货报表的数据必须存放一段时间，也就是应该有一个数据存储。另外，该公司再次订货点设置为"库存量≤库存量最小临界值"，这个事实意味着必须在某个地方有材料库存量和库存量最小临界值这样的数据。因此，需要有一个库存清单的数据存储。

一旦把数据流程图中的四种成分都分离出来，就可着手绘制系统的数据流程图了。数据流程图的绘制也是采用自顶向下的方法，由粗到细、逐层细化，最后形成一套完整的拟建系统的数据流程图，如图 5-20、图 5-21、图 5-22 所示。

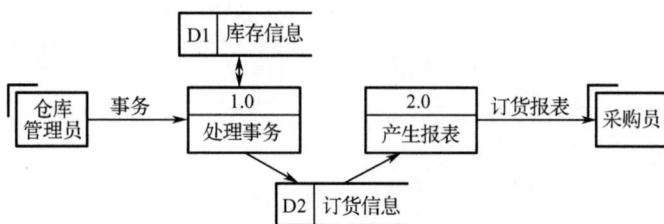

图 5-20 订货系统的一层数据流程图

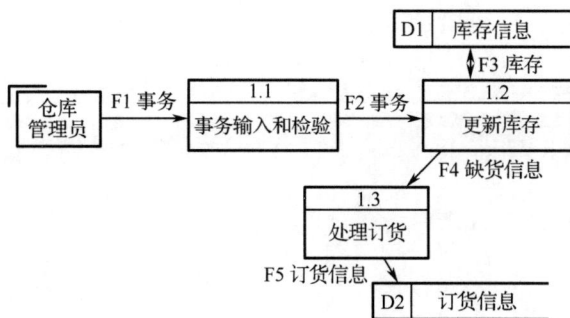

图 5-21 订货系统的二层数据流程图（子图 1）

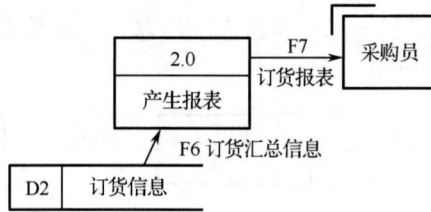

图 5-22　订货系统的二层数据流程图（子图 2）

在完成数据流程图分析后，根据企业的单据或报表分析数据字典、业务处理逻辑、数据分析等内容，形成系统分析报告。

思考题：

1. 通过案例总结进行数据流程分析的内容包括哪些。

2. 请根据数据流程的分析汇总输入的数据流、输出的数据流及存储的数据流分别是哪些。

第6章

物流管理信息系统的系统设计与实施

长久智运：商品车物流网络货运平台

天津长久智运科技有限公司，成立于 2019 年 10 月 25 日，是全国 229 家无车承运人试点企业之一，有多年无车承运人平台业务开发和运营经验。天津长久智运网络货运平台原型（吉林省掌控物流科技有限公司连连运系统）建设于 2015 年 1 月，致力于"整车物流降本增效"的互联网化产品，2018 年 6 月被长久物流股份有限公司并购，打造汽车物流领域网络货运平台。2020 年初在国家将无车承运牌照升级为网络货运牌照的大背景下，天津长久智运科技有限公司对系统进行了全方位的升级改造，增加了智能车辆载货状态感知、智能车货匹配等功能。为了提高车辆的主动安全性，接入了驾驶安全预警系统。

1. 认证流、轨迹流、现金流等基础功能的实现

目前天津长久智运网络货运平台，已经与多个政府部门、银行、企业进行了对接，获取了支持核心业务的关键数据。在认证流方面，注册企业通过"天眼查"系统进行验证。司机身份合法性校验与公安部相关系统对接。运输车辆合规性校验与交通部相关系统对接。司机身份、运输合同、包车合同通过人脸识别技术与电子合同技术进行校验及存证。在轨迹流方面，平台通过对国家相关位置服务文件的学习及理解，实现了交通部 808/809 标准协议的支持，运输车辆的轨迹服务商，只要符合标准协议即可接入。完善了轨迹接入的同时，平台还研发了 App 轨迹获取功能。通过司机的 App 与车辆的轨迹的拟合，确认运输业务的真实性，符合了管理部门的要求。在现金流方面，平台完成了与银行之间的银企直联，通过银行的银企直联功能进行油品采购、路桥费用支付、司途费支付，通过现金流向佐证业务的真实性。

2. 载货状态感知、智能车货匹配

随着平台的发展，对业务智能化的要求越来越高。车辆在途状态的信息收集变得尤为重要。因此天津长久智运科技有限公司开发了载货状态感知器，通过在商品车、运输车的载货区域安装探头，以物联网+云计算+大数据的技术手段，为网络货运平台实现司机运费自动结算、自动报税、智能调度、智能车货匹配建立了业务数据感知基础。在商品车、运输车上安装传感器，实时感知商品车装卸状态发生变化

的时间、地点（GPS 提供），通过车载 GPS 设备上传到网络货运平台，对商品车发运的时间、交付的时间、发运的地点、往返运输空载率等形成了在途大数据监管模型。以此为基础，天津长久智运网络货运平台创建了空载运力池，能智能匹配货主及空载车辆，货主可以降低发运成本，司机可以降低空载率。

3. 驾驶安全预警系统的接入

采用智能视频分析技术对驾驶员的人脸和人眼进行检测分析，以判定被检测人员的疲劳程度，并根据设定的规则进行疲劳报警和警示。车辆行驶过程中，通过内外双摄分别监控司机和前方道路，全天候监测驾驶员的疲劳状态、驾驶行为等。

未来，天津长久智运科技有限公司将技术与场景深度融合，通过自动化、物联网、智能化技术的深度应用，降低业务的操作难度，提高系统整体的易用性，争取实现货主企业微量操作，司机无须操作，从而减少因系统应用本身带来的人工成本。

案例思考

1. 为什么天津长久智运科技有限公司在新系统平台设计中加入了三个新的功能？
2. 天津长久智运科技有限公司在新平台的设计方案中用到了哪些技术？

学习目标

1. 理解系统设计的任务及依据。
2. 理解系统设计的原则。
3. 掌握系统总体设计和详细设计的内容与方法。
4. 掌握面向对象的物流管理信息系统设计的内容及方法。
5. 掌握系统设计报告包含的内容。
6. 理解系统实施包括的内容。
7. 理解系统测试与系统转换的方法。
8. 掌握系统维护的内容。
9. 掌握系统评价的内容及指标体系。

6.1 物流管理信息系统的设计概述

物流管理信息系统的设计也称物流管理信息系统的物理设计，是在系统分析的基础上，将系统分析阶段反映用户需求的逻辑模型转换为可以具体实施的信息系统的物理模型，解决物流管理信息系统"怎么做"的问题。这一阶段要根据经济、技术和运行环境等方面的条件，详细地确定出新系统的结构，为物流管理信息系统的实施提供必要的技术方案。

经过系统分析，得到了新系统的逻辑模型，解决了系统要"做什么"的问题。而系统设计则是从系统的逻辑功能要求出发，根据实际条件，引入相应的信息技术，进行各种具体的设计，确定系统的实施方案，解决系统"怎么做"的问题。因此，系统设计是开发企业信息系统的重要环节。

6.1.1 系统设计的任务

这一阶段的主要任务是从物流管理信息系统的总体目标出发，根据系统分析阶段对系统的逻辑功能的要求，并考虑经济、技术条件、运行环境和进度要求等，确定系统的总体结构和系统各组成部分的技术方案，合理选择计算机和通信的软硬件设备，制订系统的实施计划。

系统设计阶段的工作是一项技术性强、涉及面广的活动。设计内容包括两个方面：总体设计和各部分的详细设计。在此基础上，完成系统设计说明书的编写，制订出系统的实施计划。

1．结构化系统设计的任务

（1）系统的总体设计

系统的总体设计是确定管理信息系统的总体框架，其中包括系统总体布局方案的确定、软件系统总体结构的设计、数据存储的总体设计、计算机和网络系统方案的选择等。

（2）各部分的详细设计

对各子系统进行详细设计，其中包括代码设计、数据库设计、人机对话设计、输入设计、输出设计、处理过程设计等。

（3）系统实施进度与计划的制订

根据系统设计的结果，对系统实施的难度进行预测，进而制订后续系统实施的进度与人力、资金方面的使用计划。

（4）"系统设计说明书"的编写

"系统设计说明书"是系统设计阶段的重要成果，它是指一系列系统设计的文档，这些文档阐述了系统设计的指导思想、采用的技术、方法和设计的结果与要求。"系统设计说明书"是系统实施工作的主要依据。

2．面向对象系统设计的任务

面向对象系统设计是把分析阶段得到的需求转变成符合成本和质量要求的、抽象的系统实现方案的过程。从面向对象分析到面向对象设计，是一个逐渐扩充模型的过程，即面向对象分析的主要任务是将分析得到的需求进一步明确和细化，是解决如何把系统分析阶段确定出来的对象和类配置起来以实现系统功能，并建立系统体系结构的问题。具体任务有：对实体对象进行增、并、改，并识别接口对象和控制对象；确定实体对象、接口对象和控制对象之间的各种关系；完善类的层次结构图，组织系统的体系结构。

6.1.2 系统设计的依据

系统设计是在系统分析的基础上由抽象到具体的过程，同时，还应该考虑系统实现的内外环境和主客观条件。通常，系统设计阶段工作的主要依据可从以下几个方面考虑。

1．系统分析的成果

从工作流程来看，系统设计是系统分析的继续。因此，系统设计人员必须严格按照系统分析阶段的成果——"系统设计说明书"所规定的目标、任务和逻辑功能进行设计。对系统逻辑功能的充分理解是系统设计成功的关键。系统分析对系统设计的指导对应关系如图 6-1 所示。

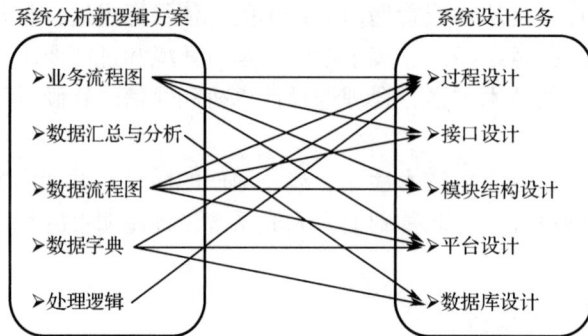

图 6-1　系统分析对系统设计的指导对应关系

系统分析阶段成果业务流程图、数据流程图是在系统设计时的主要依据，在过程设计、接口设计、模块结构设计、平台设计等时都作为主要的参考依据，将系统分析阶段的性能需求、功能需求最终转变为软硬件需求。数据字典和数据汇总与分析是数据库设计的主要依据，来确定数据库中数据的类型、取值范围等内容。除数据流程图和业务流程图外，处理逻辑以及数据字典中简单的处理逻辑描述是过程设计的主要依据，将对数据的加工过程转换为系统模块的内部算法进行具体描述。

2．现行技术

在选择软硬件配置时一定要依据现行技术，包括计算机硬件技术、软件技术、数据管理技术以及数据通信与计算机网络技术，根据现行技术的发展情况进行选择，要兼顾先进性和适用性，还要符合国家法律法规的规定及相关技术标准。

3．用户的使用要求

对系统的直接评判者是用户，新系统的设计应充分考虑、理解并尊重用户的个性化要求。特别是用户在操作使用方面的要求，如工作习惯、计算机使用技能、人因工程方面的要求等。尽可能方便用户的操作和使用。

4．系统运行环境

新系统既要匹配企业组织现行的管理水平、管理模式和方法，又要适应组织的变革与发展的需要，促进管理水平的提高，也就是说要符合当前需要。适应系统的工作环境，如基础设施的配置情况、直接用户的空间分布情况、工作地的自然条件及安全保密方面的要求等。在系统设计中还应考虑现行系统的软硬件状况和管理与技术环境的发展趋势，在新系统的技术方案中既要尽可能保护已有投资，又要有较强的应变能力，以适应未来的发展。

6.1.3　系统设计的原则

1．系统性原则

物流管理信息系统设计要从整个系统的角度进行充分考虑，系统代码要统一，设计标准要规范，传递语言要一致，实现数据或信息全局共享，提高数据重用性。

2．灵活性原则

为了维持较长的信息系统生命周期，要求系统具有很好的环境适应性。为此，信息系统应具有较好的开放性和结构的可变性。在信息系统设计中，应尽量采用模块化结构，提高数据、程序模块的独立性，这样，既便于模块的修改，又便于增加新的内容，提高信息系统适应环境变化的能力。

3．可靠性原则

可靠性是指信息系统抗干扰的能力及受外界干扰时的恢复能力。一个成功的信息系统必须具有较高的可靠性，如安全保密性、检错及纠错能力、抗病毒能力等。

4．经济性原则

经济性是指在满足系统需求的前提下，尽量节约成本。一方面，在硬件投资上不能盲目追求技术上的先进，而应以满足应用需要为前提。另一方面，物流管理信息系统设计中应尽量避免不必要的复杂化，各模块应尽量简洁，以便缩短处理流程、减少处理费用。

6.2　物流管理信息系统的总体设计

物流管理信息系统的总体设计是根据系统分析企业的实际情况，对新系统的总体结构形式和可利用的资源进行宏观上、总体上的设计。物流管理信息系统的总体设计的内容有网络设计、系统平台设计、计算机处理流程设计。

6.2.1　网络设计

1．网络设计的内容

网络设计首要解决的问题就是如何将系统划分出来的各个子系统在内部用局域网连接起来，然后再考虑如何向外部网络和系统连接。

网络设计首先要根据用户的要求选择网络的结构，其次根据系统结构划分的结果，安排网络和设备的分布，根据企业内部的布局来考虑联网布线和配件，最后根据实际业务的要求对网络节点进行设计。

（1）选择网络结构

所谓网络结构是指网络的物理连接方式，在组织内部一般考虑建立一条或几条局域网，在第二章网络通信技术中，介绍到局域网的拓扑结构主要有总线型、星型等。目前常见的局域网一般都采用总线型结构，对于中、小型机网络则总线型和星型都有。

另外要确定外部网络和系统的联系，包括确定如何同广域网或者因特网进行连接，如何同上级单位或同级其他单位的网络进行联系，如何支持管理人员从外面通过广域网或者因特网来随时了解企业内部的情况。

（2）确定联网布线和配件

根据结构的选择，来安排网络和设备的分布，包括根据企业工作地点的环境来进行网络线路布局；根据网络结构选型的结果，安排网络设备的分布；配置和选用网络产品，如配置网络设备的地点、哪些设备需要联网、选用什么型号的网络产品（主服务器、主交换机、通信服务器、路由器和调制解调器等）、网络操作系统、网络管理软件等。

（3）节点设置

根据实际业务的要求，设置网络各节点的级别、管理方式、数据读写的权限，并选择相应的软件系统。

2. 网络设计原则

（1）安全性原则

由于系统的开放性，使得系统与外界的数据交流频繁，网络信息安全已经成为一个严重问题，应该加强系统数据的安全保护措施，例如采用适当的防火墙技术。

（2）集成化原则

基于网络的管理信息系统，都应该具有系统内部的人事、财务、物流管理等功能，以实现系统的集成化。整个系统应该具有统一的信息代码、统一的数据组织方法、统一的设计规定和标准。

（3）实时性原则

管理信息系统应该具有实时数据采集和信息反馈能力，无论是采用传统的数据输入方式还是传感采样方式，都必须能接收各种实时数据，并利用网络优势，实现快速、及时的信息反馈。

（4）可靠性原则

可靠性是指系统在正常运行时对各种外界干扰的抵御能力。如果对外界干扰因素考虑得不周全，就会发生意外情况，造成严重后果。应该从网络的硬件、软件和运行环境这三个方面来提高系统的可靠性。

（5）扩展性原则

由于系统的运行环境和应用背景是不断变化和发展的，应该充分考虑系统的可扩充性、兼容性和版本升级等情况，应该具备与异构数据源的连接能力，以适应未来可能出现的新问题和新情况。

（6）异地远程工作能力

管理信息系统应该充分利用 Internet 和 WWW 技术，具备远程、异地、协同的工作能力，以支持企业面对全球性的市场竞争。

（7）群体决策支持能力

应充分发挥系统的决策支持作用，特别是发挥以网络为基础的群体决策支持工具的作用，使管理信息系统能够进行宏观的决策和分析，在更高层次为企业管理服务。

6.2.2　系统平台设计

管理信息系统的平台设计包括计算机处理方式、系统软硬件选择、数据库管理系统的选择等。在进行系统平台设计时要根据在系统分析时得到的系统的吞吐量、系统的响应时间、系统的可靠性要求等为依据进行设计。

1. 计算机处理方式

根据企业系统的功能、业务处理的特点、性能/价格比等因素，可以选择批处理、联机实时处理、联机成批处理、分布式处理等方式，也可以混合使用各种方式。

2. 系统软硬件选择

系统软硬件选择是指根据信息系统需求和资源约束进行软硬件的选择。管理对计算机的基本要求是速度快、容量大、通道能力强、操作灵活方便，当然硬件性能的指标越高，费用越大，因此选型时应结合系统调查和分析的结果以及实现上的可能性和技术的可靠性来确定。主要考虑以下几点：

第一，根据实际业务性质决定工作岗位是否需要配备专门的硬件设备。

第二，根据实际业务性质决定工作岗位是否需要配置计算机或其他终端设备。

第三，根据办公室物理位置分布和有无联机数据通信的要求，决定是否需要网络连接以及连接方式，进而确定需要哪些以及什么型号的网络连接设备。

第四，根据调查估算的数据容量确定网络服务器或主机存储器下限配置容量，把在系统分析中得到的数据通信频度作为确定网络传输介质最起码的指标。

第五，根据实际业务要求和用户对软件的掌握程度确定新系统拟采用的软件工具。

第六，根据实际业务要求确定计算机及外部设备的性能指标，如速度、性能、功能、价格等。

3. 数据库管理系统的选择

通常不同型号的计算机系统配备的数据库管理系统性能也都不尽相同，选择时应综合考虑硬件条件、应用需求和系统规模。具体原则有构造数据库的难易程度、程序开发的难易程度、数据库管理系统的性能分析、对分布式应用的支持、并行处理能力、可移植性和可扩展性、数据完整性约束、并发控制功能、容错能力、安全性控制、对汉字处理能力的支持等。常用的数据库管理系统有 Oracle、SQL Server、MySQL、Visual FoxPro、Access 等。

6.2.3　计算机处理流程设计

在确定了网络设计和系统平台设计之后，需要根据系统分析方案勾画出设计者关于每个子系统内部计算机处理流程的草图，作为后续设计详细模块调用关系、模块处理功能以及数据和业务在新系统的计算机内部处理过程的基础。处理流程设计主要通过处理流程图，描述信息在计算机存储介质之间的流动、转换、存储和处理情况。它只是设计者对系统详细设计过程中，信息在计算机内部处理过程的大致想法，并不是固定不变的，常常随着后续的设计过程而不断改变。

1. 计算机处理流程图

绘制计算机处理流程图应使用统一符号，常用的符号如图 6-2 所示。

计算机处理流程图表示的是计算机处理流程，因此绘制计算机处理流程图的前提是已经确定了系统的边界、人机接口和数据处理方式。

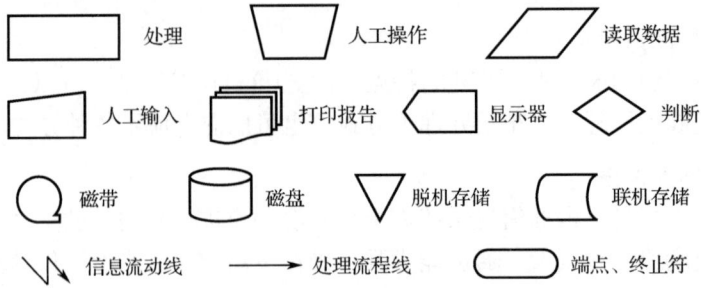

图 6-2　计算机处理流程图常用的符号

2．计算机处理流程图绘制举例[1]

计算机处理流程图的绘制，通常与开发者关于新系统未来实现的方式和本单位的实际情况有关。例如某单位的成本管理子系统的计算机处理流程如图 6-3 所示。

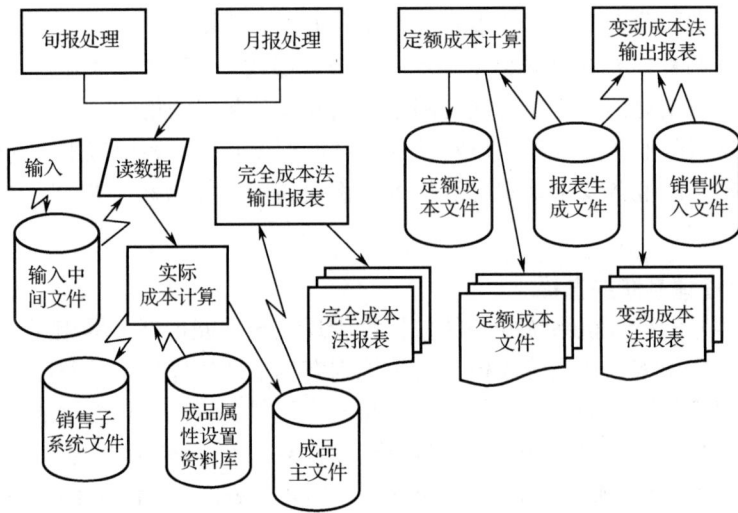

图 6-3　某单位的成本管理子系统的计算机处理流程

该单位成本管理子系统处理流程是成本管理子系统计算机的主要处理过程，包括 5 个模块，分别是旬报处理、月报处理、定额成本计算、变动成本法输出报表、完全成本法输出报表，还有一个辅助处理过程是实际成本计算。有一些数据如生产统计报表和其他成本相关报表数据是通过键盘人工输入到计算机系统中的，暂存在输入中间文件中，有一些数据如成品主文件、销售收入文件等是直接从磁盘读取的数据。在成本管理子系统中的旬报处理和月报处理是指设置一个处理开关，后面不论按什么时间方式计算成本，其后续处理过程都是一致的，即先读入本期成本发生数据、计算成本，然后写到相应的主文件中。进而按照完全成本法和变动成本法计算成本，也是设置一个算法开关，然后生成成本数据和相应的报表格式，并将最终报表打印出来。定额成本计算部分也是类似的，即首先读入生产数据，计算定额成本，然后将结果打印出定额成本报表，并同时存入定额成本文件。

由此可见，用计算机处理流程图来表述设计者关于新系统处理过程的大致设想是非常直观和有效的。

1　薛华成：《管理信息系统（第四版）》，清华大学出版社 2003 年版，第 376—378 页。

6.3　物流管理虚拟型系统的详细设计

6.3.1　代码设计

代码是代表事物名称、属性、状态等的符号。它是由一组或者一个有序的易于计算机和人识别与处理的符号组成，这些符号可以是数字、字母或者数字和字母的混合。代码设计是指将系统中具有某些共同属性或者特征的信息归并在一起，并利用一些便于计算机或者人进行识别的符号来表示各种信息。

1．代码的功能

代码设计是一个科学管理的问题，一个好的代码方案对于系统的开发工作是一件极为有利的事情，代码的功能具体表现在以下几个方面。

（1）存储与检索功能

代码将客观事物归纳为一个概要，便于数据的检索。而且代码缩短了客观事物的名称，无论是记录、记忆还是存储，都可以节省时间和空间。

（2）便于计算机处理

代码便于计算机识别，使很多计算机处理过程变得十分简单，从而提高处理效率、节省存储空间、提高系统的可靠性。

（3）提高数据的一致性

对于同一事物，即使在不同的场合也有不同的叫法，可以通过代码统一起来，代码提高了系统的整体性，减少了因数据不一致而造成的错误。

2．代码的种类

（1）数字码

数字码采用一个或者多个阿拉伯数字进行编码，是目前最常用的一类代码形式。这种代码的优点是易于校对、易于处理，缺点是不便记忆。

（2）顺序码

顺序码是数字码中一种特殊的代码方式，即用一串连续的数字来代表系统中的客观对象或者对象属性。顺序码的优点是简单、容易追加，缺点是可识别性差。

（3）字符码

字符码采用一个或者多个字符来进行编码，字符可以是英文或者汉语拼音等。这类编码常见的有程序设计中的字段名、变量名等。字符码的优点是可以辅助记忆、符合人们使用习惯、代码容量大，缺点是校对不易、不易反映分类的结构、不便于机器处理。

（4）混合码

混合码是以数字、字符和专用符号组成的代码，是目前各类管理工作中最常用的代码形式。混合码基本上具备上述数字码和字符码的优点。但缺点是代码形式复杂、输入不方便、录入效率低、不易校对。

（5）区间码

区间码把数据项分成若干组，每一个区间代表一个组，码中数字的值和位置都代表一定的意义。邮政编码就是典型的区间码。区间码的优点是信息处理比较可靠，排序、分类、检索等操作易于进行。但这些码的长度与其分类属性的数量相关，有时可能生成很长的码。在许多情况下，码有多余的数。同时，这种码的维修也比较困难。

3．代码设计的原则

（1）唯一性

为了避免二义性，代码必须唯一地标识每一个对象。一个对象可能有不同的名称，可以按不同方式进行描述，但是在一个代码体系中，一个对象只能对应一个唯一的代码，反之亦然。

（2）标准化和规范化

在代码设计时应该采用国际或者国家标准代码。这些标准代码设计的重要依据，必须严格遵循。

在一个代码体系中，所有的代码结构、类型、编写格式必须保持一致，以便于信息交换和共享，并有利于系统的更新和维护。

（3）合理性

代码结构要合理，尽量反映客观事物的特征，应与客观事物的分类体系相对应，以便代码具有分类标识的作用。

（4）可扩充性和灵活性

代码设计时要考虑环境的变化，编码时要留有足够的备用代码，以满足今后扩充的需要。

4．代码设计的步骤

（1）确定代码对象

在系统中涉及的实体、属性等为了便于计算机处理，都要对其进行代码设计。首先应该找出这些需要进行代码设计的对象，然后根据其特征或用途进行分类。在分类时有两种方法可以选择：一种是线性分类法，即首先确定系统整体，然后对系统进行子系统的划分，最后落实到具体对象；另一种是面分类的方法，面分类的方法是从面的角度来考虑的。

（2）选择代码种类

首先要考察是否已经有标准代码。如果有标准代码，就应该遵循这些标准。如果没有，则应该参照国际、国家和行业部门的编码标准，设计出相应的代码种类。

（3）选择代码类型

根据代码的使用范围、使用时间、实际情况选择代码类型。在代码类型选择时应遵守易操作、易记忆等原则进行类型的选择。如果在使用时需要手工输入但不需要输入其含义，则最好选用数字码；如果需要手工输入，而且还需要记忆的代码，则最好选用字符码或混合码。

（4）编写代码

在编写代码的时候还要考虑代码的检错功能，确定是否设置校验位以及采取什么校验方法。编写完成后制作代码表和详细说明，并通知有关部门组织学习，以便正确使用。

6.3.2　数据存储设计

数据是管理信息系统的核心组成部分，数据的组织结构和存储方式直接决定了管理信息系统的质量。系统分析阶段完成了数据流程图和数据字典的定义，即完成了数据结构的定义。在数据设计阶段，还应根据已选用的计算机硬件、软件和使用要求，进一步完成数据存储的详细设计，根据数据的用途、使用要求、统计渠道、安全保密性能等方面的需求，来确定数据的整体组织形式以及数据的基本结构、类别、载体、保密措施等。

数据在计算机中的存储管理有两种方式：一种是文件方式，另一种是数据库方式。计算机操作系统中的文件系统提供了对文件的管理功能，在操作系统支持下的数据库管理系统提供了数据库的管理功能。

1. 文件设计

文件设计就是根据文件的使用要求、处理方式、存储量、数据的活动性以及硬件设备的条件等，合理地确定文件类别、选择文件存储介质、决定文件的组织方式和存取方式。

（1）文件性能的了解

文件设计之前首先要了解文件的性能，包括文件的组织方式、对存取时间和处理时间的要求等，如表 6-1 所示。

表 6-1　常用文件组织方式性能比较

使用效果 组织方式	文件处理方式		文件大小	随机查找速度	顺序查找速度	使用何种活动率	对软件要求
	顺序	随机					
顺序	很好	不好	无限制	慢	很快	高	低
索引	好	好	中等大	快	快	低	中
直接	不好	很好	有限制	很快	慢	低	高

（2）共享文件设计

文件设计通常从共享文件设计开始，因为共享文件与其他文件的关系密切，先设计共享文件，用它做基准，其他文件中与之相同的数据项目要保持一致。

（3）文件记录格式的设计

文件是由记录组成，因此文件的设计主要是设计文件记录的格式。文件记录格式的设计包括记录是由哪个程序形成，输出到哪个程序；确定文件名；确定文件记录所含的数据项及排列顺序；确定数据项名称、数据类型、长度等；确定文件的主关键字等内容。

（4）数据文件的管理

在文件设计时，还要考虑文件的管理问题，要确定文件的管理制度，如文件的命名、文件的编号、保密等级等制度。

2. 数据结构规范化

衡量管理信息系统的主要指标之一就在于是否建立一个良好的数据结构和数据库，是否可以迅速、方便、准确地调用和管理所需的数据。因此，在建库前必须对数据指标体系中数据结构进行规范化的重新组织。

在数据结构的规范化表达中，一般将一组相互关联的数据称为一个关系，而在这个关系中的每个数据项则被称为数据元素。在具体数据库中，这种关系就是基本表，而数据元素就是基本表中的一个字段。

在基本表的规范化表达中，规定在每一个基本表中必须定义一个数据元素为关键字，它可以唯一地标识出该表中其他相关的数据元素；表中任意一列上，数据项应属于同一个属性；表中所有行都是不同的，不允许有重复项出现；表中行的顺序是任意的；表中列的顺序无关紧要，但不能重复。

在对表的形式进行了规范化定义后，还要对数据结构进行规范化定义，即所谓的范式（Normal Form，NF）。常用的范式有三种，这些范式是向上兼容的，即满足第三范式的数据结构必定自动满足第一范式和第二范式。具体的内容如下。

第一范式（1NF）：在任何一个关系型数据库中，第一范式是对关系模式的基本要求，不满足第一范式的数据库就不是关系型数据库。1NF 是指数据表的每一列都是不可分割的基本数据项，同一列中不能有多个值，即实体中的某个属性不能有多个值或者不能有重复的属性。如果出现重复的属性，就可能需要定义一个新的实体，新的实体由重复的属性构成，新实体与原实体之间为一对多关系。在第一范式中，表的每一行只包含一个实例的信息，如表 6-2 就不符合 1NF。在表 6-2 中，成绩被分割成了平时成绩、期末成绩和总评成绩三个数据项。规范化后的符合 1NF 的数据表如表 6-3 所示。

表 6-2　不符合 1NF 的数据表举例

学　　号	姓　　名	课 程 号	课 程 名 称	成　　绩		
				平 时 成 绩	期 末 成 绩	总 评 成 绩
15990123	张三	0006	管理信息系统	80	85	83
15990124	李四	0008	管理学	75	80	78

表 6-3　符合 1NF 的数据表举例

学　　号	姓　　名	课 程 号	课 程 名 称	平 时 成 绩	期 末 成 绩	总 评 成 绩
15990123	张三	0006	管理信息系统	80	85	83
15990124	李四	0008	管理学	75	80	78

第二范式（2NF）：第二范式是在第一范式的基础上建立起来的，即满足 2NF 必须先满足 1NF。2NF 要求数据表中的每个实体或行必须可以被唯一地区分。为实现区分通常需要为表加上一个列，以存储各个实体的唯一标识。也就是表中的每一个实体都要有一个主关键字来唯一标识。例如表 6-3 不符合 2NF，因为学生被学号唯一标识，而课程被课程号唯一标识，这样会引起数据的冗余和异常更新。解决的方法是将这个非 2NF 的关系模式分解成多个关系模式，分解后应该变为图 6-4 的三个关系表，这样每个实体都有唯一的表示来区分。

第三范式（3NF）：满足第三范式必须先满足第二范式。第三范式要求一个数据表中不包含已在其他表中已包含的非主关键字信息。比如在图 6-4 中，课程名称是非主关键字，它不能出现在除了课程表以外的其他表中。3NF 消除了插入、删除异常及数据冗余、修改复杂等问题，已经是比较规范的关系。

学生表

学号	姓名
15990123	张三
15990124	李四

课程表

课程号	课程名称
0006	管理信息系统
0008	管理学

成绩表

学号	课程号	平时成绩	期末成绩	总评成绩
15990123	0006	80	85	83
15990124	0008	75	80	78

图 6-4　符合 2NF 的数据表举例

3. 数据库设计

数据库设计的过程如图 6-5 所示。

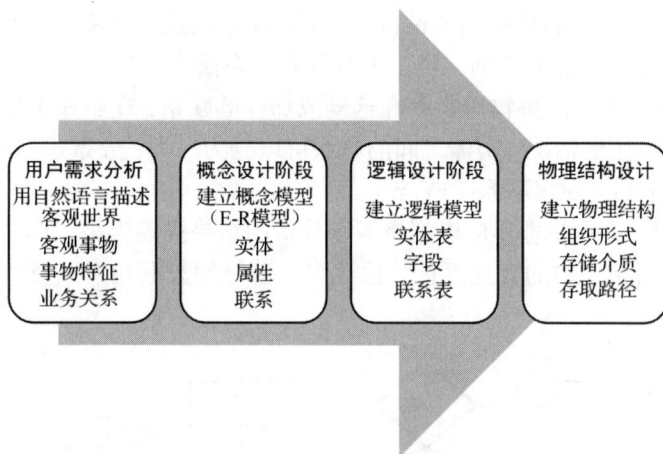

图 6-5　数据库设计的过程

（1）用户需求分析

需求分析阶段是数据库设计的基础，是数据库设计的第一步，它是对用户各种需求加以分析归纳，制定初步规划，确定数据库设计思路的阶段。用户需求分析是调查和分析用户的业务活动和数据的使用情况，弄清所用数据的种类、范围、数量以及它们在业务活动中交流的情况，确定用户对数据库系统的使用要求和各种约束条件等，形成用户需求规约。需求分析做得好与坏，决定了后续设计的质量和速度，制约数据库应用系统设计的全过程。

在用户需求分析阶段需要数据库管理员、设计者与公司和终端用户管理人员一起开发一个能定义企业基本业务流程的企业模型。然后终端用户确定他们所从事的特定业务活动所需要客户事物以及描述客户事物的数据元素。例如在企业的入库业务中会涉及"物料""仓库"等客观事物，然后需要确定在特定业务中描述这些客观事物用到的数据元素，例如描述"仓库"的数据元素包括"仓库名称""地点""面积"等。最后还要确定这些特定业务涉及的客观事物间是否存在业务关系，如发生业务关系后有没有新的数据项产生。

（2）概念设计阶段

对用户需求描述的现实世界通过分类、聚集和概括，建立抽象的概念模型。所建立的模型应避开数据库在计算机上的具体实现细节，用一种抽象的形式表示出来。其中实体-关系模型（Entity-Relationship Model，E-R 模型）是使用比较多的一种概念模型。E-R 模型是陈品山博士于 1976 年提出的一套数据库的设计工具，他运用真实世界中事物与关系的观念，来解释数据库中抽象的数据架构。

概念设计阶段首先在需求分析明确后得到现实世界各部门所含的各种实体及其属性、实体间的联系以及对信息的制约条件等，从而给出各部门内所用信息的局部描述（在数据库中称为用户的局部视图）。然后再将前面得到的多个用户的局部视图集成为一个全局视图，即用户要描述的现实世界的概念模型。

概念设计是整个数据库设计的关键，是用来描述某个特定组织关心的信息结构，按用户的观点对数据和信息的建模，是独立于计算机系统的。

在 E-R 模型中主要包含以下几个元素：

① 实体。实体即为现实世界中存在的对象和事物。实体可以是人，也可以是物或抽象的概念。

② 属性。属性是指实体具有的某种特征。属性用来描述一个实体。例如员工实体可以由员工编号、员工姓名、员工性别、员工工资等属性来描述。

③ 联系。现实世界中的事物总是存在这样或那样的联系，在企业中这种联系体现在两个实体之间有业务发生的情况。实体之间的联系可以分为三类：分布式一对一联系（1:1）、一对多联系（1:n）和多对多联系（m:n）。

在概念设计阶段需要通过 E-R 模型将需求分析的结果描述出来。E-R 模型里用估计的图形来表示需求分析结果中的客观事物、描述客户事物的数据元素以及客户事物之间的联系，如图 6-6 所示。

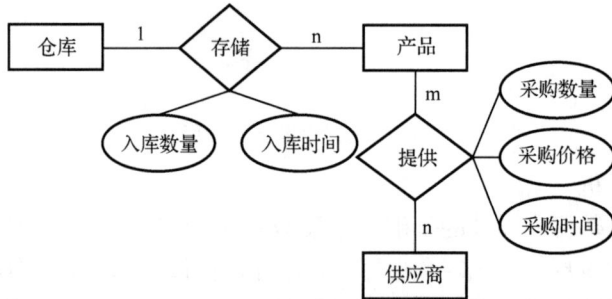

图 6-6　产品采购和入库的 E-R 模型

该 E-R 模型表明的是企业的产品采购和入库的业务。在这两个业务中涉及三个实体，即产品、供应商和仓库。实体仓库和产品是存在联系的，并且联系的类型是 1:n，即企业里一个仓库可以存储多种产品，而一个产品只能存储在一个仓库中，在产品入库的业务发生后会有新的数据元素（属性）产生，即产品的入库时间和入库数量；实体产品和供应商的联系类型是 m:n，即一个供应商可以提供多种产品，一种产品也可以从多个供应商处采购，采购业务发生后会有新的属性产生，即采购数量、采购价格和采购时间。

概念设计阶段就是将需求分析阶段的结果用 E-R 模型的方式描述出来，以作为后续逻辑设计的基础。

（3）逻辑设计阶段

逻辑设计是在概念设计结束后，将对客观事物及其联系进行数据化描述。在数据库系统中，对现实世界中数据的抽象、描述以及处理等都是通过数据模型来实现的，上面已经提到现在最常用的数据模型就是关系型数据模型，因此逻辑设计阶段是将前面概念设计的结果转变成关系型数据模型。将 E-R 模型转换为关系型数据模型应遵守以下规则：

① 在 E-R 模型中的每一个实体都对应一个关系二维表。实体名即为表名，实体的属性就是关系二维表中的数据项。

② 在 E-R 模型中 m∶n 的联系对应一个关系二维表。联系名即为表名，表中的数据项包括联系双方的主关键字和联系的属性。

③ 在 E-R 模型中 1∶n 或 1∶1 的联系没有对应的关系二维表，但是要将 "1" 方实体的主关键字和联系新产生的属性作为数据项加入 "n" 方的关系二维表中。对于 "1∶1" 的联系，将其中的一个 "1" 方当作多方处理即可。

例如图 6-6 的 E-R 模型转变后变为关系型数据模型。

仓库（仓库号，仓库名称，面积，地址）

产品（产品号，产品名称，规格，体积，仓库号，入库数量，入库时间）

供应商（供应商号，供应商名称，地址，联系人，联系电话）

提供（供应商号，产品号，采购数量，采购价格，采购时间）

在逻辑设计结束后应该选取合适的数据库管理系统实现数据在计算机上的存储。

（4）物理结构设计

物理结构设计是为数据模型在设备上选定合适的存储结构和存取方法，以获得数据库的最佳存取效率。物理结构设计的主要内容包括：

① 库文件的组织形式。如选用顺序文件组织形式、索引文件组织形式等。

② 存储介质的分配。例如将易变的、存取频繁的数据存放在高速存储器上；将稳定的、存取频率小的数据存放在低速存储器上。

③ 存取路径的选择等。

6.3.3　输入/输出设计

输入/输出设计是系统设计中的一个重要环节，是管理信息系统与用户的界面，输入/输出设计对于系统开发人员并不重要，但对用户来说，却显得尤为重要。它对于用户和今后系统使用的方便性、安全性和可靠性来说都是十分重要的。在进行输入/输出设计时，一般遵循先进行输出设计，再进行输入设计的原则。这是因为，只有知道需要什么样的 "产品"（输出内容），才能准备相应的 "原料"（输入数据）。输入/输出设计包括输出设计、用户界面设计、输入设计三部分内容。好的输出结果可以为管理者提供简洁、明了、有效、实用的管理和控制信息，而好的输入方式可以为用户和系统双方带来良好的工作环境，好的用户界面设计能为用户提供简便、易操作、实用的操作环境。

1. 输出设计

输出是系统产生的结果或者提供的信息，输出设计的目的是使系统能够输出满足用户需要的有用信息。输出设计的目的是正确、及时反映和组成用于管理各部门需要的信息。

信息能够满足用户需要，直接关系到系统的使用效果和系统设计的成功与否。

（1）输出设计的内容

第一，了解输出信息使用情况，包括信息的使用者、使用目的、信息量、输出周期、有效期、保管方法和输出份数。

第二，确定输出信息内容，包括输出项目、精度、信息形式（文字、数字）。

第三，确定输出方式。输出方式有两种，即报表输出和图形输出。一般来说，对于基层或具体事务的管理者，应该通过报表的方式给出详细的记录数据。而对于高层领导或宏观、综合管理部门，则应该使用图形方式给出比例或综合发展趋势的信息。

第四，确定输出设备和介质。输出设备有打印机、显示器等；输出介质有磁盘、磁带、纸张（普通、专用）等。对于需要长期保存的结果必须使用打印机输出；对今后将要进一步处理的数据，可以输出到存储设备；对于只需要临时查询的信息，一般通过屏幕显示即可。

第五，确定输出格式。输出格式应根据用户的要求和习惯确定，格式要做到清晰、美观、易读和易理解。

（2）输出设计的原则

在信息输出设计时，要考虑能否为用户提供及时、准确、全面的信息服务；是否便于用户阅读和理解，符合用户的习惯；是否充分考虑和利用了输出设备的功能；是否为今后的发展预留一定的余地等内容。

为了提高系统的规范化程度和编程效率，在输出设计上应尽量保持输出内容和格式的统一。相同内容的输出，对于显示器、打印机、文本文件和数据库文件应具有同一或者类似的格式。

输出设计要在一定规范指导下进行，以便产生易于理解的输出。根据应用的需要，可以采用预印表格、打印多层表格等方式。周转文件也常在输出设计中采用。

总之，输出设计的基本原则是有效、可靠、实用和经济。

2. 用户界面设计

用户界面（User Interface，UI）设计则是指对软件的人机交互、操作逻辑、界面美观的整体设计。用户界面是系统和用户之间进行交互和信息交换的媒介，它实现信息的内部形式与人类可以接受形式之间的转换，用户界面的作用是完成用户与硬件之间的交互，目的是使用户能够方便有效率地去操作硬件，以达成用户与硬件的双向交互，完成用户希望借助硬件完成的工作。

（1）用户界面设计的内容

用户界面设计在工作流程上分为结构设计、交互设计和视觉设计三个部分。

结构设计也称概念设计，是界面设计的骨架。通过对用户研究和任务分析，制定出产品的整体设计架构。在结构设计中，目录体系的逻辑分类和语词定义是用户易于理解和操作的重要前提。

交互设计的目的是使信息系统让用户能简单使用。任何信息系统功能的实现都是通过人和机器的交互来完成的。因此，人应作为设计的核心因素被体现出来。

在结构设计的基础上，参照目标群体的心理模型和任务达成进行视觉设计，视觉设计包括色彩、字体、页面等。视觉设计要达到用户愉悦使用的目的。

（2）用户界面设计的原则

简洁性原则。用户界面应该保持简洁，避免过多的复杂功能和干扰性元素。使用简单的布局和明确的导航，界面直观、简洁，操作方便快捷，用户接触软件后对界面上对应的功能一目了然、不需要太多培训就可以方便使用本应用系统。

一致性原则。在整个系统中，要保持一致的界面设计，包括设计目标、元素外观、交互行为三个方面。设计目标的一致性是要做到系统中的多个组成部分之间的交互设计目标需要一致；元素外观的一致性是指在进行外观设计时要使用相同的标准化元素，包括颜色、字体和按钮样式等，以创建一个统一的界面风格；交互行为的一致性是指在系统不同组成部分的交互中，不同类型的元素用户触发其对应的行为事件后，其交互行为需要一致。例如，所有需要用户确认操作的对话框都至少包含"确认"和"放弃"两个按钮。

合理化原则。在进行 UI 设计时需要充分考虑布局的合理化问题，遵循用户从上而下、自左向右浏览、操作习惯，避免常用业务功能按键排列过于分散，易造成用户鼠标移动距离过长的弊端。多做"减法"运算，将不常用的功能区块隐藏，以保持界面的简洁，使用户专注于主要业务操作流程，有利于提高软件的易用性及可用性。

系统响应时间适中原则。系统响应时间应该适中，响应时间过长，用户就会感到不安和沮丧，而响应时间过快也会影响到用户的操作节奏，并可能导致错误。因此在系统响应时间上坚持 2～5 秒窗口显示处理信息提示，避免用户误认为没响应而重复操作；5 秒以上显示处理窗口，或显示进度条；一个长时间的处理完成时应给予完成警告信息。

3．输入设计

输入设计对系统的质量有着决定性的影响，如果输入数据有误，即使计算和处理正确，也无法获得可靠的输出信息。同时，输入设计是管理信息系统与用户之间交互的纽带，决定着人机交互的效率。

（1）输入设计的内容

第一，要确定输入数据的内容，包括确定输入数据项名称、数据内容、精度、数值范围。

第二，确定输入数据的方式。输入数据的方式与数据的发生地点、发生时间、处理的紧急程度等内容有关。如果数据的发生时间是随机的，又要求立即处理，则应采用联机终端输入；如果发生后可以不立即处理，可以采用脱机输入。

第三，要确定输入数据的记录格式。记录格式是人机之间的衔接形式，设计得好，容易控制工作流程，减少数据冗余，提高输入的准确性，并且便于进行数据校验。例如在实际输入数据时，常常遇到统计报表（或文件）结构与数据库文件结构不一致的情况，这样在输入时就带来很大困扰，也不利于数据操作，这种情况在设计时应尽量改变统计报表或数据库关系表之一的结构，使格式一致。

第四，要确定输入数据的正确性校验方式。输入的质量直接影响输出信息的正确性，因此对输入数据的正确性校验是输入设计的重要环节。

第五，确定输入设备。常用的输入设备有键盘、鼠标、读卡器、自动识别设备、扫描仪等。随着技术的发展，输入方式和输入设备也在不断更新，例如声音输入、视频输入、触屏输入等。在选择输入设备时要结合输入的数据量与频度、数据的来源与形式、数据收集环境、输入类型和格式的灵活度、输入速度和准确性的要求、输入校验的方法、纠正错误的难易程度、可用设备的费用等因素综合考虑。

（2）输入设计的原则

输入设计包括数据规范和数据准备的过程，在输入设计中，提高效率和减少错误是两个最根本的原则，除此之外还要遵循以下原则。

第一，控制输入量。数据输入与计算机处理比较起来相对缓慢，在数据录入时，系统大多数时间都处于等待状态，系统效率将显著降低；而且数据输入一般需要人的参与，大量的数据输入需要花费很多人力资源，增加系统运行成本。因此在输入设计时，应尽量控制输入数据总量，在输入时，只需输入基本信息，其他信息可以通过计算、统计、检索等方式由系统自动产生。

第二，减少输入错误。输入设计中应采用输入校验方法和有效性验证技术，减少输入过程的错误。在进行系统输入方式设计时，应尽量利用已有设备和资源，自动输入数据，避免大批量数据的重复录入，以减少错误。

第三，减少输入延迟。输入数据的速度往往成为提高管理信息系统运行效率的瓶颈，为减少延迟，可采用周转文件、批量输入等方式。

第四，简化输入过程。输入设计应避免不必要的输入步骤，不能因为查错、纠错而使输入复杂化。在输入过程中应尽可能减少操作人员的击键次数，采用启发式、交互式的操作过程。

（3）输入校验

输入设计的目的是尽可能减少输入中的错误，在输入设计中，要对全部输入数据设想其可能发生的错误，并对其进行校验。

输入错误产生的原因有多种，有数据本身的错误，即由于原始单据填写错误等原因引起的输入错误；有数据的延误带来的错误，即输入数据延误导致数据处理推迟，比如开票、传送等环节的延误而引起，严重时，会导致输出信息的时间价值丧失，因此数据的收集与运行应有一定的时间限制，事先应确定产生数据延迟时的处理对策；还有数据多余或不足带来的输入错误，即在数据收集过程中产生的差错，如数据的散失、遗漏或重复等原因带来的输入错误。还有就是工作人员粗心大意带来的输入错误，这种错误可以通过输入校验来避免发生。

输入校验的方法有人工直接检查、由计算机用程序校验以及人与计算机两者分布处理后再相互查对等多种方法。常用的数据校验方法具体如下：

① 重复校验。这种方法是将同一数据先后输入两次，然后由计算机程序自动给予对比校验，如果两次内容不一致，则说明输入错误，计算机显示或打印出错信息。

② 视觉校验。即输入的同时，由计算机打印或显示输入数据，然后与原始单据进行比较，找出差错。视觉校验不能查出所有的差错。

③ 校验位校验。在代码设计的时候，代码本身设计一个校验位（一般是最后一位），这位数字由前面的数字进行一定的运算得到。输入数据后，计算机自动将前面的数字按照规定好的运算规则进行运算，运算结果与校验位不符，则说明输入错误，计算机显示或打印出错信息。

④ 控制总数校验。工作人员先用手工求出数据的总值，然后再输入数据，计算机自动计算数据的总值，与手工计算的总值进行比对，来验证数据输入是否正确。

⑤ 数据类型、格式、取值范围等的校验。在数据库设计时对于固定数据类型、格式、取值范围的数据，在数据定义时做出规定，若输入的数据与规定的数据类型、格式、取值范围不符，则证明数据输入错误。

以上是常用的数据校验方法，这些方法可以单独使用，也可以结合起来使用，目的都是保证输入数据的正确性。

（4）出错的改正方法

如果发现是原始数据的错误，应将原始数据送交填写单据的原单位修改，不应由键盘输入操作员或原始数据检查员等想当然地给予修改。

当发生计算机自动检错时，可以采取待输入数据全部校验并更正后再进一步处理、舍弃出错数据、只处理正确数据，出错数据待修正后再进行处理、剔除出错数据继续进行处理等方法进行处理。

6.3.4　功能模块与处理过程设计

功能模块与处理过程设计是系统设计的最后一步，也是最详细地涉及具体业务处理过程的一步。它是下一步编程实现的基础。功能模块与处理过程设计是要设计出一个个模块和它们之间的连接方式，而且还要具体地设计出每个模块内部的功能和处理过程。

1. 功能模块设计的内容
（1）总控系统部分

总控系统部分的设计与总体设计中的系统总体结构图相对应，主要内容包括系统主控程序的处理方式，确定各子系统的接口、人机接口以及各种校验、保护、后备手段的接口。

根据总体结构和子系统划分以及功能模块的设置情况，进行总体界面设计。系统交互界面的处理层次和顺序将依赖系统划分的层次和模块的组织顺序。一般用层次模块结构图来表示。

（2）子系统部分

子系统部分的设计主要是对子系统的主控程序和交互界面、各功能模块和子模块的数据处理过程进行设计，主要有数据的输入、处理和输出。一般用输入-处理-输出（Input-Process-Output，IPO）图来表示。

2. 模块

把一个系统分解成若干彼此独立又具有一定联系，能够完成某个特定任务的组成部分，这些组成部分就称为功能模块，简称模块。模块是系统中最基本、最主要的元素。

模块一般具有输入与输出、逻辑功能、程序代码和内部数据四个内部属性。输入与输出分别是模块需要的数据和产生的信息，模块从调用它的模块处获得输入，然后把产生的输出返回调用它的模块。逻辑功能指明模块能做什么，表达它把输入加工成输出的功能。程序代码用于实现模块的功能。内部数据是属于模块自己内部的数据。

模块的外部属性有模块标识和调用等外部属性，来表明模块与其他模块的联系。在系统设计阶段主要是设计模块的外部属性，模块的内部属性在系统实施阶段完成。

3. 层次模块结构图

层次模块结构图（Hierarchy Chart），简称 H 图，用于描述模块的层次结构，矩形框表示一个模块，矩形框之间的直线表示模块之间的调用关系，具体符号如图 6-7 所示。

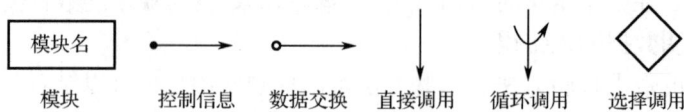

图 6-7　层次模块结构图的具体符号

层次模块结构图用来表示一个系统内模块的层次结构关系，以及模块之间的调用关系和数据的传递关系。主要涉及以下内容。

（1）模块的调用关系

模块之间的调用关系有直接调用、选择调用和循环调用三种关系。直接调用是一种最简单的调用关系，是指一个模块无条件地调用另一个模块；选择调用是指一个模块是否调用另一个模块取决于调用模块内部的某个条件；循环调用是指一个模块内部存在一个循环过程，每次循环均需调用一个或几个下属模块。

（2）信息传递

伴随着模块调用会发生模块间的信息交换，模块间的信息交换有两种方式：一种是数据交换，表示模块间只传送数据；另一种是控制信息，表示模块间除了传送数据外，还传递标志位，如"文件结束""无此记录"等。

（3）模块间的联系

模块间的联系有耦合和内聚两种，这也是衡量模块结构设计是否合理的两个主要概念。耦合是衡量不同模块彼此间互相依赖的紧密程度，内聚是衡量一个模块内部各元素彼此结合的紧密程度。

模块间的耦合主要有数据耦合、控制耦合、公共环境耦合和内容耦合四种形式。在设计时应尽量使用数据耦合，少用控制耦合，限制公共环境耦合的使用范围，完全不用内容耦合。

内聚表示一个模块内各个元素彼此结合的紧密程度，表示模块功能的专一化程度。模块内各组成部分的凝聚程度越强，模块的独立性越好。在设计模块时，应尽可能做到系统中的各个模块内部有很强的聚合度。

（4）层次模块结构图的设计原则

功能模块设计是一项复杂烦琐的工作。随着设计系统的增大，模块的复杂性也迅速上升，设计难度也相应增大。

为了确保设计工作的顺利进行，功能模块设计一般应遵循如下原则。

① 对模块的划分要求是，模块的内聚性要强，模块具有相对的独立性，减少模块间的联系。

② 模块之间的耦合只能存在上下级之间的调用关系，不能有同级之间的横向关联。

③ 联结调用关系应只有上下级之间的调用，不能采用网状关系或交叉调用。

④ 整个系统呈树状结构，不允许有网状结构或交叉调用关系出现。

⑤ 所有模块都必须严格地分类编码并建立归档文件，建立模块档案并进行编码以利于系统模块的实现。

⑥ 适当采用通用模块将有助于减少设计工作量。

⑦ 模块的层次不能过多，一般最多使用 6 到 7 层。

（5）应用举例

层次模块结构图是由系统分析阶段的数据流程图得到的。数据流程图主要描述用户业务功能上的需求，层次模块结构图则是要设计出计算机系统应"怎样做"来实现相关功能，它反映模块与模块之间的调用关系、传递数据的通信联系，是系统开发人员的有力工具。

例如某公司库存管理子系统的业务处理过程是当有出入库业务时，首先对出入库单证进行验证，验证合格则更改出入库数据。具体设计的层次模块结构图如图 6-8 所示。

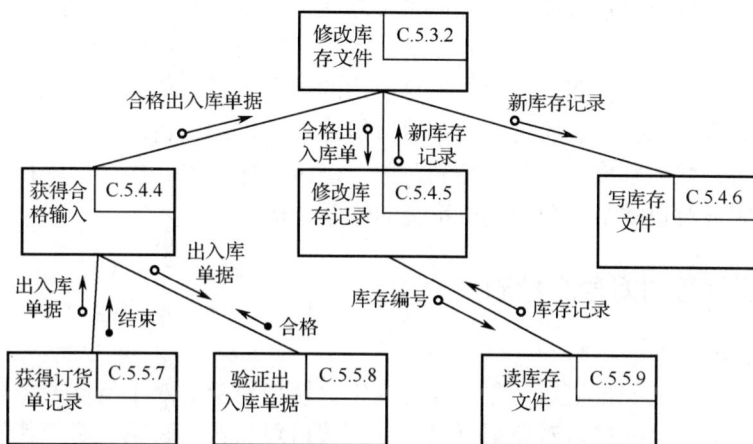

图 6-8 某公司库存管理的层次模块结构图

4. IPO 图

层次结构和输入/输出处理（Hierarchy Plus Input-process-output，HIPO）是 IBM 公司于 20 世纪 70 年代中期在层次结构图的基础上推出的一种描述系统结构和模块内部处理功能的工具和技术。HIPO 图由 H 图和 IPO 图两部分构成，前者描述了整个系统的设计结构以及各类模块之间的关系，后者描述了某个特定模块内部的处理过程和输入/输出关系。IPO 图配合层次模块结构图详细说明每个模块的内部功能，主要包括输入、输出、处理、与之相应的数据库/文件以及在总体结构中的位置等信息。例如图 6-8 中的模块 C.5.5.8 的 IPO 图如图 6-9 所示。

图 6-9 模块 C.5.5.8 的 IPO 图

153

6.4　面向对象的物流管理信息系统设计

面向对象的设计是将分析阶段获得的对象模型变成系统实现的方案。在设计阶段对面向对象分析模型进行扩展并将模型进一步细化，同时还要考虑技术细节和各种限制条件。面向对象的物流管理信息系统设计也包括系统总体设计阶段和详细设计阶段。系统总体设计阶段主要包括如何把整个系统划分为多个子系统，以及描述多个子系统之间的依赖性等；详细设计阶段主要是决定在实现过程中汇总使用的类和关系的全部定义，以及用于实现操作的各种方法的算法和接口。所有的类都尽可能地进行详细描述。具体内容有对实体对象进行增、并、改，并识别接口对象和控制对象；确定实体对象、接口对象和控制对象之间的各种关系；完善对象类结构图，组织系统的体系结构。

6.4.1　识别接口对象和控制对象

1．识别接口对象

为用户和主要设备安排接口对象，称之为中央接口对象。对于特制的图形用户接口，分别建立接口对象。这些接口对象都可以与中央接口对象通信联系。对于其他类型设备，如某类输入处理设备，可增配接口对象。例如为远程通信配置中央接口对象，而远程通信的其他类型，如传真、电子邮件和信件，可增配相应的接口对象。

接口对象的服务应包括：从系统外部获取信息，并为之提供信息。若用户行为发生变化，尤其是最终用户接口有所改变，则接口对象的服务随之而改变。

2．识别控制对象

能否承担某项功能是控制对象存在的依据。控制对象通常是暂时的，只存在于某一系统事件的发生过程中。在实体对象和接口对象之间，控制对象起到了缓冲作用。

凡不属于实体对象类和接口对象类的对象都要归属于控制对象类。判别实体对象与控制对象的规则是若一个对象包含属性并且是永久的，则该对象为实体对象；若一个对象不包含属性并且是暂时的，则该对象是控制对象。

一个控制对象最好只同一个与系统交互作用的实体相联系，以减少变化的影响。太复杂和缺乏功能凝聚性的控制对象应分解，具有强烈的功能凝聚性的控制对象则应合并。

3．三类对象间的关系

识别出接口对象和控制对象后，最重要的是确定三类对象间的关系。

（1）静态联系

实体对象间的静态联系在分析阶段已经确定。接口对象间、控制对象间也存在静态联系，需进一步确认。当需用接口对象或控制对象来保持关于它们所往来的实体对象的信息时，用接口或控制对象与实体对象之间的静态联系实现。

（2）消息连接

接口对象与实体对象、控制对象与实体对象、接口对象与控制对象间都只存在消息连接。通常，实体对象仅回答接口对象或控制对象发出的通信，接口对象或控制对象接到事件通知的响应，应向实体对象发出消息，通知所需信息，实体对象会根据要求进行应答。

6.4.2　系统结构设计

系统的体系结构是一种组织机制，是一张蓝图。利用这种机制把系统分为若干子系统（模块或组件），全面地反映系统各个层次的结构、功能及动态特征。在面向对象的系统中，体系结构不是用类，而是用代表较高级的抽象的类的集合来表达的。这样的集合最适于表达系统中必要机制的关键特征，如用户接口、数据库、关键业务功能等。这样的类的集合有使用函数、外部接口、用户接口，存于数据库中持久的对象、计算，进程间通信等类的集合，它们都有助于大型系统的研制。一般的应用系统由问题领域子系统、人机交互子系统、外部接口子系统、数据管理子系统、任务管理子系统以及基础对象子系统六部分组成。

根据系统的体系结构，可以分别对结构框架内的各个子系统进行详细设计，为下一步编程实现系统奠定基础。

1．问题领域子系统的设计

该设计的主要任务是完善对象属性和操作的形式规定，包括限定属性值、确定复杂服务的算法等，进一步规范对象形式说明，以便对象在物理上实现。若用面向对象语言编写程序，则可以直接套用和转换形式说明，甚至可以直接用面向对象语言完成对象的形式说明。

2．人机交互子系统的设计

接口对象在设计初期就已经规定出来，此时主要确定图形用户接口的总体策略。详细定义窗口（接口对象）、窗口元素（菜单、按钮、表框、文字输入项等）以及相关问题域对象之间的关系，对可重用的组件（如标准的对话框架）则无须详细设计。例如，设计输入屏幕时，很难确定与之完全相匹配的类，但可以将表单作为基类，加入各种控件，构建新的类。

3．外部接口子系统的设计

主要处理两种情况，一是与现存的非面向对象或面向对象系统的交互；二是与现存的面向对象系统的集成。可以把现存的非面向对象的或面向对象的系统作为黑盒子来处理。

4．数据管理子系统的设计

数据管理子系统是连接问题领域子系统与外部数据库管理系统的桥梁，为实现对象的物理存取建立通道。目前多选用关系型数据库管理系统为面向对象信息系统存储数据，需要在对象存取时进行格式的变换。譬如，设计对象属性的存储时，要将属性一一列举，构成符合关系范式的数据表，再建立对应的关系型数据库。

5．任务管理子系统的设计

在设计多任务并行系统时，才有任务管理问题。比如，多窗口同时接受输入，在多用户系统中存在的用户任务复本等。

6．基础对象子系统的设计

基础对象是实现应有系统所需的基础构造体，如串、数组、队、栈、结构、树等。这类对象在语义上不同于实体、接口及控制对象，因而不属于其他组件。

面向对象的设计是最终利用程序设计语言构造应有系统的基础，其过程具有很强的技巧性，需要丰富的经验才能把系统分析阶段对需求的描述转化为目标系统的蓝图。设计阶段的主要工作集中在交互图的开发上，但其最终结构都体现在设计类图中。因此，设计类图是面向对象设计的核心，是呈现设计结果的重要模型。

6.5 物流管理信息系统的设计报告

完成上述总体设计和详细设计后，即使编程人员没有参与系统分析与设计工作，也可以根据系统设计报告理解用户的需求，完成系统开发工作。系统设计报告是系统设计阶段的重要成果，是新系统的物理模型，也是系统实施的重要依据。

6.5.1 概述

概述包括管理信息系统的功能、设计目标及设计策略，概括说明系统开发的背景、工作条件及约束、应用资料与专门术语，并对系统设计目标及策略进行说明；该系统（项目）的开发者、用户，系统与其他系统的关系；系统的安全和保密限制。

6.5.2 系统总体设计方案

1．总体设计方案
总体设计方案包括网络设计、系统平台设计和计算机处理流程设计的方案。

2．详细设计方案
详细设计方案包括模块设计、代码设计、输入/输出设计、数据库设计、功能模块设计与处理过程设计的具体设计方案。

3．下一阶段实施计划及时间安排
对下一阶段的任务分解，制订下一阶段任务的人力资源、资金资源和时间安排计划。

6.6 物流管理信息系统的系统实施

系统实施是物流管理信息系统开发的最后一个工作阶段。物流管理信息系统的实施是将系统设计的结果付诸实践，是根据用户确认的设计方案，实现具体的应用系统，建立计算机硬件环境和软件环境、建立网络环境、建立数据库文件、编写和调试计算机程序、组织系统测试和各类人员的培训、完成系统的切换并最终交付使用以及对系统的运行维护与评价。

6.6.1 软硬件购置

软硬件的实施是围绕系统开发所需的软件工具和硬件设备进行购置，包括计算机系统

的获取、网络系统的获取以及软件工具的选取。

1．计算机系统的获取

计算机技术发展迅速，在进行计算机系统硬件选择时不能只考虑技术或性能的先进性或价格的经济性，而要遵守一定的原则。首先应该考虑计算机系统的性价比是否合适。根据系统分析阶段和系统设计阶段确定的管理信息系统对计算机硬件性能的需求来选择合适品牌、合适性能的计算机系统。其次应该考虑计算机系统要有一定的可扩充性。随着外界环境和技术的发展，企业的经营环境也会发生相应的变化，在选择硬件时要留有一定的可扩充性来应对企业环境变化的影响。最后还要考虑供应商的售后服务和技术支持。管理信息系统投入大，硬件的使用年限长，一定要有供应商的售后服务和技术支持，才能保证硬件系统日常的正常运行。

2．网络系统的获取

物流管理信息系统的网络建设主要包括局域网建设和广域网建设两部分。

局域网通常是指一定范围内的网络，可以实现楼宇内部和邻近的几座大楼之间的内部联系。网络实施和改造首先要在新建网络、改造网络、自建或外包等方案中进行选择，确定具体方案后再进行通信设备的购买和安装。

广域网设备之间的通信通常利用公共电信网络，实现远程设备之间的通信。广域网建设中主要考虑传输网络的取得（传输方式的选择、线路的租赁）、网络设备的获取等；广域网的建设可以自建，也可以承包给系统集成商。

网络系统的获取还包括网络通信设备的订购、机房的准备和设备的安装调试等工作。

3．软件工具的选取

软件工具的选取主要完成的工作有：选择开发方式、选择开发工具及数据库产品。

软件工具有很多种，有图形绘制工具、数据库管理系统工具、UML 建模工具、需求分析工具、软件开发工具等。开发人员根据用户需求和开发习惯选取合适的软件工具。在选择软件工具时首先考虑处理问题的性质，管理信息系统是以处理数据为主的，因此应选择数据处理能力强的语言。其次要考虑计算机的软硬件与所选语言在相应机器上所能实现的功能。有的程序设计语言尽管在文本的规定上具有较强的语言功能，但限于具体的计算机条件（大型机、小型机、微型机，计算机的内存容量等条件），其功能不能全部实现。即使有的语句功能实现了，但其实际处理能力和效率可能有所下降，如最大文件个数、文件的类型、数字的精度等。另外还要考虑系统的可维护性和可移植性。最后要分析用户对计算机语言的掌握程度，选择用户较为熟悉或易于学习、易于应用的语言，便于用户维护。并且要考虑语言本身结构化程度的好坏，便于系统的维护和修改。

如果采用委托或外包的方式进行开发，一定要确定供应商的售后服务和技术支持。

6.6.2　程序设计

1．程序设计的原则

在进行程序设计时为了保证编程工作的质量，应遵循以下原则。

（1）可靠性原则

系统运行的可靠性是十分重要的，系统的可靠性指标在任何时候都是衡量系统质量的首要指标。可靠性指标可分解为两个方面：一方面是程序或系统的安全可靠性，如数据存取的安全可靠性、通信的安全可靠性、操作权限的安全可靠性等，这些工作一般都要靠系统分析和系统设计时来严格定义；另一方面是程序运行的可靠性，这一点只能靠调试时严格把关来保证编程工作的质量。

（2）可维护性原则

程序在其运行期间，往往会暴露出一些隐含的问题，需要及时进行修复；另外用户也可能提出一些新的需求，这就需要对程序进行修改或补充，进一步完善；还可能由于计算机软硬件的更新换代，应用程序也需要做相应的调整或移植。一般管理信息系统的应用程序都要运行 3～10 年的时间，这就需要大量的维护工作。在程序设计时，尽量保持程序各部分的相对独立，这样在维护或修改此部分时对其他模块的影响不大，就大大减小了维护工作量。

（3）可理解性原则

程序不仅要求逻辑正确，计算机能够执行，而且应当层次清楚、简单明了，便于他人理解。程序维护的工作量很大，系统维护和系统设计往往不是同一个人来完成的，只有程序的可理解性强，才能在维护时便于他人读懂程序，提供维护的方便。

（4）规范性原则

规范性要求程序设计过程中的书写格式、变量的命名等都按照统一规范进行，这样对于今后程序的可理解性、可维护性都非常重要。

2．程序设计的方法

在系统设计阶段，已经对系统的总体结构、代码、数据库结构、输入/输出形式、功能模块及其处理过程进行了设计。一旦这些确定了之后，就可以考虑具体的程序编制问题了。

程序设计的主要任务是对结构图中各个模块内部处理过程和算法进行描述，基本功能是指明控制流程、处理功能、数据组织等方面的实现细节，从而在编码时能把对设计的描述直接翻译为程序代码。

（1）Jackson 程序设计方法

Jackson 程序设计方法以数据结构作为程序设计的基础，强调对问题解的组合而不是分解。基本思想是使程序结构和问题结构相对应，即与数据结构相对应。Jackson 程序设计方法最适合在详细设计阶段使用，即在完成系统结构图之后的阶段来运用该方法。

（2）Warnier 程序设计方法

Warnier 程序设计方法也被称为逻辑构造持续法。Warnier 程序设计方法的原理和 Jackson 程序设计方法类似，也是从数据结构出发设计程序，但是这种方法的逻辑更严格。

Warnier 图和 Warnier 程序设计方法的特点是简单易学、逻辑性强、图形表示清晰、易于表达层次结构和进行分解、既能描述程序结构又能描述数据结构、易于计算机来绘制和处理。

（3）速成原型法式的程序设计方法

这是速成原型法在程序设计阶段的一种应用。具体实施方法和过程是：

① 首先将 HIPO 图中类似的带有普遍性的功能模块集中。这些模块，如菜单模块、报表模块、查询模块、统计分析和图形模块等，几乎是每个子系统必不可少的。

② 然后再去寻找有无相应、可用的软件工具。如果没有，就可以考虑开发一个能够适合各子系统情况的通用模块工具，然后用这些工具生成这些程序的模型原型。

③ 如果 HIPO 图中有一些特定的处理功能和模型，而这些功能和模型又是现有工具不可能生成出来的，则再考虑编制一段程序加进去。

利用速成原型法式的程序设计方法和工具可以很快地开发出所要的程序。

（4）面向对象程序设计方法

面向对象程序设计方法一般应与面向对象的系统设计所设计的内容相对应。这是一个简单直接的映射过程，即将面向对象的系统设计中所定义的范式直接用面向对象程序设计语言，如 C++、Java 等来取代即可。例如，用 C++ 中的对象类型来取代面向对象的系统设计范式中的类或对象，用 C++ 中的成员函数和方法来取代面向对象的系统设计范式中的处理功能等。

如果在系统分析和设计阶段使用面向对象的系统设计之后，那么，在系统实现阶段运用面向对象的系统设计的优势巨大，是其他方法所无法比拟的。

（5）算法描述语言

算法描述语言是一种具体描述算法细节的工具，它只面向读者，不能直接用于计算机。算法描述语言在形式上非常简单，它类似程序语言，因此非常适合那些以算法或逻辑处理为主的模块功能描述。

算法描述语言的语法不是十分严格的，它主要由符号与表达式、赋值语句、控制转移语句、循环语句、其他语句构成。符号命名、数学及逻辑表达式一般与程序书写一致。赋值用箭头表示。语句可有标识，标识可是数字也可是具有实际意义的单词。

6.6.3　系统测试

程序和系统测试的目的是保证系统运行的正确性及有效性，发现程序和系统中可能存在的任何错误，并及时予以纠正。

测试中要严格核对计算机处理和人工处理的两种结果。通常是先校对最终结果，发现错误再回到相应中间结果部分校对，直到基本确定错误范围。

1. 系统测试的过程

系统测试的过程也得益于结构化系统设计和程序设计的基本思想，采用由小到大、分步骤、分层次的调试步骤，可以比较容易地发现编程过程中的问题。因此，测试分为单元测试、组装测试、确认测试和系统测试四个过程来完成。

（1）单元测试

单元测试主要是以模块为单位进行测试，即测试已设计出的单个模块的正确性。单元测试的主要内容包括模块接口，即对被测的模块，信息能够正确无误地流进流出；数据结构，即在模块工作过程中，其内部的数据能够保持完整性，包括内部数据的内容、形式及相互关系是否正确；边界条件，即测试输入范围的上限、下限及其附近值，以确保系统能够正确处理边界情况；覆盖条件，即模块的运作能否达到满足特定的逻辑覆盖；出错处理，即模块在工作中发生错误时，其中的出错处理措施是否有效。

（2）组装测试

在每个模块完成单元测试后，需按照设计时做出的结构图，把它们连接起来，进行组装测试。组装测试的内容包括各模块间是否有错误的连接；能否保证数据有效传输及数据的完整性和一致性；人机界面及各种通信接口能否满足设计要求；能否与硬件系统的所有设备正确连接。

（3）确认测试

组装测试完成后，在各模块接口无错误并满足商家设计要求的基础上，还需进行确认测试。确认测试的主要内容有功能方面应测试系统输入、处理、输出是否满足要求；性能方面应测试系统的数据精确度、时间特性、适应性等是否满足设计要求；其他限制条件的测试，如可使用性、安全保密性、可维护性、故障处理能力等。

（4）系统测试

在软件完成确认测试后，应对软件与其相关的部分或全部软硬件组成的系统进行综合测试。系统测试的内容包括对各子系统或分系统之间的接口正确性的检查和对系统的功能、性能的测试。

2．系统测试的方法

系统测试的方法可以分为人工测试和机器测试两种。

人工测试是采用人工方式检查程序的静态结构，找出编译程序不能发现的错误。组织良好的人工测试可以发现程序中 30%～70% 的编码和逻辑设计错误，从而减少机器设计的负担，提高整个测试工作的效率。人工测试采用的方法有个人复查，即源程序编写完成后，由程序员自己进行检查；走查，即由 3～5 个没有参与编程工作的人员组成测试小组，扮演计算机的角色，将测试数据输入系统并跟踪监视程序执行情况，以发现程序中的错误；会审，即将走查的结果填写检测表，在会审时逐个阅读讲解程序，测试人员逐个审查、提问、讨论可能产生的错误。这三种方式一般结合起来应用效果较好。

机器测试是运用事先设计好的测试用例，执行被测试程序，对比运行结果和预期结果的差别以发现错误。机器测试有黑盒测试和白盒测试两种。

（1）黑盒测试

黑盒测试是指测试者把程序看成是一个黑盒子，在完全不考虑程序内部结构和特性的情况下，测试软件的外部特性。根据软件的需求规格说明设计测试用例，从程序的输入和输出特性上测试其是否满足设定的功能。常用的方法有等价类划分法、边值分析法等。

（2）白盒测试

白盒测试也称结构测试，是将软件看作一个透明的白盒子，按照程序的内部结构和处理逻辑来选定测试用例，对软件的逻辑路径及过程进行测试，检查它与设计是否相符。逻辑覆盖法是白盒测试的主要方法。

3．系统测试的注意事项

程序测试就是在计算机上以各种可能的数据和操作条件对程序进行试验，找出存在的问题加以修改，使之完全符合设计要求。在测试时用到的数据量要充分，数据类型齐备，各种"边值""端点"都应该调试到；而且系统程序的测试要做到穷举测试，即程序运行的各个分支都要调试到；另外还要做到操作测试，即从操作到各种显示、输出应全面检查，检查是否与设计要求一致，最后要核算所有的计算结果。

6.6.4 系统转换

系统转换的任务是以新系统替换老系统的过程，即老系统停止使用，新系统开始运行的过程。具体的转换方式有直接转换、并行转换和分段转换三种，如图 6-10 所示。

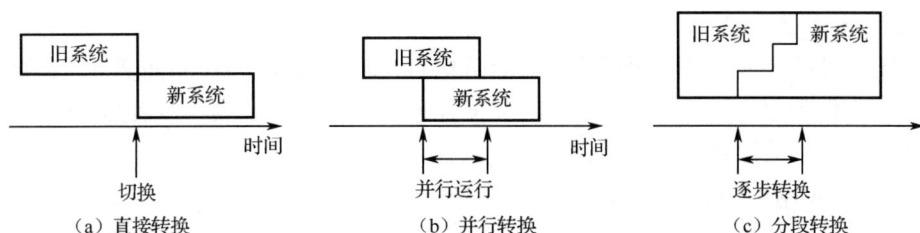

图 6-10 系统的具体转换方式

1. 直接转换

直接转换即老系统停止运行的某一时刻，新系统立即开始运行。该转换方式的优点是转换简便，节省费用，其缺点是风险较大。

2. 并行转换

并行转换是指新老系统并行工作一段时间，经过这段时间的考验后，新系统正式替代旧系统，其优点是安全保险，缺点是费用较高，增加了用户的工作量。

3. 分段转换

新系统正式运行之前，分阶段一部分一部分地替代老系统。这样做可避免直接转换的风险，又可以避免并行转换的双倍费用，但是不足之处是接口多，新旧系统不一定能够兼容。

4. 系统转换的准备工作

（1）数据准备

数据准备是将老系统的文件、数据加工成符合新系统要求的数据，其中包括历史数据的整理，数据资料的格式化、分类印编码以及个别数据及项目的增、删、改等。系统初始化包括对系统的运行环境和资源的设置、系统运行和控制参数设定、数据加载以及调整系统与业务工作同步等内容。

（2）文档准备

总体规划、系统分析、系统设计、系统实施、系统测试等各项工作完成后，应有一套完整的开发文档资料，这套资料记录了开发过程的开发轨迹，是开发人员工作的依据，也是用户运行系统、维护系统的依据。在系统运行之前要将这套文档资料准备齐全，形成正规的文件。

（3）用户培训

用户培训可以根据实际需要采取不同的方式进行，如面对面培训，或实际系统的操作演示等。培训的内容包括系统的整体结构和系统概貌、系统分析设计思想和每一步的考虑、计算机系统的操作和使用、系统所用的主要软件工具、输入方式和操作方式、文档资料的分类及检索方式、数据收集和统计渠道、统计口径、可能出现的故障及排除方法等。

6.6.5 系统维护

1．程序的维护

在系统维护阶段，可能会发现程序中的错误，需要更改一部分程序；或者随着用户对系统的熟悉，提出了更高的要求，系统的部分程序也需要改进；也可能是因为外部的环境发生了变化，部分程序需要修改。

2．数据文件的维护

当系统涉及的企业业务发生了变化导致数据有比较大的改变后，就需要建立新的文件，或者对现有文件的结构进行修改。这时就要安装一个新的转换数据库或者是在数据库文件出现大规模的溢出情况之后进行数据的维护。

3．代码的维护

随着环境的变化，企业运营环境也会发生变化，业务对信息会有新的要求出现，管理信息系统必须进行修改，需要新的代码。代码维护的困难主要是新代码的设计使用，各个部门需有专人负责管理，保证其正常运行。

4．硬件的维护

机器的故障需要维修，机器损坏或陈旧需要更新等都需要进行维护。硬件维护应当由硬件技术人员完成，但要注意保护数据。

6.6.6 系统评价

系统评价主要是指系统建成并经一段时间的运行后，要对系统目标与功能的实现情况进行检查，并与系统开发中设立的系统预期目标进行对比，及时写出系统评价报告。

管理信息系统建成并投入运行一段时间以后，需要对其功能目标、技术性能、应用效果等进行评价，以指出系统的长处与不足，为以后的改进与推广提出意见。随着全社会信息化程度的不断提高，各种信息系统大量涌现，对其评价工作提出了更高的要求，分析评价管理信息系统的优劣存在许多不确定因素，情况复杂，因此管理信息系统评价是一项难度较大的工作。

1．物流管理信息系统评价的内容

系统的评价主要从技术性能和系统的效益两方面进行评价。

（1）技术性能的评价

对系统技术性能的评价的主要内容有系统的总体技术水平、系统的功能覆盖范围、信息系统资源开发与利用的范围与深度、系统本身的质量、系统的安全性和保密性、系统稳定的完备性等。

（2）系统的效益评价

对系统的效益评价可以分为直接效益评价和间接效益评价。直接效益包括系统的投资额、系统运行费用、系统运行带来的新增效益、投资回收期等；间接效益包括企业形象的改变、员工素质的提高、管理水平的提高、业务重组与流程优化、制造资源的合理利用、组织结构改革所起的作用、基础数据的规范与及时充分利用的效果等。直接效益容易计算，间接效益在评价时容易低估或高估，估算有一定难度。

2．物流管理信息系统评价的指标体系

物流管理信息系统投入运行后要不断地对其运行情况进行分析评价，以此作为系统维护、更新以及进一步开发的依据。系统运行评价的指标包括系统预定目标的完成情况、系统运行的实用性和系统设备运行效率的评价三个部分。

系统预定目标的完成情况包括对照系统目标和组织目标检查系统建立后的实际情况：是否满足了科学管理的要求，各级管理人员的满意程度如何，有无进一步的改革意见和建议；为完成预定任务，所付出的人力资源、资金资源、物资资源以及时间安排是否在规定的范围之内；开发过程是否规范，各阶段文档是否齐备；系统的可维护性、可扩展性、可移植性如何；系统内部各种资源的利用情况。

系统运行的实用性的评价包括系统运行是否稳定可靠；系统的安全保密性能如何；用户对系统操作、管理、运行的满意程度如何；系统对误操作保护和故障恢复的性能如何；系统功能的实用性和有效性如何；系统运行结果对组织各部门的生产操作、决策的支持如何；系统运行结果的科学性和实用性如何。

系统设备运行效率的评价包括设备运行效率如何；数据输入、处理、传递、输出的速度是否匹配并满足用户需求；各类设备资源的负荷是否平衡，利用率如何。

本章小结

本章介绍了物流管理信息系统的设计、实施、运行与维护的内容。结构化系统设计的任务包括系统的总体设计、各部分的详细设计、系统实施进度与计划的制订、"系统设计说明书"的编写。面向对象系统设计也包括系统总体设计和系统详细设计。系统总体设计的内容主要是把系统划分为多个子系统，并描述子系统之间的依赖性。系统详细设计主要决定实现过程中使用的类和关系的全部定义，以及用于实现操作的各种方法和接口。系统设计的依据是系统分析的成果、现行技术、用户的使用要求、系统运行环境。系统设计中的总体设计包括网络设计、系统平台设计、计算机处理流程设计；详细设计包括代码设计、数据存储设计、输入/输出设计、功能模块与处理过程设计。面向对象的物流管理信息系统设计包括识别接口对象和控制对象、系统结构设计。设计结束后撰写物流管理信息系统设计报告，作为下一阶段工作依据。物流管理信息系统的系统实施包括软硬件购置、程序设计、系统测试、系统转换、系统维护的工作。系统运行一段时间后要对系统进行评价，系统评价的内容包括技术性能的评价和系统的效益评价。系统运行评价的指标包括系统预定目标的完成情况、系统运行的实用性和系统设备运行效率的评价三个部分。

思考题

1．对物流管理信息系统进行系统设计的主要依据是什么？
2．物流管理信息系统的总体设计包括哪些内容？
3．代码设计的原则是什么？
4．数据存储设计的内容包括哪些？
5．输入设计的原则是什么？

6. 功能模块设计的内容是什么？

7. 面向对象的物流管理信息系统设计的内容是什么？

8. 系统转换有哪几种方式？并比较其优缺点。

9. 系统维护的内容有什么？

10. 系统评价的内容有什么？

案例分析

广州广日物流有限公司：物流移动办公平台

1. 企业简介

广州广日物流有限公司是广州广日股份有限公司旗下国有控股的中外合资企业。公司注册资金 1256.7874 万美元，总资产达到 4 亿元人民币。公司业务从传统的物流业务发展为以信息管理为依托，提供运输、仓储、包装、配送、流通加工、商贸物流、物流解决方案设计、供应链优化、信息咨询等综合物流服务。

2. 项目建设背景及需要解决的突出问题

随着工业 4.0 时代的到来，社会对制造业、服务业要求越来越高，精细化管理是公司未来提高竞争力的主要方向之一，随着移动互联网的高速发展，移动端的市场占有率远超PC 端，这也预示着移动时代开始"火"起来，移动端的便捷性跟普遍性形成了不可替代的优势，抓住信息技术的主流，使用移动端替代 PC 端作业，优化公司流程，进行精细化管理，提升服务水平，对公司而言具有重大意义。同时，随着业务量不断增加，现存的 WMS与 TMS 已经无法满足业务部门的需求，在系统数据的连贯性、任务通知的即时性、剩余仓位管理的准确性、作业人员工作的高效性等方面，业务部门均提出了迫切需求，希望通过更现代化的 IT 系统来辅助业务流程及升级管理流程。基于此项目的，广州广日物流有限公司开始进行物流移动办公平台的建设，主要解决数据采集、工作任务清晰、工作任务及时分配和工作任务看板可视化的问题。

该项目将针对以下突出问题进行解决：

① 成品运输和仓储的所有信息数据采集均靠数据员通过电脑或者手持 PDA 输入完成。电脑输入数据延迟性非常大，会导致信息数据失真；手持 PDA 非常贵，而且手持 PDA携带不方便，功能也较少，每一个人配备一款手持 PDA 进行工作也不现实，无法满足工作的需求，数据采集不能够做到精确实时。而公司手机移动端程序功能非常薄弱，对业务的支持比较少，针对苹果手机则没有支持。

② 成品运输和仓储的现场工作人员的工作内容基本没有信息系统支持，需要通过人工方式进行任务分配和跟踪，工作任务执行情况无法及时获取，资源的利用有优化的空间。

③ 成品运输和仓储的管理人员无法通过信息系统实时了解现场工作人员的任务状态及现场各项计划的执行情况，工作模式还较为落后。

④ 公司自有车辆使用 GPS 进行跟踪，但是外协车辆是由各外协自行跟踪后在外协作业平台上进行人工导入的方式进行跟踪的，方式落后且不可控，无法满足日益提升的客户需求。

3. 物流移动办公平台系统介绍

物流移动办公平台将系统延伸至一线终端操作者，提倡精细化管理，采用任务推送机制，工作人员在工作台内即可查看现在与未来的任务清单，以便及时做好时间调整，提高各个岗位的工作协同性。同时，工作数据被大批量采集，为公司进行生产效率提升、客户服务水平提升提供帮助，深度提升核心竞争力。

（1）总体架构

物流移动办公平台采用接口方式与原有系统进行对接，本身建设计划管控体系，利用不同的终端完成任务协同作业（见图 6-11）。

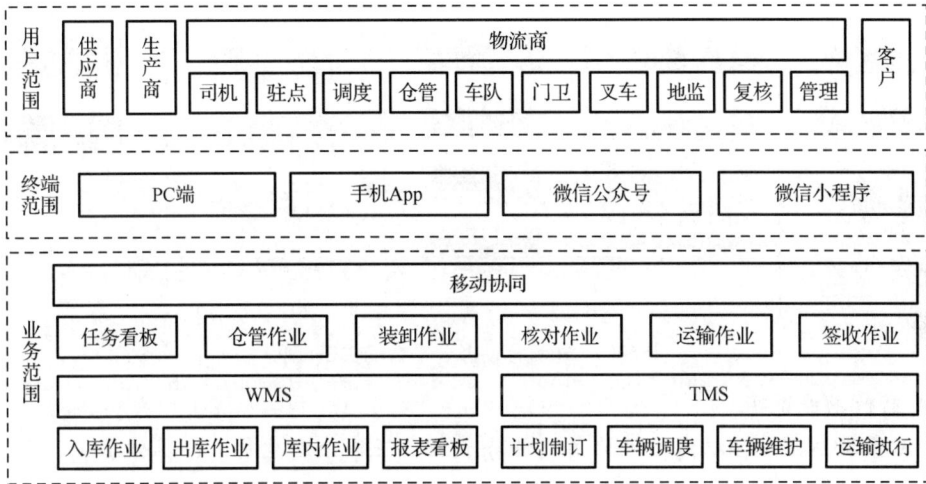

图 6-11　物流移动办公平台的总体架构

（2）系统介绍

① 功能介绍。

物流移动办公平台以仓储和运输的任务操作为重要组成部分，部分功能模块如图 6-12 所示。

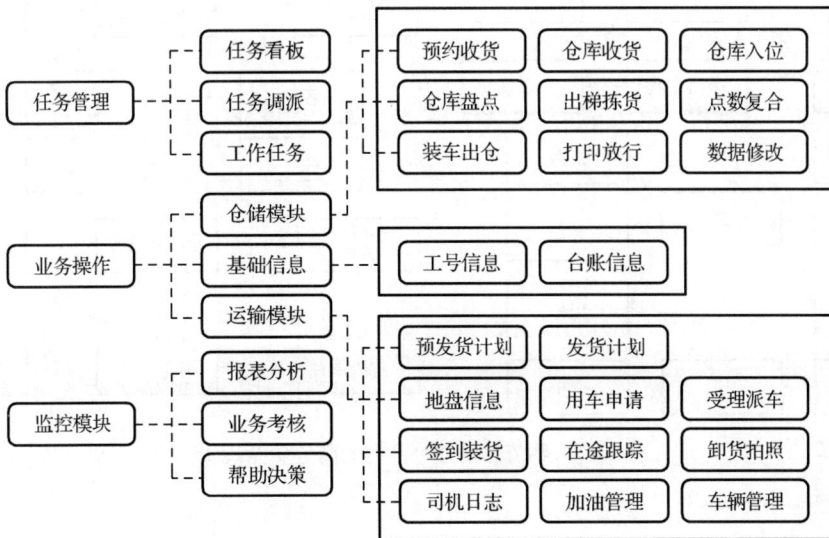

图 6-12　物流移动办公平台部分功能模块

② 关键流程。

物流移动办公平台从计划开始，经过调度、仓储、运输到最后的签收，均纳入精细化管控范畴，将任务细化至每个终端操作者，达到精细化管理的目的（见图6-13）。

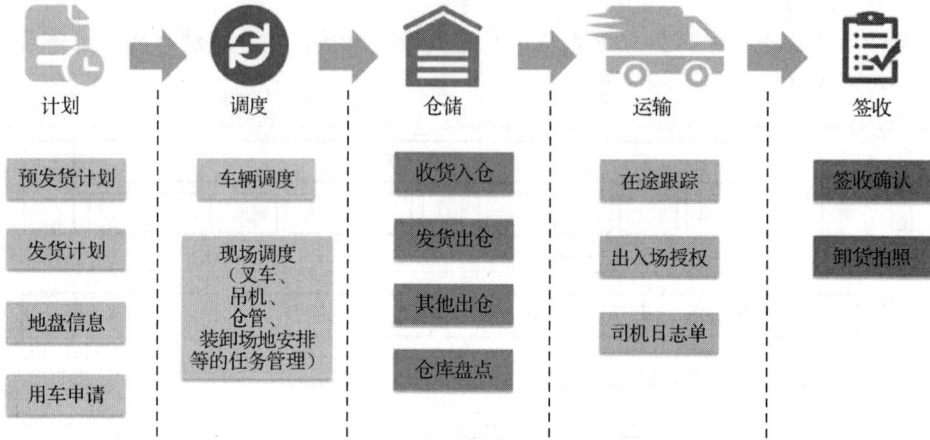

图 6-13　物流移动办公平台的关键流程

③ 岗位功能说明。

物流移动办公平台以岗位作为角色任务节点，任务分发至每一个具体员工，形成每一个员工特有的任务界面和工作台。岗位功能说明如图6-14所示。

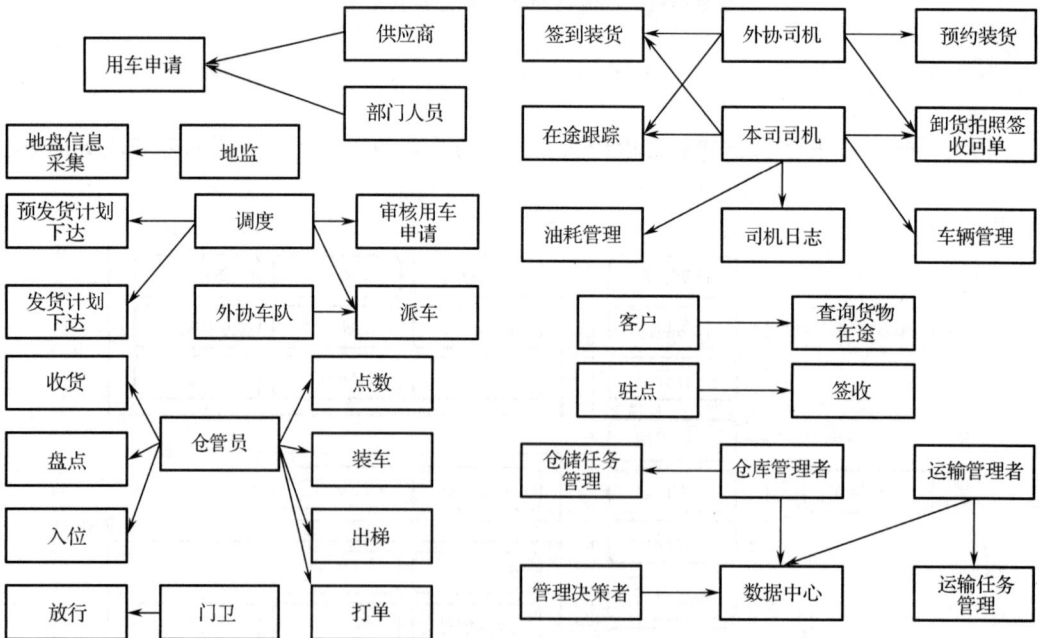

图 6-14　物流移动办公平台的岗位功能说明

（3）效益分析

① 经济效益。

● 物流移动办公平台将使用者从传统的电脑端解放出来，操作者得到了生产力的解

166

放，人员工作效率得到明显提升，相关岗位产出增加 10%以上。

● 物流移动办公平台可以在安卓端和苹果端使用，代替了传统的旧式手持 PDA 设备，甚至部分岗位可以使用手机进行办公，无须采购手持 PDA，相关设备成本支出减少近百万元。

● 由于任务的流转可以逐步替代纸质单据的流转，预计无纸化办公的推行可以减少相关成本。

● 物流移动办公平台提供了完善的在途跟踪方案，减少了货物在途跟踪的相关成本。

② 管理效益。

● 物流移动办公平台改变了旧的业务操作方式，从旧的粗放式向精细化管控转变，业务管控水平达到了全新的水平，为公司进行流程监控、流程优化提供有效的数据支持。

● 建立了相关的 KPI 考核标准，对重要业务节点进行有效的数据统计，为公司进行 KPI 考核提供重要帮助。

● 物流移动办公平台向客户提供物流环节透明化查询服务，客户随时随地可以查询货物的物流状态，公司客户服务水平得到明显提升。

● 物流移动办公平台将物流环节的各方资源统一，将资源一目了然的摆放在用户的面前，让公司整体物流效率得到了极大的提升。

③ 社会效益。

● 物流移动办公平台提供了无纸化办公的实际落地案例，为推进绿色环保做出了贡献。

● 物流移动办公平台建立了通用、标准的物流仓库人、车、物管控方案，具有极大的社会推广价值。

● 物流移动办公平台减少了车辆等待时间，车辆对社会道路、停车场的资源占用得到了降低。

相信经过上述改进后，物流移动办公平台能够为广州广日物流有限公司的发展提供坚实的支持及保障。

思考题

1. 广州广日物流有限公司对移动办公平台的系统设计做了哪些工作？
2. 广州广日物流有限公司的移动办公平台的评价指标体系是什么？

第 **7** 章

物流管理信息系统的项目管理

导入案例

川航物流供应链管理信息平台

四川川航物流有限公司（以下简称"川航物流"）成立于 2016 年，其前身为川航物流部，改制成为川航的全资子公司。川航物流总部设立于双流国际机场，主营航空物流业务，现有员工 800 余人，日均运输货物邮件 600 余吨，凭借国内最大的全空客机队和年均 10 余架飞机的增速，以及 2019 年全货机的加入，已成为西南地区主要的航空货运企业。川航物流以现代物流理念为指导，在经营国际/内航空货邮运输业务的基础上，建设航空枢纽通道、集成空地联运网络、导入在途跟踪技术、创建特色电商平台等多措并举，以需求为导向延伸服务品牌，力争成长为西南地区的"飞机+"航空物流需求服务商。

长期以来，川航物流为中西部地区众多大中型客户提供门到门运输服务，即汽运上门揽货—空运—汽运配送，优质的服务赢得多家客户的认可，并随之与川航物流建立长期合作关系。随着业务量不断增长，原有经营管理模式已无法满足业务发展需求。川航物流急需建设一套先进的信息系统，取代繁杂的人工操作，充分释放生产力，提升客户服务水平。在此背景下，川航物流"供应链管理信息平台"应运而生。

在系统建设之前，川航物流对"供应链管理信息平台"的定位是：以满足当前空地协同运输服务要求为基础，以着力打造能支撑川航物流角逐三方物流领域的信息化平台为目标。川航物流前期规划定位和充分准备，制订了详细的系统实施计划，如图 7-1 所示。

系统实施主要分项目准备、蓝图设计、系统实现、上线准备、上线与支持几个阶段。根据每个阶段工作量的大小以及前后顺序的依赖关系形成了图 7-1 所示的实施计划图。由于实施计划制订清晰、合理，使得该计划实施过程可控可调，系统建设实施过程基本顺利。

系统上线后，虽然在很多方面给业务带来了操作简化和效率提升的成效，但是由于系统化操作引入的业务规范性要求，给现场操作管理人员带来一些额外工作，所以在系统上线前期并未能进行业务全流程推广使用，在一定程度上削弱了系统的作用。在充分了解到问题症结后，川航物流系统开发人员采取的措施是，对系统相关的业务操作人员进行深入的系统作业培训，让其充分了解系统的每一个环节和每一步操作，以便在使用过程中能尽量精准地找出需要优化和改进的地方，然后对问题点进行有针对性的系统优化改造，尽可能地让系统操作能快捷简便，满足用户要求。目前系统已全面铺开，系统使用部门反馈良好。

序号	任务名称	开始	结束	2021/4	2021/5	2021/6	2021/7	2021/8	2021/9	2021/10	…
1	项目准备	2021/4/8	2021/4/15								
2	蓝图设计	2021/4/16	2021/5/8								
3	系统实现	2021/4/20	2021/8/17								
4	□ 上线准备	2021/5/1	2021/9/23								
5	门户功能+订单管理	2021/5/1	2021/6/19								
6	核心应用功能	2021/5/30	2021/8/26								
7	升级功能	2021/8/20	2021/9/23								
8	上线与支持	2021/8/16	2021/10/9								

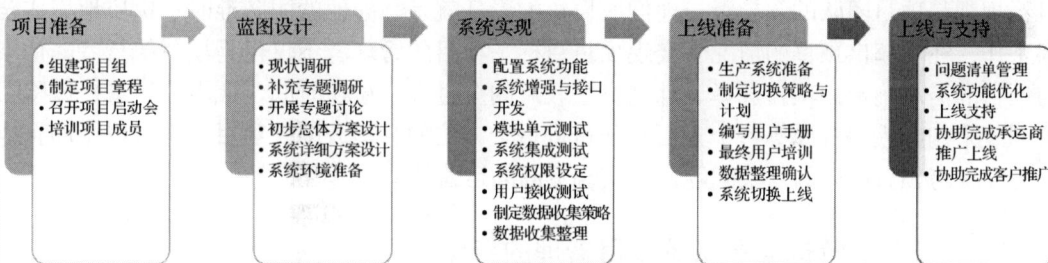

项目准备
- 组建项目组
- 制定项目章程
- 召开项目启动会
- 培训项目成员

蓝图设计
- 现状调研
- 补充专题调研
- 开展专题讨论
- 初步总体方案设计
- 系统详细方案设计
- 系统环境准备

系统实现
- 配置系统功能
- 系统增强与接口开发
- 模块单元测试
- 系统集成测试
- 系统权限设定
- 用户接收测试
- 制定数据收集策略
- 数据收集整理

上线准备
- 生产系统准备
- 制定切换策略与计划
- 编写用户手册
- 最终用户培训
- 数据整理确认
- 系统切换上线

上线与支持
- 问题清单管理
- 系统功能优化
- 上线支持
- 协助完成承运商推广上线
- 协助完成客户推广

图 7-1　川航物流"供应链管理信息平台"系统实施计划图

案例思考

1. 图 7-1 的系统实施计划包括"供应链管理信息平台"项目实施的哪些计划？
2. 你认为在项目实施计划制订时还应该包括哪些方面的计划？

学习目标

1. 理解项目管理的概念、特点和内容。
2. 掌握物流管理信息系统项目管理的特点。
3. 掌握物流管理信息系统项目管理的主要内容。
4. 理解项目选择的原则及步骤。
5. 掌握项目评估的方法。
6. 掌握甘特图和计划评审技术的使用。
7. 理解物流管理信息系统项目的组织与人员配备。

7.1 物流管理信息系统项目管理概述

7.1.1 项目管理的概念

项目管理是指在项目活动中运用专门的知识、技能、工具和方法，使项目能够在有限资源的限定条件下，实现或超过设定的需求和期望的过程。项目管理是对一些成功地达成一系列目标相关的活动（譬如任务）的整体监测和管控，包括策划、进度计划和维护组成项目的活动的进展。

按照传统的做法，当企业设定了一个项目后，参与这个项目的至少会有好几个部门，包括财务部门、市场部门、行政部门等，而不同部门在运作项目过程中不可避免地会产生摩擦，须进行协调，而这些无疑会增加项目的成本，影响项目实施的效率。

而项目管理的做法则不同。不同职能部门的成员因为某一个项目而组成一个团队，项目经理则是项目团队的领导者，他们所肩负的责任就是领导他的团队准时、优质地完成全部工作，在不超出预算的情况下实现项目目标。项目的管理者不仅仅是项目执行者，他参与项目的需求确定、项目选择、计划直至收尾的全过程，还在时间、成本、质量、风险、合同、采购、人力资源等各个方面对项目进行全方位的管理，因此项目管理可以帮助企业处理需要跨领域解决的复杂问题，并实现更高的运营效率。

7.1.2 物流管理信息系统项目管理的特点

1．开发周期长，涉及人员广

管理信息系统的开发过程需要经过系统规划、系统分析、系统设计、系统实施等多个环节，一个完整的管理信息系统开发需要 1~2 年甚至更长的时间，这么长的开发周期，导致开发的变数和复杂性加大。而且在整个开发过程中涉及企业用户、相应部门的管理者、系统开发人员、系统维护人员等多方面的人力资源，这个过程的沟通、协调难度大。

2．产品的抽象性

管理信息系统的产品是软件。软件生产及软件产品可见性差，其加工对象是信息而不是物理实体，这给检验、管理带来一定的困难。而且软件是虚拟产品，无论是生产还是维护，工作量都难以定量管理。软件产品的测试是在最后开发完成以后，所以前期的系统分析、系统设计过程的错误很难被发现。

3．系统的目标不精确

对于管理信息系统的开发，在许多情况下，客户一开始只有一些初步的功能要求，给不出明确的想法，提不出非常确切的信息需求。管理信息系统项目的任务范围很大程度上取决于项目组所做的系统规划和系统分析。由于用户方对信息技术的各项性能指标不是太熟悉，所以，管理信息系统项目所应达到的质量要求更多地由项目组来定义，而用户只能是尽可能地审查和确认。

4．用户的需求不断被激发

虽然管理信息系统项目开始做好了系统规划、可行性分析，签订了明确的技术合同，但是随着系统分析、系统设计和系统实施的进行，用户的需求会不断被激发、进一步被明确，从而导致项目进度、费用、程序以及其相关的文档经常需要修改。

5．项目团队决定信息系统的成败

管理信息系统开发项目是智力密集型项目，受人力资源影响最大，项目组的结构、项目组成员的责任心和能力对项目的成功与否起决定作用。由于管理信息系统开发的核心成果——应用软件又是抽象的，如果人员发生流动，没有深入掌握软件知识或缺乏信息系统开发实践经验的人员，是不可能在短时间里做到无缝承接信息系统的后续开发工作的。为了高质量地完成项目，必须充分发掘项目组成员的才能和创造精神，不仅要求他们具有一定的技术水平和工作经验，还要求他们具有良好的心理素质和责任心。

7.1.3　物流管理信息系统项目管理的主要内容

与其他项目的管理一样，信息系统项目的管理属于项目管理的一个分支，管理的内容与普通项目管理一致。鉴于管理信息系统项目开发的特点，计划管理、人员管理、质量管理、风险管理、经费管理是管理信息系统项目管理的重点内容。这几个方面的管理与管理信息系统开发的对应关系如图 7-2 所示。

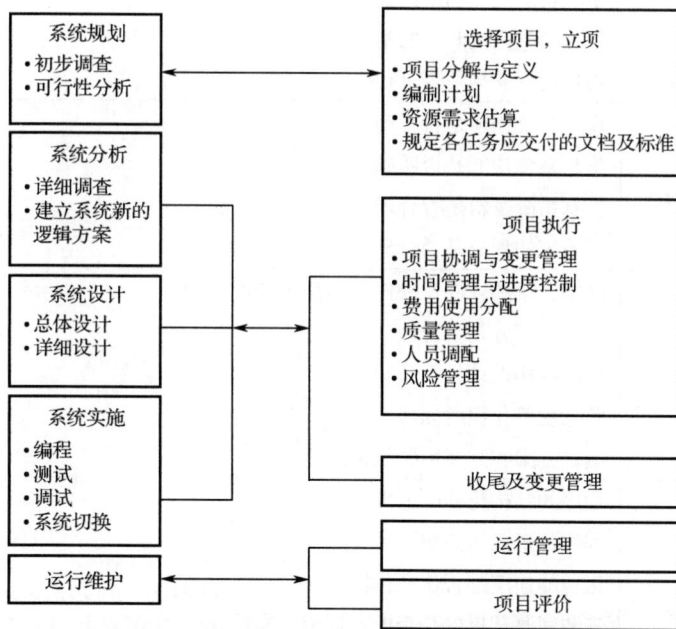

图 7-2　管理信息系统项目管理与管理信息系统开发的对应关系

1．计划管理

为了避免管理信息系统严重超出预算和拖延进度，管理信息系统项目应事先编制好各方面的计划，如进度计划、费用计划、人员安排计划等，便于协调和控制。除此之外，还需要编制一些保证性计划，如质量保证计划、风险管理计划。由于管理信息系统目标存在

不确定性和新需求不断激发，各种计划在制订中应留有一定余量和弹性。在计划管理中常用到的工具是甘特图和计划评审技术等。

2. 人员管理

管理信息系统项目是智力密集型项目，其成败跟人员有很大的关系。在整个开发过程中，首先要保证人力资源的平衡。管理信息系统的系统规划、系统分析涉及的人员比较多，后期系统设计和系统实施主要涉及技术人员，在项目开发过程中，要提前做好人力资源的规划，确保每个阶段人力资源的稳定性。另外，管理信息系统项目参与人员多，范围广，所以项目团队的组织和管理非常重要，对项目团队要合理分工，做到职责分明，奖罚严明。

3. 质量管理

管理信息系统项目的质量管理尤为重要。管理信息系统项目的质量管理，不仅仅是项目开发后的最终评价，还是管理信息系统开发过程中的全面质量控制。管理信息系统开发过程中的质量控制点如表 7-1 所示。

表 7-1　管理信息系统开发过程中的质量控制点

开 发 阶 段	质量控制点
系统规划	决策目标和解决手段是否正确、合理
	系统结构是否合理
	系统资源的可利用性如何
	管理信息系统开发的基础是否具备
	项目计划安排是否可行
系统分析	现行系统描述是否正确
	信息系统功能是否明确
	信息系统逻辑是否合理
	子系统的划分是否合理
系统设计	网络方案和软件及硬件选型是否合理
	模块的划分是否合理
	数据结构设计是否合理
	信息规范化程度如何
	测试方案和测试用例是否完整
系统实施	程序的结构化程度怎样
	程序的正确性如何
	运行的速度是否达到目标
	安装和测试报告是否内容规范、完整
	技术指标的考核情况如何

在系统运行以后还要对系统的运行结果进行评价。管理信息系统最终的运行质量的评价可以参见表 7-2 中的指标，企业再根据本身的实际情况制定适合自身的质量评价体系。

表 7-2　管理信息系统的运行质量评价体系

评 价 指 标	指 标 描 述
可用性	目的性：信息系统的功能符合用户需求、效率要求、覆盖范围
	操作性：易于学习，操作简便
	性能：响应速度，吞吐量符合要求
正确性	可靠性：无故障运行
	准确性：数据的完整、准确、精确
	保密性：防止盗用和破坏数据
	恢复性：出现故障后能够自动恢复
适用性	维护性：能够分析故障，及时修正
	扩充性：能够变更、升级和扩充系统
	兼容性：与其他系统集成时能够兼容
	可移植性：可以方便地移植到其他系统环境
	连接性：能够与其他系统连接

　　除了对管理信息系统软件的质量控制，还要有对开发文档、开发人员和用户培训的质量控制，真正做到全面质量管理。

4．风险管理

　　对于管理信息系统开发项目，尽管开始有可行性分析，并有一系列的控制管理措施，但在管理信息系统项目实施过程中，仍有不可预测的风险出现。管理信息系统项目的风险受项目规模、项目结构以及信息系统人员和项目团队的技能高低的影响。

　　项目规模越大，项目的风险也越大。规模巨大的项目复杂程度更大，不易掌控，失败率比其他项目高出 50%～70%。

　　项目如果是结构化的，完成这些项目所需要的条件清晰可见，其运作流程容易把握，这样的项目风险就小。但管理信息系统项目是非结构化的项目，用户的需求不断变化，产品的抽象性等都会影响管理信息系统开发的成功概率。

　　开发人员的技术经验越强，开发项目的风险就越小。

　　对于管理信息系统项目开发的风险管理主要分为风险辨识、风险分析、风险驾驭、风险跟踪四个步骤。在开发项目过程中要借助一定的工具对项目潜在的预算、进度、人力、资源、用户和需求等因素的风险进行识别，对识别出的风险进行进一步确认后，要分析风险是否会发生以及最坏的情况是什么，并确定风险的等级，然后确定风险控制的方法。对识别出的风险在管理信息系统开发项目过程中进行跟踪管理，并根据可能出现的变化，及时修正计划。

5．经费管理

　　管理信息系统开发项目管理的一个关键因素是经费管理。管理信息系统投资较大，经费管理不善，很有可能造成企业资金链断裂。项目管理者可以利用项目经费来有效控制整个信息系统的开发工作，达到事半功倍的效果。应该尽量让项目的任务负责人把责、权、利统一，同时进行适当的调整和控制。管理信息系统项目的开发经费管理要制订两个计划，一个是经费开支计划,主要是计划完成任务所需的资金分配、确定任务的权责和考虑可能的超支情况、系统开发的时间表和经费使用的对应情况;另一个是预测开支计划,主要是估计在不同的时间所需的经费情况、项目完成的百分比、与经费计划相比较等。

7.2 物流管理信息系统开发项目的选择

企业通常可以选择许多不同的项目来解决问题,提高绩效。在一个重要项目上获得适当的甚至很小的一点成功比在一个不重要的项目上获得巨大的成功都更有意义。企业需要筛选其中能带来更大利益的项目,在项目的选择上,符合组织战略计划是最基础的条件。

7.2.1 项目选择的原则

为了正确地选择项目,避免失误,在项目选择过程中一般应遵循下列基本原则。

1. 符合发展战略

战略是通过项目来实施的,每一个项目都应和组织的发展战略有明确的联系,将所有项目和组织的战略方向联系起来是组织成功的关键,项目的选择必须围绕企业发展战略开展,每个项目都应对企业的发展战略作出贡献。

2. 考虑资源约束

项目建议来源于各种需求的变化和解决世界现存问题的动机,很多组织都有超过可利用资源所允许数量的项目建议,日常运作对资源的需求及可用资源的改变、项目依时间的资源消耗等资源约束因素。

3. 优化项目组合

项目选择是对一个复杂的系统进行综合分析与判断的决策过程,其影响因素很多,在选择项目时,应综合考虑各项目(建议)的收益与风险、项目间的联系、组织的战略目标和可利用资源等多种因素,选择最适合的项目组合,使项目组合的整体绩效和价值最大化。

7.2.2 项目选择的步骤

企业必须有能力避免启动那些对企业长期发展并不重要、未与企业发展战略有效整合的项目,以避免有限资源的浪费。企业可以通过建立一套将项目选择与企业战略有机地联系起来的方法,使项目选择与优先级密切关联,确定项目选择的程序与方法,在将企业资源用于某一项目之前,选择程序被用来确定该项目的有效性和可行性,以便企业所选择的任何一个项目都符合其发展战略。

1. 判断项目的必要性

在很特殊的条件下,有些项目"必须"被选中,否则,企业会失败或遭受严重的后果。企业首先应对自身发展的内外部环境进行评估,来确定未来发展所需的资源与技术,以及企业自身面临的约束和困境,来得到某些需要必须实施的项目方案。

2．研究项目的可行性

对于非必要类项目需要进行可行性分析，分析内容为 SWOT 分析以及技术、经济、财务、社会和环境、组织机构的可行性论证。企业可借助于项目外部与内部因素评价矩阵来对项目进行 SWOT 分析，以确定组织当前的战略与其特定的优势与劣势之间的相关程度，以及组织处理和应对外部变化的能力，进而得到对企业发展有利的项目。

3．评定项目的优先级

企业中总是存在经可行性分析合格，但又超过可用资源所允许数量的项目建议，因此，企业需从众多项目中精选项目，以识别出哪些项目具有最大的附加值，进而将稀缺资源分配到比其他替代项目贡献更多价值的那些项目上。这就是一种结构化的项目选择过程，以便将项目和企业战略联系起来，控制稀缺资源使用并平衡风险，组织的生存取决于成功完成这一任务的过程，项目选择的关键是建立与发展战略有机联系的、科学可行的项目优先级评价标准，并为组织的所有成员所认知和使用，具体评价的方法可以是层次分析法、加权因素评价方法等，通过某种评价方法对若干个待实施的项目进行优先级的排序。

4．选定项目

企业领导和专家综合考虑各个项目被评价的优先级、企业可用资源、项目风险、项目之间的依赖性等因素，决定企业将接受或拒绝哪些项目建议。在资源严重受限，项目建议的权重排序彼此类似的少有情况中，应谨慎选对资源要求少的项目，应对每个被选中的项目进行排序，并公布结果，以便保证每个人保持对组织目标的关注，提供有效分配稀缺性资源的依据。

开展评估和选择过程的一个方法就是让评估和选择委员会制定一套评估标准，也可以制定某种类型的评分体系，根据每项标准给每一个项目方案进行评分。通过这样的一个评估过程，将大大增加做出能够带来最大总体收益的最好决策的概率。

一旦做出要利用某个或某些机会的决定，并且想雇用第三方执行该项目，下一步就要准备需求建议书。如果该项目由公司内部的团队来执行，也要准备一份项目需求的文件。

7.2.3　项目评估的方法

1．成本收益分析

成本收益分析是指以货币单位为基础对投入与产出进行估算和衡量的方法。它是一种预先做出的计划方案。在市场经济条件下，任何一个经济主体在进行经济活动时，都要考虑具体经济行为在经济价值上的得失，以便对投入与产出关系有一个尽可能科学的估计。对于需要判断的管理信息系统开发项目，要对备选方案的成本与收益进行分析，当项目的开发周期较长（3 年以上）时，还要考虑资金的时间价值，采用净现值法来分析成本收益情况。成本收益考核的指标主要有净现值、收益率、投资回收期、收益成本比值等财务指标。管理信息系统开发项目的成本和收益预算包含的内容如表 7-3 所示。企业在对相关项目进行评估的时候要对成本和收益进行核算，需要注意的是不能忽略无形收益的核算。通过成本收益的核算来得到相关的财务指标，对评估方案做出评估。

表 7-3　管理信息系统开发项目的成本和收益预算包含的内容

项　目		内　容
成本		软件、硬件、网络通信、人员、服务等的成本
收益	有形收益	生产率的提升、运营成本的降低、人员的削减、计算机开销的降低、外部供应商成本的降低、设备成本的降低等
	无形收益	资产利用率的提高、资源控制的改进、组织计划的改进、组织灵活性的提高、信息质量的提高、组织文化的改进、工作满意度的提高、客户满意度的提高、更好的企业形象等

2．投资组合分析

投资组合分析也是从财务指标方面对管理信息系统开发项目进行评估，所不同的是这种评估方法考虑项目的投资收益与投资风险之间的组合分析。在分析的时候会用到投资组合分析矩阵，如图 7-3 所示。任何管理信息系统开发项目都有各自的风险和收益，通过权衡系统投资风险和回报，企业努力提高信息技术资产的投资组合回报率。高收益、低风险的投资组合确实是最理想的系统，这是投资的首选项目；高收益、高风险的项目要经过慎重考虑，仔细审核才能确定；低收益、高风险的项目企业一般不予考虑；低收益、低风险的项目在选择时也要慎重，因为这种项目的生命周期一般很短。

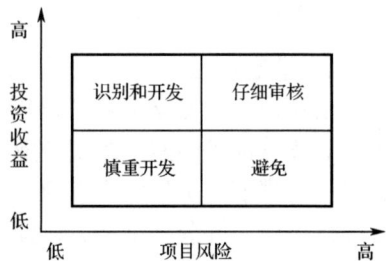

图 7-3　投资组合分析矩阵

3．加权因素法

如果在进行项目选择的时候需要考虑的因素比较多，除财务指标以外还需要考虑管理指标（对决策的重要性、对企业竞争力的支持、对企业目标的支持等）、系统开发指标（项目完成的可行性等），这时可以采用加权因素的方法对待选方案进行评价。加权因素法是指把项目开发方案的各种影响因素（定性、定量）划分成不同等级，并赋予每一个等级一个分值，以此表示该因素对备选项目方案的满足程度，同时，根据不同因素对备选方案的影响和重要程度设立加权值，计算出布置方案的评分值，根据评分值的高低评价方案的优劣。例如表 7-4 即为对管理信息系统两个开发项目的加权因素计算实例。通过加权因素的得分计算，丙方案最终得分最高，因此企业应该优先选择丙方案进行实施。

表 7-4　加权因素法计算实例

因　素	权　重	甲得分	总　分	乙得分	总　分	丙得分	总　分
技术水平	0.1	5	0.5	7	0.7	4	0.4
成功概率	0.2	6	1.2	4	0.8	7	1.4
可维护性	0.3	6	1.8	5	1.5	7	2.1
经济效益	0.4	5	2	7	2.8	6	2.4
总计			5.5		5.8		6.3

7.3　项目管理的工具

在管理信息系统项目管理过程中，为了便于项目执行的管理和控制，常常会借助一些管理工具。项目管理中最常用的工具便是甘特图和计划评审技术。

7.3.1　甘特图

甘特图又称为横道图、条状图，通过条状图来显示项目进度和其他时间相关的系统进展的内在关系随着时间进展的情况，以提出者亨利·L.甘特先生的名字命名，如图 7-4 所示。甘特图横轴表示时间，纵轴表示项目，线条表示期间计划和实际完成情况，直观表明计划何时进行、进展与要求的对比。甘特图显示了项目的各种活动和相应的起止时间。从甘特图中可以看出开发一个项目的起止时间和完成任务所需的时间及人力资源需求，水平条越长，说明完成该项任务所需时间就越长。甘特图便于管理者弄清项目的剩余任务，评估工作进度。

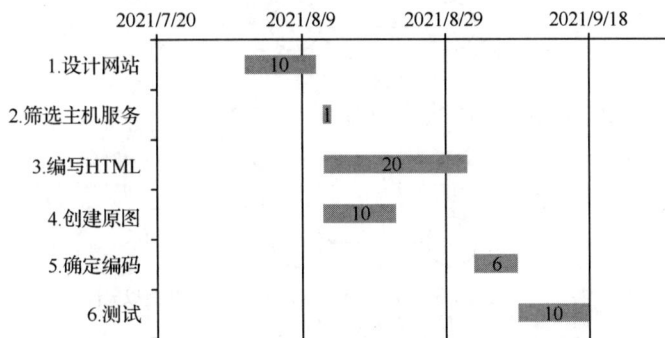

图 7-4　甘特图

甘特图是以作业排序为目的，将活动与时间联系起来的最早尝试的工具之一，帮助企业描述工作中心、超时工作等资源的使用。甘特图以图形或表格的形式显示活动，其在构造时含日历天和持续时间，并且不将周末节假日算在进度内。甘特图简单、醒目、便于编制，在管理中广泛应用。

7.3.2　计划评审技术

尽管甘特图显示了项目活动的起止日期，但未表明各项任务之间的依赖关系，一项任务的延期对另一项任务的影响，以及该怎样为任务排序。要解决这些问题，就需要用到计划评审技术（Program Evaluation and Review Technique，PERT）。PERT 是利用网络分析制订计划以及对计划予以评价的技术。它能协调整个计划的各道工序，合理安排人力、物力、时间、资金，加速计划的完成。在现代计划的编制和分析手段上，PERT 被广泛地使用，是现代化管理的重要手段和方法。

PERT 就是把工程项目当作一种系统，用网络图、表格或者矩阵来表示各项具体工作的先后顺序和相互关系，以时间为中心，找出从开工到完工所需要时间的最长路线，并围绕关键路线对系统进行统筹规划，合理安排，对各项工作的完成进度进行严密的控制，以达到用最少的时间和资源消耗来完成系统预定目标的一种计划与控制方法。PERT 也被称为关键路径法。

PERT 绘制时需要明确三个概念：事件、活动和关键路线。事件表示主要活动结束的那一点；活动表示从一个事件到另一个事件之间的过程；关键路线是 PERT 网络中花费时间最长的事件和活动的序列。

关键路径法也称为关键路径分析，是一种用来预测项目总体历时的项目网络分析技术，它既可以用来估计软件项目的总体进度，也是帮助项目经理克服项目进度拖延现象的一种重要工具。一个项目的关键路径是指一系列决定项目最早完成时间的活动。它是项目网络图中最长的路径，并且有最少的浮动时间或时差。要找到一个项目的关键路径，首先必须绘制一个好的网络图，而绘制项目网络图又需要一个建立在工作分解结构基础上的活动清单。一旦建立了项目网络图，就必须估计每项活动的历时，然后才能确定关键路径。关键路径的计算包括将项目网络图每条路径所有活动的历时分别相加。最长的路径就是关键路径。如图 7-5 中路径 2：B-E-H-J 路径即为关键路径。

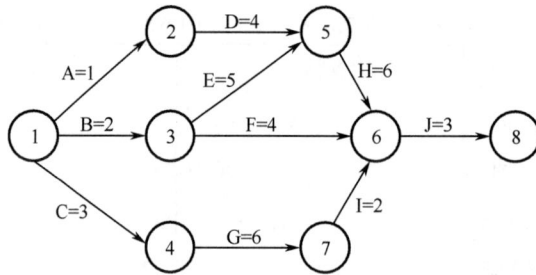

路径1：A-D-H-J路径=1+4+6+3=14天（假设所有历时以天计）
路径2：B-E-H-J路径=2+5+6+3=16天
路径3：B-F-J路径=2+4+3=9天
路径4：C-G-I-J路径=3+6+2+3=14天

图 7-5 关键路径举例

PERT 的绘制需要知道两个内容，一个是某个特定目的的所有任务，也称任务分解结构；另一个是给出应该按照什么次序来完成这些任务，并给出各个任务之间的衔接，如表 7-5 所示。

表 7-5 创建小型网站的任务、时间和顺序安排

活 动	最早开始时间	最早完成时间	备 注
1. 设计网站	8.1	8.11	移交 2/3/4
2. 筛选主机服务	8.12	8.13	移交 6
3. 编写 HTML	8.12	9.2	移交 5
4. 创建原图	8.12	8.22	移交 5
5. 确定编码	9.3	9.9	移交 6
6. 测试	9.9	9.19	

通过表 7-5 将创建小型网站的任务、时间和顺序安排用网络图的形式表示出来，如图 7-6 所示，即计划评审技术网络图。用图的形式表示更加的直观、清晰，便于管理者的控制。

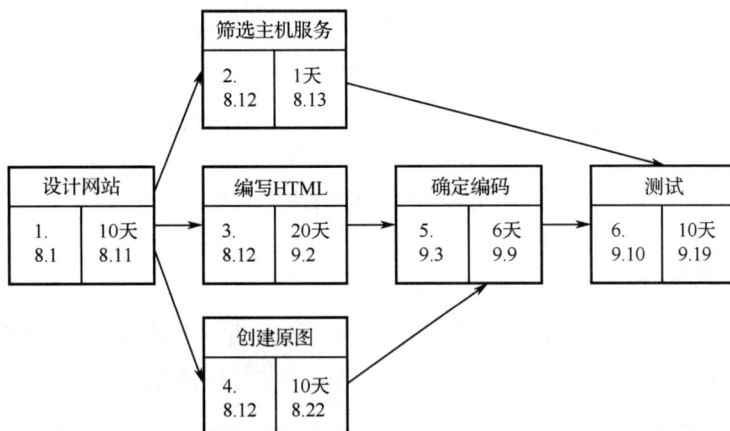

图 7-6　计划评审技术网络图

在 PERT 标识出了项目的关键路径（用时最长的工序），本活动中路径 1-3-5-6 是一个关键路径，因为这个环节的用时最长。明确了项目活动的重点，便于优化对项目活动的资源分配。当管理者想缩短项目完成时间，节省成本时，就要把考虑的重点放在关键路径上。在资源分配发生矛盾时，可适当调动非关键路径上的活动资源去支持关键路径上的活动，以最有效地保证项目的完成进度。采用 PERT 网络分析法所获结果的质量很大程度上取决于事先对活动事件的预测，若能对各项活动的先后次序和完成时间都能有较为准确的预测，则通过 PERT 网络分析法可大大缩短项目完成的时间。

7.4　物流管理信息系统开发项目的组织

如何组织参加管理信息系统开发项目的人员，使他们发挥最大的效用，对成功地完成信息系统开发项目至关重要。

7.4.1　管理信息系统项目的管理架构

要保证管理信息系统开发项目的顺利启动，首先要建立项目的组织机构——项目组。项目组可以由负责项目管理的不同人员组成，项目组由项目组长或项目管理者来领导。企业战略规划小组和信息系统指导委员会来确定系统开发的整体目标，具体架构如图 7-7 所示。

企业战略规划小组和信息系统指导委员会位于最顶端，前者制定公司的战略规划，指出需要开发什么样的新系统，后者由资深管理人员组成，包括最终用户和信息系统部门的经理，主管系统的开发和运行。该委员会负责审批各部门的信息系统计划，致力于协调系统的工作并加以整合，也参与管理信息系统的选择。

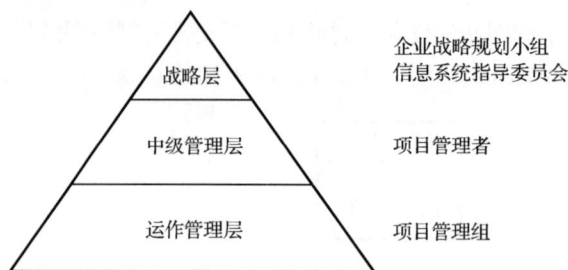

图 7-7　管理信息系统项目的管理架构

7.4.2　人员配备

管理信息系统开发项目工作包括系统规划、系统分析、系统设计、系统开发、系统实施、用户培训、产品管理、程序管理等，因此在这个项目团队里就需要以下角色的人员。

1．企业信息主管

企业信息主管的主要职责是在企业主管的领导下，主持制定、修订企业信息资源开发、利用和管理的全面规划；在企业主管的领导下，主持企业管理信息系统的开发；直接领导企业内信息资源管理职能部门，如信息中心、企业档案室等；统一领导与协调企业部门信息资源的开发、利用和管理工作，主持信息资源开发、利用与管理的对外交流与合作；审批企业资源管理有关规章制度、标准、规范并监督实施；负责信息管理与信息技术人才的招聘、选拔和培养；负责企业信息资源开发、利用与管理所需资金的预算与筹措。

2．中基层管理人员

中基层管理人员是管理信息系统的用户，系统的需求来自这部分工作人员。因此企业要抽调相关业务部门的中基层管理人员参与系统分析，提供管理信息系统的功能、性能等各方面的需求。

3．专业技术人员

这里的专业技术人员是指管理信息系统开发所需要的专业技术人员，包括系统设计人员、程序员、计算机硬件操作与维护人员、网络工程师、测试工程师等，他们主要负责计算机软件的开发、硬件的实施、网络的架构等技术性工作。

本章小结

本章主要介绍了物流管理信息系统的项目管理。项目管理是指在项目活动中运用专门的知识、技能、工具和方法，使项目能够在有限资源的限定条件下，实现或超过设定的需求和期望的过程。物流管理信息系统的项目管理具有开发周期长，涉及人员广，产品的抽象性，系统的目标不精确，用户的需求不断被激发，项目团队决定信息系统的成败等特性，因此管理信息系统项目管理的主要内容是计划管理、人员管理、质量管理、风险管理和经费管理。物流管理信息系统开发项目的选择要遵循符合发展战略、考虑资源约束、优化项目组合的原则，遵从判断项目的必要性、研究项目的可行性、评定项目的优先级、选定项目四个步骤。具体方法有成本收益分析、投资组合分析和加权因素法。

项目管理的常用工具有甘特图和计划评审技术。甘特图通过条状图来显示项目进度和其他时间相关的系统进展的内在关系随着时间进展的情况。计划评审技术是利用网络分析制订计划以及对计划予以评价的技术。它能协调整个计划的各道工序，合理安排人力、物力、时间、资金，加速计划的完成。物流管理信息系统开发项目的管理架构包括企业战略规划小组、信息系统指导委员会、项目管理者、项目管理组四个层次，具体人员配备有企业信息主管、中基层管理人员和专业技术人员。

思考题

1. 物流管理信息系统项目管理具有哪些特点？
2. 物流管理信息系统项目管理的主要内容包括什么？
3. 物流管理信息系统项目选择的原则是什么？
4. 物流管理信息系统项目评估的方法有哪些？
5. 比较甘特图和计划评审技术的优缺点。
6. 物流管理信息系统开发项目的组织应包括哪些人员？

案例分析

M 集团信息系统开发的项目管理

M 集团是 A 公司多年的客户，A 公司已经为其开发了多个信息系统。最近，M 集团与 A 公司签订了新的开发合同，以扩充整个企业的信息化应用范围，张工担任该项目的项目经理。张工组织相关人员对该项目的工作进行了分解，并参考了公司同 M 集团曾经合作的项目，评估得到项目总工作量 60 人月，计划工期 6 个月。项目刚刚开始不久，张工的高层经理董经理找到张工。董经理表示，由于公司运作的问题，需要在 4 个月内完成项目，考虑到压缩工期的现实，可以为该项目再增派两名开发人员。张工认为，整个项目的工作量是经过仔细分解后评估得到的，在评估过程中也参考了历史上与 K 企业合作的项目度量数据，该工作量是客观真实的。目前项目已经开始，增派的人手还需要一定的时间熟悉项目情况，因此即使增派两人也很难在 4 个月内完成。如果强行要求项目组成员通过加班等方式追逐 4 个月完成的目标，肯定会降低项目的质量，导致用户不满意。因此，张工提出根据企业运行的需求，将整个项目分为两部分实现，第一部分也就是企业 4 个月后运行中需要用到的部分功能使用三个半月的时间，剩余功能作为第二部分使用三个月的时间，并分别制定出两部分的验收标准，这样不增派开发人员也可以完成。董经理认为该方案可以满足公司的运作要求，用户也同意按照这种方案进行实施。6 个月以后，项目在没有增加人员的前提下顺利地完成，虽然比最初计划延长了半个月的工期，但既达到了公司的要求，客户对最终交付的系统也非常满意，项目组的成员也没有感受到很大的压力。

思考题：
1. 结合案例请指出张工是如何保证项目成功的？
2. 试结合案例指出项目范围管理的工作要点。

第 *8* 章

物流业务管理信息系统的典型应用

学习目标

1. 理解订单管理的业务流程。
2. 掌握订单管理信息系统的功能结构。
3. 理解仓储管理的业务流程。
4. 掌握仓储管理系统的功能结构。
5. 理解运输管理的业务流程。
6. 掌握运输管理系统的功能结构。
7. 理解配送中心管理的业务流程。
8. 掌握配送中心管理信息系统的功能结构。

8.1 订单管理信息系统

信息时代对企业提出了更高的时间要求标准，企业正越来越多地将信息技术作为获得竞争优势的主要手段。物流系统的一切活动都是由客户订单开始的，因此订单管理信息系统是物流系统的神经枢纽中心。

订单管理信息系统是物流管理系统的一部分，通过对客户下达的订单进行管理及跟踪，动态掌握订单的进展和完成情况，提升物流过程中的作业效率，从而节省运作时间和作业成本，提高物流企业的市场竞争力。

订单管理信息系统的主要功能是通过统一订单为用户提供整合的一站式供应链服务，订单管理以及订单跟踪管理能够使用户的物流服务得到全程的满足。订单管理信息系统是物流管理链条中不可或缺的部分，通过对订单的管理和分配，使仓储管理和运输管理有机结合，稳定有效地实现物流管理中各个环节的作用，使仓储、运输、订单成为一个有机整体，满足物流系统信息化的需求。

8.1.1 订单管理的业务流程分析

1. 订单管理的一般流程

订单管理是对商户下达的各种指令进行管理、查询、修改、打印等，同时将业务部门处理信息反馈至商户。订单管理信息系统一般包括：订单生成，订单审核，订单确认，订单状态管理（包括取消、付款、发货等多种状态，以及订单出库和订单查询）等。一般流程如图 8-1 所示。

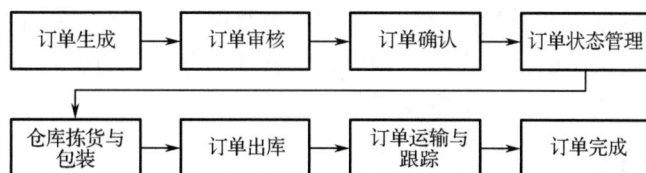

图 8-1　订单管理信息系统的一般流程

（1）订单生成

订单生成是指客户收集所需要的商品或服务信息，根据自己的需求提出购买需求的活动，并将购买意愿信息通过电子的形式录入订单处理系统。订单生成还涉及订货请求从发出地到订单录入地点的传输过程。

（2）订单审核

订单生成后，卖方需要对订单进行审核处理，包括核对订单信息是否填写完整、检查库存、检查客户信用、核实是否在配送范围之内等。

（3）订单确认

在审核通过后确认订单信息，准备进入下一阶段的工作，例如将订单信息导入销售记录、将订单信息传至仓储部门或生产部门、准备装运单据、开具账单等。

（4）订单状态管理

这部分主要是对订单的履行状态进行跟踪，包括取消、付款、发货、出库等多种状态，主要包括订单跟踪、订单履行状态报告、与客户沟通等功能。

（5）仓库拣货与包装

根据订单信息，结合企业的实际情况，企业可以安排直接发货、生产或采购。将货物准备齐全后，企业要在仓库进行拣货与包装，并准备相应单据，包括出库单、装运单等，为发货进行准备。这项工作要严格按照订单来执行。

（6）订单出库

订单拣货及包装完毕后，可以出库。这时需要将出库货物与运输车辆进行匹配，确定订单的运输计划，为订单安排最佳的运输和拣货批次，一旦订单分配完毕，便发送到运输管理系统转变发货状态。

（7）订单运输与跟踪

这个过程，订单数据已经发送到运输管理系统，但是运输管理系统要将运输的状态信息反馈到订单管理，以便客服人员掌握订单的完成情况，与客户进行沟通，客户也可以实时掌握订单状况，进而提高对企业的信任。

（8）订单完成

待货物送达后，订单完成。订单管理信息系统可以设计客户评价模块，用于客户的评价反馈。另外，将订单完成信息交给财务系统，完成财务数据处理。

8.1.2 订单管理信息系统的功能结构

订单管理信息系统主要通过信息化的方式完成订单管理部门的工作任务，以达到提高业务处理速度、准确度以及质量的目的，并把订单数据记录下来，满足中高层管理者对半结构化或非结构化决策中的信息需求。因此订单管理信息系统的功能主要包括基础数据管理、订单业务管理和统计分析三个主要部分。

1. 基础数据管理

订单管理信息系统的主要功能是记录客户的购买意愿，并接收客户提交的订单或合同数据，其中涉及的基础数据主要包括产品信息、客户信息、员工信息以及订单信息，如图 8-2 所示。

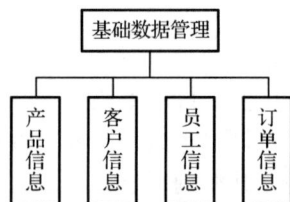

图 8-2 基础数据管理的内容

（1）产品信息

产品信息模块主要记录产品的相关属性，包括产品代码、名称、规格、包装、批次、价格等信息，由订单管理部门的工作人员负责对产品信息进行维护，以保证产品动态的实时更新。

（2）客户信息

客户信息模块用于存储和管理客户的基础资料，包括客户的名称、地址、电话、联系人等信息，另外，此模块也保存本企业与客户的历史交易记录。同样由订单管理部门相应的工作人员负责对客户信息进行维护，包括对客户资料的添加、修改、删除和查询等操作，以保证客户信息的实时更新。

（3）员工信息

员工信息模块的功能包括两个部分：一是员工的基本信息管理，包括员工姓名、所属部门、职务、联系电话等；二是对员工的操作权限进行管理，根据员工的工作内容对员工的操作权限进行管理，以保证每一个员工只能操作与自己业务相关的数据和相关功能，并且拥有高一级别权限的员工可以对其下级别的员工进行管理。

（4）订单信息

订单信息模块是对企业与客户所签订的订单合同信息进行管理，包括订单号、订单签订日期、订单交货日期、所购买产品号、产品名称等信息，以及交货期、付款期等要求。订单信息应有专门的工作人员进行管理，订单一旦签订就不能对其内容进行随意修改。

2. 订单业务管理

依据图 8-1，订单业务管理一般由订单审核、订单确认、订单状态管理、订单出库、订单跟踪、订单完成确认等几部分构成，具体流程如图 8-3 所示。

（1）订单审核

订单管理的功能是企业在接到订单后，对订单所涉及的商品库存、客户信用、客户收货地址、交货期等内容进行审核，以确保企业能够按照订单要求履行订单。其中商品库存信息来自仓储部，如果当时库存不足，仓储部还要对照生产计划，确定是否能在客户要求的时间完成生产及配送业务；客户的信用信息来自财务部，主要审核客户以往的交易记录，是否存在应收账款过期未收到的情况；配送范围信息来自配送部门，审核客户所在地址是否在配送范围之内。如果以上内容审核都没有问题则接受订单，进行订单确认，如果没有通过审核则通知客户取消订单。订单通过审核后，则意味着订单生效，生成的确定订单会发送给各订单处理环节，各相关部门履行订单内容。

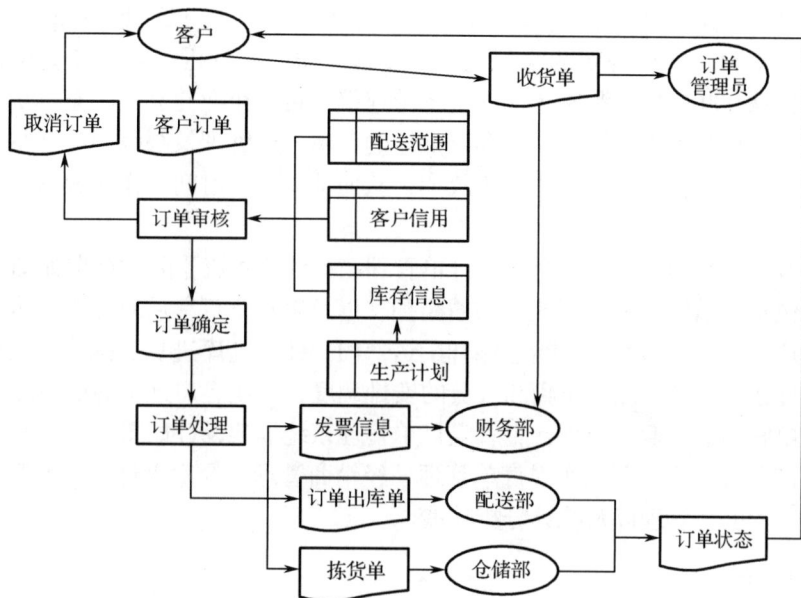

图 8-3　订单业务管理具体流程

（2）订单处理

订单正式生成后，系统对订单进行识别，实现作业任务分解，例如生成拣货任务单、配送任务单、财务信息预处理单等，如果是制造类型的企业还会生成流通加工任务单等，并将这些单据发送给相关部门作为执行任务的依据。相关部门在执行完任务后，更改订单完成状态，反馈订单的执行情况。

（3）订单状态

企业相关工作人员将订单的执行情况录入订单管理系统，企业根据客户对订单状况跟踪的需求，给客户开通一定的数据读取权限，客户就可以根据订单编号、商品编号等对订单的执行情况进行查询及查看，可以浏览订单的明细及相关单据，以掌握订单的最新状态。该模块还可以实现按照订单状态对客户订单进行分类汇总，例如对待发货订单、已发货订单、待收货订单等类别进行汇总列表。

（4）客户收货，完成订单确认

待客户收到货物后，要进行确认收货。相关部门收到客户信息后根据本部门业务流程进行下一步操作。例如财务部门在客户确认收货后要完成给客户开发票的操作，以及完成相关费用的核算。因此客户确认收货的信息要共享给相关业务部门。

3．统计分析

统计分析功能是综合订单的各部分信息，根据相关部门的监控指标进行统计分析，以满足各部门对该部门业务及人员的绩效考核。例如物流部门要根据订单的执行信息汇总订单完成时间、员工拣货速度、拣货正确率等指标进行监控考核。

8.1.3 订单管理信息系统的应用案例

企管宝订单管理系统以订单管理为核心，全渠道订单自动化处理，订单智能监控，防止漏单、错单，减少客户的流失量，提高销售额，能同时匹配 PC 端、App 端、网页等多个终端。通过对订单经营环节的全程记录、传递、跟踪和分析，整合和优化企业内部资源；并结合移动互联应用，紧密企业的上下游连接，帮助企业建立更生态、更高效的信息化系统。企管宝订单管理系统通过对客户下达的订单进行管理及跟踪，动态掌握订单的进展和完成情况，提升物流过程中的作业效率，从而节省运作时间和作业成本，提高企业的市场竞争力。

根据一般销售活动的流程，企管宝订单管理系统的业务流程分析结果如图 8-4 所示。该业务流程包括了前期的客户开放与沟通维护，以及客户下订单后对订单的审核，待审核通过后将客户订单相关信息发送给仓储和配送部门，作为仓库进货、拣货、出库的依据，根据客户的配送地址进行配送车辆和人员的安排调度，完成客户订单的最终配送。

根据订单管理核心业务流程，企管宝订单管理系统框架设计如图 8-5 所示。

企管宝订单管理系统可以实现订单管理、经销商管理、仓库管理、入库管理、出库管理、库存管理、财务管理以及统计分析功能。

1．订单管理

系统可实现单次及批量订单，订单管理与库存管理相连接，并且在下订单时有库存预警及提示功能，订单管理同时与客户管理相连接，可查询历史订单情况以及订单的执行情况。

2．经销商管理

系统以企业的销售渠道建设为重点，对供应链中的信息流、物流和资金流进行系统规划、全面实施和过程监控，加强企业与销售商之间业务的紧密合作，通过规范经销商内部的业务流程提高其资源管理方面的能力，同时向客户提供全方位的销售体验和服务。

3．仓库管理

仓库管理以条形码为数据源，使用数据采集终端扫描条形码标识，进行数据采集。系统从级别、类别、货位、批次、单件等不同角度来管理库存物品的数量，以便企业可以及时了解和控制库存业务各方面的情况，有效地进行产品物流监控。

4．入库管理

让采购员与库管协同更紧密，直接按采购单生成入库单，可实现多样化的入库方式，入库单打印更加简洁，也使得仓库管理更加简单。

5．出库管理

让库管的工作变得简单、让出库留下痕迹，支持与客户关联，支持与订单关联，支持流程审批。

6．库存管理

以支持生产、维护、操作和客户服务为目的而存储的管理，让货品件件有记录，包含库存查询汇总、调拨单、报损单、报溢单、库存盘点、成本调整等。

阶段：售前（CRM）

阶段：售中（ERP）

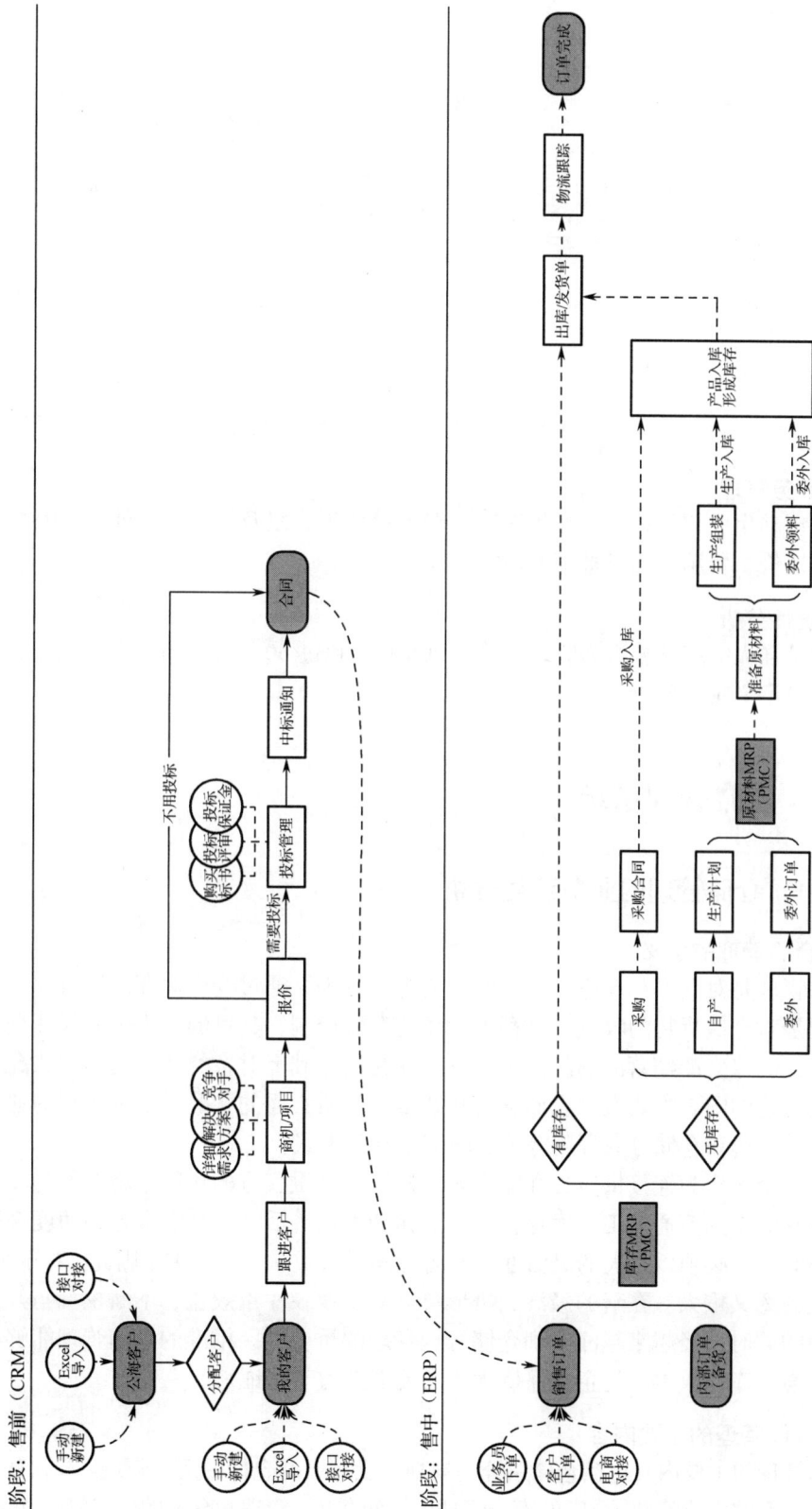

图 8-4　企管宝订单管理系统的业务流程分析结果

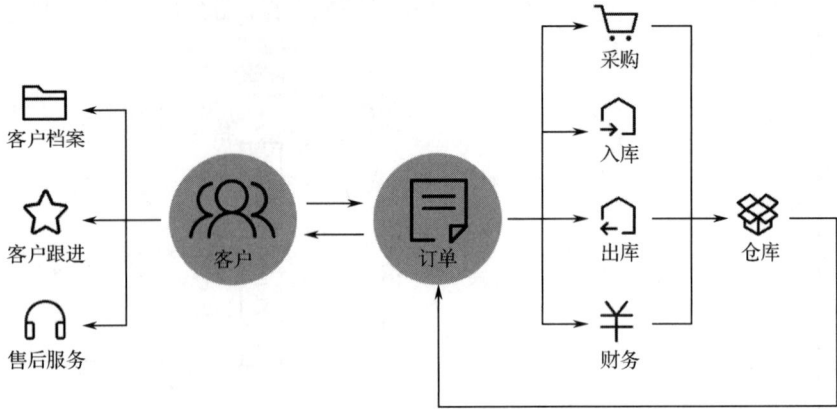

图 8-5　企管宝订单管理系统框架设计

7．财务管理

系统自动生成明细账、总账等账表，财务提醒等，以及完成账务处理、财务报表、辅助核算、报价、费用、工资管理等功能。

8．统计分析

智能且强大的统计分析为管理决策提供支撑，超过 60 个标准统计分析报表，大数据分析，支持自定义统计分析。

8.2　仓储管理系统

8.2.1　仓储管理的业务流程分析

1．仓储管理的含义

仓储管理是对仓库和仓库中储存的物资进行管理，通过仓库对商品进行储存和保管。仓储管理是对仓储货物的收发、结存等活动的有效控制，其目的是为企业保证仓储货物的完好无损，确保生产经营活动的正常进行，并在此基础上对各类货物的活动状况进行分类记录，以明确的图表方式表示仓储货物在数量、品质方面的状况，以及所在的地理位置、部门、订单归属和仓储分散程度等情况的综合管理形式。

仓库被企业作为连接供应方和需求方的桥梁。从供应方的角度来看，作为流通中心的仓库从事有效率的流通加工、库存管理、运输和配送等活动。从需求方的角度来看，作为流通中心的仓库必须以最大的灵活性和及时性满足各类顾客的需要。因此，对于企业来说，仓储管理的意义重大。在新的经济竞争形势下，企业在注重效益、不断挖掘与开发自己的竞争能力的同时已经越来越注意到仓储合理管理的重要性。精准的仓储管理能够有效控制和降低流通与库存成本，是企业保持优势的关键助力与保证。

2．仓储管理的主要内容

仓储管理的主要内容包括仓储系统的规划与设计以及仓储的运营管理。仓储的运营管理主要包括仓库的作业管理、仓库的库存管理、仓库的组织管理和仓库的信息管理四部分内容。

（1）仓库的作业管理

如何组织货物入库前的验收，如何寄存入库货物，如何对在库货物保管养护、发放出库等。

（2）仓库的库存管理

如何依据企业消费的需求情况和销售情况，贮存合理数量的货物，既不因为贮存过少造成消费或销售中形成的损失，又不因为贮存过多占用过多的流动资金等。

（3）仓库的组织管理

仓库的组织管理包括货源的组织、仓储方案设计、仓储业务流程设计、货物包装规划、货物养护方案设计、仓储成本核算、仓储经济效益分析、仓储货物的报税类型选择、报税货物的海关监管、申请报税仓库等内容。

（4）仓库的信息管理

仓库信息管理的内容包括仓库管理中信息化的应用以及仓储管理系统的树立和维护等问题。

此外，仓储业务考核、新技术新办法在仓储管理中的运用、仓库安全与消防等，都是仓储管理所涉及的内容。

3. 仓储管理的业务流程

仓储管理业务的核心内容可分为入库作业、在库管理、出库作业、财务管理四个主要部分。对于第三方物流企业还将向客户提供各类统计信息，如"保质期报告""安全库存报告""货位图""货品流动频率"等各类信息。但其实这些信息已经在仓储管理的过程中被记录下来，只需要根据每个客户的特殊要求相应生产便可以了。基于以上对仓储管理内容的介绍，仓储管理的业务流程如图 8-6 所示。

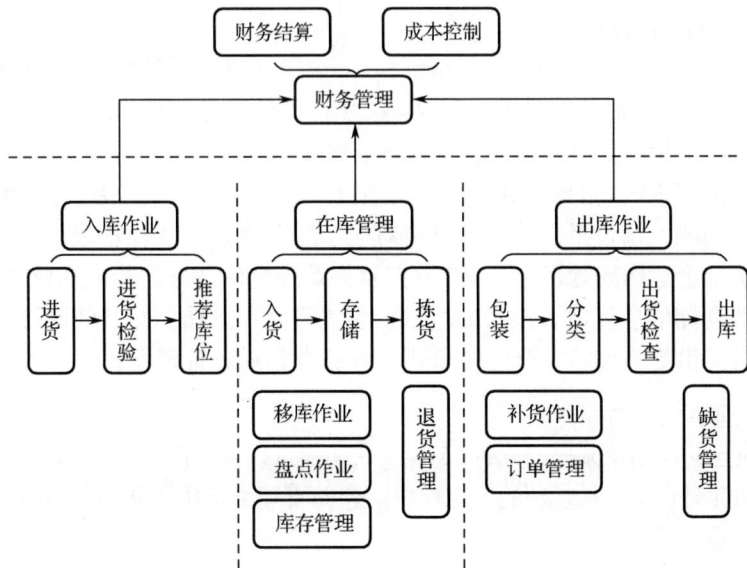

图 8-6　仓储管理的业务流程

（1）入库作业

仓库会收到采购部门的信息，处理不同形式与要求的入库需求，根据需求对入库物品进行检验验收，待验收合格，根据货位的使用及分布情况，对入库的物品进行库位安排，以便有效地利用现有仓库空间，提高作业效率。

（2）在库管理

在库管理主要是指货物在库期间的日常管理、清查盘点、保管养护、存储时间和货物质量保质期检查、移库作业以及部分会涉及退货管理业务。其目的是便于管理货物和更有效地利用仓容而进行并垛、移垛操作以及日常库存数量的管理工作。因此在库管理的主要功能包括货位指定、盘点管理、库存控制三大部分，有的仓储管理系统中还有退货管理功能，对客户退货进行在库管理。

（3）出库作业

出库管理服务的对象主要是客户，与客户管理关系密切，在"一切为了客户"的服务宗旨下，如能有效掌握出货状况，可大大提高服务水平，进而提升公司运营效益。出库管理的功能包括订单管理、补货作业、缺货管理，其中订单管理的具体流程有出货资料的准备、商品集中、包装、分类、出货检查、出库等作业以及为客户提供相应的信息服务。

（4）财务管理

该部分主要是财务会计部门的业务内容。根据各种入库、在库、出库信息登记会计分录，记录企业资金的使用情况。根据这些基础数据对企业的成本与收益进行分析，制作各类财务报表作为企业运营决策的参考信息。

在仓储管理系统中，除了满足以上四项业务的信息需求外，还会根据企业运营的需求，通过对入库、在库、出库等信息的收集、加工处理生成相应的业务报表，将相关业务执行信息汇总反馈给企业运营管理部门，帮助其制定相应的策略，作为管理以及实施方案修正的依据。

8.2.2 仓储管理系统的功能结构

1. 仓储管理系统的概念

仓储管理系统（Warehouse Management System，WMS）主要是完成仓储的运营管理。WMS 是一个实时的计算机软件系统，它能够按照运作的业务规则和运算法则，对信息、资源、行为、存货和分销运作进行更完美的管理，提高效率。

WMS 是仓储管理中的重要组成部分，是通过入库业务、出库业务、仓库调拨、库存调拨和虚仓管理等功能，结合批次管理、物料对应、库存盘点、质检管理、虚仓管理和即时库存管理等功能综合运用的管理系统，有效控制并跟踪仓库业务的物流和成本管理全过程，实现完善的企业仓储信息管理。该系统可以独立执行库存操作，与其他系统的单据和凭证等结合使用，可提供更为完整、全面的企业业务流程和财务管理信息。

2. 仓储管理系统的功能分析

基于对物流仓储作用及流程的分析，WMS 的功能可以分为两大部分，即配合实体作业管理的信息模块和针对仓储运营管理的信息模块。仓储管理系统功能框架图如图 8-7 所示。

（1）实体作业管理功能

实体作业管理功能是满足记录和跟踪管理仓库日常业务的功能，具体包括入库作业、在库管理、出库作业、退货管理作业等业务模块，以及业务处理中所涉及的基础数据管理，包括信息的录入和维护。

① 基础数据。在仓储业务中涉及的基础数据信息包括库位信息、货物信息、人员信息、

客户信息以及系统管理五个方面。

　　库位信息是对仓库中的存储货架的位置进行划分，记录划分后每一个仓库货位的容量、位置、编号等基本信息。还要对库位的安全库存及最低存量等内容进行设置，以减少货物出现缺货的情况发生。

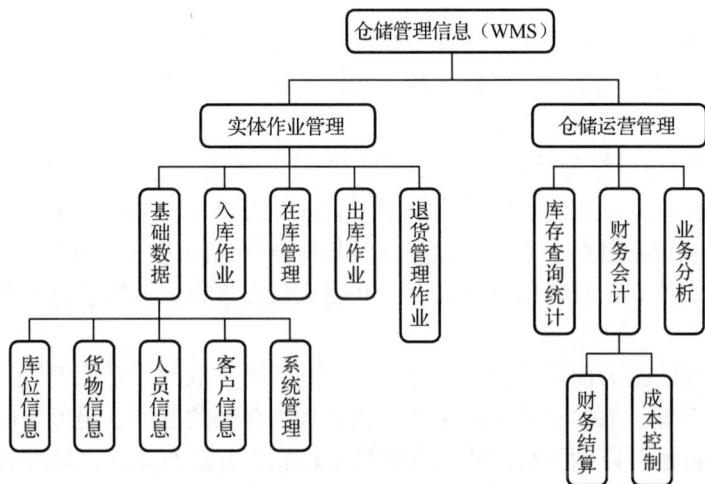

图 8-7　仓储管理系统功能框架图

　　货物信息是对仓库中存储频率较高的货物信息进行记录，以便支持业务中扫描录入商品信息的功能，包括货物编码信息、货物的物流特征信息、安全库存量管理以及再订货点管理等。

　　人员信息主要有人员信息管理、人员薪酬管理和操作员管理三大内容。人员信息管理包括仓管员、临时工等的个人资料；人员薪酬管理即统计记载人员工资、奖金、福利等支取状况；操作员管理是指系统对不同的操作设置不同的操作权限，只有相关人员才有权看到权限范围内的数据，充分保证数据安全。

　　如果是经营仓库租赁业务的单位，则会使用仓库的客户信息模块。本模块包括客户信息的录入和更新，例如客户的名称、法人代表、经营范围、联系方式等基本信息；还包括客户交易的历史记录以及客户信用等简单加工的数据。用户可以通过客户信息管理模块来对客户信息进行修改、查询等操作。客户信息管理中还包含合同和报价模块，一方面管理企业与客户签订的存储合同，明确双方的责任和权利，以及对运费及结算方式进行界定；另一方面可以根据客户的货物存储量及存储时间等内容进行计算，核定给每个客户的报价。

　　系统管理功能的使用者为企业的信息管理员，对 WMS 的用户权限进行设置和管理，对系统的数据字典进行维护和管理以及对运行日志进行记录查询。

　　② 入库作业。入库作业是根据货物入库计划的规定进行作业。在接收货物入库时，需要进行一系列的作业活动，如货物的接收、验收、办理入库等。该模块要处理不同形式与要求的入库指令，生成验收通知单，传送至相应岗位。

　　首先是入库规划。仓库应根据仓储合同或入库单做好仓库的货位分配和入库作业计划，工作人员根据库位情况及到达货物的品种、数量、规格、包装、运抵时间等信息，预先规定货物的存放位置及停车位，并且仓库相关部门据此做好入库准备，以便货物能按时入库。

　　其次是货物入库验收。货物的入库验收包括数量检验和质量检验两部分。仓库工作人员现场审核货物的铅封等信息是否与运单一致，对货物的品种、规格、数量等信息进行审核，同时审核外包装的完好性。如果合同有规定对质量进行检验，则按照合同约定进行质量检验。如果检验没有问题，则登记入库；如果在检验时发现异常情况，则与承运人确认后，进行异常情况的处理，包括填写破损记录、拒付、索赔等意见，供财务部门和有关管理部门参考。

最后是货物入库交接和登记。入库货物经过验收无误后，安排卸货及入库堆码，并与交货人办理交接手续，包括接收货物、接收文件、签署单证、建档等，并登记库存台账，更新库存信息。

③ 在库管理。在库管理是指货物在库期间的日常管理，包括货物盘点、货物的保管养护、货物的质量检查，以及为了便于货物管理而进行的并库、移库等操作。

货物的盘点有定期盘点、不定期盘点及与其他业务共同进行的动态盘点。仓库工作人员根据货物的盘点计划，对货物进行盘点，并生成盘点报告，辅助仓库管理人员对库存进行调整。

货物的在库保管指为保持货物的原有价值，对货物采取的一系列保管、保养措施，如货物的堆码、检查等。根据货物存储条件，收集货物存储的温度、湿度等信息。这项工作现在结合物联网技术可以做到自动收集存储环境信息，并进行调控，确保货物在存储过程中的质量要求。

货物的并库、移库是为了更有效地利用仓库容积，在对货物进行相关操作时，要对仓储位置的变动、数量的变动以及详细的搬移信息进行记录和存储，以供管理人员决策使用。

④ 出库作业。货物的出库是根据出库凭证，为使货物准确、安全、及时地发出所进行的一系列的活动，包括催提、备货、出库交接、销账、存档等。该功能模块可以按照特定的原则设定多种出库模式，进而对不同的指令做出响应。

催提是在货物存储期到期时向提货人或存货人发出催提通知，另外，对于存储期间发生损害、变质的货物，保质期即将到期的货物也要进行催提。

仓库接到提货通知后，按照货物的提货时间和数量安排备货，并记录实际出库数量，并根据出库要求将货物以某种包装形式转到备货区备运。

在提货时，仓库业务人员根据提货凭证办理提货手续，并签发出库单，与此同时会与提货人依据合同约定进行出库货物数量或质量检验。

货物全部出库完毕后，仓库业务人员要及时将出库货物从库存台账上核销，并将留存的提货凭证、货物单证等相关文件归入档案。

⑤ 退货管理作业。当客户发出他们想要退货的信号时，退货流程就开始了。退回的产品到达仓库后，即开始了仓库的退货管理作业。首先仓库要对退回货物进行检查并确定其退货类别，将退回的货物分类为处置选项：修复、作为新品转售、作为退货转售、回收、报废或翻新，然后根据相应处置选项的要求完成其在仓库的作业管理。

（2）仓储运营管理功能

仓储运营管理功能模块主要包括库存查询统计、财务会计以及业务分析。

① 库存查询统计。它包括库存货物各种信息的查询以及统计。库存信息的查询包括到货物验收情况查询、出库情况查询、库存情况查询、保质期查询、安全库存查询、出入库明细等信息的查询，可以让管理者实时了解在库货物的各种动态信息。库存货物信息的统

计包括企业业务范围内的货物吞吐量、库存情况、人员业绩统计、货物破损率、库存利用率等方面的统计信息，并根据所需统计时段生成相应的日报表、周报表、月报表等，对于管理决策有重要参考价值。

② 财务会计。它的功能一方面包括登记会计分类，记录货物在存储期间发生的各项费用，以及相应的应收账款信息；另一方面则是应收账款的接收功能，可以支持多币种、多渠道支付方式。

③ 业务分析。它是根据仓库管理者的日常决策主题对库存数据进行分析，提高管理者的决策质量，包括对仓库容量需求进行预测、库存预警、利用数据挖掘技术对数据进行分析、管理指标统计等分析功能。

8.2.3　仓储管理信息系统的应用案例——亚洲一流的自动化仓储标杆背后的智慧大脑

1. 中百集团简介

湖北省超市龙头——中百集团拥有中百仓储、中百超市、便利店、中百百货等业态。随着业务的发展，中百集团近年来面临多业态融合、小批量多批次配送、拆零比例大、收发存区域面积不足、门店易缺货等难题，物流作业过程中软件及硬件瓶颈越来越凸显。

面对新零售时代机遇，中百集团构建了一个物理世界+数字世界完美相融合的综合解决方案。为抓住转型升级机遇，中百集团耗资数亿元，打造了一期中央仓立库项目，由四层楼库构成，总面积 6.5 万平方米，用于常温商品存储和发货。

整个中央仓，物流自动化技术先进，如库内配置了运行速度高达 200m/min、载重高达 1500kg 的立库，有近两万个托盘位；采用高精度定位技术的滑块式高速分拣机，线体重复定位精度小于 1mm，分拣速度可达 10000 件/小时，可以轻松提供近 100 个货物出口；单巷道单小时约 400 箱/小时的自动补货系统；还应用了四向穿梭车库、补货穿梭小车、AGV、传输线、电子标签等多项设备。

2. 中百集团仓储管理业务需求分析

中百集团成就了一个中国一流、亚洲领先的自动化仓储标杆项目，能满足日均出库量 4 万～5 万箱，峰值出库量 12 万箱，覆盖 1200+仓储、超市和便利店等业态的订单配送需求。中百集团的仓储管理业务包括入库作业、在库管理、出库作业和集货作业四部分。

入库作业：根据不同的存储业务，采用整托自动入立体库、智能指定入库上架货位的方式。

在库管理：楼库分区模组化管理，各模组作业互不干扰，如立库储存整件商品、楼库流利式货架存放拆零商品、托盘地堆存储直通商品，各楼层库存共享，可实现工厂生产线式作业复制，这也为中百业务的全渠道一盘货运营打下了基础。

出库作业：在整件拣货上，按商品拣选，利用高速分拣机自动分拣模式；拆零作业流程复杂，整体业务拆零需求高达 70%，主要采用 AB 品 DPS 接力拣选+C 品 RF 拣选模式。运作过程中，通过托盘穿梭车自动补货，如整件超 A 品、A 品出库量大，通过自动化立库+托盘穿梭车模式实现 A 品的自动补货。

集货作业：采用输送线+穿层机构实现各货物输送，利用交叉带分拣机实现门店分拣作业，可同时满足单波次 400 家的出库量。其中门店配送策略根据门店上传的要货订单，根据系统计算,分四个波次进行集货配送,每小波次的拣货与配送时间为2小时。

据了解,中百集团原有物流仓储系统已使用多年,基于传统线下门店设计,应用于传统手工物流中心,技术架构结构单一陈旧,数据分散在各个系统中,难以对运营数据进行抓取和分析,可扩展性跟灵活性较差,对新业务新业态及中央仓的自动化设施运作支持有限。

3. 中百集团 WMS 实施方案

通天晓软件为中百集团打造了一个数字化供应链中台解决方案,整体呈现出高度集成、高自动化、库内精细化运作、全链路管理状态可视的特征,塑造了一个数字化世界。

(1)系统总体功能框架

中百集团包含商超、便利店等各种大小业态,各个门店各有其诉求,供应商、货主订单极为分散,因此通天晓软件第一步推出 OMS 实施计划,向上集成了多个业态不同的 ERP 系统,建立了一套订单预约管理体系,统一订单信息流,基于订单属性以及库存的多维度、多层级订单分配逻辑,智能分发给中百物流旗下不同的仓库,实现多仓联动,也进一步整合了中百物流旗下吴家山、汉鹏物流中心业务,总体节省仓储用地面积,提升了集中作业的效率。中百集团信息系统总体功能框架如图 8-8 所示。

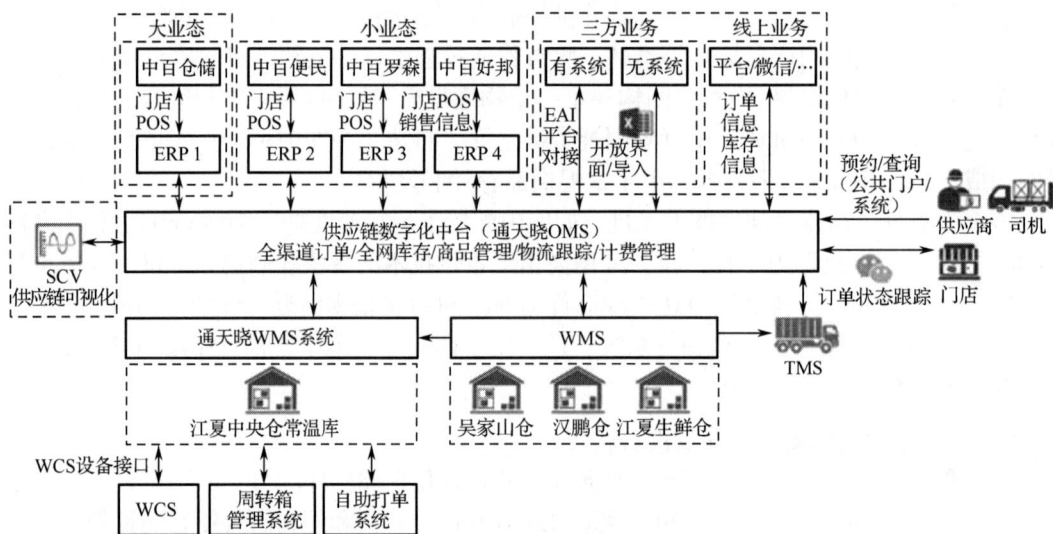

图 8-8　中百集团信息系统总体功能框架

(2)中百集团 WMS 实施计划

通天晓软件推出中百集团 WMS 实施计划,向下以白盒或黑盒方式高度集成数十种设备,包含 AS/RS、四向穿梭车、AGV、传输线等设备,堪称业内对接设备最为齐全的项目。

据了解,中央仓业务逻辑和规则通过 WMS 系统管控,拣选策略、上架策略、补货策略、移库、越库、集货等均可以通过灵活的配置对设备的调度逻辑进行控制和优化调整,实现对业务变化的支持。

① 商品入库收货分类管理。

入库验收上架关联托盘容器,立库读取托盘码,WMS 分配货位,实现无纸化管理;对应商品 SKU 的属性分类,可以由系统自动进行指导;容量按照区域进行动态定义,适应货主需求和库存利用情况;通过系统的规则引擎来将货品和货位对应的动态关系建立起来。

② 作业任务切分管理。

WMS 系统可以根据系统配置，生成不同的拣货模式，如按单拣货、整箱任务拣货、拆零任务拣货、分区接力拣货、分区拣货合流、异型商品按单拣选，这些模式可以基于货主、订单类型、订单结构特征等进行灵活配置，同时可以自行配置出更多的拣货模式，而不需要客户化，如中央仓的商品可根据 ABC 不同分类原则设置不同的作业区域，同时对应不同的设备和作业策略；也可通过订单分析和波次策略进行任务切分，来满足出库拣货作业的精细化管理要求。

③ 多模式补货管理。

可以设定计划任务，根据订单总体需求量计算补货量，让系统自动计算并生成补货任务，也可以根据 AA 区的实际消耗进行监控，低于安全库存量时自动触发补货任务，AA 区整托自动补货，货品不回库，拣货完成后空托盘通过叠盘机进行回收。

④ 精确实时的可视化管理。

搭建了一套物流统一可视化管理平台，让中百中央仓整套设备、系统不再是一个"黑盒子"，实现物流资源可溯、可视化，这也是中百项目最初的诉求。同时通天晓软件集中设置了各类监控看板，能实时掌握仓库运营动态，闪电锁定和快速解决异常，快速实时地提供数据分析，更是通过整合供应链信息、供应商送货及客户配送信息驱动物流中心入库和出库作业，如图 8-9 所示。

图 8-9　物流统一可视化管理平台示意图

同时，通天晓软件打通 TMS 和园区管理系统，实现了车辆出入园智能预约、智能调度以及车辆可视化管理。

整体来看，数字化供应链中台解决方案作为桥梁连接了中百中央仓的物理世界与数字世界。

通天晓软件华中分公司总经理谢柳芳表示，整个项目 95%以上商品实现从进入仓库到离开仓库低于两次人工干预甚至部分商品无人工干预，相较于此前同等规模出入库量，平均人效提升了至少 2.5 倍。

贯通物理世界与数字世界后，中百中央仓不仅能实现线上线下业务融合、库存管理一盘货等新零售时代的要求，还能支撑其未来五年业务的变化趋势，更是作为湖北省配送应急保障动员中心，为保障民生物资周转起到了积极和核心的作用。

8.3　运输管理系统

8.3.1　运输管理的业务流程分析

1．运输管理的含义

在《物流术语》（GB/T 18354—2021）中，运输被定义为利用载运工具、设施设备及人力等运力资源，使货物在较大空间上产生位置移动的活动。

运输管理则是对整个运输过程的管理，是指产品从生产者手中到中间商手中再至消费者手中的运送过程的管理。运输管理的内容包括运输方式的选择、时间与路线的确定以及费用的节约，并根据运输过程的运行、发展和变化，对运输过程进行有目的、有意识的控制与协调，实现运输目标。

2．运输管理的主要内容

运输管理从工作内容来说，包括按经济区域组织货物流通，制定货物合理流向路线，开展直线直达运输和"四就"（就站、就港、就厂、就仓）直拨运输，选择合理的运输线路和运输方式，提高车辆装载率等任务；从所涉及的单位来说，运输管理与厂商生产单位、商业采购和销售单位以及交通运输部门等都有密切的联系。在承、托双方的内部，又涉及计划、业务、调度、储运、财务等部门和环节。因此，组织合理运输的工作是纷繁复杂的，需要因时、因地进行计划安排，选取切实可行的途径和方法。具体要确定以下四个方面的内容。

（1）确定运输战略

进行运输管理，首先要对运输系统所处的环境进行分析，环境分析主要包括国家的宏观运输政策、运输市场的发展状况、物流系统的综合战略、其他物流节点的情况等。在对上述问题进行分析的基础上，确定运输系统战略，明确运输系统总体发展方向。

（2）选择运输方式

在运输战略明确的情况下，选择适当的运输方式是运输系统目标实现的重要保证。目前，运输方式主要包括公路运输、铁路运输、航空运输、水路运输、管道运输等，在选择具体的运输方式时，既可以选择单一的运输方式，也可以选择多种运输方式的联运，目的是满足运输系统的目标。

（3）确定运输线路

在物流系统中，当物流节点相对稳定时，各个物流节点之间会形成若干条不同的运输线路，不同运输线路的差异可能体现为线路上节点的数目，也可能体现为线路上节点的先后顺序。不同的运输线路由于节点数目或顺序的差异会产生不同的运输效果，以满足物流节点的不同需求。

（4）监控和控制运输过程

物流运输系统目标的实现依赖于有效的过程控制，由于运输过程的空间变动性，对运输过程控制的难度要远远高于对固定节点的控制。因此，如何实现对运输系统的有效控制，特别是过程控制，既是运输系统规划的难点也是重点。传统物流对运输过程的可控性差，但是随着信息技术的发展，信息化水平不断提高，对运输过程的控制越来越依赖于信息技术，如 GPS、GIS 等。在信息技术的支持下，对运输过程的控制已越来越有效，而且对提高运输系统效率的作用也越来越突出。

在上述内容中，（1）～（3）属于运输决策内容，由于运输过程中涉及环节多、组织跨度大、时间跨度大等特点，因此运输过程可优化的空间很大。通过信息技术的支持，运输管理系统能够通过对第（4）项功能的实现，将基础业务数据收集上来，进而可以借助一定的数据分析工具，为运输决策提供必要的数据支持，进而提高决策质量。本节内容主要介绍运输管理系统在运输过程中的应用，即对运输业务的监控和控制。

3．运输管理的业务流程

物流运输是指产品从生产者手中到中间商再至最终消费者手中的运送过程，在此过程中，运输业务包括订单受理、调度配载、提货发运、在途跟踪、验收货物、单证处理和财务结算等。运输环节具体的业务流程如图 8-10 所示。

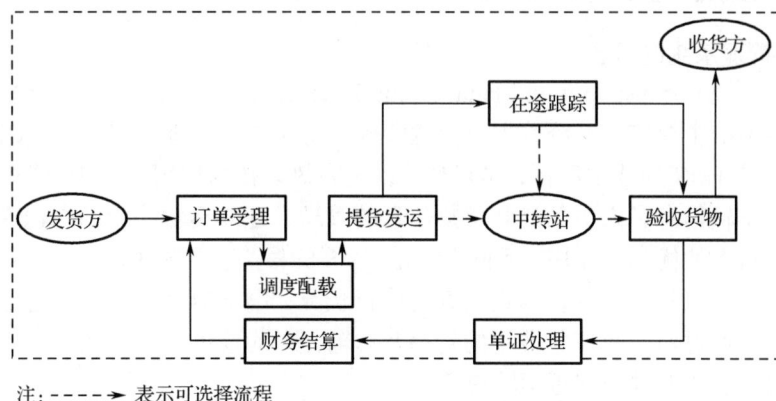

注：- - - → 表示可选择流程

图 8-10 运输环节具体的业务流程

① 订单受理。订单受理是运输业务的第一步，发货方接到客户订单后，需要登记客户需要运输的货物信息、货物目的地信息等，并进行审核，具体审核的内容包括货物性质、运输限制、客户信用、企业自身运输能力等，接受符合要求的托运订单，确保能完成运输任务。

② 调度配载。运输部门或企业订单确认后，要根据客户的需求确定合理的运输计划，

然后根据自身的运输能力，进行车辆和人员的调派，确定货物的运输线路、运输工具和运输方案，为具体车辆配载货物，并生成派工单、派车单、装货清单等单据。

③ 提货发运。提货发运是指司机及相关成员凭装货清单到仓库或客户处提货，并办理提货手续和发运手续。

④ 在途跟踪。在途跟踪是对货物的在途状态信息及位置信息进行实时跟踪和调控。这项功能可以通过人工沟通或者 GPS、GIS 及物联网等信息技术来完成。有的货物在运输过程中可能要在中转站进行中转或停留，这时中转站的信息系统需要同步到站数据及存储数据，实时更新货物信息的变动情况。随着企业业务量的增多，如果通过人工沟通的方式进行不仅会投入大量的资源，还面临信息伪造的风险。随着信息技术的快速发展，越来越多的企业采用信息技术及可视化技术对物流运输过程进行实时跟踪，更新运输信息，一方面方便客户的查询，提高客户服务水平，另一方面为企业自身对运输过程的调控也提供了精准的数据支撑。

⑤ 验收货物。验收货物是指当货物被送到指定地点（收货方仓库或收货方指定地点）后，收货人根据订单对货物的数量进行核实。有的收货方还要负责对货物的质量进行检验，在核实与检验无误后，办理收货手续，如果货物与订单数据不符，则收货人会根据事先合同的约定情况进行异常业务处理。

⑥ 单证处理。单证处理是指承运人的调度人员收到货物收货确认的回单后，对回单和其他相关业务单据进行核实、归档、统计等。

⑦ 财务结算。财务结算主要是办理承运人、托运人及公司之间的资金往来。结算中心应对应收账款、应付账款、实收账款、实付账款、运输成本、预计利润等项目明细进行汇总和统计。

8.3.2 运输管理系统的功能结构

1. 运输管理系统的概念

运输管理系统（Transportation Management System，TMS）是一套基于运输作业流程的管理系统，该系统主要实现系统管理、信息管理、运输作业管理、财务管理四大功能。

系统管理是 TMS 的技术后台，起到支持系统高效运转的作用；信息管理是通过对企业的客户信息、车辆信息、人员信息和货物信息的管理，建立运输决策的知识库，也起到促进企业整体运营更加优化的作用；运输作业是 TMS 的核心，系统通过对运输任务的订单处理、调度配载、运输状态跟踪，确定任务的执行状况；财务管理是伴随着运输任务发生的应收应付费用，通过对应收应付费用的管理及运输任务对应的收支的核算，生成实时、全面的统计报表，能够有效地促进运输决策。

2. 运输管理系统的功能分析

运输管理系统是基于信息技术、集多个信息系统子系统为一体的管理信息系统，主要功能模块有系统管理、信息管理、运输作业和财务管理，每个功能模块的具体功能如图 8-11 所示。

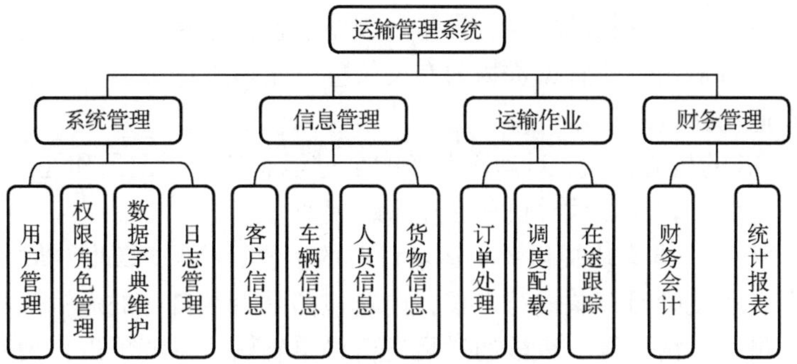

图 8-11　运输管理系统的功能

（1）系统管理功能

系统管理功能的使用者为企业的信息管理员，其对 TMS 的用户权限进行设置和管理，对系统的数据字典进行维护和管理以及对运行日志进行记录查询。

① 用户管理模块。该模块主要是对 TMS 软件的具体使用者进行管理和帮助。只有具有使用权限的工作人员才可以凭密码登录本系统，进行具体操作。使用完成后，退出系统。

② 权限角色管理模块。该模块从保护企业商业机密和数据安全角度出发，对不同级别的工作人员设置不同的系统操作权限。只有具有相关权限的人员才可以进行相关操作，充分保证了系统数据的保密性。

③ 数据字典维护模块。该模块完成对系统的设置、各大功能模块的维护和管理，起到保证系统运行的作用。

④ 日志管理模块。该模块对本系统的日常运转进行自动记录，系统管理人员凭权限可以查询到工作人员所进行的具体操作，起到加强企业监督管理的作用。

（2）信息管理功能

此功能主要是记录和登记企业运输过程中直接关联的业务基本信息，包括客户信息、车辆信息、人员信息以及运输频率高的货物信息。

① 客户信息模块。本模块包括客户信息的录入和更新，例如客户的名称、法人代表、经营范围、联系方式等基本信息；也包括客户交易的历史记录以及客户信用等简单加工的数据。用户可以通过客户信息模块来对客户信息进行修改、查询等操作。客户信息模块中还包含合同和报价模块，一方面管理企业与客户签订的运输合同，明确双方的责任和权利，以及对运费及结算方式进行界定；另一方面可以根据客户的运输路线、运输货物、距离等内容进行计算，核定给每个客户的报价。

② 车辆信息模块。本模块主要有车辆信息管理和车辆状态管理两大内容。车辆信息管理设置有车辆的牌照、车辆型号、载重量、容积等信息，可以看到每辆车每天的出车记录，并生成派车单；在车辆状态管理中，可以显示出车车辆、待命车辆、维修车辆的信息。通过车辆信息模块，用户可以进行添加、查看、修改、查询及报废、故障等处理操作。

③ 人员信息模块。本模块主要有人员信息管理、人员薪酬管理、操作员管理三大内容。人员信息管理包含调度员、驾驶员、修理工、临时工、搬运工等的个人资料；人员薪酬管理统计记载的内容有人员工资、奖金、福利等支取状况；操作员管理是指系统对不同的操作员设置不同的操作权限，只有相关人员才有权看到权限范围内的数据，充分保证数据安全。

④ 货物信息模块。本模块主要是对企业运输涉及频率较高的货物信息进行记录与查

询。货物信息设置每一单货物的编号、数量、规格、价值金额、运输时间要求等内容。在系统中，用户可以清晰明了地看见货物的有关信息，能够进行添加、修改、查询等操作。

（3）运输作业功能

此功能为 TMS 的核心模块，对运输业务的全过程业务进行记录和处理，此功能模块主要包括订单处理模块、调度配载模块和在途跟踪模块。

① 订单处理模块。本模块提供关于运输订单的生成、录入、修改、执行等一系列功能。接到订单后根据企业规则对订单进行审核，内容包括是否在自身的运输范围内、客户的信用情况、车辆人员能力情况等，审核通过后进行订单确认。系统可以自动安排订单处理的提前期，由系统生成运单并提示调度人员安排车辆执行。

② 调度配载模块。调度配载作业是运输的中心作业，包括运输计划安排、运输线路规划和运输方式选择。本模块属于决策支持系统，辅助管理人员进行运输调度。系统根据货物、客户、车辆、起讫地点等信息，自动提示最佳的运货车辆和运输路线。另外，系统还可以根据货物的重量、路径等信息，自动生成配载计划，优化车辆资源利用率，自动组合同类作业，确保实现车辆利用效率最大化。

③ 在途跟踪模块。该模块是对车辆动态及货品状态的跟踪与及时反馈，是体现服务水平、获得竞争优势的基本功能。该模块一般有车辆状态实时监控、运输车辆的动态二次调度、车辆防盗报警、返回车辆配货等功能。

通过 GPS、GIS 技术的应用，当车辆出发后，调度中心通过在车辆上安装的 GPS 车载系统发送信息，车载系统会将车辆的地理位置、运行速度等信息回传给调度中心，并结合 GIS 技术显示在地图上。通常情况下该系统还支持轨迹回放功能、异常情况报警功能等。

在车辆运输过程中，由于调度中心可以随时跟踪各个车辆的位置，因此调度中心可以根据道路情况及订单变动情况对车辆进行实时的调度指挥。调度中心还可以根据车辆返程路线信息，将相关订单发送给返程车辆，避免返程空驶，提高车辆的装载率。

（4）财务管理功能

此功能模块主要包括财务会计模块和统计报表模块。

① 财务会计模块。运输业务涉及的客户比较多，而且往来频繁，对于每个客户及分包方的管理显得尤为重要。该模块的功能是记录每单业务的详细账单，也能提供针对不同客户及分包方的台账，并设有到期未付账预警功能，可以进行应收账款统计、查询和应付账款统计、查询操作。

② 统计报表模块。本模块主要有结算报表分析和应收应付报表分析两大功能。结算报表分析对客户、公司自身、车辆三方的经济往来有详细的记录，系统具有查询、统计功能。企业相关人员凭管理权限可以看到这些数据，既方便了工作又安全可靠。另外，在对车辆的结算报表中可以看到车辆不同运输路线的货运价格。

应收应付报表分析可以对企业的应收应付情况进行汇总分析。因为运输业务涉及的客户比较多，而且往来频繁，对于每个客户及分包方的管理显得尤为重要。运输业务的特殊性经常导致与客户之间台账的错误及混乱。系统提供每单业务的详细账单，也能提供针对不同客户及分包方的台账，并设有到期未付账预警功能，可以进行应收账款统计、查询和应付账款统计、查询操作。

8.3.3　运输管理系统的应用案例——中国建材集团 TMS 的开发

1．中建信息介绍

中国建材集团是全球最大的综合性建材产业集团、世界领先的新材料开发商和综合服务商，连续 9 年荣登《财富》世界 500 强企业榜单。中国建材集团是一家科技型企业，拥有 3.8 万名科技研发和工程技术人员，拥有 26 家国家级科研设计院所。中建材信息技术股份有限公司（以下简称"中建信息"）创立于 2005 年 4 月，是中国建材集团的成员企业，客户涉及政府、金融、互联网、教育、制造、能源、交通等多个领域。中建信息以北京为中心，在国内及海外国家共建立近 60 个分公司及办事处。公司成立以来非常重视战略规划和企业信息化建设，随着业务规模的增长，不断改善和优化管理模式，在信息化建设方面发展迅速。公司自 2010 年就陆续自建 ERP、OA 等信息化系统，后期引进全球最先进的 SAP 的 ERP 系统，使企业的内部流程管理水平达到同业中的前列。

但由于分销业务的供应链采用 3PL 方式完成货物的交付，需要众多外包运输服务商协同，因此不同公司间的货物流信息传递缓慢，运输管控一直沿用 Excel 表格与外包单进行人工协同管理。伴随企业业务成长，中建信息的供应链单量暴涨，每年仅华为的分销运输的单量就已超过 30000 单，且客户对在途管控的要求不断提升，因此开发一个跨组织协同的 TMS 成为公司的迫切需求。

2．TMS 概述

（1）分销物流业务需求分析

中建信息分销业务的物流流程和大多数公司的物流流程一致，由公司销售在 ERP 系统中建立销售单，销售单信息进入 OA 作审批，审批通过后下发到仓库备货，同时下发物流部门建立运单，运单建立后按区域和线路分派给指定操作人员，物流操作人员选择合适的承运商，按运输时效制定提货时间、到货时间及相应的 KPI 要求。运单信息填写完整后发给承运商开始操作。

货物开始运输后，物流人员负责监控货物运输中有无异常发生、货物在途状态的跟踪和反馈、签收单的回传和归档、费用的记账和对账。

物流部门除了日常的业务操作还负责运价的谈判、供应商效绩评价、物流整体运行情况监控等工作。

（2）中建信息 TMS 的特质化需求分析

① 业务复杂度高。

由于中建信息分销产品厂家多、种类多，运输业务会涉及多部门、多项目、多产地、多承运商等的分类管理，因此业务复杂，物流管理多样化。不同的分销产品归属不同部门，不同部门对运输的要求不一样。分销项目不同则运输货品归属不同的项目，导致物流部门需要按不同的运输方式操作。产地不同导致分销出货地不同，不同部门、不同产品出货地点也会不一样。同时物流部门为分散运输风险，提高物流服务采购竞争力，按货主收货地区又规定了不同的运输线路，分别委托不同承运商提供运输服务。对特殊的运输订单，公司还会以临时招投标的方式另行选择合适的承运商，以上种种需求，大幅增加了业务复杂度。

② 分销运输方式要求调整灵活。

对紧急程度要求较高的货物，物流部门需要及时调整运输方式，放弃陆运改为时效更高的空运完成。系统会跟踪记录这些变化，在成本报表上有所体现以供后期分析。

③ 物流费用结算方式不同。

由于运送货品有重抛的差异，承运商结算时既按重量结算，也会按体积结算，甚至按一定重抛比折算后的计费重量结算。

④ 软件产品导致货物形态不同。

从销售信息发送下来的运输订单有时还包含一些无形资产，如许可证等，这些货品是不需要实际运输服务的。在实际操作中，需要把这些订单排除在可操作的订单范围外，单独进行流程处理。

⑤ 合单要求。

为最大化降低公司物流成本，所有同一到货地点、同一到货时间、同一接收公司、同一接收人员的订单会被合单成新的一票运单发送给承运商。

⑥ 异常记录困难。

由于运输活动的多级转包，时空转换复杂，系统对实际随机发生的费用和异常情况都需要准确记录，以备成本核算。

（3）销售供应链物流信息需求痛点分析

① 人工调度效率低。

公司物流部门面对每日几十张销售单，还能勉强使用 Excel 表格记录和管控物流业务，随着单量的快速增长，越来越多的效率矛盾显现出来。Excel 表格记录效率低下：物流所有订单的在途更新和计费信息都还沿用 Excel 表格人工管理。信息更新滞后且效率低，极易出错。

② 运输异常的预警滞后。

货物运输异常首先是客户发现后投诉到销售，销售又投诉到物流部门。作为执行者的物流部门，异常消息总是最后知道，面对领导和销售同事，物流部门压力非常大！

③ 物流信息缺乏协同。

销售下达运输订单后需经过层层审批，审批结束才流转至实际执行的物流部门。物流部门又经常由于销售订单的物流专用信息缺失而无法安排运输；安排好的运输车辆去仓库提货，却被告知仓库备货还未完成；提货车辆到仓库，需要客户签字的空白签收单发生改变，需要重新打印，种种情况都需要物流部门与内部销售及外包服务商之间有可以信息协同的工具。

④ 在途监控困难。

客户及销售查询货物状态依赖人工追踪，物流部门人员接到销售查询的电话后会查货物发给了哪家承运商，再找承运商的客服接口人员要在途信息。承运商把在途信息反馈给物流部门，物流部门客服再反馈给销售，信息传递低效滞后。

⑤ 财务合规困难。

作为上市公司，日常运作的合规性会面临风控部门的内外部审核。由于单量大、信息记录方式原始、审批依据和流程涉及内外部门和公司都比较多等原因，造成审核中抽检出的纸质凭单查找、核对费时费力，甚至因为遗失单据，无法提供必要的支持文件。

⑥ 财务对账困难。

由于每票货物都有可能涉及额外费用的记录和审批，每年额外费用数据数目多于 5 万条。如何保证录入的费用合规且无误，付款周期的审核工作成为物流经理的噩梦。

⑦ 回单管理困难。

回单是货物签收的法律依据，货物是否被正常签收影响公司资金的运转效率。在没有电子回单的情况下，很难提升收款效率。

⑧ 状态跟踪效率低。

客服人员的大量时间都用在手工记录单据、更新地点信息、更新状态、更新异常信息、查找货物状态和位置、记账等操作上。由于每人负责的单量巨大，无法避免数据的记录手误。实时跟踪货物状态的要求无法满足，客户希望每日提供在途货物位置更新信息，前日所有到货情况汇报，货物状态信息及时反馈，电子签单的回传。

⑨ KPI 绩效统计分析粗放。

每月、每季度对海量的运单运输情况的统计和汇总是对承运商必要的管理活动。由于前期使用 Excel 表格的方式管理，使得 KPI 绩效统计困难，无法实现对供应商的有效管理。

3. TMS 实施过程

（1）TMS 建设重点

考虑到 TMS 需要在功能上协同销售、仓库、财务、承运商、终端客户等多方，同时满足和已有的 ERP/WMS 等系统的对接，公司在实施 TMS 前需要对系统的要求做充分的讨论。通过内部讨论，关注 TMS 以下几个方面内容。

① 系统成熟稳定。因为中建信息分销业务的规模巨大，需要稳定连续的物流管理，因此所选 TMS 必须有应用案例，成熟稳定的 TMS 才能保证后续服务的产品。同时总体拥有成本也是采购中必不可少的一个衡量因素。

② 满足定制需求。中建信息的运输业务虽然符合通用运输业务流程，但也有其自身的业务特点和逻辑，一套标准的产品化的 TMS 无法满足企业的要求。因此需要在一套成熟 TMS 的基础上实现可以定制开发的要求。

③ 信息安全。运输订单信息包含了终端客户的信息，公司需要有严格的信息安全把控措施，确保信息不被非法外泄。

（2）TMS 建设目标

考虑到未来 ERP 切换原因，中建信息没有一蹴而就，把目标设定为一次性解决所有问题，而是分阶段逐步上线：第一步，解决从 Excel 管理到线上管理；第二步，解决公司内系统的互联互通。

（3）TMS 开发方式选择

中建信息通过招标多家 SaaS TMS 服务供应商，经过物流部门对比试用，首选驿畅 TMS 产品成为公司的 TMS，其产品特点是灵活的状态管控、高效的操作、丰富的协同理念及高适用度。

采购的驿畅 TMS 产品以 SaaS 独立化部署方式为公司提供高质量服务，独立部署方式在满足公司对信息安全合规要求的情况下，不仅满足个性化迭代开发需求，而且通过每年付费获得有效服务以降低公司的总体使用成本。

（4）TMS 特色功能介绍

① 智能处理功能。

智能接单处理。TMS 收到中建信息 SAP 的运输订单会自动按规则作单据合规检查；合规的运输订单会依据系统设定的规则做客服人员的自动匹配，从而完成单据操作的自动分配。通过对接 ERP 系统，驿畅 TMS 产品可自动生成对应业务单号的运输订单，完全取代了手工的录入方式，提升了录入效率；同时，减少了手工录入带来的差错问题。所有销售的业务单号在 TMS 中实现在途监控，确保一单到底的跟踪，查询清晰明确。

智能线路匹配。TMS 接收到 SAP 系统信息后生成的运输订单会依据设定的规则，判断单据的信息，匹配对应规则的单据，自动设定相应的线路、运输方式、承运商及报价，减少人工选择造成的差错。

智能合单。TMS 在生成运单前会对订单池内的订单作扫描，符合设定规则的订单会自动合并生成相应的运单。系统合单、生成运单、发送承运商可一键自动完成。

智能状态更新。TMS 会依据下发承运商的运单和与运单相匹配的订单作智能关联。当运单的状态变更后，系统会智能更新对应订单的状态，且可跨多层转包实现状态的无缝传递。

智能化的主动异常发现。系统会按设定的时间间隔检查在途订单的位置更新情况，如果超出时间间隔没有地点的更新则自动产生异常报警。驿畅 TMS 提供的异常处理机制，协同了承运商、物流部门和销售部门，使得货物的在途情况能在系统上清晰透明地展示出来，出现任何货物的在途意外也可在第一时间得到反馈和回复。

对提货和收货未按预期完成的运单，系统自动登记延迟记录，为下一步分析延迟原因提供依据。当在途订单有新的位置信息更新后，系统会自动解除异常报警。

智能辅助记账。如果运输订单记账时所有计费依据信息没有变化，则系统可一键生成按中建信息和其承运商双方确认的价格计算产生计费条目，大大减轻记账工作量，提高记账精度。

智能账单生成。账期结束，系统可按选定的时间范围自动生成双方已确认的账期内的账单。

② 供应链协同功能。

中建信息销售与物流部门的协同。销售可实时查询自己的货物状态、位置、签收情况，不需要再通过电话询问和跟踪。如有异常情况，随发生随监控。

中建信息物流部门和仓储部门的协同。通过和 WMS 集成，仓库打包货物体积、件数、装载清单可直接在 TMS 中呈现，方便物流部门生成单据和规划异常尺寸货物的运输。

中建信息物流部门和其承运商的协同功能：

- 承运商可通过系统预知货量情况，便于安排运力；
- 承运商可在系统直接下载和打印空白签收单，不需要单独再通过邮件传递；
- 承运商可在系统直接了解运输订单是否为自己的承运任务；
- 物流部门可对未开始的运单执行下发和撤回的操作；
- 承运商对物流状态/位置的反馈可直接反映到中建信息的运输订单上；
- 承运商对在途中的异常信息可及时通过系统反馈到中建信息物流部门；
- 物流部门可通过系统对承运商上传的签收单电子件进行确认/驳回；

- 物流部门可通过系统实时记录和反馈承运商签收单原件的返回情况；
- 物流部门和承运商可通过系统实时记录和确认发生的随机费用；
- 账期结束后生成的账单可在物流部门和承运商间实时查看和核对。

被承运商确认的单据可被相应承运商直接看到，使物流部门具备自动或人工调整供应商的灵活变通的能力。承运商可提前预知将要下发的运输任务详情，为运力准备提供必要依据和准备时间。

在运输订单确认承运商后，不必等待收到运单，承运商即可下载空白签收单，为提货做好准备。

承运商和中建信息仓储的协同功能。物流部门的中心库房的备货状态、装载单能通过系统实时传输给对应承运商，使承运商减少由于备货未完成造成的运力等待问题。

③ 数据驱动业务自动流转。

针对每一运输订单设定的 KPI 监控，TMS 可以提示哪些运输订单已接近预期抵达时间。物流部门人员可依据距离预期抵达时间的紧急程度优先监控和处理异常订单，从而实现通过 KPI 数据驱动订单监控优先级的管理。系统还对签收单原件的返回提供了管理支持，既满足中建信息财务和风控的要求，也把这个要求以 KPI 形式传递给承运商的执行端。

（5）TMS 管理效益

通过两期系统的上线，中建信息实现了业务操作和管理效率的大幅提升。在物流业务人员没有减少的情况下及时、高效地实现了 2019 年年底冲量 300% 的业务增量。

此外，物流部门可支持业务规模能力提升 300%，可在不增加人员的情况，具备支持年发货 2719 吨/97872.66 立方米货品的能力。

中建信息还实现了销售与物流部门协同，物流部门与仓储部协同，物流部门与承运商协同，承运商和仓储部协同。通过信息流、货物流、凭证流协同管理，实现了整体供应链的高效运转。

2019 年二期迭代完成了中建信息 SAP 的 ERP 系统与驿畅 TMS 数据对接，解决了单据从 ERP 下发到 TMS 的对接工作，实现了 TMS 运单的自动数据交换。两期迭代完成上线后极大地提升了物流操作和管理的效率，减少了人工错误，物流管理实现了全部线上化，达到甚至超越了预期目标。

中建信息所使用的 TMS 作为紧密贴合业务的有机系统，会随着业务的发展不断地迭代，形成具有符合自身发展的一套灵活、强大的业务支持系统。未来系统将以海量历史数据为资产，以大数据分析推动运营管理优化，通过 AI 数据分析实现更高层次的数据推动业务的发展模式，为中建信息的蓬勃发展持续助力、赋能。

8.4 配送中心管理信息系统

8.4.1 配送中心管理的业务流程分析

1. 配送中心的概念

在《物流术语》（GB/T 18354—2021）中，配送被定义为根据客户要求，对物品进行分类、拣选、集货、包装、组配等作业，并按时送达指定地点的物流活动。配送中心则是从事配送业务的物流场所或组织，应符合的要求有以下几点。

① 主要为特定的用户服务。

② 配送功能健全。

③ 完善的信息网络。

④ 辐射范围小。

⑤ 多品种、小批量。

⑥ 以配送为主，储存为辅。

通过定义可以看出，配送中心不是一个仓库。配送中心的主要功能是提供配送服务。配送中心是供应链环节中为下游经销商、零售商、最终客户提供配送服务的一个物流节点。它需要现代化的流通设施、信息系统平台对经手的货物进行倒装、分类、流通加工、配套，并设计和选择最优的运输路线、最合适的运输方式和工具来为客户提供满意的配送服务。其目的是降低运输成本、提高客户满意度。

2．配送中心的功能

配送中心作为现代物流中新型的流通体制，其主要功能是物流活动中"配"和"送"的有机结合。所谓"配"是指货物的组配、分拣、分装等功能，"送"指的是各种送货方式和行为，具体表现为以下 7 大功能。

① 集货功能。配送中心为实现按用户需要配送，需从众多供应商手中购进大量品种比较齐全的商品。一般来说，集货批量大于配送批量。配送中心会根据市场的供求变化情况，制订并及时调整统一的、周全的集货计划，并由专门的人员与部门组织实施。

② 存储功能。配送中心的服务对象是为数众多的生产企业和商业网点（比如连锁店和超级市场），配送中心需要按照用户的要求及时将各种配装好的货物送交到用户手中，满足生产和消费需要。为了顺利有序地完成向用户配送商品的任务，能够更好地发挥保障生产和消费需要的作用，配送中心通常要兴建现代化的仓库并配备一定数量的仓储设备，存储一定数量的商品。

③ 组配功能。由于每个企业用户对商品的品种、规格、型号、数量、质量、送达时间和地点等的要求不同，配送中心就必须按用户的要求对商品进行分货、拣货和配货。将储存货物按用户要求分拣配齐以后，送到指定配货场，经配装后送至用户。配送中心的这一功能是其与传统的仓储企业明显的区别之一。

④ 装卸搬运功能。集货、存储、组配等过程，都需要进行装卸搬运。装卸搬运作业效率的高低、质量的好坏直接影响到配送的速度和质量。

⑤ 加工功能。配送中心能够按照用户提出的要求并根据合理配送商品的原则，将组织进来的货物加工成一定的规格、尺寸和形状。加工功能是配送中心的重要活动，既有利于提高物质资源的利用率，又提高了客户的满意程度。

⑥ 配送功能。配送中心根据客户的不同要求，按照约定好的货物将配好的商品按到达地点或到达路线进行送货。运输车辆既可借用社会运输车辆，也可自配专业运输队。

⑦ 信息功能。配送中心必须有灵敏、完整的管理信息系统，进而才能协调物流配送中心各环节的作业，对各种有形资源进行协调管理和控制，在保证配送中心业务顺利进行的同时，提高配送中心的作业效率。

3. 配送中心的业务流程

配送中心不仅对物流活动具有支持和保障的功能，而且具有连接整个供应链和使整个供应链效率优化的功能。其作业过程是按照用户的要求，将货物分拣出来，按时按量发送到指定地点的过程。具体来说，配送中心的业务流程包括进货、存储、盘点、拣货、补货、加工、配货、发货、配送等几项活动，装卸搬运活动贯穿这些活动过程中，如图 8-12 所示。

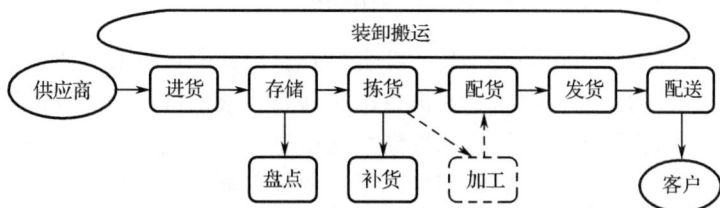

注：- - - ▶ 表示可选环节

图 8-12　配送中心的业务流程示意图

① 进货作业。在配送中心的业务流程中，进货作业包括接货、卸货、验收入库等活动。在此活动中为了使配送中心后续业务有序高效地进行，需要提前根据进货货物的种类、数量等信息做好进货计划，包括确认送货车辆的停车位置、临时理货位置、货物进入仓库后的流向、货物验收的标准、货物在下一个业务流程的包装形式等。货物到达配送中心后，工作人员根据计划进行卸货安排，根据订单信息及合同约定对货物的规格、数量及质量进行检验，检验无误后安排入库。

② 存储、盘点作业。存储作业是根据货物的属性、对环境的要求等对货物进行妥善保管的业务。在保管期间，供应商会根据企业盘点的要求对货物进行盘点、保养等。存储业务中涉及如何更好地利用仓储面积，以及确保保管货物的数量完整和质量合格等问题。

③ 拣货、补货作业。拣货作业是配送中心的一个重要环节，是根据出库单或客户订单的要求，从存储位置或拣货区域中，将所需货物取出后放置在指定地点的作业过程。拣货作业涉及的货物品种较多，工艺复杂，因此不同拣货计划的拣货效率的差异很大。配送中心的管理者要根据订单需求的特性、货物特性、需求量多少、服务信息、配送区域等信息确定拣货方式、制订合理的拣货计划，以期达到高效、准确的拣货作业目的。

对于多品种、小批量订单的拣货一般在独立的拣货区域进行，这时在拣货区的货架上发现货物数量不足时，需要将该货物从存储区补货到拣货区。这个业务过程需要根据需求确定补货批量、补货方式等内容。

④ 加工作业。加工作业是按照出库单或客户订单的要求将货物加工成指定形状或对货物外包装进行贴标签等操作的作业过程。它是社会分工细化及延迟策略管理思想发展的产物，一方面是对货物的物理性特征进行改变，例如数量、形状等，另一方面是根据客户的要求对货物的外包装进行简单加工，例如贴标签、喷字符等。

⑤ 配货、发货作业。配货作业是把拣选完成的货品经过配货检查后，装入容器和做好标示，再运到配货准备区，待装车后发货。其中配货检查作业是根据用户信息和车次配载信息对拣选的货物进行商品编码和数量核实，以及对货品状态、品质的检查。在进行配货和发货时，一般根据"先进先出"或"临期先出"的原则，来保证货物在保质期内发出。

⑥ 配送作业。配送作业是按照客户订单，通过统筹规划合理选择配送路线和配送车辆，在指定的时间内把指定的货物送到指定地点的作业。配送作业也是配送中心比较复杂的一项作业内容，其管理人员要根据车辆资料、道路信息、货物特性信息以及送货地点等信息对车辆类型、车辆配载调度、配送路线选择、配送顺序、车辆积载等进行决策。

8.4.2 配送中心管理信息系统的功能结构分析

配送中心各项活动之间相关性较高，综合性强，因此配送中心管理信息系统是配送中心运作的核心，其目的是向各配送中心提供配送信息，根据订货信息查询库存，发出配送指令、发货通知、结算指令等，汇总和反馈配送信息，提高配送中心的操作效率及客户服务水平。为满足此目的，配送中心管理信息系统要具有配送作业与日常事务处理、配送管理与控制、配送中心相关决策支持三个方面的功能。

配送作业与日常事务处理功能为配送中心的各项业务活动的开展提供最大的支持，通过信息系统对各种业务信息进行快速、准确的收集、加工处理和传递，实现配送中心各项业务活动的顺利开展，如集货作业、进货作业、拣选作业等，并以此确保各项业务活动的良好衔接和效率化运作。

配送管理与控制功能是通过对配送作业信息实时传输、信息跟踪等，使得管理指令的发出点与配送活动的开展点之间紧紧联系在一起，信息的无误传递为配送活动的正常进行提供了保障。而实时的信息跟踪机制，又确保了对配送活动顺利开展的有效管理和控制。此外，配送中心管理信息系统还具有各库存控制、货位指派、流通加工、日程安排、车辆行程调度、绩效管理、作业计划制订等方面的功能。

配送中心相关决策支持功能是通过计算机技术、信息技术、人工智能与管理决策技术，结合相关的管理科学、行为科学等知识，为配送中心管理信息系统能够进行一些重要的物流管理决策活动提供必要的信息，为决策的科学化、合理化提供有力的支持和帮助。如在配送中心的功能定位、商品类型选择、服务项目设置、发展战略和规划的制定等方面，配送中心管理信息系统可以为决策者提供所需要的分析结果，帮助管理者做出有效的决策。配送中心管理信息系统的功能结构图如图 8-13 所示。

1. 集货采购管理子系统

集货采购管理子系统主要是对供应商以及集货采购业务的管理，其功能包括供应商管理、采购预警、采购合同管理、采购过程跟踪等。供应商管理功能能处理的信息内容包括供应商编号、供应商名称、供应商联系方式等；在库存控制模块设置每一种物品的再订货点，当当前库存量小于等于再订货点时，该模块的采购预警功能即会启动，提醒采购人员进行采购；工作人员发出采购订单后，采购合同管理模块会对采购合同进行归档管理，并跟踪其采购的执行过程，直至验收入库。

2. 销售订单管理子系统

销售订单管理子系统的功能主要是对客户信息进行收集管理，并对销售情况进行分析和预测，进而提高商品品类管理、价格管理等决策水平。该子系统主要包括订单管理、销售预测与分析以及商品管理三个功能模块。

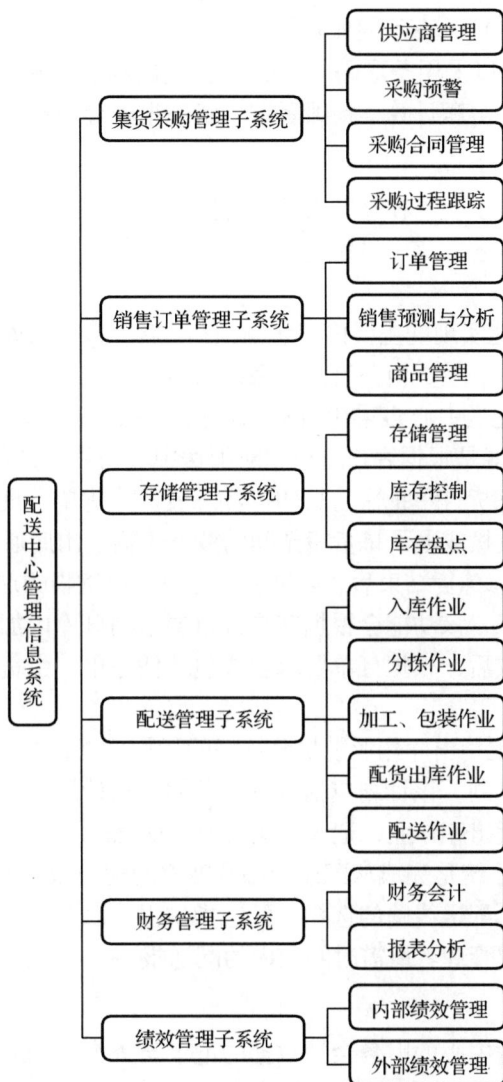

图 8-13　配送中心管理信息系统的功能结构图

　　订单管理功能模块主要包括实现报价、接受订单、订单审核以及确认订单。报价以及接受订单等工作内容是面向企业外部的，企业可以采用 EDI、因特网等方式与客户进行信息的交流和传递。

　　销售预测与分析功能模块主要是根据客户的历史交易数据，可以查询销售明细，统计分析销售量的周、月、年报表，还可以对每种商品的利润率等情况进行分析。销售预测与分析功能能够对物流配送中心的销售趋势进行预测，辅助管理者完成配送中心的存储商品选品及库存水平确定等问题的决策。

　　商品管理功能模块协助高层管理者了解配送中心各种商品的基本信息及销售状况，包括商品基本信息的维护与查询、商品销售排行、畅销品与滞销品分析、商品周转率分析等。

3．存储管理子系统

　　存储管理子系统的功能包括存储管理、库存控制、库存盘点等功能，主要包括统计配送中心的订货是否到货，记录商品的保管位置和数量以及入库时间，监控再订货点，并进行盘点作业。该子系统可以采用条形码、RFID 等先进的物流技术设备对存储的货物信息自动进行查询、仓位分配、容积计算、损毁登记、状态报告等处理。

4．配送管理子系统

配送管理子系统包含了货物在仓库内的所有操作内容，包括入库、分拣、加工和包装、配货出库、配送等作业内容，该子系统通过信息的协调使配送中心内部作业有机结合，提高操作效率。

① 入库作业。该功能实现的主要内容包括预约入库、接收入库、入库审核、入库验收、在库数据更新、入库确认、生成财务管理子系统所传递的数据信息等。该过程需要录入的数据较多，因此现在的配送中心多采用自动识别技术来进行入库货物信息的识别与录入。

③ 分拣作业。该功能是根据客户订单，对配送中心的货物进行拣选，为出库做准备，主要工作内容包括规划拣货订单批次、打印拣货总表及拣货单、批次拣货排程、拣货计划及补货排程、与自动拣货机或电子拣货货架间的数据传输、出库通知书等。

③ 加工、包装作业。拣货结束后，如果客户订单有对货物的加工要求，则需依据订单约定对客户货物进行加工，该功能会根据客户订单要求制订库内加工计划，并记录相关业务信息。在定制加工完成后，根据订单要求生成包装任务单，由负责包装的业务人员完成此工作。

④ 配货出库作业。配货出库作业是将分拣好的货物根据目的地、车辆载重量等信息制订车辆装载计划及运输计划。该计划包括制订车辆的装车计划、单车装车排序、批次装车排序等，完成货物的配货出库作业，记录相应的业务信息。

⑤ 配送作业。该子系统是完成从配送中心到客户的配送服务所需的信息服务，包括配送车辆与驾驶员的调度、配送线路的选择、配送货物跟踪以及客户收货确认等功能。在完成配送服务后，还会生成管理者所需时间段内的配送报表。

5．财务管理子系统

该模块主要实现配送中心的财务会计数据的记录与查询和相应财务报表的生成功能。该模块完成配送中心的财务统计和管理工作。

6．绩效管理子系统

该子系统主要对配送中心的运营绩效进行计算分析，例如作业人员绩效、库存周转率、缺货金额损失、仓库内部作业考核等内部绩效管理和客户关系管理、供应商绩效等外部绩效管理。

8.4.3　配送中心管理信息系统的应用案例——重庆百居易电子商务有限公司：达州城市综合配送中心信息化实施

1．达州乐达物流有限公司概况

达州乐达物流有限公司，由四川兰远迪明物流有限责任公司、达州市新达洲汽车运输有限公司等企业共同投资组建而成，注册资金 500 万元。达州乐达物流有限公司拥有自购车辆 20 余台，整合社会车辆 800 余台，拥有现代化仓储面积 10000 平方米，配送网点覆盖达州市、区、县各乡镇，是四川省物流办确定的省重点物流联系企业，也是达州市物流办确定的四川省公共物流信息平台示范企业。公司围绕达州本地城乡配送服务特色，打造了"同城速递""县际速配专线""城乡配送专线"三大服务品牌，配送线路采用从中心向周边扩散的方式，以达州为一级配送中心，万源、宣汉、开江、渠县、大竹 5 个县为二级配送基地，200 多个乡镇为三级配送网点，共同构建覆盖达州全域的现代化城乡物流配送体系。

2．实施本项目之前存在的问题
在项目实施之前，达州乐达物流有限公司在运营和服务中主要出现了以下几个问题：

（1）客户的服务质量得不到保障
- 物流服务标准和价格缺少规范性，各物流企业的服务标准和价格制定差别很大，客受制于信息不对称从而受到不公平的对待。
- 发货运输层层转包、中转，运达时效得不到保障，货物损失、丢失得不到赔偿，投诉得不到及时解决等。
- 客户的个人信息及运单记录存在被泄露的风险。
- 缺乏统一的平台为客户提供物流查询、比较服务，增加了客户的选择成本。
- 没有验证机制。

（2）物流公司运营及信息化问题
- 物流企业没有实现标准化、系统化、技术化的管理与应用，服务及产品的管理没有好的管理思想和方法，没有很好地采用数据库技术实现产品的设计、发布、管理、应用等。
- 物流服务和价格的调整机制不健全，运价的调整得不到及时贯彻和执行。
- 缺乏有效的收货、验货、送货、签收标准，增加物流企业的服务成本。
- 很多中小型企业采用传统的纸质单据，信息化水平低，造成企业作业效率低、人力成本高。
- 独立建立一套信息化系统不仅投资大、回收期长、运维运营成本高，而且系统更新的主动性差，不能及时适应物流行业的变化以满足企业需求。
- 物流企业之间的业务缺少协同，增加数据集成应用的难度。
- 缺少了解不同物流企业业务服务数据（例如各个船运公司船期表、航空公司的时刻表……）的物流公共信息平台，增加了业务合作的交易成本。

3．达州城市综合配送中心信息化概况
（1）平台总体架构

达州城市综合配送中心是基于"发哪儿物流全产业链协同云平台"架构而开发的综合物流服务平台，是达州物流市场的生态价值系统，平台融合了国际互联网、移动互联网和物联网，是一个全面运行的有机体。平台的组织架构如图 8-14 所示。

（2）平台建设内容

达州城市综合配送中心的物流业务的大致流程是：发布线路—展示线路—用户下单—处理订单—调度运输—支付结算，由以下四大核心系统实现物流服务闭环交易。

① 乐达物流网（物流服务交易信息门户网站）。它以物流消费应用的社会化使用为基础，为物流企业提供物流品牌、信息、产品、合作、采购等业务的营销渠道；打通 PC 互

联网、手机、平板电脑移动互联网三大营销入口，实现国际互联网、移动互联网、物联网三网合一，服务社会大众、电商企业、生产流通贸易企业、实体交易市场、政府企事业机构核心物流目标群体和市场，为物流的消费应用提供基础服务和创新体验。

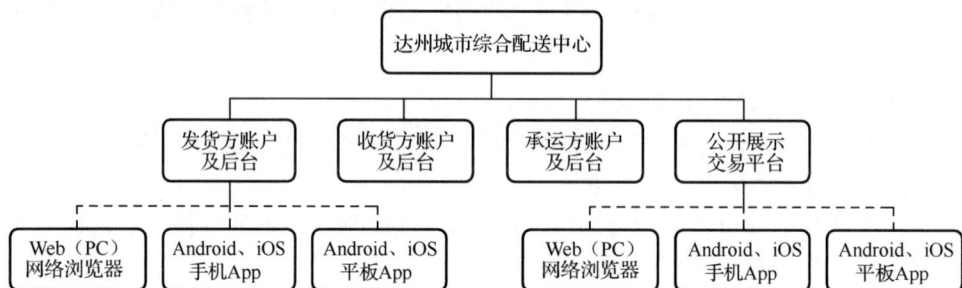

图 8-14　平台的组织架构

② 发运元（物流服务提供商管理系统）。它是以一个经营单元为核心，提供完整的经营管理功能，物流服务商家可以根据自己的需求和经营管理模式、特点，把多个发运元简单、灵活地分配、组合，配置成自己企业的商业经营模式、流程、服务等，实现原有或创新的企业经营模式，并能和发货人、收货人、合作企业、员工等物流对象和要素互动、协同、共享。

③ 收发宝（物流服务需求方管理系统）。物流消费用户群（社会大众、电商企业、生产流通贸易企业、实体交易市场、政府企事业机构）的应用系统包含 PC 端网络系统、移动端（手机、平板电脑）App 系统。收发宝不但是以物流应用为核心的管理应用系统，更包含了商品管理、进销存管理、客户关系管理、支付结算管理、电商店铺系统以及未来的生产资料管理系统等，成为社会化物流应用强大的支撑体系。

④ 发运宝（支付结算平台）。它是基于物流交易、流程控制的第四方支付结算社会化服务平台，解决物流交易中的资金交易支付保障、公平服务、风险管控以及物流企业所需要的金融类金融服务的问题。

以上四大核心系统有机构成互联网物流营销、在线交易、采购管理、流程管理、内外部协同、收发货签收、支付结算为一体的多功能应用创新平台。

4. 配送中心部分功能展示

（1）通过可视化信息平台，动态监控货物配送

可视化信息平台能够进一步完善物流监督管理体系。首先，确保运输信息传递的实时性、完整性以及精准性。物流监督管理体系在可视化信息平台支撑下可以有效采集物流运输各个环节的信息，有效组织物流运输活动，确保整个运输环节的协调性，依照企业总的运输目标实时、适度地调整内部运输资源，使整个物流运输活动正常进行，确保物流信息传递的畅通性。其次，有效监管物流运输状态，及时掌握运输物资的配送信息，对反馈报告进行整理和归类，同时运用报表呈现出各运输环节的信息以及物资状态。再次，实现资源共享。可视化信息平台能够有效协调物流监督管理体系中的各类信息资源，促使整个监管体系有序运行，所有监管设备之间可以信息互通。最后，提高监管配送质量。由于可视化信息平台能够捕获到实时的配送信息，实现了配送质量信息的追溯，保证了配送质量，

提升了物流配送的管理水平。

（2）通过仓储管理平台和仓库监控系统，查看仓库状态

仓储管理平台和仓库监控系统能够对仓储、运输物品进行有效管理与监督，可以准确、及时地掌握物品仓储的位置与信息。

首先，实现仓储自动化管理。通过仓储管理平台能够实现仓储作业自动化，最大限度地节省了人工管理成本，极大提升了仓储管理效率。

其次，及时更新仓储信息数据。当配送物资出入库时，系统将对库存系统提出指令，进行定位，同时将相应的物资信息存入库存数据库中，实现了仓储信息的及时更新，降低了人工处理的误差率。

再次，能够直观查询配送物资。物流人员只需要进入仓储管理平台软件端，经过上位机就可以查询到配送物资的直观信息。

最后，提高物流仓储安全系数。仓储管理平台可以将货物位置快速锁定，精准地查询到货物的直观信息，了解到仓储物资是否存在安全风险，与此同时，仓储物资信息与直观图像的叠加能够避免物资在仓储过程中出现被盗现象。

（3）供应链全程管理

通过信息化、单元化管理，从采购货物进入达州配送库开始，直到送达客户手中为止，可以对物流配送环节进行供应链全程管理，如图 8-15 所示。

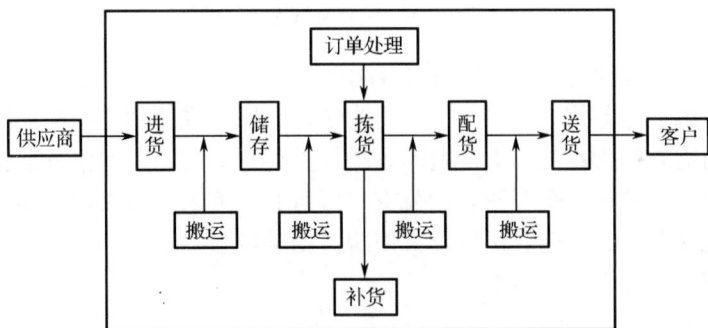

图 8-15　供应链全程管理

（4）通过大数据分析，实现城乡共同配送

平台将采用大数据分析，综合所有客户发出的物流管理指令，开展供应链协作，对所有指令、订单、配送作业状态、合作企业物流状态以及我们的物流配送资源进行数据化分析和管理，实施城乡共同配送，如图 8-16 所示。

（5）实施"城乡 O2O"运营模式

可以提供"城乡 O2O"服务拓展的物流电子商务平台和在线支付平台，将以县际配送干线为基础，以城市社区、重点乡镇街道、农资农产品市场为节点，实施"城乡 O2O"运营模式，深耕区域物流市场，连接城市与农村市场，提供商贸品、二手产品、农资农产品信息，实现线上购销，线下提供双向运输和配送服务。

通过平台实现共同配送，使配送作业达到了较大的配送规模，同时也提高了车辆等设备的利用率，减少了车辆出行，有效地缓解了城市交通拥挤，减少了交通工具对环境的污染，从而创造了良好的社会效益。

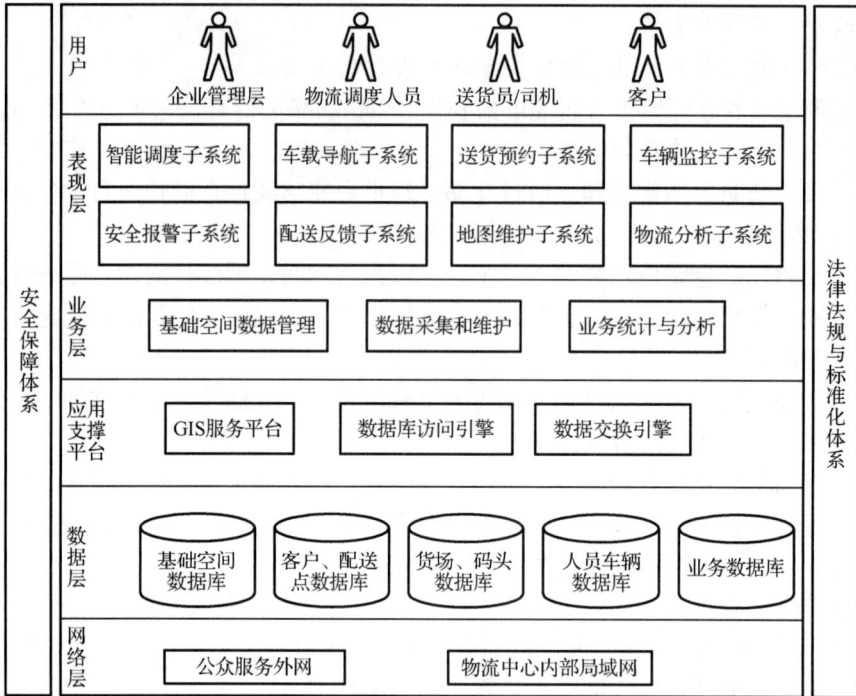

图 8-16　城乡共同配送

在配送效率上大幅度提高，实现城区 1 小时，跨县（市、区）2～3 小时，乡（镇）6 小时快速配送；趋近零差错率、零货损率，为达州人民提供便利、快捷、廉价的物流配送服务，方便生活需要；为达州各类商贸园区提供真正意义上的集中服务，实现共同配送；满足了各级行政事业单位、企业资料、公文的即时交换需求。为农村市场提供农资农产品双向流通物流配送服务，帮助农民朋友方便购买物美价廉的农资产品，同时帮助其打通农副产品销售渠道，提升农村生活水平。

本章小结

现代化的物流业务运行需要具备现代化的物流管理信息系统，这样才能合理利用物流系统资源，提高物流业务的效率，取得最大收益。本章主要介绍了物流业务进行中需要用到的四种物流管理信息系统，包括订单管理信息系统、仓储管理系统、运输管理系统以及配送中心管理信息系统。

订单管理信息系统是物流管理系统的一部分，通过对客户下达的订单进行管理及跟踪，动态掌握订单的进展和完成情况，提升物流过程中的作业效率，从而节省运作时间和作业成本，提高物流企业的市场竞争力。订单管理信息系统一般具有基础数据管理、订单业务管理和统计分析的功能。

仓储管理系统主要是完成仓储的运营管理，WMS 是一个实时的计算机软件系统，它能够按照运作的业务规则和运算法则，对信息、资源、行为、存货和分销运作进行更完美的管理，提高效率。WMS 是仓储管理中的重要组成部分，是通过入库业务、出库业务、仓库调拨、库存调拨和虚仓管理等功能，结合批次管理、物料对应、库存盘点、质检管理、虚仓管理和即时库存管理等功能综合运用的管理系统，有效控制并跟踪仓库业务的物流和成本管理全过程，实现完善的企业仓储信息管理。

运输管理系统是一套基于运输作业流程的管理系统，该系统主要实现系统管理、信息管理、运输作业管理、财务管理四大功能。

配送作业与日常事务处理功能为配送中心的各项业务活动的开展提供最大的支持，通过信息系统对各种业务信息进行快速、准确的收集、加工处理和传递，实现配送中心各项业务活动的顺利开展。一般包括集货采购管理子系统、销售订单管理子系统、存储管理子系统、配送管理子系统、财务管理子系统、绩效管理子系统等。

思考题

1. 请说明订单管理的流程是什么。
2. 请说明订单管理信息系统的主要功能是什么。
3. 请简述仓储管理的主要内容是什么。
4. 请归纳仓储管理系统的主要功能模块有哪些。
5. 请简述运输管理的主要内容是什么。
6. 请分析运输管理系统是如何支持运输管理工作的。
7. 请归纳配送中心的主要业务流程有哪些。
8. 请分析配送中心管理信息系统的主要功能模块有哪些。

第 9 章
决策支持系统在物流中的典型应用

导入案例

顺丰助力实现"樱桃自由"背后的科技力量

一年一度的烟台樱桃季又如约而至,为保障樱桃从田间枝头直达全国百姓的餐桌时能保持新鲜,顺丰通过科技优势增设运力支持、提升运输效率,几小时内完成樱桃全流程运送,为樱桃农户提升服务收益,助力特色农产品走向全国。

樱桃作为时令水果,保质期较短,运输时效一直是影响其销售的重要因素,现如今却可以实现"当日采,当日达",这离不开技术的有效支撑。在整个营运环节,顺丰运用最新的智慧地图和云计算,全局优化运输网络、智能匹配运输路线,对时间维度、空间维度进行精细化、智能化实时调度分配,让货品在整个樱桃季运送中实现快运快达。

让樱桃"红"遍全国,如何做到提升运力、降本增效、保障安全呢?顺丰将丰图科技的智慧地图作为顺丰调度运输的"智慧大脑"。智慧地图以工业级地图为基础,深入应用到客户下单、智能调度、中转分拣、规划运输、末端配送与经营管理等物流全流程环节。

散户果农可以通过智慧地图,迅速找到离自己最近的樱桃揽收点,为寄件提速。在樱桃中转场,智慧地图也同样发挥了很大作用,所有运送车辆的实时情况都可以在智慧地图上清晰呈现。顺丰通过实时计算,调整最优运输线路和制定解决方案,保证樱桃的实时运送。

智慧地图也为物流运输提供规避禁限行、里程合理、路桥费最优、时效保障的经验线路。在道路行驶过程中,智慧地图对车辆进行线路引导、指挥调度、过程管控。当司机在运输过程中遇到堵车的情况时,智慧地图可以立刻通过云计算重新规划运输路线。

顺丰为了满足果农与用户不断升级的需求,每年进行创新与努力,以樱桃项目为模板,让全国各地特色经济产品以最快的速度送达用户手中。

[?] 案例思考

1. 智慧地图可以辅助顺丰在"樱桃物流"中哪些决策的制定?

学习目标

1. 理解决策的概念及分类。
2. 理解决策支持系统的概念及分类。
3. 掌握决策支持系统的结构。
4. 理解商务智能的概念。
5. 掌握商务智能的体系结构。
6. 掌握商务智能常用的分析工具。
7. 理解群体决策支持系统的概念。
8. 掌握群体决策支持系统的实施条件。
9. 掌握各种决策支持系统在物流中的应用。

9.1　决策支持系统概述

9.1.1　决策的概念及种类

1. 决策的概念

决策是为了达到某种预定的目标，在若干个可供选择的行动方案中，确定一个最优或合理方案的过程。它是为了实现特定的目标，根据客观的可能性，在占有一定信息和经验的基础上，借助一定的工具、技巧和方法，对影响目标实现的诸因素进行分析、计算和判断选优后，对未来行动作出决定。

2. 决策的种类

（1）按决策性质分类

① 结构化决策。结构化决策是指对某一决策过程的环境及规则，能用确定的模型或语言描述，以适当的方法产生决策方案，并能从多种方案中选择最优的决策。结构化决策是经常重复发生的，能按原已规定的程序、处理方法和标准进行决策。结构化决策的问题相对比较简单、直接，其决策过程和决策方法有固定的规律可以遵循，能用明确的语言和模型加以描述，并可依据一定的通用模型和决策规则实现其决策过程的基本自动化。

② 半结构化决策。在决策过程中所涉及的数据不确定或不完整，虽有一定的决策准则，也可以建立适当的模型来产生决策方案，但决策准则因决策者的不同而不同，不能从这些决策方案中得到最优化的解，只能得到相对优化的解，这类决策称为半结构化决策。半结构化决策要在结构化决策过程所提供信息的基础上，借助专用模型得到决策方案。这些模型主要用来改善管理决策的有效性，增强和扩大决策者处理问题的能力和范围。

③ 非结构化决策。非结构化决策是指那些决策过程复杂的问题，其决策过程和决策方法没有固定的规律可以遵循，随机性和偶然性大，没有固定的决策规则和通用模型可依，决策者的主观行为（学识、经验、直觉、判断力、洞察力、个人偏好和决策风格等）对各阶段的决策效果有相当影响；往往是决策者根据掌握的情况和数据临时作出决定。

在物流管理中面临的决策类型如图 9-1 所示。

217

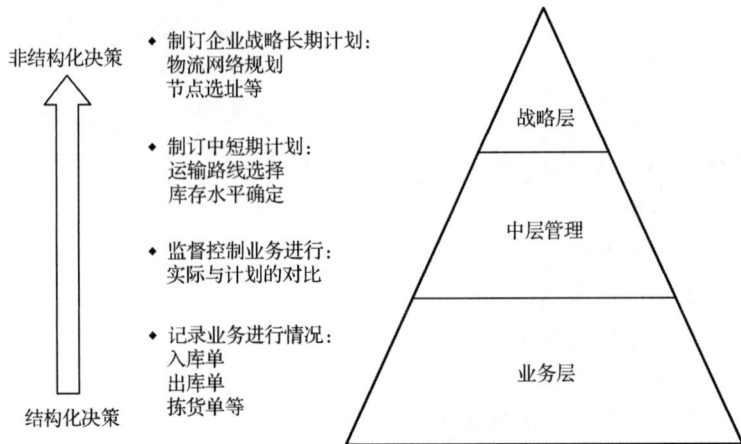

非结构化决策 ↑
- 制订企业战略长期计划：
  物流网络规划
  节点选址等
- 制订中短期计划：
  运输路线选择
  库存水平确定
- 监督控制业务进行：
  实际与计划的对比
- 记录业务进行情况：
  入库单
  出库单
  拣货单等
结构化决策

战略层

中层管理

业务层

图 9-1　物流管理中面临的决策类型举例

（2）按决策主体分类

① 个人决策。个人决策是由企业领导者凭借个人的智慧、经验及所掌握的信息进行的决策。决策速度快、效率高是其特点，适用于常规事务及紧迫性问题的决策。个人决策的最大缺点是带有主观性和片面性，因此，对全局性重大问题则不宜采用个人决策。

② 群体决策。群体决策主要包括会议机构和上下相结合的决策两种形式。会议机构决策是通过董事会、经理扩大会、职工代表大会等权力机构由集体成员共同做出的决策。上下相结合决策则是领导机构与下属相关机构结合、领导与群众相结合形成的决策。群体决策的优点是能充分发挥群体智慧，集思广益，决策慎重，从而保证决策的正确性、有效性；缺点是决策过程较复杂，耗费时间较多。它适用于制定长远规划、全局性的决策。

9.1.2　决策支持系统的概念

1．决策支持系统的定义

决策支持系统（Decision Support System，DSS）是以管理科学、运筹学、控制论和行为科学为基础，以计算机技术、仿真技术和信息技术为手段，针对半结构化的决策问题，支持决策活动的具有智能作用的人机系统。

该系统能够为决策者提供所需的数据、信息和背景资料，帮助决策者明确决策目标和进行问题识别，建立或修改决策模型，提供各种备选方案，并且对各种方案进行评价和优选，通过人机交互功能进行分析、比较和判断，为正确的决策提供必要的支持。它通过与决策者的一系列人机对话过程，为决策者提供各种可靠方案，检验决策者的要求和设想，从而达到支持决策的目的。

2．决策支持系统的特征

① 数据和模型是 DSS 的主要来源。DSS 处理的问题一般是面向决策者的，这些问题的解决方法不是唯一的，那如何才能找到最优解，提高决策的有效性？这就需要从大量的内外部历史数据中，利用管理学中的优化方法或模型，对数据进行计算处理，进而得到管理决策的最优解。因此，数据和模型是 DSS 的核心内容。

② DSS 是用来支持用户做决策的，而不是代替用户做决策的。在 DSS 中，用户根据

需要决策的问题从模型库或方法库中选择合适的模型或方法对数据进行处理和计算，这一过程是要决策者做出选择；模型和方法的使用是确定的，但是决策者对问题的理解存在差异，系统的使用有特定的环境，问题的条件也不确定和唯一，这使得决策结果具有不确定性。因此，决策的结果还是受决策者影响的。具体是否采取相应的方案进行实施也是由决策者来决定的。

③ DSS 主要用来解决半结构化及非结构化问题。DSS 以人机对话为主与参与者进行互动，借助数据与模型来帮助决策者提高决策有效性；主要解决的是不确定的非结构化的问题，是面向中高层决策者的。

④ DSS 的目的在于提高决策的有效性而不是提高决策的效率。通过以上叙述可以得到 MIS 与 DSS 的区别，如表 9-1 所示。MIS 是面向基层操作人员的，解决结构化的问题，对常规数据进行处理后产生预定格式的报告；而 DSS 是面向决策者的，处理半结构化与非结构化问题，决策者根据 DSS 的结果来评价问题解决的合理性，也可以在系统上修改和操作模型，进而提高决策的有效性，而 MIS 目标是高效率，通过计算机对数据快速处理及传递，进而使业务进行得更加快速。

表 9-1　MIS 与 DSS 的区别

比较项	MIS	DSS
特征	信息处理	支持决策
目标	提高效率	提高有效性
处理技术	以计算机为主进行处理	以人机对话为主进行处理
驱动方式	数据驱动	模型驱动
信息的特征	响应全局的需要	响应决策者的需要

9.1.3　决策支持系统的分类

1. 三库系统

决策支持系统大致经历了这样几个发展过程：20 世纪 60 年代后期，面向模型的决策支持系统诞生，标志着决策支持系统这门学科的开端；20 世纪 70 年代，决策支持系统的理论得到了长足的发展；1980 年，Sprague 提出了决策支持系统三部件结构（对话部件、数据部件、模型部件），明确了决策支持系统的基本组成，因此也被称为"三库系统"，极大地推动了决策支持系统的发展。

2. 智能决策支持系统

20 世纪 80 年代末 90 年代初，决策支持系统开始与专家系统相结合，形成智能决策支持系统。智能决策支持系统充分发挥了专家系统以知识推理形式解决定性分析问题的特点，又发挥了决策支持系统以模型计算为核心的解决定量分析问题的特点，充分做到了定性分析和定量分析的有机结合，使得解决问题的能力和范围得到了一个大的发展。智能决策支持系统是决策支持系统发展的一个新阶段，其结构如图 9-2 所示。图中虚线部分就是在原来的"三库系统"的基础上，添加了方法库、知识库、案例库等模块，具有大量的专门知识与经验的程序系统，根据某领域一个或多个专家提供的知识和经验，进行推理和判断，模拟人类专家的决策过程，以便解决那些需要人类专家处理的复杂问题，因此被称为"专家系统"。

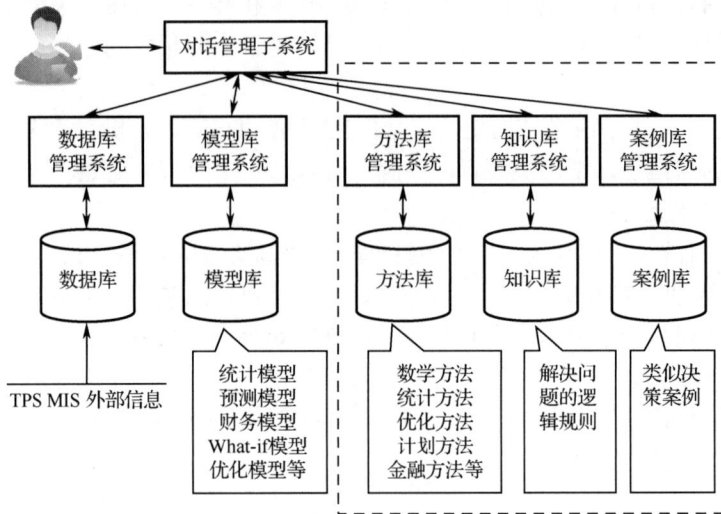

图 9-2　智能决策支持系统的结构

3．商务智能系统

20 世纪 90 年代中期出现了数据仓库（Data Warehouse，DW）、联机分析处理（On-Line Analysis Processing，OLAP）和数据挖掘（Data Mining，DM）新技术，DW+OLAP+DM 逐渐形成新决策支持系统的概念，这些技术应用在商业中，被称为商务智能。商务智能的特点是从数据中获取辅助决策的信息和知识，完全不同于以往决策支持系统用模型和知识辅助决策。以往的决策支持系统和商务智能系统是两种不同的辅助决策方式，两者不能相互代替，而应该互相结合。商务智能系统的结构如图 9-3 所示。

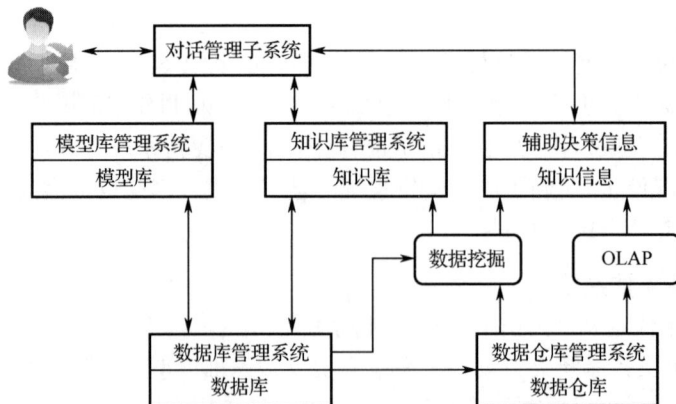

图 9-3　商务智能系统的结构

商务智能系统是在数据仓库技术诞生后，随之而产生的一种决策支持系统。数据仓库集成面向决策主题的数据，用以支持经营管理中的决策制定过程。OLAP 和数据挖掘使用数据仓库提供给它们所需要的、整齐一致的数据。OLAP 能够帮助分析人员、管理人员从多种角度把从原始数据中转化出来、能够真正为用户所理解的、并真实反映数据多维特性的信息，进行快速、一致、交互的访问。数据挖掘则是基于 AI、机械学习、统计学等技术，高度自动化地分析企业原有的数据，做出归纳性的推理，从中挖掘出潜在的模式，预测客户的行为，帮助企业的决策者调整市场策略，减少风险，提高决策有效性。

4．群体决策支持系统

到了 20 世纪 90 年代中期，人们开始关注和开发基于 Web 的决策支持系统，随着 Internet 的革命性和深入应用，基于分布式的、基于群体网络化和远程化的群体决策支持系统逐步浮出水面并开始走向应用。群体决策支持系统的决策资源，如数据资源、模型资源、知识资源，将作为共享资源，以服务器的形式在网络上提供共享服务，为决策支持系统开辟一条新路。

群体决策支持系统是指在系统环境中，多个决策参与者共同进行思想和信息的交流，群策群力，寻找一个令人满意和可行的方案，但在决策过程中只由某个特定的人做出最终决策，并对决策结果负责。

5．综合决策支持系统

把数据仓库、联机分析处理、数据挖掘、模型库、数据库、知识库结合起来形成的决策支持系统，即将传统决策支持系统和新决策支持系统结合起来的决策支持系统是更高级形式的决策支持系统，称为综合决策支持系统。综合决策支持系统发挥了传统决策支持系统和新决策支持系统的辅助决策优势，实现更有效的辅助决策。综合决策支持系统是今后的发展方向。

9.2　决策支持系统在物流中的应用

9.2.1　决策支持系统的结构

决策支持系统发展之初，其核心由对话管理子系统、数据库子系统、模型库子系统三部分组成，随着决策支持系统的发展，又添加了知识库、方法库等子系统，拓宽了决策支持系统的应用范围。

1．对话管理子系统

对话管理子系统负责接收和检验用户的请求，协调数据库系统和模型库系统之间的通信，为决策者提供信息收集、问题识别以及模型构造、使用改进、分析和计算等功能。对话管理子系统包括行动语言，即使用者用作与 DSS 沟通的任何方式，如键盘、鼠标等任何控制硬软件的指令；显示或展示语言，即使用者可以由 DSS 所看到任何形式的输出资讯，如屏幕、打印机或声音等；知识库，即任何使用者使用 DSS 所必须了解的知识，包含使用者运用 DSS 必须知道才能有效使用的一切知识，如使用者手册。

2．数据库子系统

数据库子系统由数据库、数据库管理系统、数据字典组成。DSS 中的数据库主要存放能直接供决策使用的数据，既包括企业内部的经营历史数据，来自企业内部的管理信息系统、事务处理系统等，涉及企业的财务、会计、市场、生产、销售、人力资源等各个部门；又包括企业外部的相关信息，如行业的某些特定数据、地区经济收入水平和就业状况、政府政策法规等，主要来自外部信息的收集整理。

DSS 可以直接访问组织内部的数据库或数据仓库，但不能直接存取和修改组织内部的基本数据库或数据仓库，以确保数据的安全性。

DSS 数据库管理系统的主要任务是某一特定决策数据的检索、存储和组织，并保证各种安全功能以及确保数据的完整性。

3．模型库子系统

DSS 模型库子系统包括模型库和模型库管理系统，目的是整合各种决策模式，分析数据库内外部的资料，例如利用数学计量模式将复杂的问题加以分析模拟，提供可行方案，并协助使用者选择方案。

DSS 模型库中存放着用户求解问题所需的各种模型。这些模型通常以数学模型或逻辑规则的方法存在。模型是对事件、事实、活动、过程或解决方法的一种抽象和简化的描述。

DSS 模型库管理系统的主要功能是建立或重构新模型，分解和组合模型，修改、增加/删除模型，存放或调用模型，维护与恢复模型。模型库管理系统从调用者获取输入参数传给模型并使其运行，最后将输出参数返回给调用者，对模型执行结果进行分析、评价等；还提供数据库接口的转换功能，将模型中对数据库访问的标准形式转化为系统要求的具体形式。

4．知识库子系统

专家系统中的知识库子系统可分为三个部分：知识库管理系统、知识库及推理机。

知识库管理系统的功能主要有两个：一是回答对知识库知识增、删、改等知识维护的请求；二是回答决策过程中分析与判断所需知识的请求。

知识库是知识库子系统的核心。知识库中存储的是那些既不能用数据表示，也不能用模型方法描述的专家知识和经验，即决策专家的决策知识和经验知识，同时也包括一些特定问题领域的专门知识。知识库中的知识是为描述世界所做的一组约定，是知识的符号化过程。知识库包含事实库和规则库两部分。例如事实库中存放了"任务 A 是紧急订货""任务 B 是出口任务"那样的事实。规则库中存放着"IF 任务 i 是紧急订货，and 任务 i 是出口任务，THEN 任务 i 按最优先安排计划""IF 任务 i 是紧急订货，THEN 任务 i 按优先安排计划"那样的规则。

推理机是一组程序，它针对用户问题去处理知识库（规则和事实）。若事实 M 为真，且有一规则"IF M THEN N"存在，则 N 为真。

因此，如果事实"任务 A 是紧急订货"为真，且有一规则"IF 任务 i 是紧急订货，THEN 任务 i 按优先安排计划"存在，则任务 A 就应优先安排计划。

由于专家系统中的知识和推理机制要事先规定好，因此专家系统适合解决有固定逻辑类别的问题，可以提供决策的一致性，减少完成任务的人员工作时间。但对于非结构化的问题，专家系统具有很大的局限性。

5．方法库子系统

建立方法库的目的是为 DSS 提供一个适合的环境，允许计算过程本身实现交互存取数据，从数据库选择数据，从方法库选择算法，然后将数据和算法结合起来进行计算，并通过清晰的显示方法将结果输出，供决策者使用。

方法库由方法程序库和方法字典组成。方法程序库是存储方法模块的工具，可由各种通用性和灵活性都比较强的可用来构成各种数学模型的方法程序库构成。在用于企业的 DSS 中，方法程序库中存储的方法程序可以有：排序算法、动态规划法、分类算法、最短路径算法、各种统计算法等。方法字典则是用来对方法库中的程序进行登录和索引的。

9.2.2　决策支持系统在物流中的应用举例

1. DSS 在物流需求预测中的应用

物流需求预测是根据物流市场过去和现在的需求状况以及影响物流市场需求变化的因素，利用一定的经验判断、技术方法和预测模型，应用合适的科学方法对有关反映市场需求指标的变化以及发展趋势进行预测。

精确的需求预测可以促进物流管理信息系统和生产设施能力的计划和协调，并且通过物流需求预测可以确定产品是如何向配送中心和仓库或者零售商进行分配的。为明确责任、衡量需求预测的效果，开展物流需求预测需要建立一套包括组织、程序、动机以及人事等方面完善的预测的行政管理体制，以支持预测活动的顺利开展，在此基础上选择预测技术，实施预测过程并对其过程实行有效监控。

预测的方法可以分为定性预测与定量预测两种，其中定性预测主观性强，预测准确性较低，因此，如果企业数据充分，一般会采用定量预测的方法，提高预测的准确性。定量预测又有基于时间序列的预测方法和因果预测方法两种。

其中基于时间序列的预测方法可以作为预测模型保存在模型库中，物流企业可以将相关以往的历史需求数据从数据库中抽取出来，然后从模型库中选择适合企业自身情况的预测模型，通过决策支持系统进行计算得到物流需求的预测值。

如果采用因果预测方法进行预测，首先是收集和物流需求相关的历史数据，然后在方法库中利用回归分析方法，得到影响物流需求的相关因素的函数方程，在对物流需求进行预测时，就可以将相关因素的取值直接代入函数方程，进而得到物流需求的预测值。

2. 基于定量模型的 DSS 在物流中的应用

在物流运作过程中存在着客观的或人为的不确定性，这些不确定性的表现形式是多种多样的。随着 IT 技术和决策支持系统理论的发展，许多复杂的物流优化问题可以通过建立优化模型，通过计算机计算来得到最优解或最优方案，为物流决策提供帮助。表 9-2 列举了在物流决策中的主要相关模型。

每个模型都有各自的应用假设或前提，也有各自的适用范围。在物流管理中不同的决策问题有不同的特点和结构，不同的决策者也有不同的要求，有各自的决策偏好和决策风格，因此，物流管理人员在应用决策支持系统时，首先根据企业的实际情况选择合适的模型，然后从企业的业务处理系统中提取相关的历史数据进行加工处理，最终得到最优或比较优的方案，以支持管理者的决策，提高其决策有效性。

表 9-2　在物流决策中的主要相关模型

序号	问题	相关模型	使用效果	使用条件	主要相关数据	求解方法
1	运输问题	线性规划问题	运输明显合理或可能,运输成本最小化	固定起讫点和固定线路问题	运杂费、运费、装卸费、存储费、损耗、运输量、运输费率	单纯形法、表上作业法、图上作业法
2	指派问题	整数规划	有效安排人、财、物等资源,以达到最低成本	将有限的资源指派给多项任务或工作	工作成本或工作时间等价值系数	整数规划求解、表上作业法
3	选址问题	规划问题	物流成本最小	物流费用与物流量是非线性关系	原材料、燃料、半成品及起讫点的运输条件及费用,规模经济量、起讫点之间的运输成本	非线性规划问题
4	存货配置	规划问题	物流成本最小、反应速度提高	各级节点的库存水平	运输成本、需求量、库存成本、缺货成本	启发式算法
5	库存问题	订货问题	最佳订货次数及订货批量	物流总成本最低	订货费用、存储费用、缺货成本	库存模型、动态规划
6	装卸	调配问题	降低车辆空驶率	车辆、工人和物流信息	M 个装卸点、装卸速率、车辆数目	规划论
7	配装	货物组合	配装的优化		物品的重量、费率	动态规划、货区分区组合法

9.3　商务智能系统在物流管理中的应用

9.3.1　商务智能系统的概述

1. 商务智能的概念

商务智能又称商业智慧或商业智能,是指用现代数据仓库技术、线上分析处理技术、数据挖掘和数据展现技术进行数据分析以实现商业价值。

商务智能的概念在 1996 年最早由 Gartner Group 提出,Gartner Group 将商务智能定义为:商务智能描述了一系列的概念和方法,通过应用基于事实的支持系统来辅助商业决策的制定。商务智能技术提供使企业迅速分析数据的技术和方法，包括收集、管理和分析数据，将这些数据转化为有用的信息，然后分发到企业各处。

商务智能通常被理解为将企业中现有的数据转化为知识，并通过各种数据统计分析工具对客户数据进行分析，提供各种分析报告，如客户价值评价、客户满意度评价、服务质量评价、营销效果评价、未来市场需求等，为企业的各种经营活动提供决策信息，帮助企业做出明智的业务经营决策的工具。这里所谈的数据包括来自企业业务系统的订单、库存、交易账目、客户和供应商等，来自企业所处行业和竞争对手的数据以及来自企业所处的其他外部环境中的各种数据。商务智能是企业利用现代信息技术收集、管理和分析结构化和非结构化的商务数据和信息，所以商务智能能够辅助业务经营决策，既可以是操作层的，也可以是战术层和战略层的决策。商务智能为了将数据转化为知识，需要利用数据仓库、联机分析处理工具和数据挖掘等技术。因此，从技术层面上讲，商务智能不是什么新技术，它只是数据仓库、联机分析处理工具和数据挖掘等技术的综合运用。

例如商务智能在商业中应用最典型的案例就是沃尔玛集团的"啤酒和纸尿裤"的促销策略的制定。沃尔玛集团将客户的历史购买数据进行关联性的数据挖掘，分析结果发现与纸尿裤一起购买频率最高的产品是啤酒。原来在美国，爸爸们经常下班后匆匆去超市购买孩子的纸尿裤，买完纸尿裤后往往又会顺便给自己带些啤酒回家，这个比例能达到 30%～40%。通过这样的数据分析，沃尔玛发现了隐藏在数据背后的知识。因此沃尔玛将啤酒和纸尿裤放在一起销售，结果啤酒和纸尿裤的销售量双双增加。沃尔玛集团利用商务智能对其 3000 多家零售店的 8 万多件商品时刻都能把握住利润最高的商品品种和数量，使得在布局商品分组、降低库存成本、了解销售全局、进行市场分析等方面都有卓越表现。

2．商务智能的功能

商务智能的功能非常强大，对数据的处理有独特之处。主要功能包括：

① 数据管理功能。商务智能具有从企业内部、企业外部多个数据库抽取、转换和加载数据以及清理、集成数据的能力，大量数据高效存储与维护的能力。

② 数据分析功能。商务智能具备多种数据分析功能，利用系列算法、工具或模型来完成数据的分析和知识的提取。数据分析首先要获取与所关心主题有关的高质量的数据或信息，然后自动或人工参与使用具有分析功能的算法、工具或模型，帮助人们分析信息、得出结论、形成假设、验证假设，同时具有终端信息查询功能、报表生成功能和数据可视化功能。

③ 知识发现功能。它是指从大型数据库数据中提取人们感兴趣的知识的能力。这些知识是隐含的、事先未知的、潜在有用的信息，提取的知识表示为概念、规则、规律、模式等形式。

总之，商务智能的目标是将企业所掌握的信息转换成竞争优势，提高企业决策能力、决策效率、决策准确性。为完成这一目标，商业智能必须具有实现数据分析到知识发现的算法、模型和过程，决策的主题具有广泛的普遍性。

3．商务智能的体系结构

企业要实现对业务信息分析进而寻找规律发现知识的目标，必须使用适当的技术架构平台来支持业务数据分析系统。图 9-4 描述了商务智能的体系结构，商务智能通过数据源、数据整合、数据仓库、展示工具、应用界面来实现对数据的分析和展现，满足企业对知识的需求。

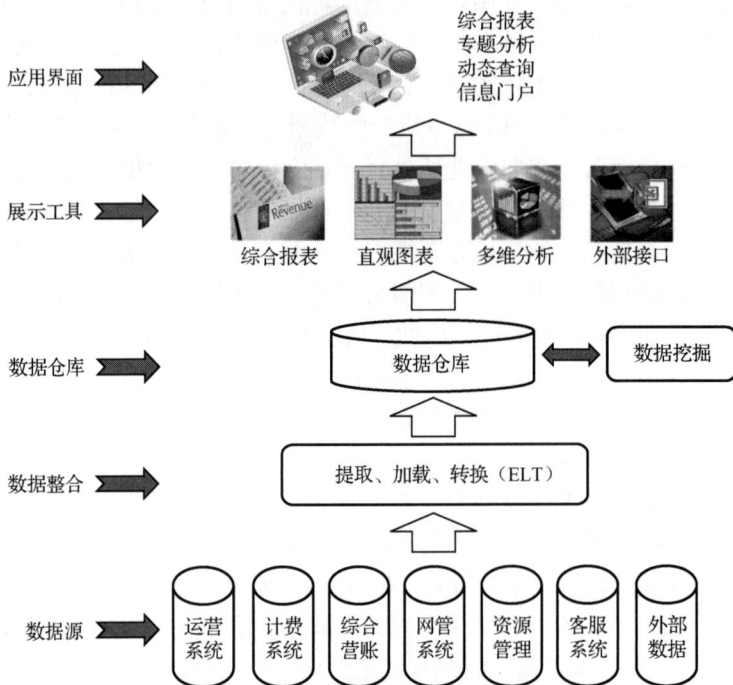

图 9-4　商务智能的体系结构

① 数据源。商务智能中的数据源可以是各种数据源，可以是结构化关系型数据，也可以是非结构化的文本、音频、图像等数据；这些数据来自企业内外不同的数据库中。

② 数据整合。数据整合是通过数据提取、加载和转换（Extraction-Loading-Transformation，ELT）来完成的。ELT 是利用数据库的处理能力，从源数据库抽取数据，把数据加载到目标库的临时表中，对临时表中的数据进行转换，然后加载到目标库和目标表中。ETL 是构建数据仓库的重要一环，用户从数据源抽取出所需的数据，经过数据整合，消除源数据中的不一致性，最终按照预先定义好的数据仓库模型，将数据加载到数据仓库中去。

③ 数据仓库。数据仓库是为了存放从原有分散的数据库数据抽取、清理的基础上，经过系统加工、汇总和整理得到的集成数据。数据仓库的数据主要供企业决策分析使用，所涉及的数据操作主要是数据查询，一旦某个数据进入数据仓库以后，一般情况下将被长期保留，也就是数据仓库中一般有大量的查询操作，但修改和删除操作很少，通常只需要定期加载和刷新。

数据仓库中的数据是历史信息，系统记录了企业从过去某一时点（如开始应用数据仓库的时点）到当前的各个阶段的信息，通过这些信息，可以对企业的发展历程和未来趋势做出定量分析和预测。数据仓库是在数据库已经大量存在的情况下，为了进一步挖掘数据资源、为了决策需要而产生的，它并不是所谓的"大型数据库"。数据仓库的方案建设的目的，是作为前端查询和分析基础，由于有较大的冗余，所以需要的存储也较大。

数据仓库只是存储数据的空间，要想利用这些数据，还需要借助数据挖掘工具。数据挖掘一般是指从大量的数据中通过算法搜索隐藏于其中的信息的过程。

④ 展示工具。商务智能中的展示工具是一组软件工具，用于分析数据并生成报告，回答管理者提出的问题，采用关键绩效指标来追踪业务进度。展示工具一般通过列表画面、视图画面、数值项目切换、图表画面等各种形式来展示数据。

⑤ 应用界面。现在企业的应用展现要求不仅能在台式计算机上显示，还能在智能移动终端显示，例如手机、智能可穿戴设备等；而且最好是以可视化的图表来进行显示，以增强信息的可理解性。所以很多商务分析软件套件强调可视化技术（如仪表盘和记分卡），并且可以在移动终端设备以及公司门户网站上提供报告。部分商务分析软件还添加了在 Twitter、Facebook 或内部社交媒体上发布信息的功能，以支持在线群组环境中的决策。

4．商务智能分析工具

（1）联机分析处理

联机分析处理是数据仓库中的决策分析工具之一。随着数据库技术的发展和应用，数据库存储的数据量从 20 世纪 80 年代的兆字节及千兆字节过渡到现在的兆兆字节和千兆兆字节，同时，用户的查询需求也越来越复杂，涉及的已不仅是查询或操纵一张关系表中的一条或几条记录，而是要对多张表中千万条记录的数据进行数据分析和信息综合，关系型数据库系统已不能全部满足这一要求。操作型应用和分析型应用，特别是在性能上难以两全，人们常常在关系型数据库中放宽了对冗余的限制，引入了统计及综合数据，但这些统计及综合数据的应用逻辑是分散而杂乱的、非系统化的，因此分析功能有限，不灵活且维护困难。

联机分析处理也称多维分析，是共享多维信息的、针对特定问题的联机数据访问和分析的快速软件技术。"维"是联机分析的核心概念，指的是人们观察事物、计算数据的特定角度。例如跨国零售商沃尔玛可以按照时间序列、商品门类、地区国别、进货渠道、客户群体等不同角度对其销售量进行分析，这就是从多个维度的分析。如图 9-5 所示，这个联机分析从地区、时间、产品三个维度描述了商品的销售情况，其中黑框加粗的格，表示的是洗衣机 2021 年在华南地区的销售额是 40 亿元。它是将产品表、地区表、时间表三个表联系在一起，通过关键字的形式，根据查询者的需求组合数据，呈现给用户的。它通过对信息的多种可能的观察形式进行快速、稳定一致和交互性的存取，允许管理决策人员对数据进行深入观察。决策数据是多维数据，多维数据就是决策的主要内容。

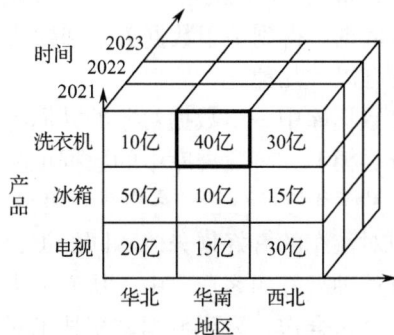

图 9-5　联机分析处理示例（单位：元）

联机分析处理专门设计用于支持复杂的分析操作，侧重对决策人员和高层管理人员的决策支持，可以根据分析人员的要求快速、灵活地进行大量数据的复杂查询和处理，并且以一种直观而易懂的形式将查询结果提供给决策人员，以便他们准确掌握企业（公司）的经营状况，了解对象的需求，制定正确的方案。

联机分析处理具有灵活的分析功能、直观的数据操作和分析结果可视化等突出优点，从而使用户对基于大量复杂数据的分析变得轻松而高效，以利于迅速做出正确判断。它可用于证实人们提出的复杂假设，其结果是以图形或者表格的形式来表示对信息的总结。它并不将异常信息标记出来，是一种知识证实的方法。

（2）数据挖掘

数据挖掘是数据仓库中的另一个决策分析工具。数据挖掘也可以称为数据库中的知识发现，是从大量数据中提取出可信、新颖、有效并能被人理解的模式的高级处理过程。

在技术上可以根据它的工作过程分为：数据的抽取、数据的存储与管理、数据的展现等关键技术。

① 数据的抽取。数据的抽取是数据进入仓库的入口。由于数据仓库是一个独立的数据环境，它需要通过抽取过程将数据从联机事务处理系统、外部数据源、脱机的数据存储介质中导入数据仓库。在数据抽取方面，未来的技术发展将集中在系统功能集成化方面，以适应数据仓库本身或数据源的变化，使系统更便于管理和维护。

② 数据的存储与管理。数据仓库的组织管理方式决定了它有别于传统数据库的特性，也决定了其对外部数据的表现形式。数据仓库管理所涉及的数据量比传统事务处理多得多，且随时间的推移而快速累积。在数据仓库的数据存储和管理中需要解决的是如何管理大量的数据、如何并行处理大量的数据、如何优化查询等。目前，许多数据库厂家提供的技术解决方案是扩展关系型数据库的功能，将普通关系型数据库改造成适合担当数据仓库的服务器。

③ 数据的展现。数据的展现是用最简单的、易于理解的形式，把数据分析的结果呈现给决策者，帮助决策者理解数据所反映的规律和特性。它也被称为数据可视化。在数据展现方面的工具有查询与报表工具、智能代理工具、多维分析工具、统计工具。

通过以上工具可以实现用户的预定义查询、动态查询、OLAP 查询与决策支持智能查询；产生关系数据表格、复杂表格、OLAP 表格、报告以及各种综合报表；用易于理解的点线图、直方图、饼图、网状图、交互式可视化、动态模拟、计算机动画技术表现复杂数据及其相互关系；进行平均值、最大值、最小值、期望、方差、汇总、排序等各种统计分析；利用数据挖掘等方法，从数据中得到关于数据关系和模式的知识等的需求。

数据挖掘常用的分析方法有以下几种。

第一，分类。分类是找出数据库中一组数据对象的共同特点并按照分类模式将其划分为不同的类，其目的是通过分类模型，将数据库中的数据项映射到某个给定的类别。它可能应用到客户的分类、客户的属性和特征分析、客户满意度分析、客户的购买趋势预测等，如一个汽车零售商将客户按照对汽车的喜好划分成不同的类，这样营销人员就可以将新型汽车的广告手册直接邮寄到有这种喜好的客户手中，从而大大增加了商业机会。中国宝钢集团与上海天律信息技术有限公司合作，采用数据挖掘技术对钢材生产的全流程进行质量监控和分析，构建故障地图，实时分析产品出现瑕疵的原因，有效提高了产品的优良率。

第二，回归分析。回归分析方法反映的是事务数据库中属性值在时间上的特征，产生一个将数据项映射到一个实值预测变量的函数，发现变量或属性间的依赖关系，其主要研究问题包括数据序列的趋势特征、数据序列的预测以及数据间的相关关系等。它可以应用到市场营销的各个方面，如客户寻求、保持和预防客户流失活动、产品生命周期分析、销售趋势预测及有针对性的促销活动等。

第三，相关性分组或关联规则。关联规则是描述数据库中数据项之间存在的关系的规则，即根据一个事务中某些项的出现可导出另一些项在同一事务中也出现，即找出隐藏在数据间的关联或相互关系。在客户关系管理中，通过对企业的客户数据库里的大量数据进行挖掘，可以从大量的记录中发现有趣的关联关系，找出影响市场营销效果的关键因素，为产品定位、定价与定制客户群，客户寻求、细分与保持，市场营销与推销，营销风险评估和诈骗预测等决策支持提供参考依据。例如亚马逊公司根据客户的购买记录进行关联规则分析，在客户购买了其中一种产品后，向客户推荐另一件产品，提高营销的成功率。

第四，聚类。聚类分析是把一组数据按照相似性和差异性分为几个类别，其目的是使属于同一类别的数据间的相似性尽可能大，不同类别中的数据间的相似性尽可能小。它可以应用到客户群体的分类、客户背景分析、客户购买趋势预测、市场的细分等。聚类和分类的区别是聚类不依赖于预先定义好的类，不需要训练集。

（3）数据可视化

数据可视化是关于数据视觉表现形式的科学技术研究，主要指的是技术上较为高级的技术方法，而这些技术方法允许利用图形、图像处理、计算机视觉以及用户界面，通过表达、建模以及对立体、表面、属性以及动画的显示，对数据加以可视化解释。数据可视化主要旨在借助于图形化手段，清晰有效地传达与沟通信息。

数据可视化可以提供两种功能，一种是用户观测和控制商务智能过程的功能，另一种是对分析和挖掘得到的知识进行展示和表达的功能。数据可视化工具的功能发展迅速，从一开始的点线图、直方图、饼图、网状图等简单图表，发展到以监控商务绩效为主的仪表盘、计分板到交互式的三维地图、动态模拟、动画技术等，越来越直觉化、趣味化，便于理解。

（4）大数据

在现今的社会，大数据的应用越来越彰显它的优势，它占领的领域也越来越大，电子商务、O2O、物流配送等，各种利用大数据进行发展的领域正在协助企业不断地发展新业务，创新运营模式。有了大数据这个概念，对于消费者行为的判断，产品销售量的预测，精确的营销范围以及存货的补给已经得到全面的改善与优化。

大数据目前没有确切的概念，百度百科给出的大数据的定义是指无法在一定时间范围内用常规软件工具进行捕捉、管理和处理的数据集合，是需要新处理模式才能具有更强的决策力、洞察发现力和流程优化能力的海量、高增长率和多样化的信息资产。

在维克托·迈尔·舍恩伯格及肯尼斯·库克耶编写的《大数据时代》中，大数据指不用随机分析法（抽样调查）这样的捷径，而采用所有数据进行分析处理。大数据的 5V 特点（IBM 提出）是 Volume（大量）、Velocity（高速）、Variety（多样）、Value（低价值密度）、Veracity（真实性）。

研究机构 Gartner 定义"大数据"是需要新处理模式才能具有更强的决策力、洞察发现力和流程优化能力的海量、高增长率和多样化的信息资产。

因此，大数据分析与传统数据挖掘的处理方法不同，是一种新的处理模式，主要体现在以下三点。

① 不是随机样本，而是全体数据。在大数据时代，我们可以分析更多的数据，有时候甚至可以处理和某个特别现象相关的所有数据，而不再依赖于随机采样（以前我们通常把这看成理所应当的限制，但高性能的数字技术让我们意识到，这其实是一种人为限制）。

② 不是精确性，而是混杂性。研究数据如此之多，以至于我们不再热衷于追求精度；之前需要分析的数据很少，所以我们必须尽可能精确地量化我们的记录，随着规模的扩大，对精确度的痴迷将减弱；拥有了大数据，我们不再需要对一个现象刨根问底，只要掌握了大体的发展方向即可，适当忽略微观层面上的精确度，会让我们在宏观层面拥有更好的洞察力。

③ 不是因果关系，而是相关关系。我们不再热衷于找因果关系，寻找因果关系是人类长久以来的习惯，在大数据时代，我们无须再紧盯事物之间的因果关系，而应该寻找事物之间的相关关系；相关关系也许不能准确地告诉我们某件事情为何会发生，但是它可以让我们准确地知道这件事情的发生和哪些因素有关系，以及其未来的发展趋势。

大数据的应用包括大数据的采集、大数据的挖掘与处理、大数据的应用三个步骤。

科学技术及互联网的发展，推动着大数据时代的来临，各行各业每天都在产生数量巨大的数据碎片，数据计量单位已从 Byte、KB、MB、GB、TB 发展到 PB、EB、ZB、YB甚至 BB、NB、DB。大数据包括结构化、半结构化和非结构化数据，非结构化数据越来越成为数据的主要部分。IDC 的调查报告显示：企业中 80%的数据都是非结构化数据，这些数据每年都按指数增长 60%。非结构化数据的增多，增加了大数据分析的难度。

大数据时代数据的采集也不再是技术问题，只是面对如此众多的数据，怎样才能找到其内在规律是现在研究的重点。大数据必然无法用人脑来推算、估测，或者用单台的计算机进行处理，必须采用分布式计算架构，依托云计算的分布式处理、分布式数据库、云存储和虚拟化技术，因此，大数据的挖掘和处理必须用到云技术。

随着大数据时代的到来，企业应该在内部培养三种能力：第一，整合企业数据的能力；第二，探索数据背后价值和制定精确行动纲领的能力；第三，进行精确、快速、实时行动的能力。做到上面几点，当大数据时代来临的时候，企业面临大量数据才不会束手无策。

9.3.2 商务智能系统在物流管理中的应用举例

1．OLAP 在物流管理中的应用

OLAP 可以使决策者灵活地操纵物流运营数据并以多维的形式从多方面和多角度来观察企业的物流状态、了解企业物流的变化，通过快速、一致、交互地访问各种可能的信息，帮助管理人员掌握数据中存在的规律，对物流运营数据进行归纳、分析和处理，帮助组织完成相关的物流决策。具体 OLAP 在物流管理中的应用可以体现在以下几个方面。

① 库存物品分析。建立物品需求预测模型，决策人员可针对每一种物品、每一类物品的需求情况，对物品的年（季度/月/星期/日）周转速度、营利性等进行分析预测，也可以对每个员工的业绩进行分析。

② 库存水平的确定。库存水平的确定是在销售分析和订单分析基础上进行的。根据销售信息和订单信息预测出库量，由市场来决定每种物品的库存水平。

③ 客户分析。对客户的基本情况，如存储物品、客户分布、客户利润等进行分析，以便更好地进行客户关系管理，留住高价值的客户，发现和开发潜在的优质客户。

④ 供应商分析。通过对业务运营信息系统中的供应商的数据进行分析，得到各个供应

商给企业带来的利润数据，从而选择更合适的供应商。

⑤ 运输系统分析。通过对运输车辆的实时数据收集，可以监控运输车辆的线路、油耗、配送进程等多维数据，显示运输车辆的实时状态，给决策者调整运输方案提供信息支持。

2．数据挖掘在物流管理中的应用

数据挖掘是利用各种分析工具在海量数据中发现模型和数据间关系的过程，并对这些模型和关系做出预测，它在物流管理中的应用可以体现在以下几个方面。

① 客户需求分析。运用回归分析功能，可以预测客户的需求，明察市场趋势获得战略优势，它有助于减少成本，把握商机。比如菜鸟物流在双十一期间通过数据挖掘预测客户的需求，进而将货物提前配送至客户所在区域分仓，以减轻双十一期间的物流压力，提高配送时效。

② 趋势分析。利用数据挖掘可以对物品种类和库存的趋势进行分析，以选定需要补充库存的物品，研究客户需求趋势，分析季节性需求模式，并对此做出应对策略。

③ 客户分类。运用数据挖掘中的聚类分析，可以得到客户的行为规律，得到客户群特征，对客户进行精准分类，并刻画出客户画像，进而根据客户特征设计物流服务方案。

④ 仓库库位分布分析。对客户订单进行分析，运用关联性规则进行挖掘，可以得到同时拣货概率比较高的物品，这些物品在分配库位时应该就近分配以减少拣选路线，提高拣选效率。

⑤ 降低库存成本。降低物流库存成本，是一个物流企业最重要的任务之一。通过数据仓库，可以把成千上万种 SKU 商品的库存周转数据以及库存水平数据集中起来，通过数据挖掘分析，确定各种商品的补货和库存水平，可以大幅度降低库存成本。

3．大数据在物流管理中的应用

在大数据方兴未艾、众说纷纭的时刻，大数据在变革车货匹配、运输路线优化、销售预测与库存、设备修理预测、供应链协同管理等方面发生着潜移默化的作用，逐渐改变和影响着物流人的思维方式。

（1）变革车货匹配

大数据的应用能有效解决公共信息平台上没有货源或货源信息虚假的问题。将货物位置信息、车辆实时跟踪信息、客户对车辆的要求情况等信息汇总形成运力池，通过对运力池进行大数据分析，可以实现公共运力的标准化和专业运力的个性化，需求之间可以产生良好的匹配，同时，结合企业信息系统也会全面整合与优化。基于大数据实现车货高效匹配，不仅能减少空驶带来的损耗，还能减少污染。

（2）运输路线优化

通过大数据技术，收集运输路线的信息，结合车辆的实时动态信息以及道路情况，可以分析得到车辆配送的最佳路线。例如 UPS 配送人员不需要自己思考配送路径是否最优，UPS 采用 Orion 系统可实时分析 20 万种可能路线，3 秒找出最佳路径。UPS 通过大数据分析规定卡车不能左转，原因是左转不仅会导致货车长时间等待，而且发生事故比例也会上升。UPS 的司机会宁愿绕个圈，也不会左转，听着或许荒唐，但根据往年的数据显示，因为执行尽量避免左转的政策，UPS 实现每年节省燃油成本 5000 万美元，并增加包裹配送35 万件。通过运用大数据，物流运输效率将得到大幅提高，大数据为物流企业间搭建起沟通的桥梁，物流车辆行车路径也将被最短化、最优化定制。

（3）销售预测与库存

通过互联网技术和商业模式的改变，可以实现从生产者直接到顾客的供应渠道的改变。这样的改变，从时间和空间两个维度都为物流业创造新价值奠定了很好的基础。借助大数据不断优化库存结构和降低库存存储成本，运用大数据分析商品品类，系统会自动调用哪些商品是用来促销的，哪些商品是用来引流的，同时，系统会自动根据以往的销售数据建模和分析，以此判断当前商品的安全库存，并及时给出预警，而不再是根据往年的销售情况来预测当前的库存状况，降低库存存货，从而提高资金利用率。通过互联网技术的变化，可以让全国物流业的布局相应地发生一系列调整。从过去生产者全国布局配送中心，逐步演化成为个性化订单，顾客的需求向上推移，促使整个配送模式的改变。过去是供给决定需求，今后越来越多地从需求开始倒推，按照需求的模式重新设计相应的供给点的安排。这些都是因为大数据时代到来所产生的变革。

（4）设备修理预测

通过物联网技术可以实时收集车辆的运行数据，结合车辆历史维修数据的分析，可以提前预测车辆设备是否存在问题，并及时进行防御性维护。例如 UPS 从 2000 年就开始使用预测性分析来检测公司全美 60000 辆车规模的车队，这样就能及时地进行防御性的修理。如果车在路上抛锚，损失会非常大，因为那样就需要再派一辆车，会造成延误和再装载的负担，并消耗大量的人力、物力，所以，以前 UPS 每两三年就会对车辆的零件进行定时更换。但这种方法不太有效，因为有的零件并没有什么毛病就被换掉了。通过监测车辆的各个部位，UPS 如今只需要更换需要更换的零件，从而节省了好几百万美元。

（5）供应链协同管理

随着供应链变得越来越复杂，如何采用更好的工具来迅速高效地发挥数据的最大价值，有效的供应链计划系统集成企业所有的计划和决策业务，包括需求预测、库存计划、资源配置、设备管理、渠道优化、生产作业计划、物料需求与采购计划等，将彻底变革企业市场边界、业务组合、商业模式和运作模式。建立良好的供应商关系，实现双方信息的交互。良好的供应商关系是消灭供应商与制造商间不信任成本的关键。双方库存与需求信息交互、VMI 运作机制的建立，将降低由于缺货造成的生产损失。部署供应链管理系统，要将资源数据、交易数据、供应商数据、质量数据等存储起来用于跟踪供应链在执行过程中的效率、成本，从而控制产品质量。企业为保证生产过程的有序与匀速，为达到最佳物料供应分解和生产订单的拆分，需要综合平衡订单、产能、调度、库存和成本间的关系，需要大量的数学模型、优化和模拟技术为复杂的生产和供应问题找到优化解决方案。

9.4 群体决策支持系统在物流管理中的应用

9.4.1 群体决策支持系统概述

1. 群体决策支持系统的概念

群体决策支持系统（Group Decision Supporting System，GDSS）是指在系统环境中，

多个决策参与者共同进行思想和信息的交流，群策群力，寻找一个令人满意和可行的方案，但在决策过程中只由某个特定的人做出最终决策，并对决策结果负责。群体决策支持系统从 DSS 发展而来，通过增加决策过程中的参与者，使得信息的来源更加广泛；通过大家的交流、磋商、讨论而有效地避免了个体决策的片面性和可能出现的独断专行等弊端。

群体决策支持系统可提供三个层次的决策支持：

第一层次的 GDSS 旨在减少群体决策中决策者之间的通信，沟通信息，消除交流的障碍，如及时显示各种意见的大屏幕，投票表决和汇总设备，无记名的意见和偏爱的输入，成员间的电子信息交流等。其目的是通过改进成员间的信息交流来改进决策过程。

第二层次的 GDSS 提供善于认识过程和系统动态的结构技术，决策分析建模和分析判断方法的选择技术。这类系统中的决策者往往面对面地工作，共享信息资源，共同制订行动计划。

第三层次的 GDSS，其主要特征是将上述两个层次的技术结合起来，用计算机来启发、指导群体的通信方式，包括专家咨询和会议中规则的智能安排。

2．群体决策支持系统的分类

（1）决策室

决策者面对面地集于一室，在同一时间进行群体决策时，GDSS 可设立一个与传统的会议室相似的电子会议室或决策室，决策者通过互联的计算机站点相互合作完成决策事务，是相对简单的 GDSS。

（2）局域决策网

多位决策者在近距离内的不同房间（一般是自己的办公室）里定时或不定时做群体决策时，GDSS 可建立计算机局域网，网上各位决策者通过联网的计算机站点进行通信，相互交流，共享存于网络服务器或中央处理机的公共决策资源，在某种规程的控制下实现群体决策。它的主要优点是可克服定时决策的限制，即决策者可在决策周期内时间分散地参与决策。

（3）虚拟会议

利用计算机网络的通信技术，使分散在各地的决策者在某一时间内能以不见面的方式进行集中决策。在实质上与决策室相同，它的优点是能克服空间距离的限制。

（4）远程决策网

远程决策网充分利用广域网等信息技术来支持群体决策，它综合了局域决策网与虚拟会议的优点，可使决策参与者异时异地共同对同一问题做出决策。这种类型还不成熟，开发应用也很少见。

3．群体决策支持系统的实施条件

如果要使用决策室群体决策系统，会议室需要配备专门的硬件和软件工具，以帮助团队完成决策，群体决策支持系统的实施条件如图 9-6 所示。群体决策支持系统的硬件包括计算机、网络设备、高架式投影仪和投影屏。同时采用专门的电子会议软件收集、记载、排列、编辑和存储决策会议上提出的想法。群体决策支持系统比以往的工具更加复杂，需要专业的协同和支持人员，如群组大纲员、群组写作员。协同人员挑选软件工具，帮助组织、举办会议。

决策网和虚拟会议会为每个与会者提供专用的笔记本电脑，由他们自己控制。在交流信息的过程中，没有人能看到其他人的操作。与会人员输入的信息通过网络传送到存储所有会议信息的中央服务器上，并匿名展示给全体与会人员。

与传统的会议决策或传递式群体决策相比，GDSS 不受时间与空间的限制；能让决策者相互之间便捷地交流信息与共享信息，减少片面性；决策者可克服消极的心理影响，无保留地发表自己的意见；能集思广益，激发决策者思路，使问题的方案尽可能趋于完美；可防止小集体主义及个性对决策结果的影响；可提高决策群体成员对决策结果的满意程度和置信度；群体越大效果越显著。

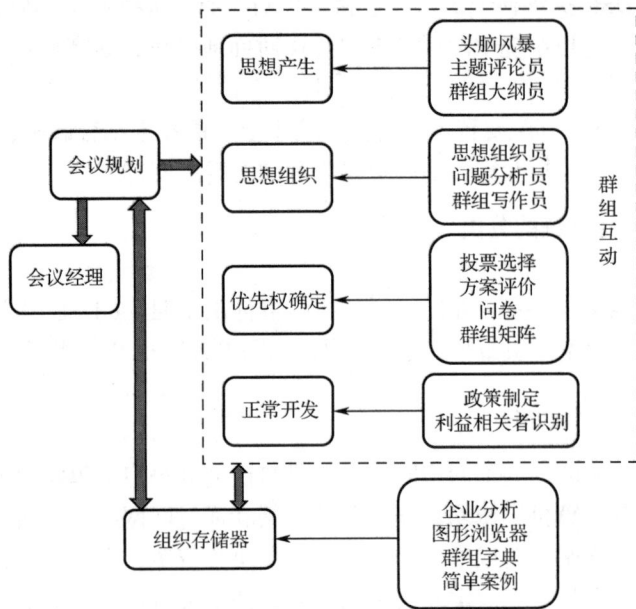

图 9-6　群体决策支持系统的实施条件

9.4.2　群体决策支持系统在物流中的应用举例

上海交通大学在国家高技术发展计划（863 计划）的资助下研发了一个基于 Web 的群体决策支持系统 MC-IGDSS。该系统采用 Web 技术，在内容（信息）和过程上为用户提供支持。决策内容支持主要为决策者提供相关的决策分析，提出科学的有依据的决定或方案；决策过程支持主要辅助群体成员进行集体决策。

MC-IGDSS 的系统结构如图 9-7 所示。MC-IGDSS 分为 5 个层次。用户接口层是用户适用界面，使用浏览器进行访问，这样参与决策的多位专家可以克服空间的障碍，实现异地集体决策。在功能上有项目管理工具包、决策方法访问接口、模型访问接口和数据分析工具接口。由于群体决策是一个非结构化的过程，决策问题、决策成员、决策环境、决策要求和决策方法不同，所取得的决策效果也不相同，所以该系统提供了多种决策方法以供决策者选用。为了保障群体决策过程高效、有序、协调开展，提供了会议管理工具，来对会议进行组织与管理。这几个功能模块接收用户操作信息，通过网络通信平台来驱动服务器前端的应用服务模块，显示运行结果，完成人机交互。

应用服务层是系统的功能实现层，由模型库、方法库和知识库及建立在它们之上的应用逻辑模块组成。该层次包含物流企业群体决策的常用模型或方法，例如客户化订单决策、交货期决策、产品定价决策、承包商决策、供应商决策、核心能力决策、核心产品决策、产品多样化决策、物流选址决策、物流运作绩效评价等。

集成数据平台包括数据库和数据仓库，它不仅能向应用服务层提供数据访问、更改和存储等功能，而且由于采用数据仓库系统，还为数据挖掘和 OLAP 的实现提供了基础。

数据源层是从众多异构数据源中（例如企业内部的 ERP 系统、物流管理信息系统、供应链管理或电子商务系统）抽取数据，经过净化处理后存入数据仓库，完成数据的动态更新，便于应用服务的扩展。

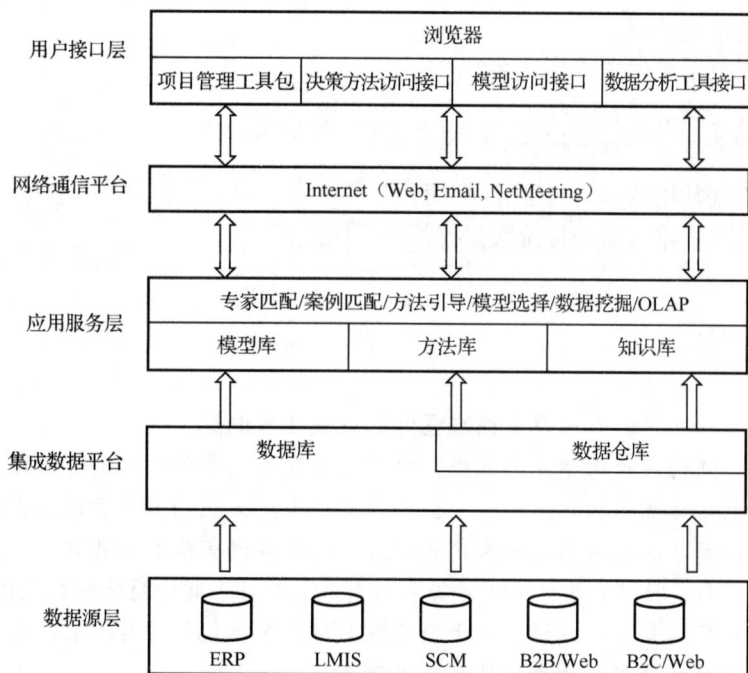

图 9-7　MC-IGDSS 的系统结构

（资料来源：王丽亚：《物流信息系统与应用案例》，科学出版社 2007 年版，第 102—104 页）

本章小结

本章介绍了物流管理信息系统在企业决策中的应用。决策按性质分类，分为结构化决策、半结构化决策和非结构化决策；按主体分类，可以分为个体决策和群体决策。决策支持系统主要支持半结构化和非结构化的决策。决策支持系统基本的三个部分是对话管理子系统、数据库子系统以及模型库、知识库和方法库子系统。一般的决策支持系统在物流中的应用主要体现在物流需求预测以及某些可以通过模型进行定量分析进而得到最优解的问题的决策。商务智能是指用现代数据仓库技术、线上分析处理技术、数据挖掘和数据展现技术进行数据分析以实现商业价值。商务智能的功能是数据管理、数据分析和知识发现。商务智能包括数据源、数据整合、数据仓库、展示工具和应用界面五个层次。商务智能的分析工具包括联机分析处理、数据挖掘、数据可视化以及大数据等。这些技术在物流管理的决策过程中均有涉及。群体决策支持系统用于支持企业群体决策的过程，有决策室、局域决策网、虚拟会议、远程决策网四种类型。本章列举了上海交通大学研发的 MC-IGDSS 在物流群体决策支持系统中的应用。

思考题

1. 决策的种类有哪些?
2. 决策支持系统的结构是什么?
3. 商务智能的功能有哪些?
4. 商务智能分析工具有哪些?
5. 数据挖掘常用的分析方法有哪几种?
6. 请总结大数据分析与传统数据挖掘的不同之处。

案例分析

基于精准画像的京东 1 小时达

京东移动商店依托于海量交易数据，对不同社区的消费能力和消费习惯进行分析，描绘出不同小区的具体画像，然后通过小区画像实现未买先送的精准营销。该模式将库存前置到终端的移动商店，缩短商品与客户的距离，从而实现京东 1 小时达。

在大数据时代，数据被看作一种资源和财富，尤其对于电子商务和物流快递行业来说，通过对数据的挖掘、处理和分析，对于企业满足日趋个性化的顾客需求、动态适应多变的市场环境、应对激烈的市场竞争都具有重要意义。

大数据在电子商务和物流快递企业中的应用贯穿了运营的各个环节，本文要分享的就是大数据在京东时效创新方面的代表产品——移动商店。

1. 1 小时达的诞生背景

京东 12 年的飞速发展，积累了海量的交易数据和大量的用户群体，同时搭建了全国高效的仓储配送网络，如何更好地服务顾客，为顾客提供极致的物流体验，一直是京东追求的方向。

通过对市场的分析和调研，客户对"运费、时效"敏感，对"加急配送"的诉求占20%，如图 9-8 所示。为了充分适应瞬息万变的电商市场，满足顾客多维度的物流需求，京东于 2014 年成立了移动商店项目组，旨在提升用户体验的同时，将物流服务水平提升到新阶段。

分析结论：用户对"运费、时效"敏感，
对"加急配送"的诉求占20%

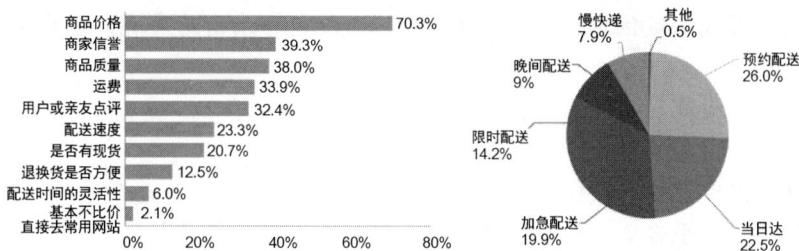

图 9-8　京东客户服务水平分析报告

2. 1小时达的业务模式

现有的"京东 211"时效已经是区域物流中心、前置仓配合仓配无缝的波次对接实现的，要想更快，必须缩短供应链的距离。现在的仓储几乎已经覆盖了绝大多数的行政区域，成本时效是矛盾的，所以无休止建造越来越多的仓，短期是不可行的。

那么京东该怎么做呢？首先，京东有丰富的自营物流资源，依赖京东海量交易数据实现精准营销，再通过庞大的自营物流资源将库存前置进而离顾客更近，形成前置的"移动商店"，从而实现物流费用更低、时效更快，如图9-9所示。

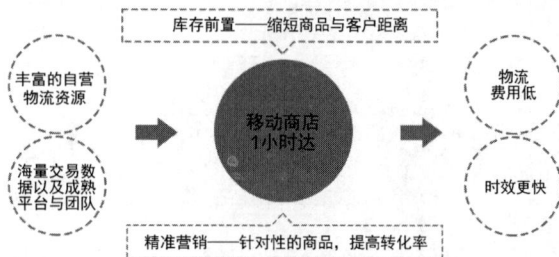

图 9-9　京东移动商店目标设置示意图

业务实现流程如下：

采销部门下采购单，供应商送货到指定库房，上架形成库存（见图9-10步骤①）。

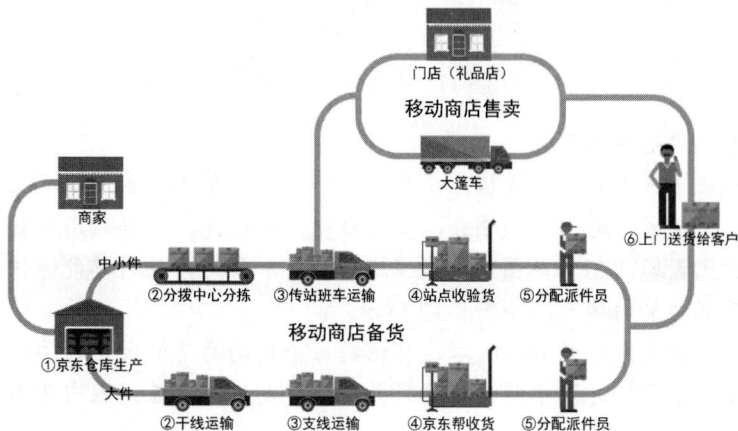

图 9-10　京东移动商店业务流程示意图

237

顾客下单前，通过分析用户购买的习惯和能力，大数据预测得知用户购买力强的商品，通过现有的物流体系（见图 9-10 步骤②、③、④）将实物铺到指定的前置仓库（移动商店）。

基于移动位置服务定位客户位置，展示给客户就近移动商店库存，客户下单后，订单下传到移动商店。

移动商店的配送员获取订单，上门送货（见图 9-10 步骤⑤、⑥）。

3. 1 小时达的系统方案

（1）小区画像实现精准营销

在京东的大数据平台上，通过生产数据（包括主数据与交易数据）可以产生四种派生数据：用户画像、小区画像、商品画像和商家画像，通过分析与预测为销售、运营等业务提供服务。

"小区画像"（见图 9-11）是京东派生数据中的一种，通过大数据平台对不同小区用户数量、活跃时段、促销敏感度、信用水平、消费能力、商品偏好、品牌偏好、忠诚度等维度进行分析，挖掘出居民小区的基本属性和购买属性，可以按人群、品类预测复购率，筛选出以小区为单位的消费族群青睐的产品。

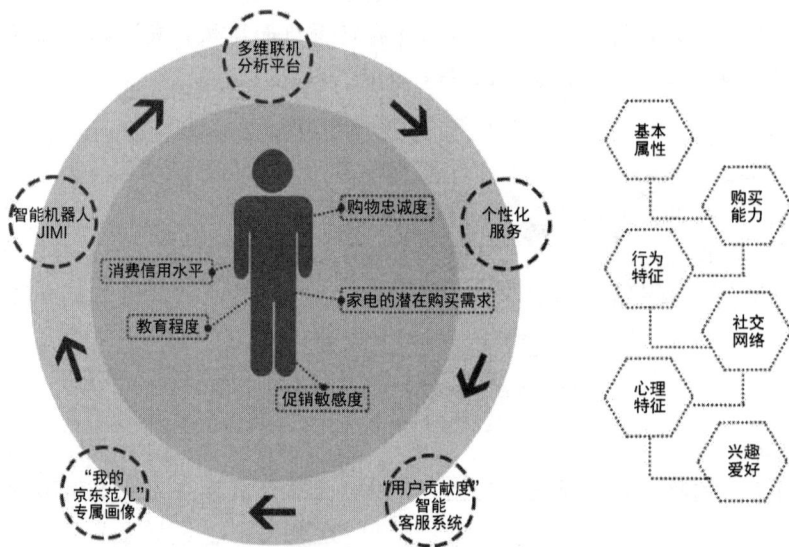

图 9-11　小区画像示意图

（2）小区雷达实现精准定位

京东配送系统（青龙系统）的核心子系统——预分拣系统，采用了深度神经网络、机器学习、搜索引擎技术、地图区域划分、信息抽取与知识挖掘，并利用大数据对地址库、关键字库、特殊配置库、GIS 地图库等数据进行分析和使用，使订单能够快速处理并自动分拣，满足各类型订单的接入，如图 9-12 所示。

移动商店利用青龙系统预分拣技术，可根据每个移动商店的配送能力在地图中画出 1 小时达配送的覆盖范围，并基于移动位置服务，快速定位出覆盖范围内距离客户最近的移动商店。

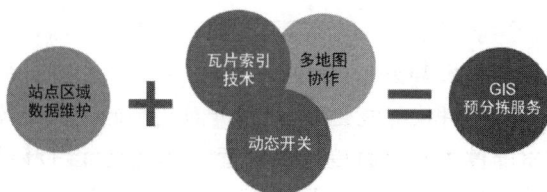

图 9-12　青龙系统工作原理图

4．1 小时达的应用模式及规划

（1）首发类

品类以 3C 类为主，人群定位为白领、学生。根据小区画像事先布局，通过算法来预测消费者所处的小区对首发手机的潜在需求，并提前把相应数量的产品推送到最近的移动商店。同时与特色移动载体（如 Uber、滴滴）深度合作，打造特色活动，如"一键呼叫 iPhone7"，引爆酷炫新品首发，如图 9-13 所示。

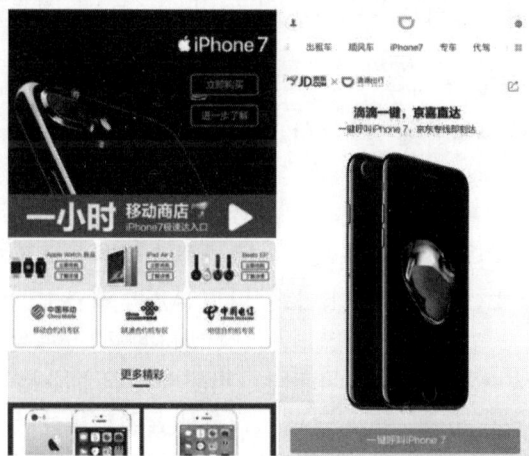

图 9-13　首发类应用模式图

（2）地推类

品类以日百类为主，人群定位为社区百姓。根据小区画像判断某些小区、某类商品的购买力稳定，将这些品类按照预测铺到移动商店。用户可通过京东 App 百宝箱中的移动商店入口购买，也可以现场扫码购买，如图 9-14 所示。

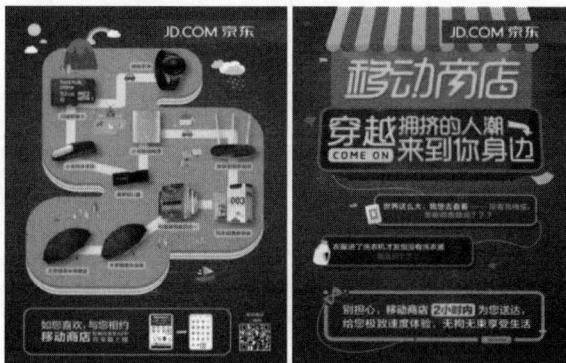

图 9-14　地推类应用模式图

（3）线下体验店

无特定品类，以集中购物人群为主。

未来的移动商店将沿着"科技智能化""商家开放化"的方向继续前进。如与智能家电相结合，实现客户在家中一键下单，打造"品牌营销+智能生活+移动商店"相结合的新生活模式，逐步开放，为外部商家提供"销量预测+1小时送达"的一站式解决方案。

思考题：

1. 请总结首发类和地推类产品特征有何不同。

2. 京东为了做到1小时送达，在哪些部分应用了大数据分析方法？

第 **10** 章

电子商务环境下的物流管理信息系统

导入案例

京东商城的坚实后盾——京东物流

京东物流隶属于京东集团，以打造客户体验最优的物流履约平台为使命，通过开放、智能的战略举措促进消费方式转变和社会供应链效率的提升，将物流、商流、资金流和信息流有机结合，实现与客户的互信共赢。京东物流通过布局全国的自建仓配物流网络，为商家提供一体化的物流解决方案，实现库存共享及订单集成处理，可提供仓配一体、快递、冷链、大件、物流云等多种服务。京东集团从 2007 年开始自建物流，2012 年正式注册物流公司，2017 年 4 月 25 日正式成立京东物流集团。京东物流以技术驱动，引领全球高效流通和可持续发展为使命，致力于将过去十余年积累的基础设施、管理经验、专业技术向社会全面开放，成为全球值得信赖的供应链基础设施服务商。

目前，京东物流拥有中小件、大件、冷链、B2B、跨境和众包（达达）六大物流网络，凭借这六张大网在全球范围内的覆盖以及大数据、云计算、智能设备的应用，京东物流打造了一个从产品销量分析预测，到入库出库，再到运输配送各个环节无所不包、综合效率最优、算法最科学的智能供应链服务系统。

截至 2020 年 9 月 30 日，京东物流在全国运营超过 800 个仓库，包含云仓面积在内，京东物流运营管理的仓储总面积约 2000 万平方米。目前，京东物流已投入运营 30 座"亚洲一号"智能物流园区以及超过 70 座不同层级的无人仓。京东物流大件和中小件网络已实现大陆行政区县近 100%覆盖，90%区县可以实现 24 小时内送达，自营配送服务覆盖了全国 99%的人口，超 90%自营订单可以在 24 小时内送达。

？ 案例思考

1. 请分析京东物流是如何支持京东商城的业务的。
2. 京东物流信息系统的功能有哪些？

学习目标

1. 理解电子商务环境下物流管理的内容及特征。
2. 理解 B2C 电子商务物流管理包含的内容。
3. 掌握 B2C 电子商务物流的作业流程。
4. 掌握 B2C 电子商务物流管理信息系统的功能。
5. 理解 B2B 电子商务物流管理的内容。
6. 掌握 B2B 电子商务物流管理信息系统的功能。
7. 理解物流公共信息平台的概念。
8. 理解物流公共信息平台的功能。
9. 掌握物流公共信息平台的体系架构。

10.1 电子商务物流概述

10.1.1 电子商务的概念

1. 电子商务的定义

电子商务在各国或不同的领域有不同的定义。联合国国际贸易程序简化工作组对电子商务的定义是：采用电子形式开展商务活动，它包括在供应商、客户、政府及其他参与方之间通过任何电子工具，如 EDI、Web 技术、电子邮件等共享非结构化商务信息，并管理和完成在商务活动、管理活动和消费活动中的各种交易。在此定义中包含电子商务的两层含义：一个是电子商务刚刚兴起时，对电子商务的理解，即电子商务是指通过使用互联网等电子工具（这些工具包括电报、电话、广播、电视、传真、计算机、计算机网络、移动通信等）在全球范围内进行的商务贸易活动。这里主要是指利用电子的形式完成商业交易活动。另一个理解是指电子商务除了完成交易活动，还包括其他的商务活动，例如商品管理、客户管理、商务决策、企业合作、供应链管理等，因此电子商务还被定义为通过电子手段进行的商业事务活动。通过使用互联网等电子工具，使公司内部、供应商、客户和合作伙伴之间，利用电子业务共享信息，实现企业间业务流程的电子化，配合企业内部的电子化生产管理系统，提高企业的生产、库存、流通和资金等各个环节的效率。电子商务涵盖了企业运营过程的各个方面以及与其他企业的合作和沟通。

从电子商务的定义可以看出，一个完整的电子商务过程包含商流、信息流、物流与资金流四部分内容。其中只有物流是无法通过电子的形式完成的，因此，物流是电子商务运营的基础，是电子商务实现的保障。

2. 电子商务的类型

按照交易双方主体的不同，电子商务可以分为 B2B、B2C、C2C 三种最常见的模式。

① B2B 模式。企业与企业之间的电子商务（Business to Business，B2B）是电子商务应用最多和最受企业重视的形式,企业可以使用 Internet 或其他网络对每笔交易寻找最佳合作伙伴，完成从订购到结算的全部交易行为。B2B 电子商务是指以企业为主体，在企业之

间进行的电子商务活动。B2B 电子商务是电子商务的主流，也是企业面临激烈的市场竞争、改善竞争条件、建立竞争优势的主要方法。

B2B 主要是针对企业内部以及企业与上下游协办厂商之间的信息整合，并在互联网上进行的企业与企业间交易、共同决策、商业合作等活动。借由企业内部网建构信息流通的基础，及外部网络结合产业的上中下游厂商，达到供应链的整合。因此通过 B2B 的商业模式，不仅可以降低企业内部信息流通的成本，更可使企业与企业之间的交易流程更快速，并减少成本的耗损。

② B2C 模式。企业与消费者之间的电子商务（Business to Consumer，B2C）是企业针对个人开展的电子商务活动的总称，具体是指通过信息网络以及电子数据信息的方式实现企业或商家机构与消费者之间的各种商务活动、交易活动、金融活动和综合服务活动，是消费者利用 Internet 直接参与经济活动的形式。

随着网络技术及人们购买模式的改变，B2C 电子商务的竞争愈加激烈，为了给消费者提供更好的服务体验，以及降低物流配送成本，在 B2C 模式的基础上，又衍生出线上与线下相结合（Online to Offline，O2O）模式。O2O 是指将线下的商务机会与互联网结合，让互联网成为线下交易的平台。通过网购导购机，把互联网与地面店完美对接，实现互联网落地。让消费者在享受线上优惠价格的同时，又可享受线下贴心的服务。

③ C2C 模式。消费者与消费者之间的电子商务（Consumer to Coustomer ，C2C）就是通过为买卖双方提供一个在线交易平台，使卖方可以主动提供商品上网拍卖，而买方可以自行选择商品进行竞价。

10.1.2　电子商务环境下的物流基础

1. 电子商务环境下物流管理的内容

电子商务作为一种新的数字化商务方式，代表未来的贸易、消费和服务方式，因此，要完善整体商务环境，就需要打破原有工业的传统体系，建立以商品代理和配送为主要特征，物流、商流、信息流有机结合的社会化物流配送体系。物流是电子商务实现真正的经济价值不可或缺的重要组成部分。电子商务环境下物流系统的基本功能包括订单管理、客户管理、供应商管理、仓储管理、运输管理、计费与结算管理以及数据分析管理七大部分。

① 订单管理包括订单控制流程、订单的生命周期、订单的有效性标准、订单的调整、订单处理流程。

② 客户管理包括客户基本信息管理、商品信息管理、关键业务指标分析。

③ 供应商管理包括基本信息、采购管理、库存管理、退换货管理、结算管理、预付款、账期、供应商绩效管理。

④ 仓储管理包括基本流程设计、基本资料管理、入库管理、库存管理、盘点管理、补货管理、出库管理、退货管理、RF 条码管理系统。

⑤ 运输管理包括调度管理、运输管理、运输作业管理、运力管理、终端分拨配送管理、中断配送信息管理。

⑥ 计费与结算管理包括计费管理、结算管理。

⑦ 数据分析管理包括报表管理、商务智能报表分析管理。

2. 电子商务环境下物流管理的特征

① 信息化。电子商务时代，物流信息化是电子商务的必然要求。物流信息化表现为物流信息的商品化、物流信息收集的数据库化和代码化、物流信息处理的电子化和计算机化、物流信息传递的标准化和实时化、物流信息存储的数字化等。因此，条形码技术、数据库技术、电子订货系统、EDI、快速反应及有效的客户反映、企业资源计划等技术与观念在我国的物流中将会得到普遍的应用。信息化是一切的基础，没有物流的信息化，任何先进的技术设备都不可能应用于物流领域，信息技术及计算机技术在物流中的应用将会彻底改变世界物流的面貌。

② 自动化。自动化的基础是信息化，自动化的核心是机电一体化，自动化的外在表现是无人化，自动化的效果是省力化，另外，自动化还可以扩大物流作业能力、提高劳动生产率、减少物流作业的差错等。

③ 网络化。物流的网络化是物流信息化的必然，是电子商务环境下物流活动的主要特征之一。物流领域网络化的基础也是信息化，这里指的网络化有两层含义：一是物流配送系统的计算机通信网络，包括物流配送中心与供应商或制造商的联系要通过计算机网络，另外与下游顾客之间的联系也要通过计算机网络通信以及物流配送中心，通过计算机网络收集下游客户的订货的过程也可以自动完成；二是组织的网络化，即由于全球化经济及供应链管理思想的发展，供应商、制造企业、零售商通过建立供应链联盟，在全球范围内进行采购、生产、销售，这一过程需要有高效的物流网络支持，当然物流网络的基础是信息、电脑网络。

④ 智能化。这是物流自动化、信息化的一种高层次应用，物流作业过程大量的运筹和决策，如库存水平的确定、运输（搬运）路径的选择、自动导向车的运行轨迹和作业控制、自动分拣机的运行、物流配送中心经营管理的决策支持等问题都需要借助大量的知识才能解决。为了提高物流现代化的水平，物流的智能化已成为电子商务环境下物流发展的一个新趋势。

⑤ 柔性化。柔性化的物流正是适应生产、流通与消费的需求而发展起来的一种新型物流模式。这就要求物流配送中心要根据消费需求"多品种、小批量、多批次、短周期"的特色，灵活组织和实施物流作业。

⑥ 全球化。全球化战略的趋势，使物流企业和生产企业更紧密地联系在一起，形成了社会大分工。生产厂集中精力制造产品、降低成本、创造价值；物流企业则花费大量时间、精力从事物流服务。物流全球化是物流设施的全球化和物流服务的全球化，目标是按照国际分工协作的原则和国际惯例，利用国际化物流网络、物流设施和物流技术，实现货物在全球范围的流动和交换。

10.2 B2C电子商务物流管理信息系统

10.2.1 B2C电子商务物流管理的内容

1. B2C电子商务流程
B2C是企业对消费者直接开展商业活动的一种电子商务模式，商家通过自建或租用电子公共信息平台向消费者进行商品或服务销售的形式。本书主要分析有形商品销售的 B2C 电子商务类型中涉及的物流内容。B2C 电子商务与传统零售不同，消费者进行消费的过程很多都可以通过电子的形式来实现，唯有物流必须通过线下的方式进行，其流程如图 10-1 所示。

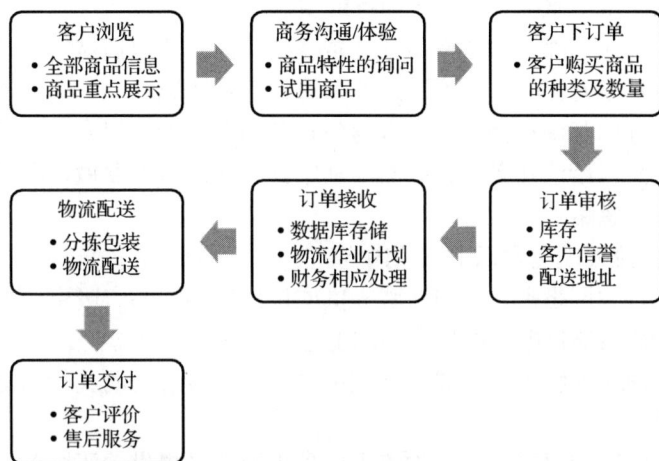

图 10-1　B2C 电子商务流程示意图

　　客户首先要浏览要购买的商品信息，对同类专卖店进行对比，对商品的细节信息进行了解。选中中意的商品以后要跟商家进行沟通，包括商品特点及细节、商品号码、库存数量、价格及优惠条件等方面的沟通，并通过亲身体验对商品的性能进行感知和评价，待体验满意后，客户将购买意愿告知商家，包括购买种类及数量。商家接收到客户的购买意愿后，对客户订单进行审核，审核的内容包括仓库库存，即库存是否有货；另外要审核客户的信誉，在 B2C 的商务过程中主要是审核客户的信誉级别，是否存在价格折扣等；还要审核客户的配送地址是否在商家送货的范围内。订单通过审核后，商家开始安排发货配送等作业，待商品出库后，财务部门要在会计分录中做相应的登记，以反映企业的物流变化而引起的资金变化。然后客户订单发送至物流部门，物流部门进行相应的物流拣选和配送作业，待商品交至客户手中以后，客户对商品进行检验，并对商品及商家的相关服务进行评价。

　　B2C 的商务过程可以在实体店完成，也可以通过由信息技术和网络技术支持的电子商务来完成。将电子商务与实体店的商务形式进行对比，其缺点在于客户体验不容易实现，另外就是物流与商流的分离，即电子商务必须有物流作为基础才能完成，而实体店的商务形式是客户自己带着商品，不需要专门的物流业务。而客户浏览环节、订单审核环节、客户下订单环节、客户评价环节在电子商务的数据存储量大、计算速度快、没有时间和空间的限制等条件的支持下，要比传统商务形式具有巨大的优势。

2．B2C 电子商务包含的内容

　　在以上电子商务流程中，包含四个要素和三项内容。

　　① B2C 包含的四个要素为电子商城、消费者、产品、物流。既然是电子商务，那么就要提供商务合作点，这个商务合作点可以是针对卖家也可以是针对消费者的。但是不管是

针对哪一种，对于商城的建设还是很重要的。电子商城就是把所有的商品进行电子化，可以为消费者提供电子浏览和搜索。

由于电子商务的服务对象就是消费者，所以要做好电子商务最为重要的就是消费者。而且电子商务做的就是吸引和引导消费者，因此如何通过电子商务收集到的信息了解客户需求，为客户提供高水平服务，是电子商务的主要任务之一。

既然作为电子商城，那么就要有服务消费者的产品，所以商城对于产品的建设也很重要。当然商城可以是多元化的，也可以是单一的、针对性的。

物流是电子商务的基础和保障。电子商务是利用互联网为媒介进行运行的。既然是互联网，那么将产品交付给消费者，这必然要利用到物流。所以要做好电子商务，在物流方面的建设肯定也不能忽略。

② 在电子商务流程中包含以下三项内容。

第一是买卖。各大网络平台为消费者提供质优价廉的商品，吸引消费者购买的同时促使更多商家入驻，然后通过电子的形式在网上进行交易。

第二是合作。商家与物流公司建立合作关系，为消费者的购买行为提供最终保障，这是电商运营的硬性条件之一。

第三是服务。电商四要素之一的物流主要是为消费者提供购买服务，从而实现再一次的交易。

3. B2C 电子商务物流的作业流程

在电子商务环境下的 B2C 电子商务物流的作业流程如图 10-2 所示，还是包括传统商务形式中的采购、进货管理、储存、配送等，但在实现形式上，B2C 电子商务环境下订单商品的特点是品类多、批量少、拣货频率高，另外配送过程也是分散、小量的进行。因此 B2C 电子商务的物流成本更高，配送路线的规划、配送车辆的分配、配送日程的调度等决策更加复杂，难度也更大。

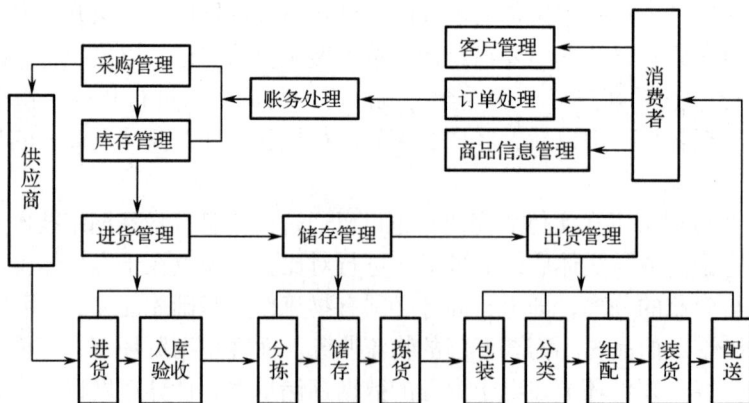

图 10-2　B2C 电子商务物流的作业流程

在 B2C 电子商务环境下，物流一方面是完成商务过程中实体商品的位置转移，另一方面也是电子商务客户服务内容以及成本构成的一个重要环节。为了提高客户服务水平，物流不仅要完成实体流动过程，还要将实体流动过程的信息及时准确地提供给客户，使客户能够跟踪其商品信息。与此同时，物流成本是电子商务成本的重要组成部分，因此降低物流成本是 B2C 电子商务成功的关键因素。在订单处理环节，物流管理信息系统通过提供库存信息、配送范围等内容，对客户订单进行审核，确保客户订单能够顺利完成，在仓储、拣选、配送环节通过利用商务智能，优化各种方案，以达到降低物流成本的目的。

4．B2C 电子商务物流管理的作用

现在的商业经济，是以电子商务平台为核心，以支撑其他服务业发展为轴线的闭合式管理体系，在这条产运销的经济三角形内，物流产业是组成整体经济板块的中心节点。电子商务主要是以物流产业为支撑系统的，若物流业不能与电子商务产业同步发展，会使电子商务产业举步无路、面临失败。物流在电子商务上的位置异常重要，所以，重视物流产业即是推动电子商务发展。目前，国内知名的电子商务企业如阿里巴巴、卓越等，都在全面展开电子商务物流产业，在这个运作过程中，存在着均衡、统一的关系，既要保持电子商务稳步发展，又要保持物流与电子商务同步发展，且不要让物流成为电子商务的瓶颈。在电子商务概念建立过程中，兼顾信息流、商流、资金流和物流的整合。物流则是实施电子商务的重要环节，是电子商务最终实现的基本保证。再完美的电子商务也会因为低效的物流配送而变成一纸空文，因此，强大的电子商务还需有强大的物流体系的支撑。

① 物流是 B2C 电子商务运营的保障。无论在传统的贸易方式下，还是在电子商务模式下，生产都是商品流通之本，而生产的保障需要物流活动支持。科学、合理的物流，通过降低费用来降低成本，通过优化库存结构、减少资金占压、缩短生产周期等实体管理，保障生产的顺利进行。反之，缺少现代化的物流管理手段，忽视物流管理功能的维护，生产的顺利进行也就无法保障，电子商务亦难以实现。

② 物流服务于商流。在商流活动中，从商品所有权自购销合同签订之时起，便由供方转移到需方，而商品实体并未移动。在传统的交易过程中，除了非实物交割的期货交易，商流活动都必须伴随相应的物流活动，在电子商务中，消费者通过上网点击购物，即完成了商品所有权的交割过程，即商流过程。但电子商务活动并未结束，只有商品通过物流服务将实体转移到消费者手中，商务活动才最终完成。因此，物流亦是商流。在电子商务交易过程中，物流实际上是商流的后续服务，没有现代化的物流，就没有现代化的商流。

③ 物流是实现电子商务的根本保证。电子商务最大化地方便了消费者，他们足不出户，就可以完成他们的购物过程，省时减耗。但是，他们所购的商品送达缓慢，抑或所送并非自己所购，那么，消费者就不会再继续网购。所以说，物流是电子商务中实现以"以顾客为中心"理念的最终保证，缺少和未建立现代化的物流流通体系，电子商务就无法实现便捷销售、安全送达的网络经营，消费者会依然选择他们依赖已久的传统购物方式。

10.2.2　B2C 电子商务物流管理信息系统的功能结构

在 B2C 电子商务中，物流系统的目标就是按照订单，在要求的时间内将商品送达消费者手中，因此 B2C 电子商务中的物流管理信息系统应具有的功能如图 10-3 所示，包括物流业务接单、分析支持、解决方案、服务四个主要模块。

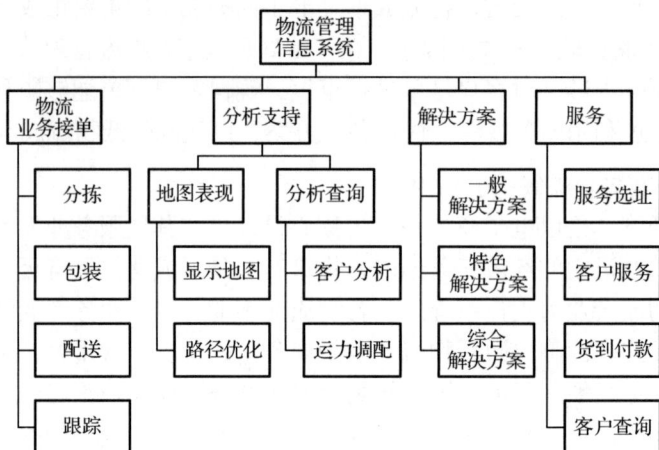

图 10-3 B2C 电子商务物流管理信息系统的功能

1. 物流业务接单功能

接收来自 B2C 电子商务系统订单管理模块的订单，接到订单后，按照订单信息进行分拣、包装、配送等业务，并同时将业务处理的状态信息上传分享，为客户提供实时跟踪服务。在这里还涉及分拣线路问题、车辆装载问题等半结构化或非结构化问题，这类问题的解决会有专门的分析支持模块进行支持。

2. 分析支持功能

分析支持功能主要是利用前一章所提到的决策支持系统来对物流业务中涉及的半结构化或非结构化的问题进行分析，给出优化后的解决方案。在 B2C 电子商务的物流业务过程中，主要涉及的就是仓储和配送两部分的方案优化。仓储方面为了提高拣货速度要确定货物储位的设计、拣选方式的选址、拣选路线的设计等；配送方面主要涉及运力调配、配送路线路径优化、配送网络设计、配送路由设计、配送频率和配送范围的确定等问题。

3. 解决方案功能

解决方案是物流管理信息系统为需要提供物流服务的供应商提供的一个客户定制化的功能。有一些供应商在储存、配送甚至退货方面都有特殊的要求，这一部分功能主要是针对这些大客户进行的定制化服务，一般的物流系统里不包括该功能。

4. 服务功能

服务功能是物流电子商务中又一个重要的功能，主要提供客户日常服务的功能、基本的付款功能和客户查询功能。

5. 与其他应用系统的关系

使用以上功能完成 B2C 电子商务中物流管理的任务，即将商品准确无误地交到消费者手中，另外在电子商务商流、资金流的完成过程中也需要物流管理信息系统的支持与配合，提供必要的信息支持。具体的关系如图 10-4 所示。

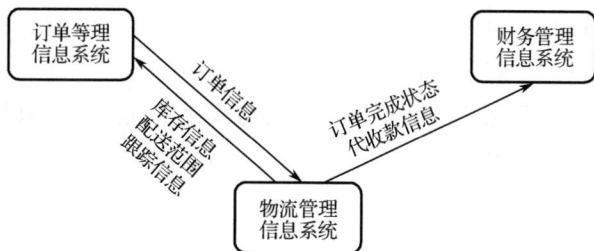

图 10-4　B2C 物流管理信息系统与其他应用系统的关系

通过上图可知，B2C 中物流管理信息系统需要向订单管理信息系统提供库存信息、配送范围等信息以审核订单，待订单确认后，物流工作正式开始，根据订单信息进行分拣、包装、配送等业务，并将业务的进行状态信息以及配送过程的位置跟踪信息反馈给客户。待订单配送完成，物流管理信息系统将订单完成的信息共享给财务部门，财务部门做相应的账务处理。

10.2.3　B2C 电子商务物流管理信息系统的应用——双十一开门红　苏宁易购物流发布全新智慧物流解决方案

2022 年双十一大促首日，苏宁易购物流发布全新智慧物流解决方案。在技术和数据驱动下，苏宁易购物流建立起赋能全产业链的供应链系统及技术平台，并结合 AI、大数据、物联网、5G 等新一代信息技术应用。此次智慧物流解决方案重点升级仓储管理、店仓运营、干支线运输、同城货运、多式联运等业务场景核心产品，为合作企业提供一体化智慧物流管理解决方案，助力合作企业物流管理数字化、智能化转型，进一步创新驱动物流行业管理水平提升。

全新的智慧物流解决方案对人、车、货、场等物流全要素进行数智化升级，集成化的系统将 OMS 订单管理、WMS 仓储管理、TMS 运输管理、BMS 物流结算管理等业务进行整合，并通过技术创新应用实现全链路作业单元及流程环节的数字化可视，强化物流作业效率并提升运营服务质量，助力合作伙伴全面提升供应链实力。

在仓储物流应用上，苏宁易购物流科技研发团队自主研发的智能仓储管理系统"蕴仓 WMS"，集成行业最佳业务实践，运用条形码技术、智能设备、智能算法等技术；聚焦零售、电商、制造、仓储代运营行业；服务品类覆盖家电家居、3C、快消、生鲜、百货、备件、设备、原料、半成品等；助力企业仓储运营达到"精准库存、商品安全、高效生产、数字运营"目标。系统结合运输信息实现全链路信息化支撑，推动相关数据决策以及智能化运营工作，系统性提升仓储的整体效率，提高供应链的快速响应能力，为合作企业提供一体化仓储管理解决方案。

在物流运输平台搭建上，科技研发团队运用数智化技术创新应用，研发了欣图 TMS 运输管理系统。作为一款数字驱动经营分析的运输管理平台，欣图 TMS 通过对企业运输全流程信息化管理，聚焦"时效、成本、安全"，围绕运输前智能规划、运输中实时可视、运输后分析提升实现基于数字驱动的精细化管控，为运营管理方、承运商、司机提供信息共享与高效协作的能力支撑，覆盖了对干支线运输、市内网点调拨、门店补货配送等运输作业场景的系统化支持，为多种场景输出一站式的运输解决方案。

物流企业在数智化升级进程中，需要找准客户在精细化的仓储体系和多元化的消费者需求下的痛点，并提出切实可行的解决方案。在服务领域，苏宁易购物流可提供仓配、运输、城配、售后等多项专业化产品群。苏宁易购物流在传统家电、家装家居、百货、快消类等行业，为各大品牌企业提供定制化、智能化、场景化的一站式智慧物流解决方案。截至目前，苏宁易购物流已与博西、松下、顾家、玫琳凯、家乐福、菜鸟等多家行业标杆企业达成战略合作。

未来，苏宁易购物流将继续以智能化、数字化技术创新为驱动，以大数据应用多种场景作为支持，持续推动智慧物流解决方案升级，助力合作企业提升供应链运营能力，实现提质增效。

10.3 B2B 电子商务物流管理信息系统

10.3.1 B2B 电子商务物流管理的内容

1. B2B 电子商务的定义

B2B 电子商务指的是通过因特网、外联网、内联网或者私有网络，以电子化方式在企业间进行的交易。这种交易可能是在企业及其供应链成员间进行的，也可能是在企业和任何其他企业间进行的。B2B 电子商务的涉及面十分广泛，是指企业通过公共信息平台和外部网站将面向上游供应商的采购业务和面向下游代理商的销售有机的联系在一起，在此过程中，B2B 买卖交易功能，还包括物流配送、应用服务提供商、外包解决方案、内容管理软件、应用集成软件、网络商业软件、传统 ERP 公司等电子基础设施。B2B 的商务关系是构筑在高信任度的基础之上的，B2B 的大宗交易能够更大限度的发挥电子商务的潜在效益，并通过供应的集中、采购的自动化、配送系统的高效率而得以实现，从而降低彼此之间的交易成本，提高客户满意度的商务模式。

2. B2B 电子商务的发展过程

随着经济环境以及管理方法的发展，B2B 电子商务的发展根据电子商务网站实现的功能可以分为三个阶段，即信息发布阶段、商品交易阶段、协作联盟阶段，如图 10-5 所示。

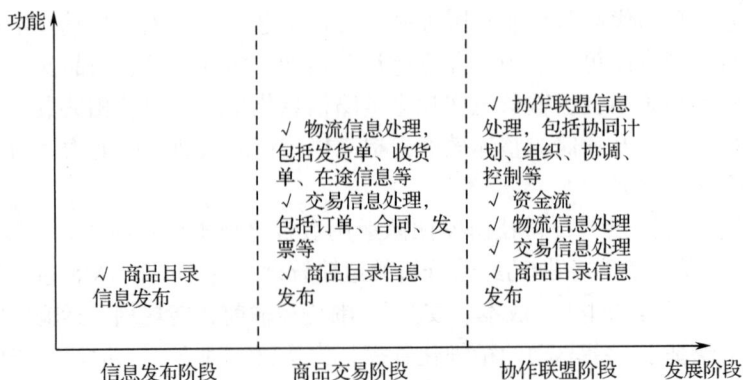

图 10-5 B2B 电子商务功能的发展阶段

① 信息发布阶段。该阶段网络技术、数据库技术还属于初步阶段,企业间的很多业务信息不能实现电子化的交互,因此该阶段的电子商务的功能很简单,企业会建设电子商务网站,但是该网站一般为静态网页,不能实现数据的传递和交互。网站的主要功能是企业所经营的商品目录及商品功能信息的介绍,也就是商品展览的功能。

② 商品交易阶段。随着数据库技术、EDI 技术以及互联网技术的快速发展,管理信息系统可以实现企业间业务数据的电子化以及远程传递功能,因此 B2B 电子商务进入第二个阶段,可以实现商品交易过程中的业务数据的电子化及自动远程数据传递功能,辅助商品交易中各种业务的线上完成,例如订单、合同、发货单、收货单等。企业业务的完成不仅涉及商流信息,最终的实现要完成物流、资金流等内容。此阶段承担企业间物流活动的企业或企业部门同样可以实现物流信息的电子化,并同步到电子商务平台,以便企业各方业务即时、准确地掌握物流信息,对企业的后续工作内容做出规划。

③ 协作联盟阶段。随着经济全球化进程的加快以及客户需求日益多样化,企业间的竞争日益激烈,企业管理思想和模式都发生了变化,企业的战略经营方向由"大而全"转向"小而精",某一种产品的生产就需要多个企业参与完成,供应链管理的思想应运而生。供应链管理运营过程中由于企业间彼此独立,形成"信息孤岛",进而产生"牛鞭效应",增加了供应链中的不确定性,最终导致供应链成本增加。供应链管理的另一个难点问题是参与某产品制造的多个企业如何能够保证"步调一致",减少停工待料等浪费。这些问题的解决都依赖于参与供应链的各企业间形成协作联盟,做到信息共享,风险共担。基于此,现阶段的 B2B 电子商务的内容除了实现商贸交易信息的传递以外,还增加了企业间的合作信息的共享与传递,出现了 VMI、CPFR、ECR 等供应链管理信息系统。

由此可见,B2B 电子商务不仅仅是建立一个网上的买卖者群体,它也为企业之间的战略合作提供了基础。任何一家企业,不论它具有多强的技术实力或多好的经营战略,要想单独实现 B2B 是完全不可能的。单打独斗的时代已经过去,企业间建立合作联盟进行供应链管理逐渐成为发展趋势。网络使得信息通行无阻,企业之间可以通过网络在市场、产品或经营等方面建立互补互惠的合作,形成水平或垂直形式的业务整合,以更大的规模、更强的实力、更经济的运作真正达到全球运筹管理的模式。

3. B2B 电子商务物流管理的内容

在 B2B 的电子商务中,交易双方的企业之间的业务内容有两个方面,一方面是完成商贸交易,另一方面是完成供应链上企业间的合作。

在 B2B 商贸交易业务中,物流系统的功能与 B2C 类型的电子商务一样,即按照订单,在卖方指定位置收货进行运输、储存、拣货、配送等物流活动,在要求的时间内将商品送达买方指定地点,所不同的是买方或收货方是企业。因此 B2B 电子商务交易业务内容中的物流管理信息系统与 B2C 一样,具有物流业务接单、分析支持、解决方案、服务四个主要模块。

在供应链管理中,企业间的合作包括协同计划、协同组织、协同协调、协同控制等内容,为了完成此目标,需要搭建一个集成的、一体化的信息系统,它不仅仅局限在一个企业内,而是要从供应链整体来进行考虑,如图 10-6 所示。

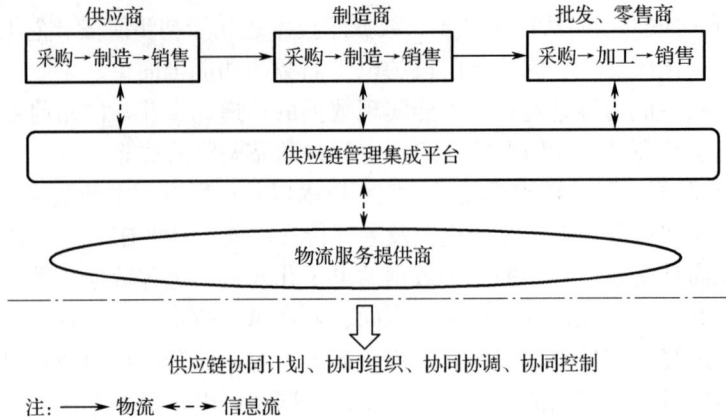

图 10-6　集成供应链管理信息系统平台概念结构图

在此过程中，参与供应链的各方组织通过集成的供应链管理信息系统平台实现各组织的资源、约束条件等信息以及最终消费者的真实需求信息的共享与传递，通过一定的算法或管理模型实现协同计划、组织、协调和控制等功能，实现供应链上物流与信息流的统一，进而提高供应链效率并降低供应链成本。

10.3.2　B2B 电子商务中物流管理信息系统的功能结构

B2B 电子商务下的物流管理信息系统，一方面利用网络技术等，与参与交易的企业进行业务信息的共享，并完成对物流全过程的协调、控制和管理，实现从起点到终点的全过程监管；另一方面与参与商务过程的整个供应链进行信息传递和共享，利用一定的管理模型，统一计划、协调和控制，降低供应链成本。

因此，B2B 电子商务中的物流管理信息系统除了有对本企业内部的物流过程的管理和控制，还要与参与商务过程的整个供应链集成平台进行数据传递和共享，如表 10-1 所示。

表 10-1　B2B 电子商务中物流管理信息系统及相关管理信息系统

供应链集成平台	信息管理功能	涉及的管理信息系统
协同计划、预测和补货	需求计划 需求预测 补货计划	POS、WMS 商业智能、数据挖掘、大数据
销售系统	电子商务 客户订单处理 客户关系管理	电子商务网站、配送需求计划、企业内部网络、库存管理、商业智能、大数据
生产系统	生产计划 物流需求计划 车间作业计划	ERP\MRP-物流需求计划\WMS
采购系统	电子订购 采购单处理	EOS\EDI

续表

供应链集成平台	信息管理功能	涉及的管理信息系统
物流系统	库存管理 装载计划 运输、配送计划 运输、配送合并调度 运输、配送跟踪	WMS\TMS\GPS\GIS

1. 协同计划、预测和补货

协同计划、预测与补货（Collaborative, Planning, Forecasting and Replenishment，CPFR）是一种协同式的供应链库存管理技术，它在降低销售商的存货量的同时，也增加了供应商的销售额。

CPFR 是在共同预测和补货的基础上，进一步推动共同计划的制订，即不仅合作企业实行共同预测和补货，同时将原来属于各企业内部事务的计划工作（如生产计划、库存计划、配送计划、销售规划等）也由供应链各企业共同参与，利用互联网实现跨越供应链的成员合作，更好地预测、计划和执行货物流通。CPFR 的特点是协同、规划、预测、补货。其中 CPFR 的预测强调买卖双方必须做出最终的协同预测，像季节因素和趋势管理信息等，无论是对服装或相关品类的供应方还是销售方都是十分重要的，基于这类信息的共同预测能大大减少整个价值链体系的低效率、死库存，促进更好的产品销售、节约使用整个供应链的资源。CPFR 所推动的协同预测还有一个特点是它不仅关注供应链双方共同做出最终预测，同时也强调双方都应参与预测反馈信息的处理和预测模型的制定和修正，特别是如何处理预测数据的波动等问题，只有把数据集成、预测和处理的所有方面都考虑清楚，才有可能真正实现共同的目标，使协同预测落在实处。

2. 业务执行系统

在 B2B 电子商务业务执行过程中，物流系统通过实体物流网络与物流管理信息系统共享物流相关信息，最终达到对物流资源的调配，合理安排物流活动，实现物流在途信息的跟踪、监控、查询等功能。一般来讲，B2B 环境下的物流管理信息系统要与整个供应链上的企业通过信息技术来进行数据传递和共享，因此，基于 B2B 的物流管理信息系统由以下三部分功能集成而得，如图 10-7 所示。

① 门户管理。综合门户的建立是基于开放性技术和标准的门户框架，用于提供门户界面的定制，通过个性化、交互式、多渠道的访问方式，为电子商务中各参与企业及认证机构、银行等服务机构提供访问信息的集中门户，实现不同系统的复合应用。

② 电子商务与物流相关系统。该部分是对于电子商务业务与物流集成业务所涉及的认证信息、支付信息、物流信息、交易信息等进行动态集成，进而协调对业务执行及决策至关重要的信息，以统一的视图和接口提供给上层应用，使跨组织的业务流程能够一直基于信息和知识来运行。

③ 业务执行与监控。业务执行中涉及采购、运输、配送、仓储、销售、生产等各方信息进行协同，进而达到对整个业务过程中的物流信息进行收集、处理、存储，能够监控整个过程的物流执行状态，提供各流程节点的操作提示和系统通知、预警等信息，管理者可

以根据执行情况，实时对物流方案进行优化调整。

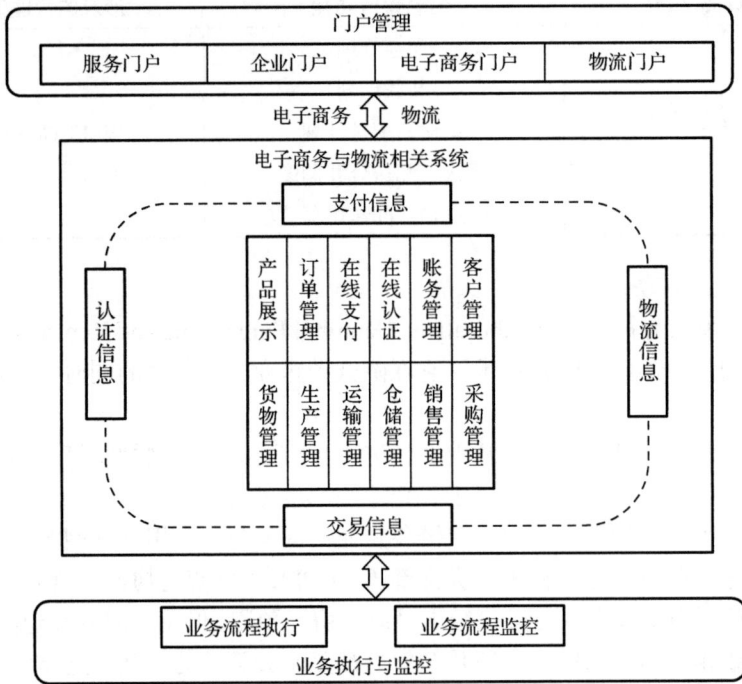

图 10-7　B2B 环境下物流管理信息系统的功能结构图

10.3.3　B2B 电子商务下物流管理信息系统的应用——美的安得一盘货：落地供应链真正协同

自一盘货战略率先在美的部分事业部试点后，2014 年"一盘货战略"被纳入美的集团"一把手工程"，从决策层、中间协同层及最终机制层等所有层面统一由集团领导小组，逐渐向整个集团推行。几年下来，效果十分显著，简而言之便是以更少的库存支撑了更大的市场规模和销售规模，进一步推动了美的的快速发展。

"效率驱动"作为美的三大战略主轴之一，推动一盘货变革，实际上是美的为了解决在过去商业模式运转的情况下，一些制约美的高速发展的问题，即解决效率驱动的问题，后面能以供应链物流创造更大的价值，实属"水到渠成"。

当时制造行业普遍存在"压货模式"的经营逻辑，在这种模式下，多级经销商层层流转，每一个节点都会导致大量库存和相应物流的浪费，时效低下；且各级渠道繁多，数据断层严重，难以获取到精准的渠道库存数据；此外，由于大量库存的积压，库存周转效率也比较低。

从这里也可看出，库存其实就是成本，因此业内对"库存是万恶之源"的观点颇有共识。当时美的下了决心，要解决渠道库存透明化和周转效率的问题，采用的办法，便是将一盘货战略作为美的当年最大的项目来推进，而一盘货的本质便是供应链上下游协同，以实现经销商渠道变革。

在变革后，美的将其在全国的仓库从 2014 年的 2200 多个减少到 2019 年的 137 个，仓库数量下降了 94%；将 550 多万平的仓库面积减少到 160 多万平，整个仓库面积下降 71%；订单交付周期，由 45 天提前到了 20 天，而行业整体周期为 40 余天；库存周转天数从 51 天缩短到 35 天。总结来说，在库存大幅下降的同时，美的的仓库效率大幅提升。

一盘货战略的物流管理主体，意味着美的将安得智联的定位从原来的物流供应商，转变为价值链的重要部分。作为美的一盘货的主体，从计划到订单的履行，到最终的落地执行层面，都由安得智联统一对所有的物流服务商进行管理。正是从这一刻开始，安得智联逐步成为美的一盘货的智能物流托盘，具备从入场物流、生产物流到成品物流这样一条链的端到端的物流能力。

在确认新定位后，安得智联开始整合全国各个渠道的仓库，并缩减渠道层级，将经销代理商从以往需要费力找仓库运输资源的物流职能中剥离出来，专注于渠道运营。

目前，安得智联已在全国设立了 137 个经营中心，并对经营中心覆盖半径几百公里的经销商库存进行集中管理，这一步叫统仓。

第二步便是统配，在对仓库进行集中管理的同时进行统一配送，在接收订单后，由安得智联将货物从仓库送到销售门店，或直接送至消费者。

在一盘货战略实施后，具体效益首先表现为库存周转率的提升，而库存占用资金的减少，意味着各个渠道代理商、分销商的资金压力的减小。

另外，由于集拼效应，渠道物流成本会大幅下降，整体综合仓配装的物流成本也会下降。

最主要的还是体现在它的商业价值上，由于对渠道库存的强管控，所有数据都在安得智联的体系闭环内，库存透明度如库存流向、库存数据都清晰准确地呈现，让决策者能根据库存情况调整生产节奏，为市场策略提供支持。

同时，安得智联也正在推进数字化转型，将 IT 系统从一个记账式的系统转变成一个基于流程的系统，为将来的智能化打好基础，让商业决策更精准。

2020 年"双 11"，安得智联便从数据及库存策略入手，如库存提前下沉至贴近消费者的地方；库存共享，即用线下库存支持线上销售，让电商备货数据更准确，促进库存周转率的进一步提升。

值得一提的是，在安得智联背后有三张网络作为支撑整个一盘货及"双 11"顺利进行的物流依托，即零担干线网、城市仓配网、末端送装网，其中，仓储网络便贯穿于这三张网络。

目前，安得智联旗下的城配和送装网，便是基于美的在全国已经设立的超 2500+最后一公里售后服务网点，服务周边社区，能覆盖全国 281 座城市、2642 个区县，拥有安装工程师超 24000 人，实现同城 24 小时内、跨市（含乡镇）48 小时内的家电、家居送装一体服务。

⏱ 10.4　物流公共信息平台

10.4.1　物流公共信息平台概述

1. 物流公共信息平台的概念

物流公共信息平台是指基于计算机通信网络技术，提供物流信息、技术、设备等资源共享服务的公共信息平台，具有整合供应链各环节物流信息、物流监管、物流技术和设备等资源，面向社会用户提供信息服务、管理服务、技术服务和交易服务的基本特征。

可见，物流公共信息平台是信息和通信技术在跨组织物流运作中的一种应用形态，是物流企业以及相关部门之间进行信息交互的一种公共架构，它能够整合企业物流信息资源，优化行业物流信息资源，目的是改进组织间协调机制，提高物流运作效率，从而实现物流系统整体效益的最大化。

物流公共信息平台的建立是有效解决我国信息化水平程度偏低、供应链上下游企业之间沟通不畅等导致我国物流业发展水平低下、全社会物流成本偏高等关键问题的重要手段，是建立社会化、专业化、信息化的现代物流服务体系的基石，对促进产业结构调整、转变经济发展方式和增强国民经济竞争力具有重要作用。

2. 物流公共信息平台的作用

（1）物流信息资源的整合与共享

物流企业与客户要对各种信息作全面了解和动态跟踪，通过平台将物流园区和物流中心的各类信息资源进行整合，在一定范围内对各信息资源进行共享。

（2）社会物流资源的整合

对社会物流资源进行整合，提高物流资源配置的合理化，提高社会物流资源利用率；降低企业产品运营成本和缩短运输周期，提高产品市场竞争力。

（3）政府管理部门间、政府与企业间的信息沟通

规范和加强政府的宏观决策和市场管理，提高政府行业管理部门工作的协同性，提高物流业的行业管理、发展与规划的科学性，为企业参与国内外市场竞争提供平等发展的舞台与空间。

（4）现代物流系统运行的优化

通过平台减少物流信息的传递层次和流程，提高现代物流信息利用程度和利用率，使物流系统以最短流程、最快速度、最小费用得以正常运行，实现全社会物流系统运行的优化，有效地降低物流成本。

（5）优化供应链

对现代物流市场环境快速响应，形成供应链管理环境下固定电子物流和移动电子物流两种模式共同支撑的平台体系结构；实现行业间信息互通、企业间信息沟通、企业与客户间信息交流，使现代物流信息增值服务成为可能，从根本上提升现代物流的整体服务水平。

早在 2010 年，物流公共信息平台作为国务院《物流业调整和振兴规划》中提出的九大重点工程之一，提出加快行业物流公共信息平台建设，建立全国性公路运输信息网络和航空货运公共信息系统，以及其他运输与服务方式的信息网络。推动区域物流信息平台建设，鼓励城市间物流平台的信息共享。加快构建商务、金融、税务、海关、邮政、检验检疫、交通运输、铁路运输、航空运输和工商管理等政府部门的物流管理与服务公共信息平台，扶持一批物流信息服务企业成长。2014 年，国务院发布《物流业发展中长期规划（2014—2020 年）》再次提到物流信息平台的建设作为物流系统重点工程之一。我国各级政府非常重视，很多城市和地区开始进行公共物流信息平台的规划建设，如广州、厦门、深圳、上海等地已相继出台《公共物流信息平台建设规划》，并启动建设。有些省市甚至在进行省际物流公共平台规划，省际共建物流信息平台的建立，将做到物流信息互联互通和信息共享，

有利于实现省际、区域间的横向整合，优化资源配置、降低社会物流成本。

相关链接

物流业发展中长期规划（2014—2020 年）国发〔2014〕42 号中"五、重点工程"中的有关物流信息平台工程原文节选。

（九）物流信息平台工程。

整合现有物流信息服务平台资源，形成跨行业和区域的智能物流信息公共服务平台。加强综合运输信息、物流资源交易、电子口岸和大宗商品交易等平台建设，促进各类平台之间的互联互通和信息共享。鼓励龙头物流企业搭建面向中小物流企业的物流信息服务平台，促进货源、车源和物流服务等信息的高效匹配，有效降低货车空驶率。以统一物品编码体系为依托，建设衔接企业、消费者与政府部门的第三方公共服务平台，提供物流信息标准查询、对接服务。建设智能物流信息平台，形成集物流信息发布、在线交易、数据交换、跟踪追溯、智能分析等功能为一体的物流信息服务中心。加快推进国家交通运输物流公共信息平台建设，依托东北亚物流信息服务网络等已有平台，开展物流信息化国际合作。

---

3. 物流公共信息平台的功能

物流公共信息平台的功能是要满足物流系统中政府管理部门、物流企业、工商企业不同层次的参与者对物流公共信息平台的信息需求和功能需求。物流公共信息平台通过对物流公共数据的采集、处理和信息交换，为物流企业信息系统完成各类功能提供支撑；为政府相关职能部门的信息沟通提供信息枢纽；为政府的宏观规划与决策提供信息支持。具体来说，物流公共信息平台的功能包括物流业务管理、平台公共服务、系统管理服务三大部分，具体如图 10-8 所示。

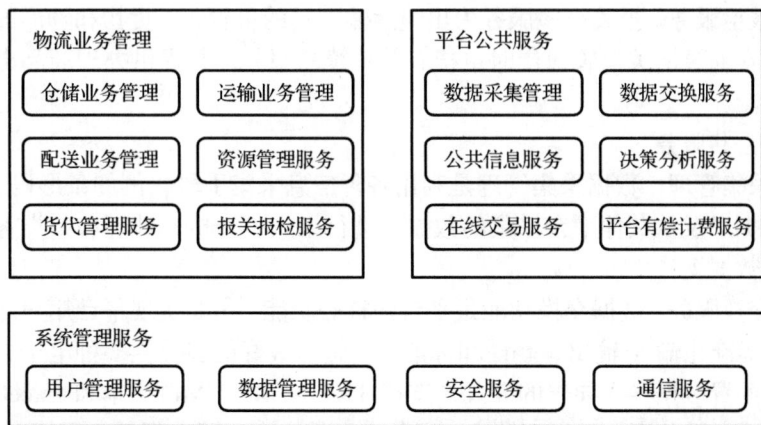

图 10-8　物流公共信息平台的功能

（1）物流业务管理

在物流系统中，物流业务主要包括仓储、培训、运输以及相关的货代、报关报检业务等，因此物流公共信息平台具备支持物流业务之间信息传递的需求，以达到迅速、准确、高效地完成业务的目的。

① 仓储业务管理。仓储业务管理是对仓库资源提供管理功能。采用条形码技术、RFID 等先进的物流技术设备，对出入库货物实现联机登记、存储检索、容积计算、仓位分配、损毁登记、状态报告等进行自动处理，并向系统提交图形化的仓储状态显示图等。通过建立仓库资源管理平台，搭建一个仓储提供方和仓储需求方的资源信息发布和交易平台，达到货主存储需求与仓库资源互相优化匹配，减少资源浪费的目的。

② 运输业务管理。运输业务管理是对运输资源提供管理功能。在运输过程中还可以采用 GPS/GIS 系统、PDA、手机等跟踪货物的状态和位置。状态和位置数据存放在数据库中，用户可通过 Call Center 或 Web 站点获得跟踪信息，对履行过程进行监控，实现全程可视化，使托运人能掌握货物位置和状态的实时信息，以保证流程的集成性。该功能还可以实现对所有可以调度的运输资源，提供制订运输计划、管理运输过程、管理配载信息以及最佳运输路线选择等功能。平台系统通过建设货源、采集车源信息、发布平台，提高车货配载效率。

③ 配送业务管理。配送业务管理通过为客户和各自的供应商之间建立实时链路，为购买与供应双方提供高度集中的、功能完善的和不同的配送服务，达到降低物流成本以及提高运作效率的目的。

④ 资源管理服务。资源管理服务提供管理、调度、统计各类物流资源的功能，支撑物流业务的开展。物流资源包括仓储资源、运力资源和物流设备，其中仓储资源包括仓库、货架、托盘、货拍、工具柜等；运力资源包括航空、铁路、公路、水路运输资源以及吊车、叉车、托盘搬运车等搬运资源；物流设备指物流作业过程中用到的其他设备资源。

⑤ 货代管理服务。货代管理服务对货物代理托运的过程提供管理功能，包括货物委托受理、订舱配载、接取送达、货物托运、联运服务等。该功能按照资源最大化和服务最优化的原理，满足代理货代多项业务需求，完成物流的全程化服务管理，包括代理航空和船务，实现全程服务的最佳物流方式。

⑥ 报关报检服务。报关报检服务为出境运输工具的负责人、货物和物品的收发货人或其代理人提供在通过海关监管口岸时申报有关手续的服务，并提供办理商品出入境检验检疫业务的服务。

（2）平台公共服务

① 数据采集管理。数据采集管理是利用各种信息采集手段，例如条形码、RFID 等采集物流过程数据以及从其他平台采集的数据，进行录入、分析、处理和归类管理，为各类平台服务提供数据支持。

② 数据交换服务。数据交换功能是平台的核心功能，主要实现平台用户之间的数据交换，即数据的标准化输入/输出、翻译和标准化传输。最好能够提供多种电子数据交换的途径，可灵活地配置数据导入导出的方式，支持 TXT 文本、XML 文本和 Excel 等多种文件格式。以便实现电子单证的翻译、转换、通信和存储，完成网上报关、报检、许可证申请、结算、缴（退）税、客户与商家的业务往来等与公共信息平台连接的用户间的信息交换。

③ 公共信息服务。公共信息服务主要包括信息发布和查询功能，满足不同物流主体的信息需求。信息主要包括水陆空运输价格、新闻和公告、政务指南、货源和运力、航班船期、空车配载、铁路车次、适箱货源、联盟会员、职业培训、政策法规等。

④ 决策分析服务。决策分析服务通过建立物流业务的数学模型，通过对已有数据的分

析，为管理人员进行决策服务。如智能配送功能，即进行最优化配送，使配送成本最低，在用户要求的时间内将货物送达。包括路线的选择、配送的发送顺序、配送的车辆类型、客户限制的发送时间。

再如商务智能通过联机分析处理和数据挖掘等技术更准确地分析这些数据，解决数据爆炸问题，帮助公司确定将来要采取的动作，使商业流程和商业运营变得更加有效，帮助企业保持竞争优势。

⑤ 在线交易服务。在线交易服务可以为平台用户提供快捷的交易服务和安全的交易保障，包括在线交易、交易管理以及交易身份认证等服务内容。在线交易服务是物流电子商务的功能。平台为供方和需方提供一个虚拟交易市场，双方可发布和查询供需信息，对自己感兴趣的信息可与发布者进一步洽谈，交易系统可为双方进行交易撮合。这个功能不仅为交易的双方提供了便利，同时大大提高了交易的效率和成功率。

⑥ 平台有偿计费服务。平台有偿计费服务是平台为用户提供的有偿服务，提供多种计费模式，并且支持可扩展的产品价格和生产体系，服务内容包括信息（服务）购买管理、用户认证管理、产品定价服务、有偿服务管理等。

（3）系统管理服务

① 用户管理服务。通过对用户资料的全方位管理，使物流企业之间实现流通机能的整合，物流企业与客户之间实现信息分享和收益、风险共享，从而在供应链管理模式发展下，实现跨行业的整合。

物流系统涉及方方面面的使用人员，用户管理服务将对这些人员进行集中管理，为这些人员分配不同模块及使用权限。这样可以保证用户安全地使用自己的模块系统，完成自己的工作与职责，而不会越权使用其他的模块系统。

② 数据管理服务。数据管理服务提供数据库的备份、恢复以及监视机制，确保业务数据的完整、一致及安全，主要包括数据备份、数据恢复、数据监控等功能。

③ 安全服务。安全服务是通过软硬件安全措施为物流应用提供安全服务的运行环境，包括可信交易、数据传输加密/解密、抗抵赖等功能。

④ 通信服务。通信服务是通过有线或无线通信服务提供及时的物流信息，并支持多媒体传输。

10.4.2　物流公共信息平台的体系架构

从本质上来说，物流公共信息平台不是一种全新的信息技术应用形态，它是基于现有的跨组织的信息技术应用的一种拓展。物流公共信息平台的结构可以分为三个层次：平台基础层、服务支持层和应用拓展层，如图 10-9 所示。各层可以调用下层提供的数据、功能或者服务机制，同层模块、系统可以互相调用。

1．平台基础层

平台基础层是体现物流公共信息平台技术及其公共服务作用的重要支撑，所有底层系统应构成一个服务集群运行的基础设施。本层各系统应具备稳定性和可靠性，对各类软件有较好的兼容性和高性能支持，并在升级操作时不影响上层软件的正常运行。平台基础层包括服务器与网络系统、操作系统、数据库和中间件等基本运行环境类软硬件。

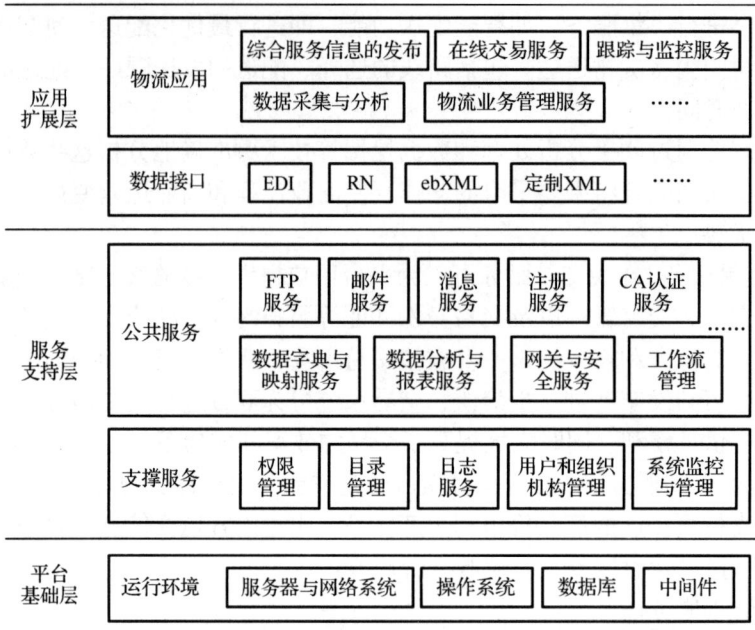

图 10-9　物流公共信息平台的结构

2．服务支持层

服务支持层主要是为应用扩展层提供所需的部署、集成支持系统，以及提供平台管理所需的公共服务软件，一般与具体业务流程或应用模式无关。

（1）支撑服务类

支撑服务类是满足对平台的各项管理功能。权限管理在设计时应按照灵活、通用的设计原则，对所有对象资源和数据资源进行访问权限控制，确保对各类角色不同应用系统的使用功能和访问数据范围进行权限的统一管理和控制。目录管理是对基于物流公共信息平台应用的共用资源以目录的形式进行统一管理。共用资源包括系统用户目录、组织目录和服务器目录；日志服务是对系统日志的分类查询、维护与配置、筛选的相应管理，是物流公共信息平台基本的系统功能；用户和组织机构管理提供统一的用户管理和组织机构管理服务，是物流公共信息平台必要的系统功能；系统监控与管理是实现对网络、服务器、数据库与应用服务等单元的集中管理和监控，应具有灵活、开放、可扩展的结构，可将其他定制系统纳入系统管理的框架之中。

（2）公共服务类

公共服务类是为使用平台的多方主体提供共用资源与服务的功能。其中 FTP 服务是基于 FTP 协议的文件传输服务，提供用户验证和匿名访问两种方式，为文件上传和下载提供稳定、高效的服务；邮件服务提供平台用户的邮件发送、接收和过滤功能，包括 POP3 服务和 SMTP 服务两部分；消息服务能实现信息系统间结构化数据集合的动态共享，是平台动态信息交互功能的重要支撑；注册服务主要提供企业注册、查询和管理 Web 服务；CA认证服务提供物流公共信息平台密钥存储分配、客户端认证机制、服务器认证机制和较高安全级别的信息认证，此功能可以加强系统的安全性；数据字典与映射服务是物流公共信息平台的关键服务，是不同应用及异构数据整合的基础。数据字典以数据元为基本单元对其定义和内容进行详细说明，作为物流公共信息平台数据信息的集合，数据字典为用户提供了数据的明确定义，并帮助用户建立系统逻辑模型。数据映射服务定义不同数据对象之间的映射关系，完成从多种数据源抽取数据自动转换为目标数据的过程，以减轻数据库压力，避免复杂的数据访问逻辑；数据分析与报表服务为基于物流公共信息平台的应用系统提供基础的数据挖掘和数据分析、报表定制、查询和打印等服务；网关与安全服务包括平台通信协议管理、网络连接方式管理、信息传输安全和数据加密服务；工作流管理支持不同企业的不同业务，实现跨应用的工作流程管理。物流公共信息平台利用计算机系统为工作流程的导向和定制提供数字化支持的业务协同服务。

3. 应用扩展层

应用扩展层是提供物流业务相关的共性功能以及系统交互的数据接口的软件系统，可以不断地扩充应用和接口以满足需要。应用扩展层包括数据接口类和物流应用类两种。数据接口作为平台应用的重要拓展，应支持国内外成熟、通用的电子商务标准接口规范和报文协议，接口模块与应用系统之间应为松耦合；物流应用类构建于平台上的物流应用是某一领域内或行业内通用的应用系统，并具有与平台交互的开放性和基本业务功能脱离于平台运行的独立性。一般包括综合服务信息的发布、在线交易服务、跟踪与监控服务、数据采集与分析以及物流业务管理服务功能。

10.4.3　物流管理公共信息平台的应用案例——国家交通运输物流公共信息平台

国家交通运输物流公共信息平台（以下简称"国家物流信息平台"，英文标识"LOGINK"）是国务院《物流业发展中长期规划（2014—2020 年）》的主要任务和重点工程，是由交通运输部和国家发改委牵头，由职能部门、科研院所、软件开发商、物流企业等多方参与共建的一个公益、开放、共享的公共物流信息服务网络，是一项政府主导的交通基础设施工程和物流信息化推进工程，是互联网时代政府创新服务，企业创造市场的有力实践。

按照国家及相关部委规划要求，国家物流信息平台致力于构建覆盖全国、辐射国际的物流信息服务基础设施、覆盖全产业链的数据仓库和国家级综合服务门户，有效实现国际、区域间、行业间、运输方式间、政企间、企业间的物流信息安全、可控、顺畅交换共享，逐步汇集物流业内和上下游相关行业的国内外静、动态数据信息，提供公共、基础、开放、权威的物流公共信息服务，形成物流信息服务的良好生态基础，从而促进我国物流业产业向绿色、高效全面升级。

国家物流信息平台自 2010 年前后逐步开始建设以来，经过近十年的发展，完成了多方面的探索，形成了我国物流信息服务领域"国家级公共平台+区域级公共平台+商业服务平台"的基本发展模式，在标准化、数据交换、国际合作方面取得了丰硕的成果。

该平台具有公益性、基础性、开放性、共享性四个基本特征。

"公益性"：不以营利为目的，主要为各物流信息服务需求方提供基础性公共服务。

"基础性"：构建物流信息这一"无形的高速公路"，是物流信息领域的基础设施工程。

"开放性"：向全社会提供服务，不局限于特定行业、特定作业环节和特定服务对象。

"共享性"：实现不同部门、不同行业、不同地区、不同物流信息系统间信息交换与共享，减少信息孤岛和重复建设。

该平台的主要功能有标准服务、交换服务和数据服务。

1. 标准服务

标准化是交通运输物流公共信息平台的基础支撑，是实现跨区域、跨部门物流信息交换，保障各类应用系统互联以及提供高质量物流信息服务的关键所在。

经过多年建设，国家平台标准实现了从省内到全国，再到国际标准的跨越。2014年，交通运输部正式发布了由平台主导编制的数据元、道路运输电子单证、物流站场（园区）电子单证三项行业标准（JT/T 919.1—919.3），填补了国内道路运输信息化标准的空白，提升了运输企业的信息化水平。2017年4月，交通运输物流公共信息平台标准工作组正式向社会发布了"交通运输物流信息互联共享标准2016合集"，涉及687余项数据元，104项代码集，68个单证，17个服务功能调用接口。

平台在开展标准化建设过程中，从市场实际需求出发，以解决企业的实际需求为目标，不断地对平台标准进行完善和提炼，形成的标准得到了市场的认可，并在市场中得到了广泛应用，实现了标准来源于市场、应用于市场和服务于市场的基本要求。

2. 交换服务

交换服务主要解决跨国、跨行政区域、跨行业、跨部门的各类物流信息平台与物流产业链上下游企业之间缺乏统一数据交换标准、信息传递效率低、集成能力低、交换成本高等问题，包括交换管理和数据交换两项服务内容。

交换管理为国家物流基础交换网络提供了用户和服务全生命周期管理，包括用户注册、服务发布、服务申请、数据同步、身份认证、数据安全等基础服务；并负责对 N 个集式交换软件和点式交换软件应用节点进行管理，包括对服务器安全、服务器接入许可、路由信息设置等内容的统一管理。同时提供了统一的基于数字证书加密的安全数据传输通道以及服务实时运行监控，为基础交换网络安全、稳定、高效地运转提供了保障。

数据交换主要实现各物流信息平台的单据交换，包括物流产业链相关企业间业务单据信息、异地车货源信息、从业人员或企业物流活动历史记录信息、异地危险品运输信息等，实现与其他国家物流信息共享。交换内容主要包括港口集装箱状态信息、参与跨国运输船舶动态船期信息等。

3. 数据服务

数据服务主要解决国家层面物流公共信息服务资源零散、物流行业信息服务需求难以得到有效满足的问题。国家物流信息平台将按照"统一标准、互联互通、共享服务"的理念，主要依托政府及行业已有的物流公共信息资源，通过多种技术手段为用户提供物流信息"一站式"查询服务，打造我国物流公共信息资源的统一的开放窗口。用户可以通过国家物流信息平台网站或数据接口来获取相关服务。

国家物流信息平台提供四大类数据服务：信用数据、跟踪数据、资源数据和综合数据。2018年12月28日，国家物流信息平台管理中心已经发布数据资源目录2018版本，包括35种数据库和114个数据源。

为适应新时期需求，2019年4月，国家物流信息平台具体建设和运营管理工作承担单位从浙江省交通运输厅调整为交通运输部直属事业单位——中国交通通信信息中心，开启"部省共建、以部为主"的新篇章。未来，国家物流信息平台将按照中共中央和国务院发布的"交通强国建设纲要"总体要求，继续深入落实各级发展规划，做好公共服务工作，加大基础创新、互联发展和国际交流合作工作力度，为实现交通强国目标作出贡献！

本章小结

随着经济全球化和信息技术的发展，电子商务也高速发展，随之而来的是对物流的需求猛增以及物流服务水平的高质量要求。电子商务环境下的物流管理具有信息化、自动化、网络化、智能化、柔性化、全球化等特征。它运用计算机网络技术及数据分析技术进行物流运作与管理，实现企业间物流资源共享和优化配置的物流方式。电子商务环境下物流系统的基本功能包括订单管理、客户管理、供应商管理、仓储管理、运输管理、计费与结算管理以及数据分析管理七大部分。

在 B2C 电子商务环境下，物流一方面是完成商务过程中实体商品的位置转移，另一方面也是电子商务客户服务内容以及成本构成的一个重要环节。为了提高客户服务水平，物流不仅要完成实体流动过程，还要将实体流动过程的信息及时准确地提供给客户，使客户能够跟踪其商品信息。因此 B2C 电子商务中物流管理信息系统应具有物流业务接单功能、分析支持功能、解决方案功能、服务功能及与电子商务涉及的其他应用系统进行数据共享功能。

在 B2B 的电子商务中，交易双方的企业之间的业务内容有两个方面，一方面是完成商贸交易，另一方面是完成供应链上企业间的合作。B2B 电子商务下的物流管理信息系统，一方面在参与商务的各个企业之间传递及共享业务相关信息，保证业务执行所需信息，另一方面通过与参与商务的各个企业共享业务信息，促进各企业的商务合作，即协同计划、预测和补货功能。

物流公共信息平台是指基于计算机通信网络技术，提供物流信息、技术、设备等资源共享服务的公共信息平台，具有整合供应链各环节物流信息、物流监管、物流技术和设备等资源，面向社会用户提供信息服务、管理服务、技术服务和交易服务的基本特征。物流公共信息平台的功能包括物流业务管理、平台公共服务、系统管理服务三大部分，物流公共信息平台的结构可以分为三个层次，即平台基础层、服务支持层和应用扩展层。

思考题

1. 请简述电子商务环境下物流管理的特征。
2. 请归纳 B2C 电子商务物流的作业流程。
3. 请归纳 B2C 电子商务物流管理信息系统的功能。
4. 请分析 B2B 电子商务中物流管理信息系统的功能有哪些。
5. 请分析物流公共信息平台的作用是什么。
6. 请思考物流公共信息平台体系架构中各层次的主要功能是什么。

案例分析

物易云通：智慧物流管理平台案例

1. 企业简介

武汉物易云通网络科技有限公司（以下简称"物易云通"）成立于 2015 年 6 月，总部位于湖北省武汉市东湖高新区。作为国内产业互联网的探索先行者，物易云通致力于将产业互联网思维与新一代信息技术深化应用于煤炭、建筑、再生资源三大业务领域，以标准化、场景化、数字化的供应链综合服务解决能力，服务于生产制造、贸易物流等企业和个体司机，旨在开创互联网化的"供应链技术+物流服务+金融场景"的产融协同新生态。

2. 项目背景分析

（1）行业背景

① 行业信息化趋势逐渐明晰。

未来，随着物流行业信息化水平逐渐提升以及现代高新技术的应用，物流系统各个环节的作用将会出现以机械化、自动化、智能化为主的发展趋势。对生产制造型企业来说，物流信息平台，尤其是针对企业端的物流信息管理平台将成为生产企业的重要组成部分。

② 行业及企业效率提升、成本降低等需求明显。

我国公路运输长期存在着资源不对等问题，即"车找不到货，货找不到车"。为了降低物流成本，提升行业整体运行效率，生产制造型企业在"互联网+"的大时代背景下开始探索新的发展路径，摸索如何利用信息化的管理技术和手段，通过整合社会运力资源，实现降本增效。

通过互联网货运平台整合货源和车源，是为广大货主、车主解决信息不对称问题的有效手段。货运平台在生产制造型企业内的应用能有效促进我国公路货运物流的信息流通，实现高效率的车辆和货物配载，降低车辆空载率，促进我国物流业向技术密集型产业转变。

（2）生产制造型企业痛点分析

传统业务模式下，生产制造型企业物流相关业务存在以下突出问题：

① 车辆调度问题。

目前仍有较多的企业信息化水平较低，不同企业的服务流程指示、过磅单、进厂单据等标准不一，各环节的信息传递、信息留存依靠纸质单据，导致企业管理环节的割裂，且无法即时串联，导致业务数据流转割裂，难以从整体进行车辆调度，使得配送调度不合理，且效率较低。

② 运力管理问题。

在运力管理方面，由于缺少相应的管理平台，企业无法对司机的资质进行审核与把控，也无法对运输全程进行监控与查询，更无从对司机进行评级，进而导致货主与司机互相缺乏信任，难以构建可信的支付方式与支付渠道。

3. 解决方案——智慧物流管理平台设计方案

（1）整体目标

智慧物流管理平台（以下简称"管理平台"）的设计目标是解决生产制造型企业车辆调

度和运力组织两大核心难题，实现物流调度、运力管理、运营监控的信息化和智能化。

（2）解决方案

管理平台是物易云通独立研发拥有自主知识产权的大宗物流智能调运管理系统，管理平台以数据为轴推动企业物流智慧化进程，利用物联网、大数据、云计算和设备监控技术加强信息管理和服务，全程掌握运力调度、车辆进出场管理和智能无人过磅，提高物流过程的可控性，减少人工干预，及时正确地采集物流数据，合理安排物流计划及控制物流成本。

管理平台是架设在云端的管理平台，通过司机、企业及企业分配的角色给予不同的管理权限，将生产企业在进销存物流环节中的各个角色串联起来。企业在平台上实现发运计划的全流程管理，厂内和厂外的管理从线下转移到线上。

管理平台的主要功能包括预约排队、车队竞价、无人值守、智能监管、供应商管理、车辆管理、轨迹监控、一站式打印等八大功能；在智慧物流管理平台中，司机宝物流平台作为司机操作端的重要接口，司机通过司机宝 App 接入管理平台，并通过司机宝 App 实现接单、签到、装卸、进出厂打卡、运费结算和核对等一系列动作，同时作为物易云通深耕大宗商品运输的先发产品，司机宝已积累的运力池是智慧物流管理平台运力补充、运单发布的重要渠道。

① 解决生产制造型企业物流业务车辆调度难题。

智慧物流管理平台通过运输轨迹监控、业务流程智能化监管、线上预约排队、集成智能硬件等功能及手段来解决生产制造型企业物流业务车辆调度难题。

● 运输轨迹监控

智能路径优化，货物在途更透明。通过配套的 GPS 或北斗硬件，将地理信息系统应用于物流运输环节，管理平台能够实现对车辆实时全程监控，为企业提供最为科学的配送线路、实时在途监控、轨迹复查、异常预警等服务，帮助司机降低运输成本，提高配送效率，掌握货物在途信息，预测自定义时间段内的进出场车辆数量，为企业排班、仓储安排等提供数据指导。

● 业务流程智能化监管

管理平台实现整体业务流程数据线上留痕，串联业务部门、门房、司机等多个环节，即时同步车辆进出厂进度。通过信息化手段和智能报表体系，以企业自定义字段自动汇总业务流水和关键数据指标，业务流程间各角色信息透明化，智能生成数据，让数据为管理者提供决策依据，提升企业运转效率。

● 线上预约排队

采用预约排队模式让排队信息提前感知。管理平台通过数据化、信息化的技术手段，标记指定范围的云端电子围栏建立"云端停车区"，智能指挥司机有序排队，减少拥堵风险，给予司机自我调节和缓冲的时间；多渠道联合，小程序、App、AI 智能语音等对进场计划提前提醒，司机可以合理安排到场时间；自动叫号进场，根据厂区容量和进车规则智能进场，解决拥堵排队难题。

● 集成智能硬件

以硬件采集数据为基础，自动同步数据，以管理平台生成的二维码为载体，真正做到一码通全场。通过智能门禁、无人值守磅房管理，自动生成可视化数据报表，通过数字化监控，降低人工在数据统计上的占比，减少不必要的单据制作和留存，用智能化替代人工，提升业务流转效率，降低人工成本。

另外，提供一站式自主打印服务，通过软件和硬件的集成，打通各打印、扫码环节的端口，司机在接单时即生成二维码，一码通全场，以扫码、查询的方式完成票据的自助式、集中式打印。减少企业人工成本，整合优化场内各票据打印环节，提升场内流转效率。

② 解决生产制造型企业物流业务运力组织难题。

通过管理平台实现车辆管理、供应商管理、车队竞价等功能来解决生产制造型企业物流业务运力组织难题。

● 车辆管理

针对自有车辆或长期合作车辆信息进行采集汇总，统一通过管理平台进行在线管理，包括加油管理、维修管理、车辆保养提醒服务及车辆的健康指标评分等，为运力组织提供参考依据的同时，给企业提供车辆的生命特征监控的新通道。有效解决承运车辆车况的实时监控，并将司机和车辆信息提前进行验证和管理，派车时可作为参考依据，降低运力组织时信息不对称带来的误派率。

● 供应商管理

管理平台对运力组织的渠道进行统一管理，通过线上化供应商、车队和司机的信息，建立司机运力池，依托物易云通专注大宗商品运输领域的积累，建立供应商评级制度，业务记录线上留痕，加强交易评价互动性，实现服务的透明化和公开化，以信用评价信息作为考量因素，实时监控派车质量，对供应商的效率、履约达成情况进行考核管理，提升供应商的交付能力，从而为下一次寻找车源提供交易参考。

● 车队竞价

管理平台引入更多的社会运力，并通过良性的竞价模式，更加合理地反映市场运力行情，平衡供需关系，建立企业自身的运力池。将车队竞价、报号线上化，合理竞价，引入运力竞争；司机100%注册，建立司机评价机制，构建自有运力池，直接触达司机群体择优选择运力；通过发标管理，实现公平、公正、公开竞标，减少人为影响，降低运力成本。

通过上线物易云通智慧物流管理平台，信息割裂的环节大大减少，目前已初步实现企业与司机、车队、信息部之间的信息共享与协同，用户在平台上充分了解运单的状态，解决不同角色的用户信息交互不畅等问题，提高用户的操作效率。

思考题

1. 当前生产制造型企业物流业务的难点有哪些？
2. 物易云通智慧物流管理平台的功能有哪些？

参考文献

参考书目

[1] 唐纳德·J. 鲍尔索克斯，等. 供应链物流管理（原书第 5 版）[M]. 梁峰，译. 北京：机械工业出版社，2021.

[2] 张庆. 物流与供应链管理[M]. 北京：电子工业出版社，2020.

[3] 黄中鼎. 现代物流管理（第四版）[M]. 上海：复旦大学出版社，2019.

[4] 薛华成. 管理信息系统（第 7 版）[M]. 北京：清华大学出版社，2022.

[5] 黄梯云，李一军. 管理信息系统（第七版）[M]. 北京：高等教育出版社，2019.

[6] 刘仲英. 管理信息系统（第 3 版）[M]. 北京：高等教育出版社，2017.

[7] 滕佳东. 管理信息系统（第五版）[M]. 大连：东北财经大学出版社，2016.

[8] 郭晓军. 管理信息系统习题集[M]. 北京：高等教育出版社，2016.

[9] 王世文. 物流管理信息系统[M]. 北京：电子工业出版社，2006.

[10] 王洪伟. 物流管理信息系统[M]. 北京：北京大学出版社，2020.

[11] 王道平. 物流管理信息系统[M]. 北京：机械工业出版社，2019.

[12] 王汉新. 物流信息管理（第 3 版）[M]. 北京：北京大学出版社，2021.

[13] 涂子沛. 大数据[M]. 桂林：广西师范大学出版社，2012.

[14] 维克托·迈尔-舍恩伯格. 大数据时代[M]. 杭州：浙江人民出版社，2013.

[15] 肯尼斯 C. 劳顿，简 P. 劳顿. 管理信息系统（原书第 15 版）[M]. 黄丽华，俞东慧，译. 北京：机械工业出版社，2020.

[16] 肯尼斯·劳东，简·劳东. 管理信息系统（第 13 版）[M]. 劳帼龄，译. 北京：中国人民大学出版社，2016.

[17] 斯蒂芬·哈格，梅芙·卡明斯. 信息时代的管理信息系统（原书第 9 版）[M]. 颜志军，等，译. 北京：机械工业出版社，2016.

[18] 肯尼斯·C. 劳顿，简·P. 劳顿. 管理信息系统：管理数字化公司（第 11 版）[M]. 张政，闫大刚，等，译. 北京：清华大学出版社，2011.

[19] 麻志毅. 面向对象分析与设计（第 2 版）[M]. 北京：机械工业出版社，2018.

[20] Jeffrey L. Whitten, Lonnie D. Bentley. 系统分析与设计方法[M]. 肖刚，孙慧，等，译. 北京：机械工业出版社，2007.

[21] Grady Booch Robert A. Maksimchuk, Michael W. Engle, Bobbi J. Yong, 等. 面向对象分析与设计（第 3 版）[M]. 王海鹏，潘加宇，译. 北京：人民邮电出版社，2009.

[22] 毛新生. SOA 原理·方法·实践[M]. 北京：电子工业出版社，2007.

[23] Thomas Erl, Clive Gee, Jürgen Kress. 下一代 SOA：服务技术与面向服务简明指南[M]. 卢涛，李颖，译. 北京：电子工业出版社，2015.

[24] 利丰研究中心. 供应链管理：香港利丰集团的实践（第二版）[M]. 北京：中国人民大学出版社，2009.

[25] 马士华，林勇. 供应链管理（第 5 版）[M]. 北京：机械工业出版社，2016.

[26] 左美云. 信息系统项目管理[M]. 北京：清华大学出版社，2008.

[27] 陈文伟. 决策支持系统教程（第 3 版）[M]. 北京：清华大学出版社，2017.

[28] George M. Marakas. 21 世纪的决策支持系统[M]. 朱岩，肖勇波，译. 北京：清华大学出版社，2002.

[29] 赵卫东. 商务智能（第五版）[M]. 北京：清华大学出版社，2021.

[30] 刘红岩. 商务智能方法与应用（第 2 版）[M]. 北京：清华大学出版社，2020.

[31] 罗鸿. ERP 原理·设计·实施（第 4 版）[M]. 北京：电子工业出版社，2016.

[32] 龚中华，何平. 用友 ERP-U8 完全使用详解[M]. 北京：人民邮电出版社，2013.

[33] 文洋，尹风霞. SAP 从入门到精通[M]. 北京：人民邮电出版社，2010.

[34] 周玉清，刘伯莹，周强. ERP 原理与应用教程（第 4 版）[M]. 北京：清华大学出版社，2021.

[35] 白东蕊，岳云康. 电子商务概论（附微课·第五版）[M]. 北京：人民邮电出版社，2021.

[36] 加里·P. 施奈德. 电子商务（原书第 12 版）[M]. 张俊梅，袁勤俭，杨欣悦，等，译. 北京：机械工业出版社，2020.

公众号
[1] 物流沙龙
[2] 罗戈网
[3] 物流指闻
[4] 物流产品网
[5] 物流技术与应用
[6] 物流时代周刊
[7] 21 世纪商业评论

网站
[1] 中国物流与采购联合会
[2] 新华社
[3] 世界经理人
[4] 21 世纪经济报道
[5] 计世网
[6] 全国标准信息公共服务平台